신라 국가제사와 왕권

이 저서는 2006년 정부(교육인적자원부)의 재원으로 한국학술진흥재단의
지원을 받아 수행된 연구임 (KRF-2006-812-A00002).
This work was supported by the Korea Research Foundation Grant funded
by the Korean Government(Ministry of Education & Human Resources Development) (KRF-2006-812-A00002)

신라 국가제사와 왕권

채 미 하 지음

혜안

책을 펴내며

곰곰이 생각해 보면 중학교 2학년 때였던가. "대학 가면 무슨 과 갈래?"라고 친구들이 물으면 스스럼없이 사학과라고 했던 기억이 난다. "왜?", "여행을 많이 다닐 것 같아서!" 역사를 처음 접한 소녀의 로망이었고 그 로망은 이루어졌다. 대학 학부과정 때부터 유난히 신라사에 많은 관심을 가졌다. 석사학위논문을 쓰면서는 신라 1,000년의 역사를 꿰뚫어 볼 수 있는 주제가 무엇인지에 대해 고민했고, 박사논문인 국가제사를 통해 그것을 생각해 볼 수 있었다.

혹자는 필자에게 국가제사를 공부하게 된 이유가 무엇인지 묻는다. 딱히 어떤 이유가 있었다기보다는, (재)민족문화추진위원회 국역연수원에서 3년 동안 한문 공부를 한 것이 그 계기가 아니었을까 한다. 老선생님들의 禮에 대한 강의를 자장가 삼아 듣던 시절, 옛 사람들은 도대체! 왜? 예에 대한 논쟁을 했을까. 그리고 지금, 이 자리에서 그러한 논쟁을 듣고 있는 의미가 무엇인지를 끊임없이 스스로에게 질문했던 것 같다.

그것의 연장선이었을까. 박사과정에 입학하고 나서 자연스럽게 국가제사에 관심을 가지게 되었다. 그것이 필자의 박사학위논문인 「신라 종묘제와 왕권의 추이」이다. 그리고 필자는 박사학위논문 제출 후 종묘제를 제외한 신라 국가제사를 하나하나 검토하였다. 우선 살펴본 것이 종묘제와 짝을 이루는 사직제사였고, 다음으로 농경제사와 '별제'였다. 명산대천제사는 필자가 박사학위논문을 준비하면서 제일 처음 관심을 가졌던 주제였다.

묻어둔 주제들을 하나하나 꺼내들 때마다 부끄러웠지만, 매듭을 지어 간다는 생각에 그 뿌듯함은 이루 말할 수가 없었다. 본서는 이러한 필자의 연구성과를 모은 것이다.

본서에서는 우선 신라의 국가제사 또는 왕실제사에 대해 종합적으로 서술한 『삼국사기』 제사지 신라조를 분석하여, 그 구성과 그것의 작성에 저본이 되었던 자료에 대하여 검토하였다. 다음으로 신라 종묘제의 실체와 그 변동을 정치사적 관점에서 고찰하였는데, 먼저 3성 집단의 연맹을 토대로 전개된 신라 상고기에 혁거세왕이 줄곧 시조묘의 시조로 모셔질 수 있었던 정치적 이유에 대해서 생각해 보았다. 그리고 신궁제사의 변화를 소지왕대, 지증왕대, 진평왕대로 나누어 살펴보았고, 신궁 설치 이후의 시조묘제사의 변화에 대해서도 고찰하였다.

다음으로 시조묘, 신궁과는 다른 중국 제사제도인 종묘제의 수용 및 오묘제의 시정, 개정, 경정에 대해 검토하였다. 우선 신라는 문무왕대 중국 제사제도인 종묘제를 수용하였지만, 당시의 정치적 상황 속에서 이것은 변용되었다고 하였다. 신문왕대의 오묘제 시정과 신문왕 7년 4월의 오묘제사는 신문왕권의 강화와 밀접한 관련을 가지고 있다고 하였다. 그리고 혜공왕대 오묘제 개정을 둘러싸고 왕실세력과 진골귀족세력간의 갈등 및 타협이 있었다고 보았다. 혜공왕대 개정된 오묘제는 애장왕대 다시 개정되는데, 이러한 경정 오묘제의 배경이라든가, 그것을 주도한 인물, 그것이

가지는 정치적 의미와 경문왕대 오묘제가 지니는 의미를 신라 하대 정치사와 연결지어 이해하였다. 또한 신궁제사는 신라말까지 중요한 국가제사의 하나였음에는 분명하나, 중국식의 종묘제가 수용되고 오묘제가 확립되면서 신궁제사는 변하였다고 하였다.

한편 종묘제 외에 신라의 국가제사로 사직제사, 농경제사와 '別祭', 명산대천제사 등이 있다. 지금까지 신라의 국가제사체계, 대·중·소사는 명산대천제사만으로 편제되어 있었다는 것이 공통된 의견이었다. 그렇지만 선덕왕대 사직단이 설치되고 사전이 정비되면서 신라의 국가제사체계는 중국의 그것과 같은 것으로 변화되어 갔을 것으로 보았다. 농경제사와 '별제'에 대해서는 지금까지의 연구성과를 종합적으로 검토하였다. 그리고 신라 중대 대·중·소사가 명산대천만으로 편제되어 있는 이유와 그것의 특징을 생각해 보았다. 다음으로 명산대천 중 청해진이 신라 국가제사에 편제된 이유와 그 의미를 살펴보았다.

이상에서 필자는 본서에서 신라 종묘제를 정치사적 관점에서 검토하였는데, 이를 통해 신라의 국가제사 혹은 왕실제사를 체계적으로 이해한 것은 물론, 신라 정치사에 대한 이해도 깊게 할 수 있었다. 그리고 종묘제 외에 여러 국가제사를 통해서는 신라 국가제사의 전체상을 조망할 수 있었고 신라의 대·중·소사체계, 국가제사체계에 대해서도 새로운 인식을 할 수 있었다.

돌이켜보면, 박사학위를 받은 후 국가제사가 아닌 다른 주제를 연구했다면 어떠했을까라는 생각을 해 본다. 하지만 그 무엇보다도 하나를 마무리했다는 뿌듯함이 앞선다. 그리고 필자는 신라 국가제사에 대한 연구를 바탕으로 한국 고대뿐만 아니라 고려 나아가 조선의 국가제사 및 오례에 대한 연구를 평생의 업으로 삼고 싶다.

이제 하나의 터널을 지났다. 돌이켜 보면 길고 캄캄했지만, 그 안에서 빛을 비춰 주신 고마운 분들이 너무도 많았다. 국가제사를 공부하겠노라고 했을 때 가장 큰 격려를 해 주셨던 김태영 선생님, 필자에게 학자의 길을 걸을 수 있도록 이끌어 주신 조인성 선생님께 고개 숙여 감사드린다. 그리고 묵묵히 필자를 응원해 주신 박성봉 · 서영대 · 신종원 · 최광식 선생님과 종교사연구회, 한원연구회의 여러 선생님께도 고마움을 전한다. 아울러 필자의 책이 세상에 빛을 볼 수 있게 도움을 주신 구만옥 선생님, 혜안의 오일주 대표님과 김태규 선생님을 비롯한 편집부 식구들, 교정과 교열에 도움을 준 이정빈 · 이현태 후배에게도 감사의 말을 전한다. 마지막으로 당신의 큰 딸이 어떤 결정을 하더라도 믿음으로 지켜봐 주시고 하염없이 보듬어 주신 부모님, 그리고 가족들, 내 곁에 있어줘서 너무 고맙다.

2008년 2월 봄을 기다리며
채 미 하 쓰다.

목 차

머리말

전근대 동아시아의 여러 국가에서 제사는 중요한 국가행사의 하나였다. "국가의 大事가 제사와 군사에 있다"[1]고 하였던 것이나, "무릇 治人의 道는 禮보다 급한 것이 없고, 예에는 五禮가 있으되 제사보다 중한 것이 없다"[2]고 한 것은 이를 알려준다. 뿐만 아니라 「洪範」에서는 祀, 곧 제사를 食·貨와 더불어 八政의 하나로 여기고 있는데,[3] 이것은 제사가 정치의 요건으로 제시되기도 하였음을 말해 준다. 가령 殷에서는 여러 씨족을 통솔할 때의 기본적 질서는 은왕실의 조상제사를 매개로 해서 만들어진 것이었다.[4] 그리고 북방 흉노족의 제의 과정은 정치적 의논과 결정, 그리고 1년간의 경제 형편과 인적 상황을 점검하는 등의 기능을 수반하는 것이었다.[5]

한국 고대에서도 국가제사가 중시되기는 마찬가지였다. 그러므로 이에

---

1) 『左傳』 成公 13年, "國之大事 在祀與戎".

2) 『禮記』 祭統, "凡治人之道 莫急於禮 禮有五經 莫重於祭".

3) 『尙書』 周書 洪範, "八政 一曰食 二曰貨 三曰祀……".

4) 松丸道雄, 「殷周國家の構造」, 『岩波講座世界歷史』 4(古代4, 東洋篇1), 1970, 76쪽.

5) 江上波夫, 「匈奴の祭祀」, 『ユウラアジア古代北方文化』, 山川出版社, 1948. 그리고 日本語에서 政治를 의미하는 'まつりごと(政)'는, 곧 '제사(まつり)하는 것(こと)'을 말한다(阿部美哉, 「神權政治」, 『宗教學辭典』(小口偉一·堀一郎監修), 東京大學出版會, 1973).

대한 연구도 폭넓고 깊이 있게 이루어져 왔다.[6] 특히 신라의 각종 제사, 그 중에서도 시조묘제사, 신궁제사, 오묘제사에 대한 관심이 컸다.[7] 이는 이것들에 대한 자료가 상대적으로 많이 전하고 있을 뿐만 아니라, 이 제사들이 신라의 국가제사에서 차지하는 비중이 컸기 때문이라고 할 수 있다. 널리 알려진 바와 같이 새로운 왕이 즉위하면 시조묘 혹은 신궁에서 제사하면서 즉위를 보고하였던 것이다. 그리고 오묘제사는 국왕의 직계조상에 대한 제사였던 것이다.

일찍이 변태섭은 신라 종묘제를 신라 사회의 성장과 발전이라는 측면에서 고찰하였다. 곧 시조묘에서 신궁으로의 변화를 骨에서 族으로의 분화로, 신궁에서 오묘로의 발전은 족에서 家로의 분화로 나타났다고 하였다. 그리고 시조묘는 골의 의식 위에 성립되어 國祖를 받든 것이고, 신궁은 족의 의식 위에 성립되어 家祖를 모신 것이며, 오묘는 가의 관념 위에서 親祖를 제사한 것으로 보았다.[8] 이것은 시조묘, 신궁, 오묘제사가 신라 사회의 혈연관념을 반영한 것으로 파악한 것이다.

---

6) 이와 관련된 대표적인 박사학위논문으로는, 다음과 같은 것들이 있다.
신종원, 「신라초기불교사연구」, 고려대학교 박사학위논문, 1988/『신라초기불교사연구』, 민족사, 1992 ; 최광식, 「한국고대의 제의연구－정치사상사적 고찰을 중심으로」, 고려대학교 박사학위논문, 1989/『고대한국의 국가와 제사』, 한길사, 1994 ; 서영대, 「한국고대 신관념의 사회적 고찰」, 서울대학교 박사학위논문, 1991 ; 강영경, 「신라 전통신앙의 정치・사회적 기능 연구」, 숙명여자대학교 박사학위논문, 1991 ; 이종태, 「삼국시대의 '시조' 인식과 그 변천」, 국민대학교 박사학위논문, 1996 ; 나희라, 「신라의 국가 및 왕실 조상제사 연구」, 서울대학교 박사학위논문, 1999/『신라의 국가제사』, 지식산업사, 2003 ; 채미하, 「신라 종묘제와 왕권의 추이」, 경희대학교 박사학위논문, 2001a ; 박승범, 「삼국의 국가제의 연구」, 단국대학교 박사학위논문, 2002.

7) 신라 종묘제의 범주와 관련해서는 채미하, 「『삼국사기』 제사지 신라조의 분석－신라 국가제사체계의 재검토와 관련하여」, 『한국고대사연구』 13, 1998, 188~191쪽 참고.

8) 변태섭, 「묘제의 변천을 통하여 본 신라사회의 발전과정」, 『역사교육』 8, 1964.

이후 많은 연구자들 역시 시조묘제사는 박씨 혈족집단의 제사이고, 신궁제사는 마립간시기 김씨 혈족집단의 제사이며, 오묘제사는 왕의 직계조상에 대한 제사라고 보았다. 이러한 신라의 종묘제에 대한 이해는 국왕과 왕실의 권위가 조상제사를 통해서 확인되고 강화된다고 보았기 때문일 것이다.

이상의 기왕의 연구들은 신라 종묘제에 대한 우리의 이해를 깊어지게 하였다. 그러나 그것들에는 다음과 같은 문제점들이 있다고 판단된다. 첫째, 신라의 국가제사 또는 왕실제사에 대해서 종합적으로 서술되어 있는 것은 『삼국사기』 제사지 신라조(이하 제사지 신라조라고 함)이다. 따라서 이에 대한 검토가 신라의 국가제사를 이해하는데 중요함은 이를 나위가 없다. 그 동안 적지 않은 연구자들이 제사지 신라조에 대해 깊은 관심을 보여왔던 것은 바로 이런 까닭에서였다.[9] 그런데 기왕의 연구에서는 제사지 신라조의 부분적인 분석이 대부분이었고, 전체적인 분석에는 소홀하였다. 따라서 이에 대한 종합적이고 체계적인 검토가 필요하다고 생각하였다.

둘째, 종묘는 사직과 더불어 국가를 상징하는 것이기도 하였다. 전근대 동아시아 사회에서 국가를 종묘·사직이라고 하는 것은 이를 잘 말해준다. 따라서 종묘제사가 갖는 정치적 의의는 매우 크다. 무엇보다도 그것은 국왕과 왕실의 정통성을 확인하는 것이었다. 따라서 종묘제사는 정치적 변동과 밀접할 수밖에 없었다. 예컨대 변태섭은 신궁의 시조를 미추왕으로

---

9) 그 중 중요하다고 생각되는 것들을 들어 보면, 다음과 같다. 최광식, 「신라의 신궁설치에 대한 신고찰」, 『한국사연구』 43, 1983/「신라의 신궁제사」, 앞의 책, 한길사, 1994 ; 신종원, 「삼국사기 제사지 연구」, 『사학연구』 38, 1984/앞의 책, 1992 ; 浜田耕策, 「新羅の祀典と名山大川の祭祀」, 『呴沫集』 4, 1984 ; 井上秀雄, 「祭祀儀禮の受容－新羅の律令制と祭祀制度」, 『古代東アジアの文化交流』, 溪水社, 1993 ; 최광식, 「신라와 당의 대사·중사·소사 비교 연구」, 『한국사연구』 95, 1996 ; 채미하, 앞의 논문, 1998 ; 나희라, 앞의 논문, 1999/앞의 책, 2003.

보았다.[10] 이것은 나물왕대부터 김씨왕실이 성립되었다는 것과 연결지어 이해한 것으로, 마립간시기의 정치적 변동을 염두에 두었던 것이다. 그리고 혜공왕이 오묘제를 개정하면서 태종대왕과 문무대왕의 신위를 '不毁之宗'으로 모신 것은, 양자의 권위와 그에 대한 사회적 존숭 관념을 정치적으로 이용하려는데서 찾았다.[11]

널리 알려진 바와 같이 신궁제사는 신라말까지 국가의 중요한 제사의 하나였다. 그런데 혜공왕대 오묘제가 개정되면서 미추왕은 오묘의 首位에 모셔졌다. 이에 신궁제사와 오묘제사의 시조가 같았다고는 여겨지지 않는다. 그리고 이때 '不遷之位'인 오묘의 수위가 태조대왕에서 시조대왕으로 바뀐다. 그러하다면 이것이 가지는 정치적 의미도 상당하다고 생각된다.[12] 이처럼 종묘제와 관련해서 정치사적 고찰이 거시적으로는 이루어졌으나, 미시적인 면이 간과된 측면이 있었음을 알 수 있다.

셋째, 사실 파악에도 문제가 있다. 가령 신궁의 시조에 대한 의견이 갈리고 있는 형편이다. 곧 신궁의 시조를 박혁거세왕, 김씨 조상 중의 누구일 것이라는 설, 천지신으로 보는 설 등이 있다. 그리고 신궁의 설치 시기를 『삼국사기』 신라본기(이하 신라본기라고 함)에 따라 소지왕대로 보기도 하고, 제사지 신라조의 기록에 근거하여 지증왕대로 파악하기도 한다.[13]

또한 오묘제의 시정 시기에도 문제가 있다. 대부분의 연구자들은 신문왕 7년 4월 기사를 중시하여 신문왕 7년 무렵에 오묘제가 시정되었다고 한

---

10) 변태섭, 앞의 논문, 1964, 61~63쪽.

11) 변태섭, 위의 논문, 1964, 69~70쪽.

12) 이와 관련하여 이문기, 「신라 혜공왕대 오묘제 개혁의 정치적 의미」, 『백산학보』 52, 1999 및 채미하, 「신라 혜공왕대 오묘제의 개정」, 『한국사연구』 108, 2000 참고.

13) 신궁의 시조와 그 설치 시기에 대한 기왕의 연구성과는 채미하, 「신라의 신궁제사」, 『전통문화연구』 2, 한국전통문화학교, 2004, 46쪽 및 본서 제2장 제2절 참고.

다.[14] 그런데 신문왕 7년설의 문제점을 지적하면서 무열왕대 오묘제가 시정되었다고 하기도 하며[15] 문무왕대로 보기도 한다.[16]

뿐만 아니라 오묘제가 개정되기 전까지 오묘의 수위에 모셔진 태조대왕이 누구인지에 대한 의견도 분분하다. 우선 「진흥왕순수비」에 보이는 태조를 신문왕 7년의 태조대왕과 연결지어 이해하면서 태조를 혁거세왕, 미추왕, 성한왕에 비기고 있다. 또한 태조대왕을 성한왕이라고 보면서도 이 성한왕에 대해서 알지일 것이라는 설, 알지의 아들이라고 하는 세한(열한)으로 보는 설, 미추왕이라는 설, 김성의 조상으로 모셔졌으

14) 이미 『동사강목』에서 안정복은 신문왕 7년에 중국적 오묘제가 실시되었음을 언급하고 있다. 그리고 신문왕 7년 무렵에 오묘제가 시정되었을 것이라고 여기는 견해가 많다(변태섭, 앞의 논문, 1964, 68~69쪽 ; 浜田耕策, 「新羅の神宮と百座講會と宗廟」, 『東アジア世界における日本古代史講座－東アジアにおける儀禮と國家』, 學生社, 1982, 241~242쪽 ; 辛鍾遠, 앞의 책, 1992, 87쪽 ; 米田雄介, 「三國史記に見える新羅の五廟制」, 『日本書紀硏究』 15, 塙書房, 1987, 317쪽 ; 황선영, 「신라의 묘제와 묘호」, 『동의사학』 5, 1989, 7쪽 ; 강종훈, 「신궁의 설치를 통해 본 마립간시기의 신라」, 『한국고대사논총』 6, 1994, 190~191쪽 ; 나희라, 「한국고대의 신관념과 왕권－신라왕실의 조상제사를 중심으로」, 『국사관논총』 69, 1996, 145~146쪽 ; 나희라, 「신라의 종묘제 수용과 그 내용」, 『한국사연구』 98, 1997, 59~64쪽 ; 나희라, 앞의 책, 2003, 173~175쪽). 그런데 신문왕 7년 4월 기사가 신라 오묘제 시정의 하한을 알려 줄 뿐이라는 견해도 있다(이문기, 「신라 오묘제의 성립과 그 배경」, 『한국고대사와 고고학』(김정학박사미수기념고고학・고대사논총), 2000, 893쪽). 그리고 신라에서 오묘제가 시정된 것은 신문왕대가 처음이며, 제도화된 것은 혜공왕대로 보기도 한다(최광식, 앞의 책, 1994, 336쪽). 한편 채미하는 문무왕대 종묘제가 수용되었고(「신라의 종묘제 수용과 그 의미」, 『역사학보』 176, 2002), 신문왕이 즉위하고 얼마 있지 않아 오묘제는 시정되었으며 신문왕 7년 오묘제사는 그것의 확정과 관련있다고 보았다(「신라 오묘제의 '시정'과 신문왕권」, 『백산학보』 70, 2004).

15) 이병도, 『국역 삼국사기』, 을유문화사, 1977, 495~496쪽 ; 박순교, 「신라 중대 시조 존숭 관념의 형성」, 『한국 고대의 고고와 역사』, 학연문화사, 1997, 387~388쪽 및 392~393쪽 ; 이문기, 위의 논문, 2000.

16) 노명호, 「백제의 동명신화와 동명묘」, 『역사학연구』 X, 1981, 81쪽 주 41 ; 황운용, 「신라태종묘호의 분규시말」, 『동국사학』 17, 1982, 11~13쪽.

나 가공의 인물일 것이라는 설 등이 있다. 심지어 석탈해왕으로 추정한 설도 있다.[17)]

넷째, 연구자들의 관심이 크게 미치지 못한 부분이 있다. 우선 시조묘제사의 시조가 혁거세왕이라는 것에 대해서는 대부분의 연구자들이 동의하고 있다.[18)] 그런데 3성집단의 연맹을 토대로 전개된 신라 상고기에 혁거세왕이 줄곧 시조묘의 시조로 모셔질 수 있었던 정치적 이유에 대해서는 관심이 부족하였다. 그리고 신궁제사는 신라말까지 중요한 국가제사의 하나였음에는 분명하나, 오묘제가 시정되면서 신궁제사는 변하였을 것이다. 이에 대해서도 관심이 미치지 못하였다.

또한 신문왕 7년 4월 기사를 오묘제의 시정이라는 측면에서는 주목하여 왔으나, 이 제사가 당시에 가지는 정치적 의미에 대해서는 관심이 부족하였다. 그리고 혜공왕을 마지막으로 중대 무열왕계 왕권은 무너졌다. 그런데 혜공왕대에 오묘제가 개정된다. 개정된 오묘제는 하대에 오묘제가 다시 개정될 때까지 그 원칙이 그대로 유지되고 있다. 그러하다면 개정된 오묘제를 둘러싸고 왕실세력과 진골귀족세력간의 갈등 및 타협이 있었다고 여겨진다. 이에 대해서도 관심이 미치지 못하였다.

뿐만 아니라 하대 오묘제의 개정과 관련해서는 특히 그러하였다. 혜공왕대 개정된 오묘제는 애장왕대 다시 개정된다. 이를 경정 오묘제라고 할 수 있다.[19)] 이에 대해 대부분의 연구자들은 동의하고 있으나, 오묘제 경정

---

17) 태조대왕에 대한 기왕의 연구성과는 채미하, 앞의 논문, 2002, 55~56쪽 및 본서 제3장 제1절 참고.

18) 이에 대해서는 小田省吾, 「半島廟制概要」, 『朝鮮』 269, 朝鮮總督府, 1937, 68~69쪽과 변태섭, 앞의 논문, 1964, 63~64쪽 참고. 이후 대부분의 연구자들이 이에 동의하고 있으며, 필자 역시 시조묘제사의 시조는 혁거세왕이라고 하였다(채미하, 「신라의 시조묘제사」, 『민속학연구』 12, 2003, 278~282쪽).

19) 채미하, 「신라 하대의 오묘제」, 『종교연구』 25, 2001b.

의 배경이라든가, 그것을 주도한 인물, 그것이 가지는 정치적 의미 등에 대한 이해가 소략하였다. 그리고 오묘제가 경정되면서 하대의 실질적인 창시자인 원성대왕의 신위는 오묘에 모셔질 수 있었다. 이것이 신라 하대 정치사에서 차지하는 의미에 대해서도 거의 관심이 미치지 못하였다. 경문왕대의 오묘제에 대해서는 더욱 그러하다.

따라서 본서에서는 우선 정치사적 관점에서 신라 종묘제의 실체와 그 변동을 연구하려고 한다. 신라 종묘제의 변화양상을 추적하는 한편 그것을 왕권의 추이와 관련하여 검토하려는 것이다. 이를 통해 신라의 국가 혹은 왕실제사를 체계적으로 이해하는 것은 물론이고 신라 정치사에 대한 우리의 이해를 깊게 할 수 있을 것이다.

한편 종묘제 외에 신라의 국가제사로는 사직제사, 농경제사와 '別祭',[20] 명산대천제사 등이 있다. 일반적으로 종묘제사와 사직제사는 함께 갖추어진다. 그런데 신라의 경우 사직단이 설치되는 것은 선덕왕대로 나온다. 기왕의 연구를 살펴보면 선덕왕대 사직단 설치와 관련해서는 간략한 언급만을 하고 있을 뿐이다.[21] 이에 사직단이 중국식의 종묘 보다 늦게 설치된 이유와 그것이 지니는 정치적 의미에 대한 이해가 부족하였다. 또한 사직단이 설치되면서 『삼국사절요』 등에는 祀典이 정비되었다고 한다. 지금까지 신라의 국가제사체계, 대·중·소사는 명산대천제사만으로 편제되어 있다

---

20) '별제'는 사성문제 이하 제사로, 이와 관련해서 채미하, 「신라의 농경제사와 '別祭'」, 『국사관논총』 108, 2006 참고.

21) 이병도, 앞의 책, 1977 ; 김동욱, 「신라의 제전」, 『신라민속의 신연구』(신라문화제학술발표회논문집4), 1983 ; 신종원, 앞의 책, 1992 ; 김두진, 「신라 김알지신화의 형성과 신궁」, 『이기백선생고희기념한국사학논총(상)』, 일조각, 1994/『한국고대의 건국신화와 제의』, 일조각, 1999 ; 김두진, 「신라의 종묘와 명산대천의 제사」, 『백산학보』 52, 1999/앞의 책, 1999 ; 최광식, 앞의 논문, 1996 ; 정구복 외 4인, 『역주 삼국사기 4-주석편(하)』, 한국정신문화연구원, 1997c ; 나희라, 앞의 책, 2003 ; 채미하, 앞의 논문, 2001a.

는 것이 공통된 의견이다.[22] 그렇지만 사직단이 설치되고 사전이 정비되면서 그것에 변화가 있지 않았을까 한다.

그리고 제사지 신라조에 보이는 모든 제사들은 왕실 및 국가제사이다. 농경제사와 '별제' 역시 신라 국가제사의 하나이다. 그런데 농경제사와 '별제'에 대해서는 시조묘제사, 신궁제사, 오묘제사, 명산대천제사 등을 논하는 과정에서 간략하게 언급하고 있는 정도이고[23] 이들 제사에 대한 전체적인 분석은 보이지 않는다. 때문에 신라의 농경제사와 '별제'에 대해서도 종합적으로 살펴볼 필요가 있을 것이다.

또한 제사지 신라조에 따르면 '三山·五岳已下名山大川'을 '分爲大·中·小祀'하였다고 한다. 명산대천제사에 대한 기왕의 연구경향을 보면 산악과 산신에 대한 숭배를 한민족 또는 신라의 특징인 신앙형태로 파악하

---

22) 대부분의 연구자들 역시 신라에서 명산대천제사만을 대·중·소사로 편제하였다는 점에 대해서 의견을 같이 하고 있다(신종원, 앞의 책, 1992, 96쪽 ; 이종태, 앞의 논문, 1996, 167쪽 ; 최광식, 앞의 논문, 1996, 20쪽 ; 나희라, 앞의 책, 2003, 44~49쪽 및 137쪽). 필자는 신라 중대 명산대천제사만으로 대·중·소사를 편제하였다는 것은 동의하나(채미하, 「신라 명산대천의 사전 편제 이유와 특징」, 『민속학연구』 20, 2007), 신라의 국가제사체계는 이후 당과의 교류 등을 통해 대부분의 국가제사 내용이 대·중·소사로 편제되지 않았을까 한다. 그 시기는 선덕왕대 사직단을 설치하고 사전이 정비되면서 그렇게 되어 갔을 것으로 보았다. 이와 관련해서 채미하, 「신라 선덕왕대 사직단 설치와 사전의 정비」, 『한국고대사연구』 30, 2003 참고.

23) 이와 관련하여 김승찬, 「신라의 諸祀試論」, 『우헌정중환박사환력기념논문집』, 1974 ; 김동욱, 앞의 논문, 1983 ; 신종원, 앞의 책, 1992 ; 최광식, 앞의 책, 1994 ; 서영대, 앞의 논문, 1991 ; 강영경, 앞의 논문, 1991 ; 이종태, 앞의 논문, 1996 ; 나희라, 앞의 책, 2003 ; 채미하, 앞의 논문, 2001a/앞의 논문, 2003 ; 박승범, 앞의 논문, 2002 ; 여호규, 「신라 도성의 공간구성과 왕경제의 성립과정」, 『서울학연구』 18, 2002 ; 윤선태, 「신라 중대의 성전사원과 국가의례」, 『신라금석문의 현황과 과제』(신라문화제학술논문집 23), 2002 ; 전덕재, 「신라초기 농경의례와 공납의 수취」, 『강좌한국고대사』 2(고대국가의 구조와 사회 1), 가락국사적개발연구원, 2003 참고. 그리고 농경제사와 별제에 대한 주석은 고전연구실 옮김, 『국역 삼국사기(하)』, 1959 ; 이병도, 앞의 책, 1977 ; 정구복 외 4인, 앞의 책, 1997c 참고.

여[24] 제사지 신라조의 명산대천에 대한 위치를 비정하고,[25] 명산대천제사를 신라사회의 체제 확립[26]·피정복민을 위무하기 위한 사상적 목적[27]·군사적 목적[28] 등과 연관시킨 연구, 당 사전의 영향에 의해 각 지역의 명산대천이 大·中·小祀에 편제되었다는 연구,[29] 諸神의 성격이나 제사의 주체를 파악한 연구[30] 등이 있다. 이로 말미암아 신라 명산대천제사에 대한 우리의 지식은 보다 넓어지고 깊어질 수 있었다. 그렇지만 신라 중대 대·중·소사가 명산대천만으로 편제되어 있는 이유와 그것이 의미하는 것이 무엇인지에 대한 관심 역시 부족하였다.[31]

명산대천 중 청해진은 중사에 편제되어 있다. 그 동안 청해진에 관한 연구는 장보고의 생애 및 그의 활동에 주목하여 왔다.[32] 그런데 청해진이

---

24) 김영수, 「지리산 성모사에 就하여」, 『진단학보』 11, 1939 ; 손진태, 「조선 고대 산신의 性에 就하여」, 『조선민족문화의 연구』, 을유문화사, 1948.

25) 이병도, 앞의 책, 1977, 498~501쪽 ; 홍순창, 「신라 삼산·오악에 대하여」, 『신라민속의 신연구』(신라문화제학술발표회논문집4), 1983, 38~53쪽 ; 井上秀雄, 앞의 책, 1993, 86~88쪽 ; 최광식, 앞의 책, 1994, 300~317쪽.

26) 이기백, 「신라 오악의 성립과 그 의의」, 『진단학보』 33, 1972/『신라정치사회사연구』, 일조각, 1974, 210~214쪽.

27) 노중국, 「통일기 신라의 백제고지지배」, 『한국고대사연구』 1, 지식산업사, 1988, 136~139쪽.

28) 최광식, 앞의 책, 1994, 317~323쪽 ; 김두진, 앞의 책, 1999, 352~365쪽.

29) 홍순창, 앞의 논문, 1983, 54~57쪽 ; 浜田耕策, 앞의 논문, 1984, 153~155쪽 ; 노중국, 앞의 논문, 1988, 132~136쪽 ; 문경현, 「신라의 산악숭배와 산신」, 『신라사상의 재조명』(신라문화제학술발표회논문집12), 1992, 20~21쪽 ; 井上秀雄, 앞의 책, 1993, 78~85쪽 ; 최광식, 앞의 논문, 1996, 2~16쪽.

30) 浜田耕策, 앞의 논문, 1984, 155~160쪽 ; 김두진, 앞의 책, 1999, 352~365쪽.

31) 이와 관련하여 채미하, 앞의 논문, 2007 참조.

30) 주로 문헌에 입각하여 장보고의 출생 및 사회적 신분, 귀국 후 청해진 설치, 장보고의 피살 및 청해진 폐진, 장보고의 해상무역활동 및 재당·재일 신라인들의 존재와 '신라방'의 실태 그리고 장보고가 산동성에 세운 법화원과 신라·당·일본과의 종교문화교류와 관련된 사실 규명에 초점이 맞춰져 있었다. 이와 관련해서 완도문화

신라 국가제사에 편제된 이유와 그 의미, 그리고 그곳에서의 제사 대상 및 청해진 폐진 이후 이것이 어떻게 되었는지에 대한 이해도 필요할 것이다.

따라서 본서에서는 종묘제 외에도 신라의 여러 국가제사에 대해서 살펴보려고 한다. 이를 통해 신라 국가제사의 전체상을 조망할 수 있을 것으로 기대한다. 뿐만 아니라 신라의 사전체계, 국가제사체계에 대해서도 새로운 인식을 할 수 있을 것이다.

본서에서 주로 사용하는 자료는 신라본기와 제사지 신라조이다. 전자는 시조묘제사나 신궁제사는 물론이고 신문왕대 이미 오묘제가 시행되었을 가능성을 제시하고 있는 기사와 원성왕·애장왕대의 오묘제에 대한 것이 나온다. 후자는 신라의 국가제사에 대해서 가장 풍부하고 비교적 체계적인 자료이다. 여기에서는 신라본기에는 나오지 않는 혜공왕대의 '오묘 시정', 사직단의 설치, 농경제사, 명산대천제사, '별제'에 대한 기사가 전한다.

그러나 신라본기와 제사지 신라조만으로는 신라의 국가제사와 그 의미를 제대로 밝혀내기가 어렵다. 이에 신라의 각종 금석문을 살펴볼 것인데, 특히 오묘의 수위에 모셔진 태조대왕과 관련하여 「문무왕릉비」와 「김인문비」를 참조할 것이다. 그리고 중국측 기록으로는 『예기』 등을 비롯하여, 唐代 국가제사의 기본 자료인 「사령」과 『대당개원례』, 『신당서』와 『구당서』의 예악지 및 『대당육전』·『통전』 등을 이용할 것이다. 일본측의

원, 『장보고 신연구』, 완도문화원, 1985 ; 손보기 엮음, 『장보고와 청해진』, 혜안, 1996 ; 손보기·김문경·김성훈 엮음, 『장보고와 21세기』, 혜안, 1999 ; 해상왕장보고연구회 편, 『7~10세기 한·중·일 교역연구문헌목록·자료집』, 2001 ; 해상왕장보고연구회 편, 『장보고관계연구논문선집』(한국편), (재)해상왕장보고기념사업회, 2002 ; 해상왕장보고연구회 편, 『장보고관계연구논문선집(중국편·일본편)』, (재)해상왕장보고기념사업회, 2002 참고. 한편 채미하는 청해진이 신라 국가제사체계에 편제된 이유와 해양신앙에 대해 살펴 보았다(「청해진의 사전편제와 해양신앙」, 『진단학보』 99, 2005).

기록은 「신지령」과 「연희식」 등을 참고할 것이다. 또한 『고려사』 예지 길례와 『세종실록』 길례 등을 비롯한 고려, 조선의 관련 기록을 최대한 이용하려고 한다.

한편 사료가 한정된 상황에서 사료들을 문헌고증학적 입장에서 다각적으로 분석하려고 한다. 그리고 중국, 일본 등의 국가제사 또는 왕실제사와 비교하여, 신라의 국가제사를 보다 입체적으로 살펴보려고 한다. 뿐만 아니라 고려·조선 등의 국가제사와도 비교하여, 한국사에서의 종묘제 및 여러 국가제사, 국가제사체계에 대해서도 주목하려고 한다.

제1장에서는 제사지 신라조에 대한 분석을 해 볼 것이다. 우선 제1절에서는 제사지 신라조의 구성을 검토해 볼 것인데, 이것을 어떻게 이해하느냐에 따라 제사지 신라조의 작성에 전거가 된 자료에 대한 설명이 달라지게 된다. 따라서 제사지 신라조를 서와 본문으로 나누어 분석을 시도하도록 하겠다. 제2절에서는 제사지 신라조의 작성에 저본이 된 자료가 어떤 것인지에 대해서도 살펴볼 것이다.

제2장에서는 시조묘제사와 신궁제사를 검토하려고 한다. 제1절에서는 시조묘제사와 상고기 왕권에 대해 생각해 볼 것이다. 남해왕이 설립한 시조묘는 '시조' 혁거세왕을 모시기 위한 것이다. 그런데 신라 상고기는 3성집단의 연맹을 토대로 전개되었다. 이에 신라 상고기 내내 혁거세왕이 시조묘에 모셔질 수 있었던 이유가 무엇인지가 궁금하다. 다음으로 상고기를 이사금시기와 마립간시기로 나누어서 시조묘제사의 변화를 살펴보려고 한다.

제2절에서는 신궁제사와 중고기 왕권에 대해 고찰해 볼 것이다. 신궁의 시조 역시 혁거세왕이었다. 이에 혁거세왕을 신궁의 시조로 모신 이유를 생각해 볼 것이다. 그리고 신궁이 설치된 시기가 소지왕대와 지증왕대로

달리 나올 뿐만 아니라 시조 출현에 대한 표현('初生'과 '誕降')과 신궁이 설치되는 모습('置'와 '創立')이 달리 전한다. 이것을 통해 소지왕대의 신궁과 지증왕대 신궁의 차이를 살펴볼 수 있을 것이다. 다음으로 진평왕대의 신궁제사에 대해서는 천사옥대와 관련지어 고찰해 볼 것이다.

제3절에서는 신궁 설치 이후 시조묘제사가 어떻게 되어 가는지에 대해서 살펴볼 것이다. 시조묘제사는 신궁이 설치되고 중국식의 종묘제가 수용된 이후에도 신라사회에 여전히 존속하지만, 그 위상은 신라 상고기와는 달랐을 것으로 여겨지기 때문이다.

제3장에서는 종묘제의 수용 및 오묘제의 시정, 개정에 대해서 검토할 것이다. 제사지 신라조에는 신라의 '宗廟之制', 곧 시조묘제사, 신궁제사, 오묘제사가 기술되어 있다. 이 중 오묘제는 시조묘나 신궁과는 달리 중국의 제사제도를 받아들인 것이다. 그런데 기왕의 연구에서는 제후오묘의 원칙에 입각한 오묘제의 '시정'을 종묘제의 수용으로 여겨왔다. 필자는 오묘제의 '시정'과 종묘제의 수용은 다르다고 생각한다. 왜냐하면 신라에 중국의 제사제도인 종묘제가 수용되면서 바로 제후오묘의 원칙에 입각한 오묘제가 시행되었다고는 보여지지 않기 때문이다.[33] 따라서 본서에서는 신라의 종묘제 수용과 오묘제 시정을 구분하였다.

제1절에서는 신라의 종묘제 수용에 대해 고찰해 보려고 한다. 우선 종묘제에 대한 관심을 살펴볼 것인데, 진덕왕대 김춘추의 활동에서 찾아 볼 수 있을 것이다. 그리고 문무왕대 종묘제가 수용되었을 가능성을 알아보고, 그것이 갖는 의미에 대해서 생각해 보도록 하겠다.

제2절에서는 신문왕이 즉위하고 얼마 있지 않아 이루어진 오묘제 시정과 왕 7년 4월의 오묘제사가 가지는 의미를 살펴보려고 한다. 이를 통해 신문왕

33) 채미하, 앞의 논문, 2002.

권에 대한 이해는 보다 깊어지고 넓어질 것이다.

제3절에서는 혜공왕대 개정된 오묘제를 고찰하려고 한다. 우선 오묘제 개정에 앞서 오묘를 개편하였을 가능성을 찾아보려고 한다. 다음으로 개정된 오묘제의 내용을 중국의 예제와 관련지어 혜공왕의 입장에서 살펴보려고 한다. 그리고 개정된 오묘제를 둘러싼 왕실세력과 진골귀족세력간의 갈등 및 타협을 생각해 보려고 한다.

제4장에서는 신라 하대의 오묘제에 대해 검토해 볼 것이다. 제1절에서는 선덕왕대와 원성왕대의 오묘제를 개정된 오묘제와 비교·고찰하려고 한다. 선덕왕은 신라 하대의 첫 임금이고 원성왕은 신라 하대 실질적인 개창자이다. 그럼에도 불구하고 혜공왕대 개정된 오묘제의 원칙을 그대로 따르고 있는 이유가 무엇인지를 당시의 정치적 상황과 연관지어 찾아볼 것이다.

제2절에서는 애장왕대 경정된 오묘제의 내용을 살펴보고, 그것이 지니고 있는 정치적 의미를 생각해 보려고 한다. 우선 경정된 오묘제의 내용을 검토해 볼 것이다. 이를 통해 신라 하대 오묘제의 경정과 개정 오묘제와의 차이를 알 수 있을 것이다. 다음으로 이러한 오묘제 경정을 주도한 세력이 누구인지를 살펴봄으로써 오묘제 경정의 의미를 알아 볼 수 있을 것이다.

제3절에서는 경문왕대의 오묘제를 고찰하려고 한다. 신라 하대의 실질적인 창시자인 원성왕은 애장왕대 오묘제가 경정되면서 오묘에 모셔진다. 그런데 경문왕대 이것은 천훼된다. 이것이 가지는 의미가 무엇인지를 경문왕대의 정치적 상황과 관련지어 살펴볼 것이다.

제4절에서는 오묘제 시정 이후 신궁제사의 변화에 대해 생각해 보려고 한다. 신궁제사는 신라 중고기 가장 대표적인 제사였다. 그렇지만 신라 중대 종묘제의 수용, 오묘제의 시정 및 개정·경정을 거치면서 그 격에 변화가 있었을 것이다.

제5장에서는 사직제사 및 농경제사와 '別祭'에 대해 검토해 볼 것이다. 제1절에서는 선덕왕대 사직단 설치와 사전의 정비에 대해 알아 볼 것이다. 우선 신문왕대 오묘제가 시정되었음에도 불구하고 사직단 설치가 함께 이루어지지 않은 이유와 선덕왕대 사직단 설치가 지니는 의미를 당시의 정치적 상황과 관련지어 살펴볼 것이다. 그리고 『삼국사절요』 이후 조선시대 사서에는 선덕왕 4년 사전이 정비되었다고 한다. 신라 중대에는 명산대천제사만으로 대·중·소사가 편제되었지만, 선덕왕 4년 사전의 정비로 그것은 변하였다고 여겨진다. 이에 본절에서는 신라 국가제사체계에 대해서도 생각해 볼 것이다.

제2절에서는 농경제사와 '別祭'에 대해 살펴볼 것이다. 우선 제사 대상과 제일 등을 통해 농경제사와 '별제'의 내용에 대해 알아보고, 제장을 통해서는 이들 제사의 성격을 알아 볼 것이다. 다음으로 농경제사와 '별제'가 신라 국가제사에서 차지하는 위치에 대해서도 생각해 보려고 한다. 이를 통해 농경제사와 '별제'가 신라 국가제사에서 차지하는 의미를 알 수 있을 것이다.

제6장에서는 명산대천제사와 청해진에 대해 검토하겠다. 제1절에서는 신라 명산대천제사의 특징에 대해 고찰해 보려고 한다. 제사지 신라조에 보이는 명산대천제사의 내용과 이것이 대·중·소사에 편제된 시기에 대해 살펴보고, 다음으로 대·중·소사가 명산대천만으로 편제된 이유에 대해 생각해 볼 것이다. 이를 통해 신라 중대왕실이 각 지역을 어떻게 편제하였는지를 알 수 있을 것이다. 그리고 당시 신라 지배층의 인식도 엿볼 수 있을 것이다.

제2절에서는 청해진의 사전편제와 해양신앙에 대해 고찰해 볼 것이다. 우선 청해진이 신라 국가제사에 편제된 이유를 다른 명산대천제사와의

비교를 통해 살펴볼 것이다. 그리고 장보고 청해진 세력은 해상세력이라는 점에서 해양신앙과도 밀접한 관련이 있다고 생각한다. 따라서 청해진 세력과 밀접한 관련이 있었다고 여겨지는 해양신앙과 장보고 사후 해양신앙의 모습에 대해서 생각해 볼 것이다.

제1장 『삼국사기』 제사지 신라조의 분석

제1절 『삼국사기』 제사지 신라조의 구성

1. 序의 분석

『삼국사기』 32, 잡지1, 제사조(이하 제사지라고 함)는 신라의 국가제사와 고구려·백제의 국가제사에 대한 것으로 이루어져 있다. 이 중 후자는 다음과 같이 시작한다.

A. 고구려·백제의 제사의례[祀禮]는 분명하지 않다. 다만, 古記 및 중국 사서에 실려 있는 것을 적어둘 뿐이다. (『삼국사기』 32, 잡지1, 제사)[1)]

여기에 이어 고구려와 백제의 국가제사를 적고 있다. 위의 사료 A를 제사지 고구려·백제조의 序라고 한다면 사실을 서술한 부분은 본문에 해당한다. 제사지 신라조도 서와 본문의 두 부분으로 나누어 볼 수 있다.[2)]

---

1) "高句麗·百濟祀禮不明 但考古記及中國史書所載者 以記云爾".

2) 고구려·백제조의 예에 비추어 보면 '按新羅宗廟之制'(다음의 사료 I(1))로부터 '但粗記其大略云爾'(다음의 사료 I(3))까지를 序, 오묘의 제일(다음의 사료 II(1))이하는 본문으로 파악할 수 있는 것이다. 이상과 관련하여 이강래, 「삼국사기 사론의 재인식」, 『역사학연구』 13, 1994/「삼국사기 사론의 기초적 검토」, 『삼국사기전거론』, 민족사, 1996, 313~314쪽을 참고. 한편 浜田耕策은 제사지 신라조를 다음과

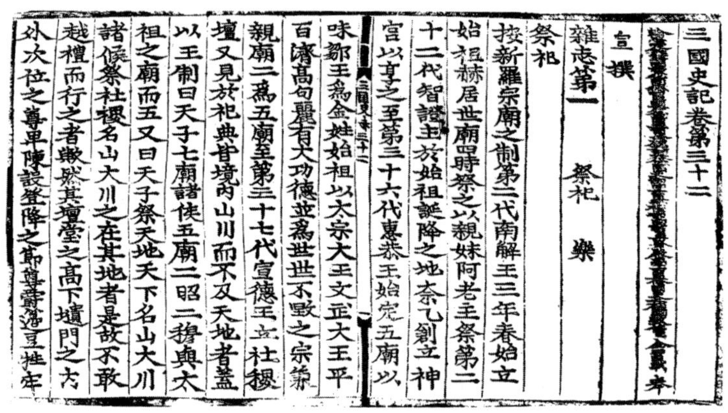
三國史記卷第三十二

宣撰

雜志第一 祭祀 樂

祭祀

按新羅宗廟之制第二代南解王三年春始立始祖赫居世廟四時祭之以親妹阿老主祭第二十二代智證王於始祖誕降之地奈乙創立神宮以享之至第三十六代惠恭王始定五廟以味鄒王爲金姓始祖以太宗大王文武大王平百濟高句麗有大功德並爲世世不毁之宗兼親廟二爲五廟至第三十七代宣德王立社稷壇又見於祀典皆境內山川而不及天地者蓋以王制曰天子七廟諸侯五廟二昭二穆與太祖之廟而五又曰天子祭天地天下名山大川諸侯祭社稷名山大川之在其地者是故不敢越禮而行之者歟然其壇堂之高下壝門之內外次位之尊卑陳設登降之節尊爵籩豆牲牢

『삼국사기』 제사지 | 신라의 국가제사를 이해하는 데 중요한 자료로, 제사지 신라조의 序이다.

서의 내용 구성을 필자는 다음과 같이 파악하는데, Ⅰ-1)·2)는 서의 전반부로 Ⅰ-3)은 서의 후반부로 이해한다.[3)]

같이 네 부분으로 나누고 있다. ① 按新羅宗廟之制……十二月寅日 ② 新城北門祭八棤……(檢諸禮典 只祭先農 無中農·後農) ③ 三山·五岳已下名山大川 分爲大·中·小祀……西述 ④ 四城門祭……而行之者也(1984, 「新羅の祀典と名山大川の祭祀」, 『呴沫集』 4, 152~155쪽). 그리고 최광식은 ① 按新羅宗廟之制……(檢諸禮典 只祭先農 無中農·後農) ② 三山·五岳已下名山大川 分爲大·中·小祀 이하 두 부분으로 나누었다(「신라와 당의 대사·중사·소사 비교연구」, 『한국사연구』 95, 1996, 5쪽). 양인의 견해에 대해서는 본 장 제1절 참고.

『삼국사기』는 김부식의 책임 하에 崔山甫 등 8명의 參考에 의해 편찬되었다. 그 중 史論과 志의 序와 같이 주관적이고 종합적인 부분은 김부식이 직접 집필하였고, 사실 자체는 그를 도왔던 참고들이 작성하였다고 한다(고병익, 「삼국사기에 있어서의 역사서술」, 『김재원박사화갑기념논총』, 1969/『한국의 역사인식』(상), 창작과비평사, 1976, 38쪽). 그렇다면 제사지 신라조의 서는 김부식이 썼고, 본문은 참고가 썼다고 할 수 있거니와, 실제적인 찬자는 참고라고 할 수 있다. 이와 관련하여 이강래, 위의 책, 1996, 313쪽에서 "색복지의 序部는 김부식이 관료로, 혹은 宋의 사신으로 활동하면서 경험한 내용을 포함하여 신라시대 색복에 대한 자료의 상황을 약술한 것이다. 따라서 지의 경우만 해도 제사지의 세 곳, 색복지의 두 곳, 지리지의 세 곳, 직관지의 두 곳을 유사한 예로 지적할 수 있다"고 한 것도 참고된다.

3) 이에 대해서 채미하, 「『삼국사기』 제사지 신라조의 분석－신라 국가제사체계의

Ⅰ. 按

1) ① 新羅宗廟之制

a. 第二代南解王三年春 始立始祖赫居世廟 四時祭之 以親妹阿老主祭

b. 第二十二代智證王 於始祖誕降之地奈乙 創立神宮 以享之

c. 至第三十六代惠恭王 始定五廟 以味鄒王爲金姓始祖 以太宗大王·文武大王 平百濟·高句麗 有大功德 並爲世世不毁之宗 兼親廟二爲五廟

② 至第三十七代宣德王 立社稷壇

③ 又見於祀典 皆境內山川 而不及天地者

2) ① 蓋以王制曰 天子七廟 諸侯五廟 二昭二穆與太祖之廟而五

② 又曰 天子祭天地·天下名山大川 諸侯祭社稷·名山大川之在其地者

③ 是故 不敢越禮而行之者歟

3) ① 然其壇堂之高下 壝門之內外 次位之尊卑 陳設登降之節 尊爵·籩豆·牲牢·冊祝之禮 不可得而推也

② 但粗記其大略云爾

필자가 서의 전반부의 구성을 위와 같이 이해한 것은 뒤에서 자세히 밝히겠지만, 찬자가 신라의 국가제사를 종묘제사, 사직제사, 경내산천의 제사로 나누어 서술하였다(사료Ⅰ-1)고 보기 때문이다. 그런데 이미 서의 전반부를 다음과 같이 세분하여 분석한 연구성과가 있어, 논의의 편의상 이를 검토하면서 필자의 견해를 제시하고자 한다.

재검토와 관련하여」, 『한국고대사연구』 13, 1998, 188~199쪽 참고. 한편 나희라는 「신라의 국가 및 왕실 조상제사 연구」, 서울대학교 박사학위논문, 1999/『신라의 국가제사』, 지식산업사, 2003, 30~34쪽에서 제사지 신라조를 전반부인 신라 국가제사에 대한 논평과 후반부인 여러 제사의 사실적 기술로 나누고, 필자가 서의 전반부로 보고 있는 Ⅰ-1)·2)까지를 전반부로, 필자가 서의 후반부로 보고 있는 Ⅰ-3)부터를 후반부로 보고 있으나, 후술하는 바와 같이 따르지 않는다.

B. 按新羅宗廟之制

1) 第二代南解王三年春 始立始祖赫居世廟四時祭之 以親妹阿老主祭
2) 第二十二代智證王 於始祖誕降之地奈乙 創立神宮以享之
3) 至第三十六代惠恭王 始定五廟 以味鄒王爲金姓始祖 以太宗大王 文武大王 平百濟高句麗有大功德 竝爲世世不毁之宗 兼親廟二爲五廟
4) 至第三十七代宣德王 立社稷壇 又見於祀典 皆境內山川 而不及天地者
5) 蓋以王制曰 天子七廟 諸侯五廟 二昭二穆與太祖之廟而五 又曰 天子祭天地天下名山大川 諸侯祭社稷 名山大川之在其地者 是故 不敢越禮而行之者歟

위의 사료 B-3)과 B-4)의 '至'에 주목하여 시조묘에서 오묘로, 신궁에서 사직으로의 변화를 상정하고, 그 근거가 B-5)라고 하였다. 제2대 남해왕 3년(6)에 세운 시조묘가 중국 제사제도의 영향을 받아 제36대 혜공왕대에 이르러 오묘제로 변화하였으며, 제22대 지증왕대에 천지신을 모시기 위해 세운 신궁은 제37대 선덕왕대에 이르러 사직단으로 변화하였다는 것이다. 그리고 이는 천자의 예에서 제후의 예로 변화하게 되었음을 의미하며, 그 근거가 『예기』 왕제편의 기록이라고 하였다.[4)]

그런데 사료 B의 분석에서 무엇보다 '宗廟之制'에 사직제사를 포함시킨

4) 이상은 최광식, 「신라의 신궁에 대한 신고찰」, 『한국사연구』 43, 1983/「신라의 신궁제사」, 『고대한국의 국가와 제사』, 한길사, 1994, 205~207쪽 참조. 김두진은 "다만 시조묘와 신궁·오묘·사직단이 모두 연결 가능한 것이면서도, 제사조의 내용을 엄밀히 검토하면 시조묘를 정비하는 모습이 오묘제로, 신궁을 정비하는 모습이 사직단으로 이해될 수 있을 법하다. 그 이유는 예전에서 제시한 '제후는 오묘를 두고 사직과 명산대천을 제사한다'는 격식에 맞추어 설치한 것으로 기록되었기 때문이다 그럴 경우 시조묘는 오묘제로 신궁은 사직단으로 정비된 것으로 이해할 수 있다"라고 하였다(「신라 김알지신화의 형성과 신궁」, 『이기백선생고희기념한국사학논총』(상), 일조각, 1994, 77쪽 주 37/『한국고대의 건국신화와 제의』, 일조각, 1999, 341쪽).

점[5])을 납득할 수 없다. 널리 알려진 바와 같이 종묘는 선왕의 靈을 제향하는 왕실의 가묘이고, 사직은 왕이 제사하는 토지신과 곡신이다. 종묘와 사직은 그 성격이 자못 다른 것이다. 찬자가 이를 몰랐으리라고는 믿어지지 않으므로 사직제사는 '종묘지제'와 구별해야 할 것이다.[6]) 또 신궁에 대한 서술은 시조묘 설치 기사와 오묘의 始定 기사 사이에 위치하고 있는데, 이는 찬자가 신궁의 제사 대상을 조상신으로 파악한 때문이었을 것으로 여겨진다.[7])

---

5) 浜田耕策도 종묘제도 안에 사직제사를 포함시키고 있다(앞의 논문, 1984, 153쪽).

6) 최광식은 "특히 종묘의 제도라고 할 수 있는 부분은 시조묘, 신궁, 오묘, 사직에 대해 기술하고 있어 여기서 종묘는 단지 조상신을 모신 祠堂이라는 좁은 의미가 아니라 제사제도 전반에 대한 넓은 의미로 쓰였음을 알 수 있다"(앞의 논문, 1996, 3쪽)고 하였으나, 위와 같은 이유에서 따르지 않는다. 나아가 그는 "사실 '신라의 종묘의 제도를 살펴보면'의 문단은 '삼산오악 이하 명산대천은 나누어 대·중·소사로 한다'는 문장의 앞에까지 해당한다. 즉, 신라의 조상제사와 사직제사뿐만 아니라 祭儀, 제물, 희생, 제기, 제문, 제일, 그리고 八蜡祭, 선농제, 중농제, 후농제, 풍백과 우사 및 영성에 대한 제사까지 언급하고 있다"(위의 논문, 1996, 5쪽)고도 하였다. 그러나 사직제사뿐만 아니라 八蜡 제사를 비롯한 여러 농경제사도 종묘제사와 구별되므로, 역시 따르지 않는다.

7) 최광식은 신궁의 주신을 천지신이라고 하였는데(주 4와 同), 그렇다면 신궁을 '始祖誕降之地', '始祖初生之處'에 설립한 이유는 무엇인지 알 수 없게 된다는 의문이 제기되었다(서영대, 「『삼국사기』와 원시종교」, 『역사학보』 105, 1985, 15쪽). 이에 최광식은 신궁이 '始祖誕降之地奈乙'에 세워진 것이라는 점에 주목하여 시조가 "하늘에서 내려온 땅", 곧 天地가 신궁의 제사 대상이라고 하였다(위의 논문, 1996, 4쪽). 하지만 이는 무리한 해석으로 여겨진다. 신궁의 제사 대상('享之'의 '之')은 역시 (하늘로부터) 誕降한 '시조'를 가리키는 것으로 보는 것이 옳을 것이다. 이와 관련하여 신궁의 배향 대상은 일단 문맥 그대로 시조와 관련된다는 견해(신종원, 「삼국사기 제사지 연구」, 『사학연구』 38, 1984/「신라 사전의 성립과 의의」, 『신라초기 불교사연구』, 민족사, 1992, 76쪽 ; 김두진, 앞의 논문, 1994, 76쪽 ; 나희라, 「한국 고대의 신관념과 왕권—신라왕실의 조상제사를 중심으로」, 『국사관논총』 69, 1996, 133~134쪽/「신궁 설치와 그 배경」, 『신라의 국가제사』, 지식산업사, 2003, 147~148쪽), 그리고 중국의 경우 신궁이란 표현은 2세기 鄭玄의 『詩經』 閟宮註에 처음 보이는 것으로 종묘를 의미하며 일본의 伊勢神宮 역시 皇祖神을 제사하는 곳이기 때문에 유독 신라의 경우만 신궁이 조상신을 모신 곳이 아니라는 것은 수긍하기 힘들다는 견해(서영대, 「서평—『고대한국의 국가와 제사』」, 『한국사연구』

따라서 사료 B의 '신라종묘지제'는 혜공왕대의 '오묘시정' 기사(B-3)까지 해당하는 것으로 보아야 할 것이다.[8)]

'至'에 주목하여 시조묘→오묘, 신궁→사직으로의 변화를 추론한 것에 대해서도 의문의 여지가 있다.[9)] 종묘제도에 사직단이 포함될 수 없으므로 이러한 논리는 성립하기 어렵다고 보인다. 만약 그러하였다면 찬자가 시조묘에 이어 오묘를, 신궁에 이어 사직을 서술하였음직하다는 생각도 든다.

이와 관련하여 '至'의 다음 용례가 참고된다.

C. 新羅之初 衣服之制 不可考色 至第二十三葉法興王 始定六部人服色尊卑

98, 1997, 167~168쪽), 또한 종묘가 사람을 모시는 廟라고 한다면 신궁의 주신이 자연신이 될 수 없다는 견해(최재석, 「신라의 시조묘와 신궁의 제사」, 『동방학지』 50, 1986/『한국고대사회사연구』, 일지사, 1987, 225쪽 주 19)가 참고된다. 한편 浜田耕策은 "신궁은 종묘와는 一線을 劃하는 신라 고유의 제사"라고 하면서도 "신궁이 지닌 시조제사라는 측면에 한정한다면, 제사지가 신궁을 종묘제의 변천 안에 위치지운 것도 이해가 가능하지 않은 것은 아니다"라고 하여 신라의 종묘제도에 신궁을 포함시키고 있다(앞의 논문, 1984, 152~153쪽).

8) 『동사강목』 5(상), 혜공왕 12년조에 따르면 안정복은 '初 新羅宗廟之制 未詳'이라고 하면서, 시조묘·신궁·오묘에 대해 기술하였다. 이로 볼 때 안정복은 시조묘·신궁·오묘를 신라 종묘제도로 파악하고 있었음을 알 수 있다. 나희라, 앞의 논문, 1996, 133~134쪽/앞의 책, 2003, 147~148쪽도 참고.

9) 서영대는 신궁이 천지신을 제사하는 곳이라고 한다면 사직은 토지신·곡신을 奉祀하는 곳인데, 어떻게 사직단에서 祭天을 유추할 수 있을까라는 의문이 생긴다고 하였고(앞의 논문, 1985, 15쪽), 또한 천신은 어떻게 되었는지에 대한 설명이 필요하다고 하였다(앞의 논문, 1997, 167~168쪽). 최재석은 이 변천도식을 인정하게 되면 오묘 이후의 시조묘제사와 신궁제사의 시행, 또 시조묘와 오묘의 동시 제사와 사직단의 동시 제사를 설명할 수가 없다고 하였다(앞의 책, 1987, 250~251쪽). 이에 대해 최광식은 신궁에서 사직으로 변화했다고 한 것은 제사지를 분석한 내용으로 제도상으로는 중국을 의식하여 시조묘 대신에 오묘로, 신궁 대신에 사직으로 제도화하였지만, 신라는 자신들의 독자적인 제사인 시조묘와 신궁에 계속하여 제사를 지냈다고 하였다(「삼국의 시조묘와 그 제사」, 『대구사학』 38, 1989/「시조묘제사」, 『고대 한국의 국가와 제사』, 한길사, 1994, 167~168쪽).

之制 猶是夷俗 至眞德在位二年 金春秋入唐 請襲唐儀 太宗皇帝詔可之 兼賜衣帶 遂還來施行 以夷易華 文武王在位四年 又革婦人之服 自此已後 衣冠同於中國 我太祖受命 凡國家法度 多因羅舊 則至今朝廷士女之衣裳 蓋亦春秋請來之遺制歟 臣三奉使上國 一行衣冠 與宋人無異 嘗入朝尙早 立紫宸殿門 一閤門員來問 何者是高麗人使 應曰 我是 則笑而去 又宋使臣劉逵·吳拭來聘在館 宴次見鄕粧倡女 召來上階 指闊袖衣·色絲帶·大裙 嘆曰 此皆三代之服 不擬尙行 於此 知今之婦人禮服 蓋亦唐之舊歟 新羅年代綿遠 文史缺落 其制不可僂數 但粗記其可見云爾. (『삼국사기』 33, 잡지2, 색복)

위의 사료 C는 색복조 序이다.[10] 그 중 제23대 법흥왕 때에 '이르러[至]' 비로소 6부사람의 복색의 존비제도를 정하였다고 한 구절이 주목된다. 법흥왕 때의 복색제도는 아직 '오랑캐의 풍속(夷俗)' 그대로였으나, 진덕왕 재위 2년(648) 김춘추가 입당하여 중국식 의복제도를 받아들임[11]에 '이르러[至]' 중화의 풍속으로 바뀌었다고 하였음도 그러하다. 이를 보면 '至'는 찬자가 중요하다고 판단한 사실이 일어났던 시점을 가리킬 때 사용되고 있고, 앞의 사료 B-3)·B-4)의 '至'도 이와 같이 쓰인 것으로 생각되는 것이다.[12]

---

10) 여기에서 김부식은 관료로서 혹은 使臣으로서 활동하면서 경험한 내용을 포함하여 신라시대 색복제도를 약술하였다(이강래, 앞의 책, 1996, 311~313쪽).

11) 『삼국사기』 신라본기에는 진덕왕 3년의 사실로 나오고 있다.

12) 이와 관련하여 『삼국사기』 4, 신라본기4, 법흥왕 15년조의 불교 공인 과정에 대한 기술구조도 참고된다.
① 肇行佛法
② 初訥祇王時 沙門墨胡子……
③ 至毗處王時 有阿道和尙……
④ 至是 (法興)王亦欲興佛教……
이와 관련해서는 이강래, 「『삼국사기』와 필사본 『화랑세기』」, 『화랑문화의 신연구』, 문덕사, 1996, 334~335쪽 참고.

앞의 사료 B-5)를 보면 찬자는 앞에 나온 신라의 국가제사가 제후의 예에 합당하였다고 평하였다. 이를 염두에 두면 앞의 사료 B-3)은 혜공왕대에 이르러 비로소 (제후의 예에 맞는 : 필자) 오묘를 정하였으며, 앞의 사료 B-4) 역시 선덕왕대에 이르러 (비로소 제후의 예에 맞는 : 필자) 사직단을 설치하였다고 해석할 수 있을 것이다.

그리고 앞의 사료 B-4)에서 사직단 설치 기사와 "又見於祀典 皆境內山川而不及天地者" 기사의 관련성도 좀 더 살펴보아야 할 것이다.[13] 祀典에 나타나는 제사가 천지에 미치는 것은 아니었다는 점을 주목하면 혹 이 구절을 사직제사에 대한 설명으로 볼 여지가 있다. B-5)에서 알 수 있듯이, 천자의 천지제사와 제후의 사직제사가 대응하고 있기 때문이다.

그러나 다른 이해도 가능하다. 다음 기사는 조선시대의 예이지만, 참고할 만하다.

D. 임금이 승정원에 이르기를 "고려 때에는 圓壇祭를 행하였는데, 우리 태종께서 僭禮의 일은 다 혁파하셨다. 원단제를 혁파한 것도 그 중의 하나이다. 그러나 북방 사람은 백마 및 고니[鵠]로 하늘에 제사지내고, 늑대[豺]와 수달피[獺]도 짐승이나 물고기를 가지고 제사지낸다고 하니, 예법에 비록 천자는 천지에 제사지내고, 제후는 산천에 제사지낸다고 하였으나, 이는 중국 지경 안의 제후를 가지고 말한 것이다. 우리 나라는 궁벽하게 海外에 있으므로, 전일에 卞季良이 '비를 빌려고 하면 반드시 하늘에 제사지내야 된다'고 强請하여, 비를 얻고서 말하기를, '이것은 하늘에 제사지냈기 때문에 비가 내린 것이다' 하였으니, 이제 하늘에 제사하는 것이 만약 옳다고 한다면, 내가 결심하고 그것을 지낼 것이다." (『세종실록』 101, 세종 25년 7월 10일(癸亥))[14]

---

13) 浜田耕策도 최광식과 마찬가지로 보고 있다(앞의 논문, 1984, 152쪽).

14) "上謂承政院曰 高麗行圓壇祭 我太宗悉革僭禮之事 罷圓壇之祭 其一也 然北方人

위의 사료 D에 따르면 세종은 천자의 천지에 대한 제사와 제후의 산천에 대한 제사를 예법의 규정이라고 하였다. 『예기』를 비롯한 경전에서 이를 뒷받침할 대목을 찾을 수는 없었지만,[15] 세종의 말을 존중할 경우 앞의 사료Ⅰ-1)③의 "又見於祀典 皆境內山川 而不及天地者"는 신라의 국가제사 체계가 제후국의 예를 준수하였다는 찬자의 평가라고 할 수 있다.[16] 그렇다면 이 구절은 앞의 사료 B-5)와 묶어서 이해할 수도 있다.

그런데 앞의 사료Ⅰ-1)③의 "又見於祀典 皆境內山川 而不及天地者"에는 사직제사와는 성격이 다른 경내산천제사가 언급되고 있다. 이 점을 중시하면 이 구절은 사직단 설치 기사와는 구별하여야 할 것으로도 여겨진다. '又'라는 문자의 해석을 고려하여도 이것은 앞의 종묘제사 및 사직단 설치 기사와 대등한 비중을 지닌 것으로 생각되기도 한다. 그리고 이 구절이 논평의 성격을 지니고 있기는 하지만, 앞의 사료 B-5)에 신라의 국가제사에 대한 찬자의 논평이 있으므로, 한편으로는 그것과는 구별지어 볼 여지도 있겠다.

여기서 앞의 사료 B-5)에 나오는 천자칠묘, 제후오묘에 대한 『예기』 왕제편의 규정은 오묘의 시정을 전하는 기사(B-3)와, 천자의 천지제사와

以白馬及鵾祭天 豺獺亦得祭獸魚 則禮雖天子祭天地 諸侯祭山川 此以中國封內諸侯言之 我國僻在海外 往者卞季良云 欲祈雨必須祭天 强請 得雨 乃曰 此祭天所致也 今祭天若以爲可 則予決意行之".

15) 본래 『禮記』를 비롯한 유교의 祀典 규범에 의하면 祭天은 천자만이 행할 수 있고, 제후는 자기 境內의 산천에만 제사할 수 있도록 하여 천자 이외의 祭天을 금지하였다고 한다(한영우, 『조선전기의 사회사상』(춘추문고 017), 1976, 43~44쪽). 이와 관련해서 『예기』 왕제편에 따르면 "天子祭天地 諸侯祭社稷……天子祭天下名山大川……諸侯祭名山大川之在其地者"라고 나오는데, 이를 축약해서 "天子祭天地 諸侯祭山川"이라고 한 것으로 여겨진다.

16) 신종원, 앞의 책, 1992, 85쪽 ; 浜田耕策, 앞의 논문, 1984, 152쪽 ; 서영대, 앞의 논문, 1985, 14쪽 ; 최광식, 앞의 논문, 1996, 5쪽.

제후의 사직제사에 대한 것은 사직제사(B-4)와 대응한다는 점이 주목된다. 그렇다면 천자의 천하명산대천에 대한 제사와 제후의 '名山大川之在其地者'에 대한 제사의 규정은 앞의 사료Ⅰ-1)③의 "又見於祀典 皆境內山川而不及天地者"에 대응하는 것으로 볼 수 있지 않을까. 곧 이것은 사직제사나 사료 B-5)와는 구별되는 경내산천제사에 관한 항목으로 생각된다.

이렇게 보면 찬자가 신라의 국가제사를 종묘제사, 사직제사, 경내산천제사의 순서로 서술한 셈이 되는데, 이는『예기』왕제편의 제후의 오묘제사, 사직제사, '名山大川之在其地者'의 제사에 대한 규정을 의식한 것으로 여겨진다. 따라서 찬자는 이러한 신라의 국가제사가 제후국의 예에 합당함을 評하고 있는 것이다.

한편 '사전'에 나타난다고 한 경내산천제사는 다음의 사료 Ⅱ-3)에 나오는 삼산·오악 이하 명산대천에 대한 제사를 가리킬 것이다. 이를 보면 양이 적지 않은데, 아마도 찬자는 이 분량을 고려하여 경내산천제사의 사실을 제시하지 않고 설명으로 대신하였던 것으로 생각된다.

그런데 찬자가 하필 경내산천제사에 대해 서술하면서 신라의 국가제사가 천지에 미치는 것이 아니었다고 설명한 것은 어떤 이유에서였을까. 고구려에는 일찍부터 제천행사가 있었으며, 3월 3일에는 천과 산천에 대한 제사를 행하였다.[17] 백제의 국가제사에는 천지제사가 포함되어 있었다.[18] 찬자는 이를 제후국의 제사 예법에 어긋나는 것으로 여겼을 것이다. 찬자는 사론에서 고구려의 멸망 원인의 하나로 수·당에 대한 불순한 태도를 들었다.[19] 중국에 대한 '陽從陰違'를 백제의 멸망 원인의 하나로 지적하였다.[20]

---

17)『삼국사기』32, 잡지1, 제사.

18)『삼국사기』32, 잡지1, 제사.

19)『삼국사기』22, 고구려본기10, 보장왕 27년.

20)『삼국사기』28, 백제본기6, 의자왕 20년.

반면 신라는 중국을 충심으로 섬겨 禮義之邦이 되고 번성하였다고 하여[21] 신라가 융성할 수 있었던 원인의 하나로 사대를 잘하였음을 들었다. 사대의 다른 면은 제후국으로서의 분수를 지키는 것이라고 할 수 있다. 그렇다면 찬자가 신라의 국가제사에 천지에 대한 것이 없음을 언급하였던 것은 고구려·백제의 그것에 대한 비판이 아니었을까. 삼국 중에서 신라만이 중국에 대한 제후국으로서의 예의 규범을 잘 지켰음을 강조하려는 의도에서였던 것으로 짐작된다.[22]

---

21) 『삼국사기』 12, 신라본기12, 경순왕 9년.

22) 이러한 김부식의 입장은 그의 현실비판(Edward J. Shultz, 「김부식과 삼국사기」, 『한국사연구』 73, 1991 ; 이강래, 앞의 책, 1996, 384~417쪽 참조)과 연결지어 생각해 볼 수도 있지 않을까 한다. 고려에는 유교적 제천의례의 하나인 圜丘祭가 있었다. 그리고

① 『고려사』 63, 지17, 예5, 잡사, "(顯宗 三年) 七月 大醮于毬庭 國家故事 往往遍祭天地及境內山川于闕庭 謂之醮".

② 『고려사』 63, 지17, 예5, 잡사, "(宣宗 六年) 二月 辛酉 親祀天地山川于毬庭".

라고 한 것에서 알 수 있듯이, 고려에서는 일찍부터 천지와 국내의 산천신에 대해 두루 제사하는 醮祭가 행하여졌다. 그렇다면 김부식은 이에 대해서도 비판적이었을 것으로 짐작되는 것이다. 한편 신라에서도 天에 대한 제사가 행해지고 있었다(서영대, 앞의 논문, 1985, 15~16쪽 ; 신종원, 앞의 책, 1992, 72~74쪽). 그럼에도 불구하고 제사지 신라조에 그것이 언급되지 않았던 것은 어떻게 설명하여야 할 것인가. 중국측 문헌에서 고구려와 백제의 祭天에 대한 사례를 찾을 수 있는 반면 신라의 경우에는 그러하지 않다. 이는 적어도 관련 자료가 상대적으로 적었음을 일러준다고 할 수 있지 않을까 하거니와(이상과 관련하여 서영대, 위의 논문, 1985, 18~19쪽 참조), 그렇다면 찬자는 그에 대한 자료를 접하지 못하였을 것으로 추측된다. 혹 김부식의 유교적 명분론을 중시할 경우 찬자가 신라의 祭天 관계 자료를 간과하거나 무시하였을 것으로 여길 수도 있다(서영대, 위의 논문, 1985, 18~19쪽). 그런데 신라본기에 신라의 연호 사용에 대한 기사가 있고, 김부식이 그를 비판하였음을 염두에 두면(『삼국사기』 5, 신라본기5, 진덕왕 4년), 그러하였을 가능성은 조금 적지 않을까 한다. 한편 '고구려나 백제와 달리 천자에 대해 제후의 예를 지킨 신라를 칭찬한 김부식의 논평은 상하질서적 군신관의 확립과 현실적 사대론에 입각하여 고려사회를 바라보고, 자신과 반대되는 정치 이념을 지닌 정적들과의 대결에서 최종적 승리를 장악한 김부식 자신의 정치적 입장을 그대로 표현한 것이었

이상에서 분석한 서의 전반부를 정리하면 다음과 같다.

Ⅰ. 按[23)]

1) ①' 종묘제사

a' 시조 혁거세묘 제사

b' 신궁제사

c' 오묘제사

②' 사직제사

③' 경내산천제사

2) ①' 천자의 칠묘제사와 제후의 오묘제사

②' 천자의 천지제사와 천하명산대천제사, 제후의 사직제사와 '名山大川之在其地者'에 대한 제사(①'과 ②'는 『예기』 왕제편의 내용)

③' 찬자의 평

다음으로는 서의 후반부에 해당하는 앞의 사료Ⅰ-3)의 기사를 검토해 보자. 사료Ⅰ-3)①의 '其'는 우선 사료Ⅰ-1)에 나왔던 종묘제사, 사직제사, 경내산천제사를 가리키는 것으로 생각할 수 있다. 사료Ⅰ-3)②의 '其'도 그러하다. 혹은 사료Ⅰ-3)②의 '其'가 사료Ⅰ-3)①의 '壇堂之高下……冊祝之禮'까지를 받는 것으로도 여길 수 있다.

다'고 하는 나희라의 견해(앞의 책, 2003, 38쪽)도 참고된다.

23) 이 '按'을 '新羅宗廟之制'에만 해당하는 것으로 보면, "신라 종묘의 제도를 검토하건대"로 볼 수 있다. 그렇지만 Ⅰ-2)③의 평가를 염두에 두면 '按'은 Ⅰ-1)·2) 전부에 걸리는 것으로, "(신라 국가제사를) 검토하건대……이 때문에 감히 (제후의) 예를 벗어나지 않고 실행한 것인가 한다"고 해석해 볼 수 있다. 그리고 이것이 Ⅰ-3)까지 걸리는 것이라고 한다면, "(신라의 국가제사를) 검토하건대, ……다만 그 대략을 대충 적을 뿐이다"라고 볼 수 있다. 필자는 두 번째와 세 번째가 더 타당하다고 생각한다. '新羅宗廟之制'라고 한 이유는 김부식이 파악한 신라 종묘제가 시조묘, 신궁, 오묘 셋이므로, 그렇게 한 것이 아닐까 한다.

이와 관련하여 앞의 사료 C)의 마지막에 "新羅年代綿遠 文史缺落 其制不可僂數 但粗記其可見云爾"라고 한 부분이 참고될 수 있다. 이 중 "新羅年代綿遠 文史缺落 其制不可僂數"는 앞의 사료Ⅰ-3)①의 "然其壇堂之高下……不可得而推也"와, "但粗記其可見云爾"는 앞의 사료Ⅰ-1)②의 "但粗記其大略云爾"와 대응한다. 양자의 서술 형식이 흡사하므로 색복조 서의 마지막 구절에 대한 검토가 우리의 이해에 도움이 될 수 있을 것이다.

우선 앞의 사료 C)의 '其制'가 앞의 특정한 사항, 예컨대 고려의 관리 혹은 사신의 의관이나 부인의 의복이 아니라 '(신라의) 衣服之制'를 받는다는 것을 쉽게 알 수 있다. 사료 C)의 '其可見'은 신라의 의복제도로서 알 수 있었던 여러 가지 사항을 가리킨다.

색복조의 본문에는 법흥왕 때에 제정된 규정에 이어 흥덕왕 9년(834)의 규정이 실려 있다. 사료 C)의 '其可見'은 우선 이를 가리킨다고 할 수 있다. 그런데 본문에는 서에 나오는 진덕왕대에 중국식 복색제도를 채용하였던 사실이 빠져 있다. 그것도 찬자가 정리한 자료의 일부였음직한 것이다. 그렇다면 이도 사료 C)의 '其可見'에 포함시킬 수 있을 것이다.

이상과 같이 생각하고 보면 사료Ⅰ-3)①의 '其'는 종묘제사, 사직제사는 물론 다음의 사료Ⅱ에 보이는 여러 가지 제사를 가리킨다고 할 수 있다. 그리고 사료Ⅰ-3)②의 '其大略'에는 다음의 사료Ⅱ-1) 이하에 서술되어 있는 것들은 말할 것도 없고, 실제로는 앞의 사료Ⅰ에 나오는 종묘제사, 사직제사에 관한 것도 포함시킬 수 있다. 요컨대 사료Ⅰ-3)①과 ②의 '其'는 신라의 여러 가지 국가제사를 가리킨다고 여길 수 있는 것이다.

그렇다면 앞의 사료Ⅰ-3)은 신라의 여러 국가제사의 제단과 사당의 높고 낮음, 담[壝]과 문의 안팎 위치, 신위 순서의 존비 구분, 젯상의 차림과 올리고 내림의 절차, 술잔[尊爵]·제기[籩豆]·제물[牲牢]·축문[冊祝]의 예식에 대해서는 추지할 수 없으나,[24] 신라 국가제사의 '大略',[25] 곧 신라 국가제사의 중요한 것은 알 수 있다는 찬자의 서술이라고 할 수 있다. 이는 서의 마지막 부분이면서도 본문의 도입부에 해당된다고 생각한다.

2. 본문의 분석

제사지 신라조의 본문은 다음과 같이 나누어 이해할 수 있지 않을까 한다.

Ⅱ. 1) 一年 六祭五廟 謂正月二日・五日 五月五日 七月上旬 八月一日・十五日

2) ① 十二月寅日 新城北門祭八禮 豊年用大牢 凶年用小牢

② 立春後亥日 明活城南熊殺谷祭先農 立夏後亥日 新城北門祭中農 立秋後亥日 菻園祭後農

③ 立春後丑日 犬首谷門祭風伯 立夏後申日 卓渚祭雨師 立秋後辰日 本彼遊村祭靈星

④ (檢諸禮典 只祭先農 無中農・後農)

3) ① 三山・五岳已下名山大川 分爲大・中・小祀

② 大祀 三山 一奈歷(習比部) 二骨火(切也火郡) 三穴禮(大城 郡)

③ 中祀 五岳 東吐含山(大城郡) 南地理山(菁州) 西雞龍山(熊川州) 北太伯山(奈已郡) 中父岳(一云公山 押督郡), 四鎭 東溫沫懃(牙谷停) 南海恥也里(一云悉帝 推火郡) 西加耶岬岳(馬尸山郡) 北熊谷岳(比烈忽郡), 四海 東阿等邊(一云斤烏兄邊 退火郡) 南兄邊(居柒山郡) 西未陵邊(屎山郡) 北非禮山(悉直郡), 四瀆 東吐只河(一云槧浦 退火郡) 南黃山河(歃良州) 西熊川河(熊川州) 北漢山河(漢

---

24) 단, 본문에는 팔자제사의 牲牢가 나오고 있다.

25) 羅竹風 主編, 『漢語大詞典』 2, 漢語大詞典出版社, 1994, 1370쪽에 따르면 '大略'은 '大概', '大要'의 뜻으로 나온다.

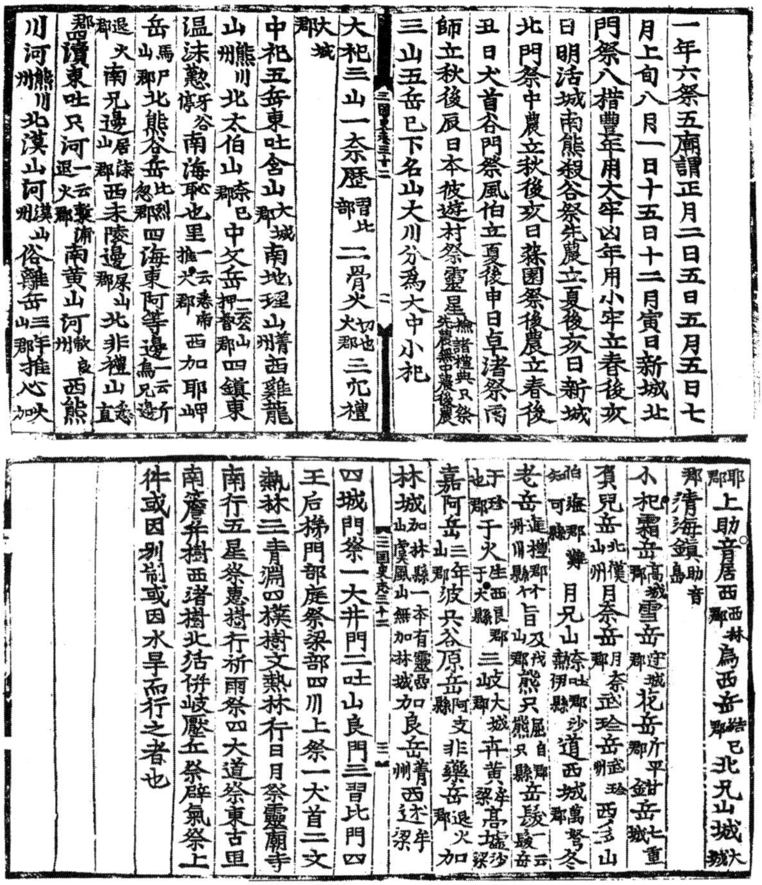

『삼국사기』 제사지 | 제사지 신라조의 본문으로, 오묘 제일부터 '별제'까지의 내용이다.

山州), 俗離岳(三年山郡) 推心(大加耶郡) 上助音居西(西林郡) 烏西岳(結已郡) 北兄山城(大城郡) 淸海鎭(助音島)

④ 小祀 霜岳(高城郡) 雪岳(迂城郡) 花岳(斤平郡) 鉗岳(七重城) 負兒岳(北漢山州) 月奈岳(月奈郡) 武珍岳(武珍州) 西多山(伯海郡 難知可縣) 月兄山(奈吐郡 沙熱伊縣) 道西城(萬弩郡) 冬老岳(進禮郡 丹川縣) 竹旨(及伐山郡) 熊只(屈自郡 熊只縣) 岳髮(一云髮岳

于珍也郡) 于火(生西良郡 于火縣) 三岐(大城郡) 卉黃(牟梁) 高墟(沙梁) 嘉阿岳(三年山郡) 波只谷原岳(阿支縣) 非藥岳(退火郡) 加林城(加林縣 一本 有靈嵒山・虞風山 無加林城) 加良岳(菁州) 西述(牟梁)

4) ① 四城門祭 一大井門 二吐山良門 三習比門 四王后梯門, 部庭祭 梁部, 四川上祭 一犬首 二文熱林 三靑淵 四樸樹, 文熱林行日月祭, 靈廟寺南行五星祭, 惠樹行祈雨祭, 四大道祭 東古里 南簷幷樹 西渚樹 北活併岐, 壓丘祭, 辟氣祭

② 上件或因別制 或因水旱 而行之者也

사료 Ⅱ-1)은 오묘제사의 제일에 대한 것이다.[26] 그런데 앞에서 언급한 바와 같이 찬자가 서를 쓰면서 모아 놓은 자료 중에서 필요한 부분을 발췌하였다면, 동일한 기사는 본문에서 빠지게 되었을 것이다. 그렇다면 본문 기사 Ⅱ-1) 앞에는 본래 앞의 서에 나오는 시조묘・신궁・오묘에 대한 사항이 있었을 것으로 여겨진다.[27]

26) 浜田耕策은 제사지 신라조의 첫 부분을 '按新羅宗廟之制'에서 '十二月寅日'까지로 이해하였다(앞의 논문, 1984, 152~153쪽). 이로 보면 浜田耕策은 '十二月寅日'도 오묘제사의 祭日로 파악하고 있는 듯한데, 그러면 오묘제사는 1년 6祭가 아니라, 1년 7祭가 된다. '十二月寅日'은 팔자제사의 祭日로 보아야 함이 타당하다고 생각된다(신종원, 1992, 앞의 책, 89~90쪽과 최광식, 앞의 논문, 1996, 6~7쪽 참고). 여하튼 浜田耕策은 제사지 신라조의 첫부분을 오묘제사의 祭日까지로 파악하고 있는 것으로 볼 때, 이 부분을 종묘제도로 이해하고 있는 듯하다. 그러나 앞에서 살펴보았듯이, 종묘제사는 사직제사, 경내산천제사와 구분된다. 그리고 오묘제사의 제일 앞의 부분까지는 序로, 오묘제사의 祭日부터는 본문으로 파악해야 할 것이다.

27) 『삼국사절요』 12, 혜공왕 12년조 말미에 "王始立五廟 以味鄒王・太宗王・文武王 幷祖禰爲五廟 一年凡六祭 正月二日・五日 五月五日 七月上旬 八月一日・十五日 行之 蓋味鄒王爲金氏始祖 禰 太宗王・文武王平麗濟有大功德 爲不遷之主"라는 내용이 실려 있는데, 이로 본다면 오묘를 1년에 6번 제사지내는 시기도 혜공왕 때 정해진 것일 수 있겠다(정구복 외 4인, 『역주 삼국사기』 4(주석편 하), 한국정신문화연구원, 1997c, 7쪽).

사료 Ⅱ-2)에는 제일, 제장, 제사 대상이 나온다.[28] 그 중 ①은 八禮에 관한 것으로 희생에 대한 규정이 첨부되어 있다. ②는 선농, 중농, 후농, ③은 풍백, 우사, 영성에 관한 것이다. ④는 分註이다. 그런데 고려시대에는 중농과 후농에 대한 제사가 행해졌다.[29] 그러므로 분주에 나오는 '諸禮典'은 중국의 예전을 가리킨다고 할 수 있다.[30] 이처럼 중국 예전에 중농과 후농의 제사가 없음을 나타내고 있다는 점에서 이것은 찬자의 분주일 것으로 여겨도 좋을 것이다.[31] 찬자가 서에서 『예기』 왕제편을 기준으로 신라의 국가제사를 평하였던 것과 맥이 통한다. 그리고 선농, 중농, 후농에 대한 註(④)가 해당 항목(②) 뒤에 붙지 않고 ③의 끝에 나오고 있음이 주목된다. 이 점과 위에 나오는 여러 제사 대상이 모두 농경과 관련이 있음을 염두에 둔다면 찬자가 팔자제사 등을 농경제사로 묶어 파악하였음을 짐작할 수 있다.[32]

사료 Ⅱ-3)은 명산대천제사에 대한 것으로 두 부분으로 나누어진다. '三

28) 농경제사 이하의 구분과 관련하여 浜田耕策이 제사지 신라조를 분석한 것이 참고된다(주 2 참조).

29) 『고려사』 6, 세가 6, 靖宗 12년, "夏四月 辛亥 祭仲農" ; 『고려사』 7, 세가 7, 文宗 2년, "六月 丁亥 祭後農".

30) 정구복 외 4인, 앞의 책, 1997c, 17쪽.

31) 『동사강목』 5(상), 선덕왕 4년조에서 안정복이 "金氏曰 檢諸禮典 只祭先農 無中農後農"이라고 註記한 것이 참고된다.

32) 채미하, 앞의 논문, 1998, 202쪽에서 "사직제사는 농경제사의 일종이다. 그러므로 서에 나오는 사직단 설치 기사는 사료 Ⅱ-2)에 포함되어 있었음직하다. 그것이 농경제사 중 가장 중요시 되었으리라는 점에서 아마도 팔자제사에 앞서 기록되었을 것으로 추측해 본다"고 하였다. 사직제사가 농경제사와 관련이 있음은 틀림없는 사실이다. 그러나 사직제사와 사료 Ⅱ-2)의 농경제사는 그 격에 차이가 있다. 이에 사직제사와 농경제사는 구별해서 본다. 사직제사와 관련해서는 채미하, 「신라 선덕왕대 사직단 설치와 사전의 정비」(『한국고대사연구』 30, 2003), 농경제사와 관련해서 채미하, 「신라의 농경제사와 '別祭'—『삼국사기』 제사지 신라조를 중심으로」(『국사관논총』 108, 2006) 참고.

山·五岳已下名山大川 分爲大·中·小祀'라고 하고, 이어서 그 구체적 대상이 대사·중사·소사로 나뉘어져 나온다. 그리고 각각의 소재지명이 註記되어 있다(주기에 대해서는 후술). 전자(①)가 설명 부분이라면 후자(②·③·④)는 사실에 대한 서술이다. 그런데 설명과 사실에 대한 서술이 일부 중복되지만, 서로 유기적으로 연결된다. 이에 후자가 저본자료에 의거하여 서술된 것이라면 전자는 역시 찬자의 설명이라고 할 수 있지 않을까. 그렇다면 찬자는 명산대천제사를 다른 제사(사료 Ⅱ-1)·2)·4)의 제사)와 구별하여 파악하였다고 볼 수 있을 것이다.

사료 Ⅱ-4)에는 사성문제를 비롯한 여러 제사의 제장과 일월·오성과 같은 제사 대상 그리고 압구제·벽기제 등이 소개되어 있다(①). 그런데 사료 Ⅱ-4)에 나오는 여러 제사가 別制 혹은 수재·한재로 인해 행해졌던 제사라고 밝혀져 있다(②). 이는 앞의 사실에 대한 설명이므로 역시 찬자의 서술일 듯하다. 그렇다면 찬자는 위의 여러 제사를 앞의 다른 제사와 구별하여 파악하였던 것이라고 할 수 있을 것이다.[33]

이상에서 살펴본 내용을 정리하면 다음과 같다.

Ⅱ'.

1)' (종묘제사)

오묘제사의 제일

2)' 농경제사

①' 팔자제사 : 제일, 제장, 희생

②' 선농, 중농, 후농 제사 : 제일, 제장

---

33) 여기서 찬자의 설명이 분주와 본문으로 나누어져 나타나고 있다는 점이 문제가 될 수 있다. 분주가 중농과 후농 제사 등 농경제사의 일부에 대한 것인 반면 본문에 보이는 찬자의 설명은 명산대천제사와 '別祭' 전체에 대한 것이다. 위와 같은 차이는 이와 관련이 있는 것이 아니었을까 한다.

③' 풍백, 우사, 영성 제사 : 제일, 제장
④' 찬자의 註
3)' 명산대천제사
①' 찬자의 설명
②' 대사 : 제사 대상(소재지 주기)
③' 중사 : 제사 대상(소재지 주기)
④' 소사 : 제사 대상(소재지 주기)
4)' '別祭'[34)]
①' 사성문제를 비롯한 여러 제사의 제장, 제사 대상, 압구제・벽기제 등
②' 찬자의 설명

여기서 본문도 『예기』 왕제편과 어느 정도 관련이 있는 것이 아닌가 하는 생각을 갖게 된다. 찬자가 종묘제사, 농경제사, 명산대천제사, '별제'의 순서로 서술하였다면 그것은 제후의 오묘제사, 사직제사, '名山大川之在其地者'의 제사에 대한 왕제편의 규정을 의식한 것으로 짐작되는 것이다.

이상에서 살펴 본 바와 같이 제사지 신라조는 서와 본문으로 구성되어 있는데, 자료상으로는 서와 본문을 단순 구분할 수는 없다. 왜냐하면 찬자는 『예기』 왕제편을 의식하면서 제사지 신라조의 서를 서술하였고, 또한 그것을 의식하면서 본문을 작성하였을 것으로 여겨지기 때문이다.

제2절 『삼국사기』 제사지 신라조의 저본자료

신라의 국가제사와 관련된 기록은 『삼국사기』 신라본기(이하 신라본기)

34) 채미하, 앞의 논문, 1998에서 사성문제 이하 제사를 기타 제사로 보았으나, 앞의 논문, 2006에서는 '別祭'로 수정하였다. 본서에서도 여기에 따른다.

계림 북편 황남동유적의 지진구 출토 상황 | 地鎭具란 건물을 신축하거나 수리할 때 재앙을 막기 위해 땅 속에 묻는 물건을 일컫는데, 월성 근처에서 발견된 점으로 보아 계림 북편 황남동유적은 국가제사를 지낸 건물과 관련 있지 않을까 한다.

에서도 찾을 수 있다. 신라본기와 제사지 신라조의 기록을 비교해 보면 전자에 있는 것이 후자에는 없고, 후자에는 있는 것이 전자에는 없는 것이 있음을 알 수 있다. 가령 신라본기에는 혜공왕대의 오묘 시정(사료 Ⅰ-1)①c), 사직단의 설치(사료Ⅰ-1)②), 농경제사(사료Ⅱ-2), 명산대천 제사(사료Ⅱ-3), '別祭'(사료Ⅱ-4)에 대한 기사가 전하지 않는다. 반면 제사지 신라조에는 신라본기에 자주 보이는 역대 왕들의 시조묘제사나 신궁제사는 물론이고 신문왕대 이미 오묘제가 실시되었을 가능성을 제시하고 있는 기사와 원성왕·애장왕대의 오묘제에 대한 것이 나오지 않는 것이다.[35] 이에 내용상으로 볼 때는 양자의 기록이

35) 『삼국사기』 8, 신라본기8, 신문왕 7년, "夏四月 遣大臣於祖廟 致祭曰 王某稽首再拜 謹言太祖大王·眞智大王·文興大王·太宗大王·文武大王之靈" ; 『삼국사기』 10, 신라본기10, 원성왕 즉위년, "毁聖德大王·開聖大王二廟 以始祖大王·太宗大王·文武大王及祖興平大王·考明德大王爲五廟" ; 『삼국사기』 10, 신라본기10, 애장왕 2년, "春二月 謁始祖廟 別立太宗大王·文武大王二廟 以始祖大王及王高祖明德大王·曾祖元聖大王·皇祖惠忠大王·皇考昭聖大王爲五廟".

상호보완적이라고 할 수 있다.

그런데 「고기」를 인용한 제사지 고구려조·백제조와 각 본기의 제사 기록을 비교해 보면 차이점을 발견할 수 있으며, 이는 제사지에서 인용한 「고기」와 각 본기에 있는 제사관계 기록의 저본자료가 계통을 달리하였기 때문에 나타난 결과일 것으로 생각된다.[36] 제사지 신라조와 신라본기의 국가제사 기록의 차이 역시 그럴 가능성이 크다.[37]

이와 관련하여 신궁의 설치에 대한 제사지 신라조와 신라본기의 기록이 서로 다르다는 점이 주목된다. 제사지에는 지증왕대에 '始祖誕降之地'인 奈乙에 신궁을 '創立'하였다고 되어 있다(사료 I-1)①b). 신라본기에는 소지마립간 9년(487)에 '始祖初生之處'인 나을에 신궁을 '설치'(置)하였다고 나온다.[38] 이러한 차이에 대해 소지마립간 9년에 설치된 신궁이 지증왕대에 들어와 제도적으로 정착되었음을 알려 준다고 해석하기도 한다.[39] 그런데 이 양자에 전하는 신궁의 설치 시기가 다르다. 아울러 나을에 대하여 제사지 신라조에서는 '시조탄강지지'라고 한 것에 대해 신라본기에서는 '시조초생지처'라고 한 것도 유의할 필요가 있다.[40] 이는 제사지 신라조와

---

36) 이강래, 「삼국사기와 古記」, 『용봉논총』 17·18, 1989a/『삼국사기 전거론』, 민족사, 1996, 133쪽.

37) 이와 관련하여 『삼국사기』 분주에 관한 검토를 시도하면서 본기와 지·열전의 불일치나 열전 자체내의 항목간의 불일치, 지 자체내의 항목간의 불일치는 각각의 편찬 근거자료가 가지고 있는 相違에서 노정된 결과라고 추론한 견해(이강래, 「삼국사기 분주의 성격-신라본기를 중심으로」, 『전남사학』 3, 1989b/「삼국사기 분주의 유형적 검토-신라본기를 중심으로」, 『삼국사기전거론』, 민족사, 1996, 57쪽)가 참고된다.

38) 『삼국사기』 3, 신라본기3, 소지마립간 9년, "春二月 置神宮於奈乙 奈乙始祖初生之處也".

39) 최광식, 앞의 책, 1994, 196~199쪽.

40) 나희라는 '誕降'했다는 쪽이 보다 구체적 표현이고, '初生'은 '誕降'을 간단히 표현한 것이므로 '誕降'했다는 것이 보다 본질적인 시조 탄생의 모습을 보여주는 것이라

신라본기의 국가제사 기록이 서로 다른 자료에 의거하여 작성되었음을 일러준다고 헤아려볼 수 있을 것이다.

찬자가 제사지 신라조를 작성하면서 전거로 하였던 자료는 무엇일까. 제사지 고구려·백제조는 중국 사서와 「고기」에 의거하였음이 밝혀져 있다.[41] 제사지 고구려·백제조에 나오는 기사 중 중국 사서에서 인용한 것을 보면 원래 기록과 약간의 차이를 보이는 경우가 있지만, 대체로 그 내용을 전재하고 있다.[42] 그런데 중국 사서에 보이는 신라의 신앙과 제사와 관련된 기록은 일월신과 산신에 대한 제사뿐이다.[43] 그러므로 찬자가 중국 사서를 참고하였던 것은 아님을 알 수 있다.

제사지 고구려·백제조에 나오는 기사 중 「고기」에서 인용된 것을 보면 대체로 각 국의 국가제사에 대한 연대기적 사실이 나열되어 있을 뿐이다. 그리고 그 연대기 기사는 약간의 차이는 있지만, 각 본기의 기사와 일치하고 있다. 즉, 제사지 기사와 각 본기 기사가 동일 계통의 자료에 의거하였을 가능성이 큰 것이다. 그런데 제사지 신라조의 경우는 앞에서 보았듯이, 신라본기의 연대기 기사와는 성격이 전혀 다른 기사들이 많을 뿐만 아니라 상대적으로 내용도 풍부하고 체계적으로 정리되어 있다. 그러므로 찬자는 이미 「고기」등의 표현으로 지목될 정도를 넘어서 그 자체 정리된 관련 기록을 참고하였을 것으로 생각할 수 있다. 이와 관련하여 주목되는 것이 앞의 사료Ⅰ-1)③의 祀典이다.[44]

고 하였다(앞의 논문, 1996, 134쪽 주 63/앞의 책, 2003, 149~151쪽 참고).

41) 앞의 사료 A 참고.

42) 제사지 고구려조에는 『후한서』, 『북사』, 『양서』, 『당서』의 관련 기사가 본문에, 백제조에는 『책부원귀』, 『북사』, 『수서』의 관련 기사가 세주에 인용되어 있다.

43) 『북사』 94, 열전 82, 신라조와 『수서』 81, 열전46, 동이 신라조 및 『구당서』 199(상), 동이 열전, 149(상) 신라조에 '拜日月神(主)'이, 『구당서』 199(상) 동이 열전과 149(상) 신라조 및 『신당서』 220, 열전145, 동이 신라조에 '好祭(祠)山神'이 나온다.

사전은 '제사 의례를 적은 典籍' 또는 '제사의 의례'로 풀이된다.[45] 앞의 사료 I-1)③에 나오는 사전이 신라의 국가제사 체계에 대한 기록이라면,[46] 그것은 제사지 신라조의 편찬에 있어 중요한 자료였다고 할 수 있다. 제사지 신라조는 사전이라는 일괄자료에 의거하여 편찬되었을 가능성도 떠올리게 된다.[47]

그런데 찬자가 모아 놓은 자료를 바탕으로 서를 작성하였으리라는 점을 중시하면 사전은 제사지 신라조의 본문을 가리키는 것으로 보아야 하지 않을까. 찬자가 고구려나 백제에 비하여 상대적으로 풍부한 자료를 바탕으로 본문을 서술하였을 것이지만, 앞의 사료 I-1)③의 '사전'이 곧 신라의 사전 내지는 그를 전하는 자료는 아니었을 것이라는 생각이 드는 것이다.

현재로서는 찬자가 근거한 자료를 구체적으로 밝히기는 어렵지만, 연대가 표시된 것과 그렇지 않은 것으로 나누어진다는 점이 우선 관심을 끈다. 종묘제사(오묘 제일 포함), 사직제사는 연대기적 기사라고 할 수 있다. 팔자

---

44) 이상은 이강래, 앞의 논문, 1989a/앞의 책, 1996, 135쪽.

45) 羅竹風 主編, 『漢語大詞典』 7, 漢語大詞典出版社, 1994, 836쪽.

46) 『禮記』 祭義를 보면 "夫聖王之制 祭祀也 法施於民則祀之 以死勤事則祀之 以勞定國則祀之 能禦大菑則祀之 能捍大患則祀之……非此族也 不在祀典"이라고 나온다. 그리고 『國語』 魯語(상)에는 "凡禘·郊·祖·宗·報 此五者 國之典祀也……非是 不在祀典"이라고 되어 있다. 그렇다면 祀典은 일반 제사가 아니라 국가제사의 의례에 대한 기록이나 그 의례를 가리키는 것이라고 할 수 있지 않을까 한다.

47) 서영대는 "『삼국사기』 제사지는 9세기 당시의 신라 祀典 내용을 전하는 것"으로서 祀典을 "한 시기의 일괄자료"인 것으로 보았다(앞의 논문, 1985, 31쪽). 신종원은 "『삼국사기』 제사지 신라조의 내용은 이 최후의 祀典(3차 祀典으로 선덕왕대 사직단 설립과 함께 이루어짐－필자 주)을 하나하나 언급한 것이다"라고 하였다(앞의 책, 1992, 99쪽). 그리고 이인철은 『삼국사기』 제사지의 기록은 소사 가운데 청해진이 보이는 것으로 보아 흥덕왕 3년(828)으로부터 문성왕 13년(851) 사이에 사전의 내용을 전하는 것이라고 하였다(「신라 율령의 편목과 그 내용」, 『정신문화연구』 제17권 제1호, 1994, 144쪽 ; 「신라 율령의 유래와 변천」, 『동서문화논총』 II(만경이충희선생화갑기념), 1997, 116쪽).

제사를 비롯한 농경제사, 명산대천제사, '別祭'는 그렇지 않은 것이다. 혹 이러한 차이는 양자가 계통을 달리하는 자료에 의거하였음을 시사하는 것은 아닐까.

연대가 없는 기사 중 '별제'와 농경제사, 명산대천제사를 비교해 보는 것도 도움이 될 듯하다.[48] 먼저 '별제'를 보면 찬자는 이를 別制로 인하여 행하여졌던 제사와 수·한재로 인하여 행하여졌던 제사라고 설명하고 있으나, 실제의 기술에서는 양자가 구별되어 있지 않다. 또 각 제사에 대한 서술 내용에 있어서도 서로 간에 차이가 적지 않다. 사성문제·부정제·사천상제는 제사 대상과 제장 순으로, 일월제·오성제·기우제는 제장과 제사 대상 순으로,[49] 사대도제는 제사 대상과 제장 순으로 서술되어 있고, 압구제와 벽기제처럼 제사 대상만 나오기도 한다. 요컨대 '별제'의 서술은 체계적이지 못하다고 할 수 있다. 이는 '별제'의 작성에 참고된 자료가 단일한 것이 아니었음을 일러주는 것으로 헤아려진다. 그리고 '별제'의 서술에 참고된 자료가 어느 시기의 사정을 반영하는 것인지는 알 수 없다.

다음 농경제사는 팔자제사의 희생에 관한 사항을 제외하고 보면 모두 제일, 제장, 제사 대상 순으로 서술되어 있어 일정한 통일성을 찾을 수 있다. 더욱 농경제사 기록은 그것이 행해지던 시기도 어느 정도 추정할 수 있다.

E. 1) 十二月寅日 新城北門祭八禇(『삼국사기』 32, 잡지1, 제사)
季冬寅日 蜡百神於南郊(唐 貞觀令)

48) 농경제사와 '별제'는 有常日과 無常日로 구분해 볼 수도 있을 것이다.

49) 정구복 외 4인, 앞의 책, 1997c, 36쪽에 따르면 四川上祭는 네 물가에서 행하던 제사인데, 거기서 일월제, 오성제, 기우제를 지냈다고 한다. 그러나 일월제는 문열림에서, 오성제는 영묘사의 남쪽에서, 기우제는 혜수에서 지냈다고 되어 있으므로, 일월제, 오성제, 기우제를 사천상제와 연관시킨 것은 착오일 것으로 생각한다.

季冬臘日 蜡百神於南郊(唐 開元令)

2) 立春後丑日 犬首谷門祭風伯(『삼국사기』 32, 잡지1, 제사)
立春後丑日 祀風師於國城東北(唐 永徽令)
立春後丑日 祀風師於國城東北(唐 開元令)

3) 立夏後申日 卓渚祭雨師(『삼국사기』 32, 잡지1, 제사)
立夏後申日 祀雨師於國城西南(唐 永徽令)
立夏後申日 祀雨師於國城西南(唐 開元令)

4) 立秋後辰日 本彼遊村祭靈星(『삼국사기』 32, 잡지1, 제사)
立秋後辰日 祀靈星於國城東南(唐 永徽令)
立秋後辰日 祀靈星於國城東南(唐 開元令)

위의 사료 E에서 알 수 있듯이, 팔자·풍백·우사·영성의 제사 날짜는 당 貞觀 11년(637 : 선덕왕 6)의 사령[50]과 永徽令(고종 연간(650~655 : 진덕왕 4~태종무열왕 2))의 그것과 같다.[51] 앞의 여러 제사는 정관령, 영휘령의 영향을 받았다고 할 수 있다. 아마도 농경제사는 정관 11년을 상한으로 하는 자료에 의거하여 작성되었을 것임을 짐작할 수 있다. 그리고 팔자를 제외한 풍백·우사·영성의 제사 날짜는 당의 開元 7년(719 : 성덕왕 18) 및 25년(737 : 효성왕 1) 사령[52]의 그것과도 같다.[53] 이로 볼 때 농경제사는

50) 『통전』 44, 예4, 연혁4, 길례3.

51) 仁井田陞·池田溫, 『唐令拾遺補』, 東京大學出版會, 1997, 493~494쪽.

52) 『대당개원례』 1, 신위.

53) 신종원, 앞의 책, 1992, 89~91쪽과 최광식, 앞의 논문, 1996, 6~8쪽 참고. 양인은 八禮, 우사, 풍사, 영성의 제사 날짜와 그 방위도 같은 것으로 보고 있다. 그러나 唐 開元令의 禮 제사의 제일은 臘日로, 납일은 동지 뒤의 셋째 戌日이므로, 신라 팔자제사의 제일인 음력 12월 寅日과는 기록상 차이가 있다(정구복 외 4인, 앞의 책, 1997c, 13쪽). 唐의 경우 八禮 제일은 貞觀禮에서는 季冬寅日이었고, 開元禮에서는 季冬臘日이었다(『通志二十略』 禮略1, 吉禮上, 大禮). 이로 볼 때 신라의 八禮 제일은 貞觀禮의 그것임을 알 수 있다.

737년을 하한으로 하는 것임을 알 수 있다.[54)]

명산대천제사는 총 50의 제사 대상이 대사·중사·소사로 나누어져 서술되어 있다는 점에서 비교적 자세하고 체계적이라고 할 수 있다. 그런데 찬자가 해당 자료를 일일이 수집하여 정리하였다기보다는, 이미 정리된 자료에 의거하였을 가능성이 높다. 그런데 명산대천제사에 주기되어 있는 소재지명 중 성덕왕 34년(735) 정식으로 당으로부터 영유를 인정받고, 경덕왕 7년(748)·동 21년에 군현을 설치한 대동강 이남, 북한강 이북 지역의 것은 없다. 명산대천제사가 대·중·소사로 편제되었던 것은 九州의 창설이 끝난 신문왕 5년(685) 이후부터 성덕왕 34년 이전일 것이다.[55)] 그리고 중사 중 속리악 이하 청해진 등 6곳은 그 후 중사에 편입되었던 것으로 여겨진다.[56)] 청해진은 흥덕왕 3년(828)에 설치되었다가 문성왕 13년(851)

---

54) 신라의 八䄍 제일이 정관례의 그것이라는 점에서 제사지 신라조에 보이는 사전은 신문왕 6년 당에서 받아들인 '길흉요례'의 규정을 적용하여 정비되었고, 개원례의 규정을 받아들이지 않았다고 한다(나희라, 앞의 논문, 1999, 45~46쪽). 그러나 성덕왕과 효성왕대의 활발한 대당관계를 염두에 둔다면 신라에서 개원례의 내용을 몰랐다고는 생각되지 않는다.

55) 井上秀雄, 「新羅の律令制の收容とその國家·社會との關係」, 『中國律令制の展開と國家社會との關係』, 1984, 163~164쪽 ; 井上秀雄, 「祭祀儀禮の受容－新羅の律令制と祭祀制度」, 『古代東アジアの文化交流』, 溪水社, 1993, 84쪽 ; 노중국, 「통일기 신라의 백제고지지배」, 『한국고대사연구』 1, 지식산업사, 1988, 137쪽 ; 최광식, 「국가제사의 제장(祭場)」, 『고대한국의 국가와 제사』, 한길사, 1994, 309쪽.

56) 중사에 포함되어 있는 6곳의 山·城·鎭은 중사의 원칙, 곧 중사가 신라의 동·서·남·북 4변을 원칙으로 하고, 때로는 거기에 中이 끼기도 한다는 것에서 벗어나는 것이다. 따라서 소사에 들어갈 것이 중사에 잘못 끼인 것이 아닌가 하는 의심을 갖기도 한다(이기백, 「신라 오악의 성립과 그 의의」, 『진단학보』 33, 1972/『신라정치사회사연구』, 일조각, 1974, 195쪽 ; 신종원, 앞의 책, 1992, 97쪽 ; 노중국, 앞의 논문, 1988, 132쪽). 이와 달리 『동국여지승람』 등에서는 이들을 신라 때의 中祀로 인정하고 있으므로 간단하지 않다(정구복 외 4인, 앞의 책, 1997c, 20쪽). 浜田耕策은 대·중·소사제의 기본은 '길흉요례'를 얻은 익년에 오묘제가 정립된 경부터 아마도 전사서가 설치된 성덕왕 12년(713)경까지는 만들어졌고, 그 후 군현에 기반을

에 혁파된다.[57] 그렇다면 명산대천제사 작성에 참고된 자료는 주로 신문왕 5년 이후부터 성덕왕 34년 이전까지의 사정을 반영하고 있으며, 문성왕 13년까지의 사정도 일부 반영하는 것이었다고 할 수 있다.

이상에서 살펴본 바와 같이 우선 '별제'와 농경제사, 명산대천제사가 서로 다른 자료에 의거하여 서술되었으리라는 짐작이 간다. 다만, 농경제사와 명산대천제사의 작성에 참고되었던 자료는 양자가 비교적 체계적으로 서술되었다는 점, 당의 영향을 받았다는 점, 각각에 반영된 시기가 어느 정도 일치한다는 점 등을 고려할 때 같은 것이었을 수도 있다. 그러나 찬자가 농경제사와 명산대천제사를 구별하였다는 점, 전자에는 제일, 제장, 제사 대상의 순으로 서술되어 있는 반면 후자에는 제사 대상만이 적혀 있다는 점 등을 중시하면 양자의 작성에 참고된 자료는 서로 다른 것이었을 수도 있다. 현재로서는 어느 쪽이 옳은지 분명히 하기 어렵지만, 일단 서로 다른 자료가 참고되었을 가능성이 크다고 본다.[58]

둔 집단의 정치적 성장에 대응하여 거기에서 奉祀된 산신이 제2기 사전의 數回 수정 과정에서 中祀 말미의 6개 산악과 같이 중사 혹은 소사에 추가・편입되었다고 보고 있다. 곧 중사는 본래 오악・사진・사해・사독으로 구성되어 있는데, 아마도 청해진이 설치된 흥덕왕 3년(828)까지는 군현의 제사 집단의 정치적 성장을 반영하여, 그것이 제사하는 개개의 산신을 중사로 새롭게 편제한 것으로 파악하고 있다(앞의 논문, 1984, 157쪽). 최광식은 성덕왕 12년 전사서가 설치되면서 대사・중사・소사에 대한 사전체제가 이루어진 후, 신라의 국가적 필요에 따라 하나씩 보입되었으며 청해진이 중사의 맨 마지막에 기재된 것을 볼 때 신라 사전은 청해진이 설치된 시기에 마지막으로 정비된 것으로 보았다(앞의 책, 1994, 309쪽).

57) 『삼국사기』 10, 신라본기10, 흥덕왕 3년, "夏四月 淸海大使弓福 姓張氏(一名 保皐) 入唐徐州爲軍中小將 後歸國謁王 以卒萬人鎭淸海(淸海 今之莞島)" ; 『삼국사기』 11, 신라본기11, 문성왕 13년, "春二月 罷淸海鎭 徙其人於碧骨郡".

58) 비록 조선시대 기록이지만, 다음이 참고된다.
『太宗實錄』 28, 태종 14년 8월 21일 辛酉, "禮曹上山川祀典之制 謹按唐禮樂志 嶽鎭海瀆爲中祀 山林川澤爲小祀 文獻通考宋制 亦以嶽鎭海瀆爲中祀 本朝承前朝之制 山川之祀 未分等第 境內名山大川及諸山川 乞依古制分等第 從之 嶽海瀆爲

한편 명산대천제사에는 소재지명이 주기되어 있다.[59] 이를 유형별로 나누어 제시하면 다음과 같다.

F. 1) 大祀 三山 一奈歷(習比部)
2) 中祀 五岳 中父岳(一云公山 押督郡)
四鎭 南海恥也里(一云悉帝 推火郡)
四海 東阿等邊(一云斤烏兄邊 退火郡)
四瀆 東吐只河(一云槧浦 退火郡)
小祀 岳髮(一云髮岳 于珍也郡)
3) 小祀 加林城(加林縣 一本有靈嵒山·虞風山 無加林城)

F-1)은 제사 대상을 적고 그 위치를 주로 표시한 예이다. F-2)·F-3)의 6례를 제외하고는 모든 제사 대상에 이런 형식의 주가 있다. F-2)는 一云○○ 다음에 지명이 나오는 경우이고, F-3)은 위치를 제시한 다음에 '一本'을 들어 다른 점을 밝힌 것으로 유일한 예이다.

논의의 편의를 위해 우선 F-3)을 보기로 한다. 이는 "가림성은 가림현에 있는데, 一本에는 영암산·우풍산이 있고, 가림성은 없다"고 해석된다.[60]

中祀 諸山川爲小祀 京城三角山之神·漢江之神 京畿松嶽山·德津 忠淸道熊津 慶尙道伽耶津 全羅道智異山·南海 江原道東海 豊海道西海 永吉道鼻白山 平安道鴨綠江·平壤江 皆中祀 京城木覓 京畿五冠山·紺岳山·楊津 忠淸道雞龍山·竹嶺山·楊津溟所 慶尙道亐弗神館·主屹山 全羅道全州城隍·錦城山 江原道雉嶽山·義館嶺·德津溟所 豊海道牛耳山·長山串·阿斯津·松串 永吉道永興城隍·咸興城隍·沸流水 平安道淸川江·九津·溺水 皆小祀 在前所在官行".
위의 사료는 '山川의 祀典 制度'를 전하고 있다. 찬자가 이러한 종류의 자료 혹은 이러한 종류의 자료를 정리한 어떤 기록을 참고하여 명산대천제사를 작성하였을 것으로 추리해 본다.

59) 명산대천제사의 註를 그 제사를 주관하는 지방관청명으로 볼 수도 있을 것이다. 명산대천제사는 그 소재지 관청에서 제사지냈을 것이다. 따라서 명산대천제사와 관련된 註記를 소재지명으로 본다고 하더라도 별 무리는 없다고 생각된다.

'일본'은 '다른 책'[61] 또는 '어떤 기록'[62]을 가리킨다. 따라서 가림성 대신에 영암산·우풍산이 소사에 포함됨을 전하는 다른 기록이 있었음을 알 수 있고, '일본'은 제사와 관련된 기록이 아닐까 한다. 찬자는 저본자료에 전하는 명산대천제사의 제사 대상을 비교할 수 있는 또 다른 자료를 갖고 있었다고 할 수 있다.[63]

그렇다면 찬자는 이 '일본'을 참고하여 명산대천제사의 소재지명을 주기한 것일까. 명산대천제사에 주기되어 있는 지명을 『삼국사기』 지리지와 비교하여 그 사용 시기별로 나누어 정리하면 다음 <표 1-1>과 같다.

<표 1-1>에 따르면 명산대천제사에 나오는 소재지명은 삼국시대 신라의 것으로부터 경덕왕 16년(756) 전국적인 주·군·현의 개명 이후의 것까지 다양하다.[64] 이는 명산대천제사의 변천과정을 일정하게 반영하는 것으로 여겨지고 있거니와,[65] 한편으로는 주기가 찬자의 것이 아니라는 점을

---

60) 정구복 외 4인, 『역주 삼국사기』 2(번역편), 한국정신문화연구원, 1997a, 558쪽.

61) 정구복 외 4인, 위의 책, 1997a, 558쪽.

62) 과학원 고전연구실 옮김, 『삼국사기』 하, 1958, 119쪽.

63) 加林城 대신 靈嵒山·虞風山이 소사에 포함된 것은 시기에 따라 제사 대상이 변하였음을 말하여 주는 것일 수 있다. 그렇다면 후대에 중사에 편입된 청해진 등에 대한 정보는 혹 '一本'에서 얻은 것일 가능성도 있지 않을까 한다.

64) <표 1-1>에서는 경덕왕 16년 주·군·현의 개명을 기준으로 명산대천제사의 소재 지명을 개명 이전과 개명 이후로 나누었다. 개명 이후의 명칭은 7개, 미상이 2개이다. 그리고 개명 이전의 명칭은 41개인데, 이 중에는 삼국시대부터 사용되었던 것도 있다. 이것은 저본자료에 있었던 내용으로 생각된다.

65) 浜田耕策은 명산대천제사의 소재명은 삼국통일 이후부터 경덕왕 16년 전국적 규모의 주·군·현의 개칭까지와 그 이후의 것으로 나누어지는데, 이것은 신라 사전의 변천과정이 거기에 투영되어 있는 것이라고 하였다(앞의 논문, 1984, 157쪽). 그리고 정구복 외 4인, 1997c, 앞의 책, 29쪽과 32쪽에 따르면 霜岳과 冬老岳의 위치가 경덕왕대 이후의 지명으로 표기된 것으로 보아, 이들의 小祀 지정 시기는 경덕왕 16년(756) 이후일 가능성이 있다고 한다. 만약 그렇다면 경덕왕 16년 이후 사전에 변화가 있었다고 할 수 있다.

<표 1-1> 명산대천제사의 대상 및 그 소재지명

	祭祀志			地理志	
	祭祀對象		所在地	改稱前	改稱後
大祀	三山	奈歷	習比部		
		骨火	切也火郡	切也火郡	臨皐郡
		穴禮	大城郡	仇刀城 境內	大城郡
中祀	五岳	東 吐含山	大城郡	仇刀城 境內	大城郡
		南 地理山	菁州	菁州	康州
		西 雞龍山	熊川州	熊川州	熊州
		北 太伯山	奈已郡	奈已郡	奈靈郡
		中 父岳 (一云 公山)	押督郡	押梁郡	獐山郡
	四鎭	東 溫沫懃	牙谷停		
		南 海恥也里 (一云悉帝)	推火郡	推火郡	密城郡
		西 加耶岬岳	馬尸山郡	馬尸山郡	伊山郡
		北 熊谷岳	比烈忽郡	比列忽郡	朔庭郡
	四海	東 阿等邊 (一云 斤烏兄邊)	退火郡	退火郡	義昌郡
		南 兄邊	居柒山郡	居柒山郡	東萊郡
		西 未陵邊	屎山郡	屎山郡	臨陂郡
		北 非禮山	悉直郡	悉直州(悉直郡)	三陟郡
	四瀆	東 吐只河 (一云槧浦)	退火郡	退火郡	義昌郡
		南 黃山河	歃良州	歃良州	良州
		西 熊川河	熊川州	熊川州	熊州
		北 漢山河	漢山州	漢山州	漢州
	其他	俗離岳	三年山郡	三年山郡	三年郡
		推心	大加耶郡	大加耶郡	高靈郡
		上助音居西	西林郡	舌林郡	西林郡
		烏西岳	結已郡	結已郡	潔城郡
		北兄山城	大城郡	仇刀城 境內	大城郡
		淸海鎭	助音島		

小祀	霜岳	高城郡	達忽	高城郡
	雪岳	迬城郡	迬城郡	守城郡
	花岳	斤平郡	斤平郡	嘉平郡
	鉗岳	七重城	七重縣	重城縣
	負兒岳	北漢山州	北漢山郡	漢陽郡
	月奈岳	月奈郡	月奈郡	靈巖郡
	武珍岳	武珍州	武珍州	武州
	西多山	伯海郡 難知可縣	伯伊(海)郡 難珍阿縣	壁谿郡 鎭安縣
	月兄山	奈吐郡 沙熱伊縣	奈吐郡 沙熱伊縣	奈隄郡 清風縣
	道西城	萬弩郡	今勿奴郡	黑壤郡 (黃壤郡)
	冬老岳	進禮郡 丹川縣	進仍乙郡 赤川縣	進禮郡 丹川縣
	竹旨	及伐山郡	及伐山郡	岌山郡
	熊只	屈自郡 熊只縣	屈自郡 熊只縣	義安郡 熊神縣
	岳髮(一云髮岳)	于珍也郡	于珍也縣	蔚珍郡
	于火	生西良郡 于火縣	生西良郡 于火縣	東安郡 虞風縣
	三岐	大城郡	仇刀城 境內	大城郡
	卉黃	牟梁		
	高墟	沙梁		
	嘉阿岳	三年山郡	三年山郡	三年郡
	波只谷原岳	阿支縣		
	非藥岳	退火郡	退火郡	義昌郡
	加林城	加林縣	加林郡	嘉林郡
	加良岳	菁州	菁州	康州
	西述	牟梁		

일러주는 것이 아닐까 한다.

만일 찬자가 지리와 관련된 자료를 참고하여 주기하였다면, 사용 지명에서 어느 정도 시기적인 통일성을 찾을 수 있어야 할 것이지만 그렇지 않은 것이다. 또 명산대천제사의 소재지명 중 위의 <표 1-1>에서 알 수 있듯이,

『삼국사기』 지리지에는 보이지 않는 지명들이 있다는 점, 찬자가 관심을 가졌음직한 고려시대의 해당 지명이 밝혀져 있지 않다는 점도 이러한 추측을 어느 정도 뒷받침한다고 여겨진다. 따라서 명산대천제사의 소재지명은 '일본'을 참고하여 주기하였다고 볼 수는 없을 것이다.

명산대천제사의 소재지명에 대한 주기가 '일본' 등 기타 자료를 참고한 것이 아니라 저본자료에 있었던 것이라고 한다면, '一云'[66] 역시 마찬가지였을 것으로 여겨도 좋지 않을까. 찬자가 굳이 '일운'이라고 하여 별명을 주기하였을 필요성을 떠올릴 수 없기 때문이다.[67] 이렇게 볼 때 명산대천제사 자료는 찬자가 어떤 일괄 자료에 의거한 것임을 추정할 수 있다.

한편 찬자가 연대기적 기사인 종묘제사나 사직제사와 관련된 일괄자료를 갖고 있었는지의 여부는 알 수 없다. 다만 오묘 '시정' 기사와 오묘의 제일에 대한 기사는 같은 자료에 의거하였을 수도 있다. 종묘제사와 관련된 자료는 혜공왕대를 하한으로 하는 것이 아니었을까 한다. 사직제사는 선덕왕대 기록을 보았을 것이다.

이상의 논의에 따르면 제사지 신라조는 명산대천제사를 적은 사전과 그 외의 또 다른 자료에 의거한 것으로 여겨진다.[68]

---

66) 一云은 '한편 이와 같이도 말한다'(남풍현, 「국어사 사료로서의 삼국사기에 대한 검토」, 『삼국사기의 원전검토』, 한국정신문화연구원, 1995, 65쪽), '또는~라고도 하였다'고 해석하고 있다(정구복 외 4인, 앞의 책, 1997a, 558쪽).

67) 『삼국사기』에 보이는 주는 대체로 찬자의 주였을 것으로 판단되고 있다(이강래, 앞의 논문, 1989b/1996, 앞의 책 ; 김태식, 「『삼국사기』 지리지 신라조의 사료적 검토」, 『삼국사기의 원전 검토』, 한국정신문화연구원, 1995, 219쪽 참고). 하지만 위에서와 같은 이유에서 명산대천제사에 보이는 소재지명은 저본자료에 따른 것이라고 본다.

68) 이상의 제사지 신라조의 분석을 토대로 신라의 국가제사체계를 나름대로 재구성한 바가 있었다. 그 내용을 간추려 소개하면 다음과 같다. 대·중·소사로 편제되어 있는 명산대천제사와 그 앞에 기재되어 있는 종묘제사, 사직제사, 농경제사를 구별하였던 기왕의 견해에는 문제가 있는 것으로 생각되었다. 왜냐하면 이는 제사지

신라조가 신라의 국가제사체계를 온전히 반영하고 있다는 것을 전제로 한 것이었기 때문이다. 국가제사체계는 고정불변한 것은 아니었다. 신라의 삼사체계는 수·당으로부터 영향을 받았고, 오묘제사, 사직제사, 농경제사 역시 그러하였다. 신라의 국가제사는 대체로 제후국의 예를 준수한 것으로 유가의 예법 또는 당 제사제도와 충돌하는 것이 아니었다. 뿐만 아니라 혜공왕대부터는 오묘가 대사인 삼산과 동격으로 제사되었으리라고 여겨졌다(채미하, 「신라 혜공왕대 오묘제의 개정」, 『한국사연구』 108, 2000, 55~57쪽). 이상과 같은 점들을 고려할 때 오묘제사, 사직제사, 팔자제사를 비롯한 여러 농경제사가 三祀에 편제되었거나 그렇게 되어 갔을 가능성을 떠올릴 수 있었다. 필자는 앞의 논문, 1998, 217~228쪽에서 애장왕대 신라의 국가제사가 三祀體系 중심으로 정비되어 갔을 것으로 추측하기도 하였으나, 사직단 설치와 사전이 정비되었던 선덕왕대에는 신라의 국가제사가 三祀體系 중심으로 정비되었을 것이라고 하였다(채미하, 앞의 논문, 2003 참고).

제2장 시조묘·신궁제사와 상대 왕권

제1절 시조묘 제사와 상고기 왕권

1. 시조묘의 시조와 그 성격

신라의 시조묘제사와 관련해서는 다음의 기록이 관심을 끈다.

A. 제2대 남해왕 3년 봄에 처음으로 시조 혁거세의 묘를 세워 四時에 (혁거세왕을) 제사지내고, 친누이동생 阿老로써 제사를 주관하게 하였다. (『삼국사기』 32, 잡지1, 제사)[1)]

위의 사료 A에 따르면 남해왕 3년(6) 봄에 '시조' 혁거세묘를 세웠고, 四時에 혁거세왕을 제사지냈는데, 남해왕의 친누이동생인 아로가 그 제사를 담당하였다고 한다. 이와 같이 남해왕 3년 '시조' 혁거세묘를 세운 이후 소지왕대까지 대부분의 왕들은 즉위한 그 다음 해의 정월이나 2월에 시조묘에 친사(알)하고 있다.

널리 알려진 바와 같이 신라 상고기는 박씨왕 시기(혁거세왕~아달라왕), 석씨왕 시기(벌휴왕~흘해왕), 김씨왕 시기(나물왕~소지왕)로 나뉜다. 그리고 위의 사료 A에 따르면 남해왕대에 설치되었다는 시조묘는 혁거세왕을

1) "第二代南解王三年春 始立始祖赫居世廟 四時祭之 以親妹阿老主祭".

사제사지 전경 및 '四祭寺' 銘 기와 | 신라에서는 시조묘에서 四時에 제사지냈는데, '사제사'명의 기와는 이와 관련 있지 않을까 한다.

모시는 곳으로 여길 수 있다.[2)] 그런데 혁거세왕은 박씨왕들의 族祖이다. 이로 볼 때 신라 상고기 시조묘제사에서 박씨왕들의 족조인 혁거세왕이

2) 이에 대해서는 小田省吾, 「半島廟制概要」, 『朝鮮』 269, 朝鮮總督府, 68~69쪽, 1937 ; 변태섭, 「묘제의 변천을 통하여 본 신라사회의 발전과정」, 『역사교육』 8, 1964, 63~64쪽 참고. 이후 대부분의 연구자들이 이에 동의하고 있으며, 필자도 그렇게 보았다(「신라의 시조묘제사」, 『민속학연구』 12, 2003, 278~282쪽). 한편 박혁거세와 알영이 함께 배향되었다고 파악하는 견해(김두진, 「신라 김알지신화의 형성과 신궁」, 『이기백선생고희기념한국사학논총』, 일조각, 1994, 76쪽 ; 『한국고대의 건국신화와 제의』, 일조각, 1999, 340쪽)와 穀靈으로 보는 견해도 있다(三品彰英, 『古代祭政と穀靈信仰』, 平凡社, 1973, 325쪽 ; 井上秀雄, 「新羅の始祖廟」, 『古代朝鮮史序説－王者と宗教』, 寧樂社, 1978, 54쪽).

시조묘의 '시조'로 계속해서 모셔졌을까 하는 의문이 든다. 다시 말하자면 석씨왕들은 그들의 족조인 탈해를, 김씨왕들은 그들의 족조인 알지를 시조묘의 '시조'로 모셨을 가능성을 배제할 수 없기 때문이다.

박씨왕 시기 시조묘의 '시조'는 혁거세왕임이 분명하다. 그리고 김씨왕 시기인 소지왕 7년(485)에 설치되는 신궁의 '시조'[3]도 혁거세왕으로 생각된다.[4] 따라서 김씨왕 시기에도 시조묘의 '시조' 역시 혁거세왕이었을 것이다. 이로 본다면 석씨왕 시기에만 유독 시조묘에 모셔진 '시조'가 달랐을 것으로는 여겨지지 않는다.

그러하다면 신라 상고기 왕실의 교체에도 불구하고 박씨왕들의 족조이기도 하였던 혁거세왕이 시조묘에서 계속 배향될 수 있었던 이유는 무엇이었을까.

B. 2월에 몸소 國祖廟에서 제사지내고 크게 사면하였다. (『삼국사기』 2, 신라본기2, 미추이사금 2년)[5]

사료 B에 따르면 미추왕은 국조묘에서 친사하였다고 한다. 국조는 국가의 시조인 건국조를 말하며, 신라의 건국조는 혁거세왕이다. 미추왕이 즉위의례의 하나로 친사하였던 국조묘는 혁거세묘, 곧 시조묘라고 할 수 있는 것이다.[6] 이로 볼 때 박씨왕들의 족조이기도 하였고 사로국의 건국조인

---

3) 『삼국사기』 3, 신라본기3, 소지마립간 9년, "春二月 置神宮於奈乙 奈乙始祖初生之處也".

4) 이와 관련해서 채미하, 「신라의 신궁제사」, 『전통문화논총』 2, 한국전통문화학교, 2004 및 본서 제2장 제2절 참고.

5) "二月 親祀國祖廟 大赦".

6) 미추왕대 시조묘를 국조묘로 표현한 이유에 대해 미추왕이 후대에 김씨왕의 시조가 되기 때문에 혼동을 피하기 위한 것이라고 하였다(井上秀雄, 앞의 책, 1978, 53쪽 ;

혁거세왕은 신라 상고기 어느 시점부터 신라 연맹체의 국조로 자리잡게 되었을 것으로 짐작되는 것이다.

C. 1) 양산 아래 나정 곁에 이상한 기운이 전광처럼 땅에 드리우는데, 흰 말 한 마리가 꿇어 앉아 절하는 형상이었다. 그 곳을 찾아가 살펴보니, 보랏빛 알 한 개(또는 푸른 큰 알)가 있는데, 말은 사람을 보자 길게 말울음을 울고 하늘로 올라갔다. 그 알을 깨보니 사내아이가 나왔는데, 모양이 단정하고 아름다웠다. 놀라고 이상히 여겨 (아이를) 동천에서 목욕시켰다. 몸에서 광채가 나고, 새와 짐승이 따라 춤추며 천지가 진동하고 해와 달이 청명해지므로, 혁거세왕이라 이름하였다.…… 2) 나라를 다스린 지 61년에 왕은 하늘로 올라갔다. 3) 7일 후에 그 몸뚱이가 땅에 흩어져 떨어졌는데, 왕후도 세상을 떠났다. 國人이 합하여 장사지내려고 하니, 큰 뱀이 쫓아와서 방해하였다. 五體를 각각 장사지내 오릉이 되었고 또한 사릉이라고 이름하였다. (『삼국유사』 1, 기이1, 신라시조 혁거세왕)[7]

강종훈, 「신궁의 설치를 통해 본 마립간시기의 신라」, 『한국고대사논총』 6, 1994, 224쪽 ; 나희라, 「한국고대의 신관념과 왕권-신라왕실의 조상제사를 중심으로」, 『국사관논총』 69, 1996, 144쪽 ; 나희라, 「종묘제의 수용과 의미」, 『신라의 국가제사』, 지식산업사, 2003, 173쪽 주 6). 그리고 나희라는 혁거세왕은 신라를 구성한 여러 혈족 집단들의 혈연계승원리에서 보면 박씨라는 특정한 혈연집단의 시조이지만, 나아가 신라라는 국가를 있게 한 국조왕이므로, 왕실 구성 집단의 변경이 있어서도 계속 그 위치를 유지하였던 것으로 파악하고 있다. 이것은 범부여족 전체의 시조신이자 수호신인 동명이 국가의 시조신 주몽과 연결되어 고구려 왕위계승에서 혈족집단간의 몇 번의 변화가 있었음에도 불구하고 시종일관 주몽이 시조왕으로 제사되었던 것과 비슷하다고 한다(위의 논문, 1996, 122~123쪽). 전덕재는 상고기의 시조묘제사가 특정 성씨집단이나 부집단의 시조에 대한 제사가 아니라, 국가의 시조에 대한 제사의례라는 사실을 암시하는 것이라고 하였다(『신라육부체제연구』, 일조각, 1996, 95쪽).

7) "1) 楊山下蘿井傍 異氣如電光垂地 有一白馬跪拜之狀 尋撿之 有一紫卵(一云靑大卵) 馬見人長嘶上天 剖其卵得童男 形儀端美 驚異之 浴於東泉 身生光彩 鳥獸率舞 天地振動 日月淸明 因名赫居世王…… 2) 理國六十一年 王升于天 3) 七日後 遺體散

사료 C에 따르면 혁거세왕은 하늘의 아들로 여겨졌으며(1)), 나라를 다스린 지 61년에 승천하였다고 전한다(2)). 이처럼 혁거세왕은 건국조로서의 권위가 天과 연결되어 있다. 이로 볼 때 혁거세왕은 천신적 성격을 지니고 있다고 할 수 있다.[8] 그리고 다음도 관심을 끈다.

D. 1) 제8대 아달라왕이 즉위한 지 4년 정유에 동해가에 연오랑과 세오녀라는 부부가 살고 있었다. 하루는 연오가 바다에 나가 해조를 캐던 중에 갑자기 바위 하나(또는 물고기 한 마리)가 (연오를) 싣고 일본으로 가버렸다. 國人이 그를 보고 말하기를 "이는 비상한 사람이다"고 하고 곧 세워 왕으로 삼았다(『일본제기』를 살펴보면 그 앞이나 뒤에 신라 사람으로 왕이 된 자가 없으니, 이것은 邊邑의 小王으로 眞王은 아니다). 세오는 남편이 돌아오지 않는 것을 괴이히 여겨 나가 찾다가, 남편이 벗어 놓은 신발을 발견하고 또한 그 바위에 올라가니, 바위가 또한 전처럼 싣고 갔다. 그 나라 사람들이 놀랍고 의아하게 여겨 왕에게 아뢰니 부부가 서로 만나게 되어 귀비로 삼았다.

2) ① 이때 신라에서는 해와 달의 광채가 없게 되자, 日者가 아뢰기를 "일월의 정기가 우리나라에 강림하였던 것이 이제 일본으로 가버렸으므로 이러한 괴변이 일어난 것입니다"라고 하였다. ② 왕은 사자를 보내 두 사람을 찾았더니, 연오가 말하기를 "내가 이 나라에 이른 것은 하늘이 그렇게 시킨 것이니, 이제 어찌 돌아갈 수 있으랴. 비록 그러하나 짐의 비가 짠 비단이 있으니, 이것으로써 하늘에 제사를 지내면 잘 될 것이다"고 하고, 그 비단을 주었다. 사자가 돌아와

落于地 后亦云亡 國人欲合而葬之 有大蛇逐禁 各葬五體爲五陵 亦名蛇陵".

8) 이와 관련하여 신종원, 「삼국사기 제사지 연구」, 『사학연구』 38, 1984/「신라 사전의 성립과 의의」, 『신라초기불교사연구』, 1992, 민족사, 71~72쪽과 98쪽 ; 김두진, 「신라 건국신화의 신성족 관념」, 『한국학논총』 11, 1989, 40쪽/『한국고대의 건국신화와 제의』, 일조각, 1999 ; 강종훈, 앞의 논문, 1994, 203쪽 ; 나희라, 앞의 논문, 1996, 119쪽/앞의 책, 2003 참고.

아뢰자 그 말을 좇아 제사를 지냈더니, 해와 달이 전과 같아졌다.
3) 그 비단을 어고에 간직하여 국보로 삼고 그 창고를 귀비고라고 하였고, 하늘에 제사지낸 곳을 영일현 또는 도기야라고 하였다. (『삼국유사』 1, 기이1, 연오랑·세오녀)[9)]

사료 D는 연오랑·세오녀 설화이다. 이 설화의 시점은 아달라왕 4년(157)으로 되어 있다. 이로 볼 때 이 설화는 아달라왕대의 사정을 전하여 주는 것이라고 여겨도 무방할 것이다. 우선 사료 D-1)에 따르면 연오랑·세오녀 부부가 일본으로 가서 왕과 귀비가 되었다고 한다. 연오랑·세오녀 부부의 일본 도래는 아달라왕대 신라 연맹체에 소속되어 있었던 일부 정치세력 집단의 이탈과 관련이 있었을 것으로 짐작되는데,[10)] 아달라왕 12년(165) 길선의 모반[11)]은 이와 관련 있지 않을까 한다. 이 모반은 기록상 보이는 신라 최초의 반란으로, 이때 왕이 군사를 발한 것으로 볼 때 모반의 중요성을 추측할 수 있다.[12)] 그리고 이것을 사로국내의 일부 정치세력

---

9) "1) 第八阿達羅王卽位四年丁酉 東海濱有延烏郎細烏女夫婦而居 一日延烏歸海採藻 忽有一巖(一云一魚) 負歸日本 國人見之曰 此非常人也 乃立爲王(按日本帝記前後無新羅人爲王者 此乃邊邑小王 而非眞王也) 細烏怪夫不來 歸尋之 見夫脫鞋亦上其巖 巖亦負歸如前 其國人驚訝 奏獻於王 夫婦相會 立爲貴妃 2) ① 是時新羅日月無光 日者奏云 日月之精 降在我國 今去日本 故致斯怪 ② 王遣使求二人 延烏曰 我到此國 天使然也 今何歸乎 雖然 朕之妃有所織細綃 以此祭天可矣 仍賜其綃使人來奏 依其言而祭之 然後日月如舊 3) 藏其綃於御庫爲國寶 名其庫爲貴妃庫祭天所名迎日縣 又都祈野".

10) 강종훈은 연오랑의 일본 이주설화가 아달라대에 사로국 지배층의 일부가 일본으로 이탈해 갔음을 시사하는 것이라 할 수 있다고 하였다(강종훈, 「신라 삼성족단과 상고기의 정치체제」, 서울대학교 박사학위논문, 1997, 97~99쪽/『신라상고사연구』, 서울대학교출판부, 2000).

11) 『삼국사기』 2, 신라본기2, 아달라이사금 12년, "冬十月 阿湌吉宣謀叛 發覺懼誅亡入百濟 王移書求之 百濟不許 王怒出師伐之 百濟嬰城守不出 我軍粮盡 乃歸".

12) 강성원은 아달라왕 다음에 석씨왕이 등장하고 있는 것과 관련지어, 길선의 모반을

포항시 동해면 임곡(숲실) 해안 전경 | 연오랑과 세오녀가 바위를 타고 떠난 곳으로 추정되고 있다.

집단의 이탈로도 생각해 볼 수 있을 것이다.

사료 D-2)①에 따르면 연오랑 · 세오녀 부부의 이탈로 신라의 일월이 빛을 잃게 되었다고 한다.[13] 이것은 신라 연맹체에 소속된 각 소국들이 독자적인 제사체계를 유지하는 가운데 연맹체의 맹주국인 사로국의 祭天과 공존하였음을 알려주는 것으로 짐작된다.

석씨왕의 출현이나 추대와 연관지어 이해하고 있다(「신라시대 반역의 역사적 성격」, 『한국사연구』 43, 1983, 26쪽). 그러나 길선의 모반 후 약 20년 후에 석씨왕이 등장하고 있으므로, 따르지 않는다.

13) 김두진은 '日月之精', 해와 달로 표시된 精氣는 혁거세왕과 알영이라는 二聖을 표시한 것으로 보고, 일월의 정기가 일본으로 감으로써 신라에서 그 빛을 잃게 되었다는 것은 아달라왕대로 혁거세집단에 의해 주도되던 정치체제가 끝이 나고 탈해집단에 의한 사로연맹체가 들어서는 것과 연관지어 이해할 수 있다고 하였다(「신라 석탈해신화의 형성기반」, 『한국학논총』 8, 1986, 23쪽). 그러나 사료 D-2)②에 따르면 일월이 원상복구되고 있다는 점에서, 이 견해를 따르지 않는다.

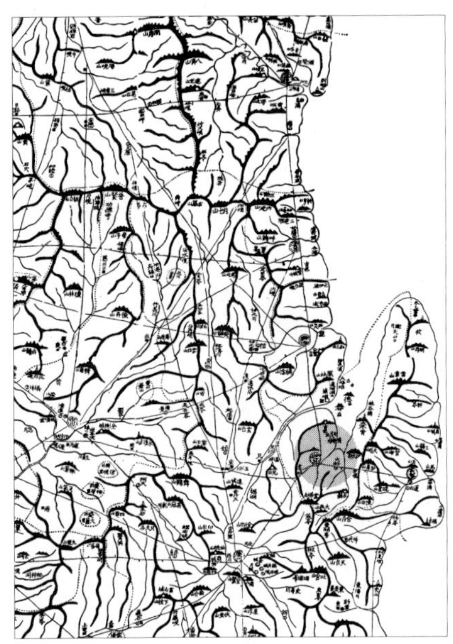

대동여지도의 일월지 위치도 | 신라시대부터 해와 달에 제사 지내던 제단이 있었지만, 일제강점기 때 철거되었다고 한다.

사료 D-3)에서는 하늘에 제사지낸 비단을 어고에 두고 국보로 삼았다고 한다. 이것은 각 소국의 제천이 아달라왕대 어느 시점에서 사로국의 제천에 흡수된 것으로 볼 수 있지 않을까 한다. 특히 영일현의 세초를 어고로 옮겼다는 것은 지금까지 각 소국에서 행하여졌던 제천이 이때 사로국의 제천으로 통합된 것으로 여길 수 있는 것이다.[14] 그리고 아달라왕대 하늘에 대한 제사권은 연맹장이 장악하게 되는 것으로 생각된다. 당시 정치적으로 미약했던 연맹장이 제사권을 통해 정치단위체를 결집하였다는 점[15]을 염두에 둔다면 아달라왕은 제사권 장악을 통해 정치적인 어려움을 극복하였을 것이다.

한편 아달라왕대 각 소국의 제천이 신라 연맹체의 맹주국인 사로국을 중심으로 통합되면서 당시 제천의 대상이기도 하였던 혁거세왕의 위상에 변화가 있지 않았을까 한다. 이제까지 박씨왕실의 족조이고 사로국의 건국조로만 여겨졌던 혁거세왕이 이때부터 신라 연맹체의 국조로 자리잡게

14) 신종원은 영일현의 세초를 어고로 옮겼다는 것은 제천소인 시조묘의 위상이 종래보다 격상·보강된 것으로 파악하였는데(앞의 책, 1992, 73~74쪽), 시사하는 바가 크다.

15) 나희라, 「신라 초기 왕의 성격과 제사」, 『한국사론』 23, 1990, 66~70쪽.

되는 것으로 짐작되는 것이다. 이와 관련하여 다음도 주목된다.

E. 봄 2월에 시조묘를 重修하였다. 가을 7월에 서울에 지진이 일어났다. 서리와 우박이 내려 곡식을 해쳤다. 겨울 10월에 백제가 변경을 노략질하였다. (『삼국사기』 2, 신라본기2, 아달라이사금 17년)[16]

사료 E에 따르면 아달라왕 17년(170)에 시조묘를 '중수'하였다고 한다.[17] '중수'는 낡은 것을 새로 고친다는 뜻이므로, 아달라왕은 남해왕이 설립한 '시조' 혁거세묘를 보수하였던 것이다. 그런데 이때의 시조묘 '중수'는 시조묘의 단순한 보수는 아니었을 것이다. 아달라왕대 각 소국의 제천이 사로국의 제천에 통합되면서 시조묘제사의 대상이었던 혁거세왕의 격이 높아졌고, 이것이 시조묘 '중수'로 나타난 것으로 헤아려지는 것이다.[18]

---

16) "春二月 重修始祖廟 秋七月 京師地震 霜雹害穀 冬十月 百濟寇邊".

17) 아달라왕 17년의 "重修始祖廟"를 신라에 병합된 진한 제국의 제천행사가 신라왕실의 제천행사에 흡수된 사실을 반영한 것이라는 사실은 시사하는 바가 크다(신종원, 앞의 책, 1992, 73~74쪽). 한편 아달라왕 17년의 시조묘 '중수' 이유를 천재지변과 백제와의 대외관계와 관련이 있는 것으로 여기는 견해도 있다(정재교, 「신라의 국가적 성장과 신궁」, 『부대사학』 11, 1987, 10쪽 ; 최광식, 「삼국의 시조묘와 그 제사」, 『대구사학』 38, 1989/「시조묘제사」, 『고대한국의 국가와 제사』, 한길사, 1994, 166쪽).

18) 한편 다음이 주목된다.
『삼국사기』 2, 신라본기2, 아달라이사금 19년, "二月 有事始祖廟 京都大疫".
위의 "유사시조묘"를 "시조묘에 제사지냈다"로 해석하여 왔다(이병도, 『국역삼국사기』, 을유문화사, 1977, 23쪽). 당의 경우 "有事於郊丘(南郊)"하였다고 한다. '교구'는 당의 제천행사인 교사를 지냈던 곳이다(金子修一, 「中國古代における皇帝祭祀の一考察」, 『史學雜誌』 87-2, 1978, 39~41쪽). 이 경우에도 '유사'는 '제사지내다'라는 의미이다. 그런데 『삼국사기』 신라본기에는 시조묘에 '제사지냈다'는 것이 '친사', '친알', '사', '알'로 표현되어 있다. 그리고 '유사'에는 '일이 있다', '사건이 있다'라는 뜻도 있다. 이에 "유사시조묘"는 "시조묘에 변고가 있었다"로 해석할 수 있으며(천관우, 『고조선사·삼한사연구』, 일지사, 1989, 298쪽 ; 정구복

이상과 같이 박씨왕들의 족조이자 천신의 성격을 지닌 혁거세왕은 아달라왕대 각 소국의 제천이 사로국을 중심으로 통합되면서 신라 연맹체의 국조로 자리잡게 되었다. 따라서 신라 상고기 비록 박씨에서 석씨로, 석씨에서 김씨로의 왕실 교체가 이루어지고는 있지만, 혁거세왕은 시조묘에서 계속 배향될 수 있었던 것이다.

2. 시조묘제사의 변화와 왕권

신라 상고기는 크게 이사금시기와 마립간시기로 나뉘어진다.[19] 이사금이란 적어도 두 개 이상의 공동체로 이루어진 연맹적 성격의 정치집단에서

외 4인, 『역주 삼국사기』 2(번역편), 한국정신문화연구원, 1997a, 42쪽), 그것을 박씨에서 석씨로의 왕실 교체의 전조라고 여기는 견해도 있다(천관우, 위의 책, 1989, 298쪽). 그런데 박씨왕실에서 석씨왕실로 교체된 것은 시조묘에 변고가 있은 12년 후의 일이었다. 그러므로 이를 따르기 어렵다. 한편 다음도 참고된다. 『삼국사기』 2, 신라본기2, 나해이사금 10년, "秋七月 霜雹殺穀 太白犯月 八月 狐鳴金城及始祖廟庭".

위의 사료에서 시조묘정에서 여우가 울었다고 한다. 효성왕 때 월성 궁중에서 여우가 울었다는 기사는 흉사이다(『삼국사기』 9, 신라본기9, 효성왕 3년). 이로 볼 때 나해왕 10년에 시조묘정에서 여우가 울었다는 것은 앞서 있었던 천재지변과 관련있는 것이 아닐까 한다(이와 관련해서 김정숙, 「신라문화에 나타나는 동물의 상징-『삼국사기』 신라본기를 중심으로」, 『신라문화』 7, 1990, 80쪽). 따라서 아달라왕 19년의 "유사시조묘"는 바로 뒤이어 나오는 서울에 疫이 돌고 있는 것과 관련지어 볼 수 있을 것이다. 곧 질병의 전조로 여길 수 있는 것이다.

19) 신라 상고기에는 거서간, 차차웅, 이사금, 마립간이라는 왕호가 사용되었다. 이 중 거서간과 차차웅은 혼용되고 있는 것으로 보아(『삼국유사』 1, 기이1, 제2남해왕), 그 기능이나 성격이 유사한 것으로 여겨진다. 차차웅은 그 해석을 통해 볼 때 종교적 권위를 가진 무적 사제왕이었다. 그리고 그 이후의 이사금까지도 무적 사제왕으로서의 성격을 띠고 있다. 이로 볼 때 거서간, 차차웅, 이사금이라는 왕호를 사용했던 시기를 이사금시기라고 총칭할 수 있을 것이다. 이 시기의 왕은 시조왕에게 부여된 왕자의 권위와 책임을 체현한 무적 사제왕으로 그 권위 기반을 종교적인 것에 두었다고 한다(나희라, 「신라의 국가 및 왕실 조상제사 연구」, 서울대학교 박사학위논문, 1999, 134쪽/앞의 책, 2003).

각 공동체의 우두머리들 중에 경험이 많은 연장자를 지배자로 추대했던 데서 비롯되었다.[20] 이사금시기에는 혁거세왕을 족조로 하는 박씨집단, 탈해를 족조로 하는 석씨집단, 알지를 족조로 하는 김씨집단이 유력한 정치세력 집단으로 존재하였다. 그리고 연맹체 내 정치세력 집단들의 長들의 동의에 따라 연맹장이 세습되기도 하고 때로는 선임되기도 하였는데, 『삼국사기』 신라본기에 박·석·김씨의 세 세력이 交立된 것으로 나타나는 것은 이것을 말하여 준다.

이처럼 이사금시기 정치세력 집단이 다양하게 구성되어 있었고 3성교립이 가능하였다는 것은 연맹체 내의 주요 정치세력 집단들이 독자적인 세력 기반을 유지하고 있었음을 의미한다. 이러한 사실은 이 시기 제사체계 역시 단순하게 이루어진 것이 아니었음을 시사한다. 『삼국지』 동이전 고구려조에 따르면 고구려 왕실은 소노부에서 계루부로 바뀌었고,[21] 여타 部에 대한 계루부 왕실의 통제력이 확고해진 3세기 초반에도 이전에 연맹장을 배출했던 소노부는 자체의 종묘를 보유하고 영성·사직에 대한 제사를 지냈다고 한다.[22] 이러한 사정은 신라의 경우라 하여 크게 다르지는 않았을 것이다. 각 정치세력 집단간의 세력차가 현저하지 않았던 시기에 각각의 정치세력 집단들은 독자적인 제사체계를 유지했을 것으로 짐작되는 것이다. 곧 박, 석, 김 3성 집단을 위시한 정치세력 집단들은 나름의 전통적인 제사체계를 가지고 있었을 것이다.

2세기 말~3세기 전반경 고구려에서는 10월에 열린 일종의 추수감사제인 동맹제에서 천신에게 제사지낸 후 대혈에서 隧神을 맞이하여 수도의

20) 이병도, 앞의 책, 1977, 9쪽 참고.

21) 『삼국지』 30, 동이전, 고구려, "本涓奴部爲王 稍微弱 今桂婁部代之".

22) 『삼국지』 30, 동이전, 고구려, "涓奴部本國主 今雖不爲王 嫡統大人 得稱古雛加 亦得立宗廟 祠靈星·社稷".

동쪽 압록강 水上에 모셔 제사를 지냈다고 한다.[23] 隧神은 水神으로서 농업신적인 성격을 지녔다. 이 천신[일신]과 水神은 고구려 전체의 신으로 모셔졌던 것이다. 그러한 가운데서 계루부 왕실뿐만 아니라 여타의 부에서도 어떠한 형태이든 이 두 신에게 제사지냈을 것으로 상정할 수 있다.[24] 아마도 동맹제에는 계루부를 비롯한 각 세력집단들의 장들이 모두 참석하여 고구려 전체의 신인 천신[일신]과 水神에게 제사를 지내지 않았을까 한다.[25]

이사금시기 역시 각 정치세력 집단들이 일정한 독자성을 지니고 있었다고 하더라도, 이들은 연맹체의 일원이었다. 따라서 연맹체의 구심이 되는 정치세력 집단은 시기에 따라 바뀌었을 수 있지만, 각 정치세력 집단들의 제사체계를 뛰어 넘어 연맹체의 구성원을 묶어주는 것이 있었을 것이다. 이것이 국조인 혁거세왕을 모시는 시조묘제사였다고 헤아려진다.

신왕이 즉위의례를 행할 때 또는 국가의 중대사가 있을 때 왕을 비롯하여 각 정치세력 집단들의 장들은 시조묘제사에 참여하였을 것이다. 이를 통해 연맹체 내부의 문제를 해결하고 소속원의 일체감과 단결을 도모하지 않았을까 한다. 곧 국조인 혁거세왕에게 제사지내는 시조묘제사를 통해 연맹체를 통합할 수 있었던 것으로 짐작해 보는 것이다. 그리고 신왕은 시조묘에서 제사지냄으로써 자신이 '시조'에서 비롯된 정통의 王者이며 자신의 지배행위가 정당한 것임을 내외에 공포하여 자신의 통치행위를 정당화하려고 하였을 것이다.

한편 마립간이라는 칭호는 나물왕대부터 시작되었다.[26] 이와 짝하여

---

23) 『삼국지』 30, 동이전, 고구려.

24) 노태돈, 『고구려사 연구』, 사계절, 1999, 364쪽.

25) 이와 관련된 여러 견해는 채미하, 「고구려의 국모신앙」, 『북방사논총』 12, 고구려연구재단, 2006 참고.

다음이 주목된다.

F. 1) 봄 2월에 몸소 시조묘에서 제사지냈다. 紫雲이 묘 위에 둥글게 서렸고 神雀이 廟庭에 모여들었다. (『삼국사기』 3, 신라본기3, 나물이사금 3년)[27]

2) 여름 4월에 시조묘 뜰에 있는 나뭇가지가 다른 나뭇가지와 이어져 하나가 되었다[樹連理]. (『삼국사기』 3, 신라본기3, 나물이사금 7년)[28]

사료 F-1)에 따르면 나물왕 3년(358) 시조묘제사 때 紫雲이 시조묘에 서렸고, 또 神雀이 그 廟庭에 모였다고 한다. 여기의 자운과 신작은 나물왕대 신라의 새로운 정치적 전기를 상징하는 일련의 상서 기사로 이해할 수 있다.[29] 또한 F-2)에는 "시조묘에 樹連理가 있었다"고 한다. '수연리'는 '木連理'로, 뿌리를 달리하는 나무가 위에서 서로 가지가 엉켜 붙어 하나로 보이는 현상을 말한다.[30] 그리고 왕자의 덕이 純洽하여 八方이 하나로 합일될 때에 목연리 현상이 나타난다고 한다.[31] 이 기사도 나물왕의 즉위 이후 정치적 변화에 따른 나물왕의 권위를 높이려는 일종의 상서 사상이

26) 『삼국사기』에는 눌지왕대부터, 『삼국유사』에는 나물왕대부터 마립간이라는 칭호를 쓴 것으로 되어 있다. 대체로 나물왕대에 시작하여 소지왕대에 이르는 150년간을 흔히 마립간시기라고 부른다. 『삼국사기』에서 이사금시기를 실성왕대까지로 잡고 있는 것은 아직까지 이사금시기의 잔재를 완전히 청산하지 못한 까닭에 이사금과 마립간이란 칭호가 혼용된 것이 아닐까 한다.

27) "春二月 親祀始祖廟 紫雲盤旋廟上 神雀集於廟庭".

28) "夏四月 始祖廟庭樹連理".

29) 김정숙, 앞의 논문, 1990, 81쪽 ; 이희덕, 『한국고대 자연관과 왕도정치』, 혜안, 1999, 219쪽.

30) 『한서』 5, 안제기5, "安帝元初三年 春正月 甲戌……東平陸上言木連理".

31) 『송서』 29, 부서 하, "木連理 王者德澤純洽 八方合爲一則生".

작용한 것으로 여겨진다.[32] 이러한 상서가 시조묘에서 일어났다는 것은 혁거세왕이 당시의 정치적 변화를 인정하였음을 상징적으로 보여주는 것이라고 할 수 있을 것이다.

마립간은 '干 중의 간', 즉 대족장・대수장을 의미한다.[33] 이것은 이사금보다는 한층 정치 지배력이 강화된 통치자의 뜻으로, 이 시기 왕들은 이사금시기 왕들 보다는 俗權으로서의 정치적 권한이 증대되었다고 할 수 있다. 시조묘제사 때에는 정치적 행위인 大赦와 중신 임명 등이 이루어지고 있다.[34] 대체로 이사금시기에는 대사・중신 임명이 시조묘 친사와 같은 해에 행해졌다.[35] 마립간시기에는 대사와 중신 임명이 시조묘 친사 보다 앞서 이루어지고 있다.[36] 마립간시기에 시조묘제사보다 정치적 행위가 먼저 나타나고 있는 것은 이 시기 왕들의 정치적 권한이 이사금시기의 그것에 비해 상대적으로 성장하였기 때문으로 헤아려 볼 수 있는 것이다.

그렇지만 마립간시기 왕들 역시 신라 초기부터 있어왔던 사제왕으로서

---

32) 이희덕, 「『삼국사기』 소재 자연관계기사의 검토－신라본기의 분석」, 『중재장충식박사화갑기념논총』, 1992, 128~129쪽 및 앞의 책, 1999, 112~113쪽과 216~217쪽.

33) 이병도, 앞의 책, 1977, 43쪽.

34) 이와 관련하여 『동사강목』의 다음 기록이 참고된다.
『동사강목』 1하, 을유(유리왕 2년), "謁始祖廟 大赦(自是 嗣君卽位謁始祖廟 肆赦世以爲常)". 그리고 최재석, 「신라의 시조묘와 신궁의 제사」, 『동방학지』 50, 1986/『한국고대사회사연구』, 일지사, 1987, 241쪽 ; 나희라, 앞의 논문, 1996, 121~122쪽 참고.

35) 대사・중신 임명이 시조묘제사 보다 먼저 이루어지는 경우는 3대 유리왕, 5대 파사왕, 6대 지마왕, 8대 아달라왕, 9대 벌휴왕, 12대 첨해왕, 14대 유례왕이다. 시조묘제사가 대사・중신 임명 보다 먼저인 경우는 4대 탈해왕, 11대 조분왕, 13대 미추왕, 15대 기림왕, 16대 흘해왕이다. 한편 중신 임명, 대사가 전하지 않는 왕은 7대 일성왕과 10대 나해왕이다.

36) 17대 나물왕, 18대 실성왕, 21대 소지왕이 시조묘제사가 있기 1년 전에 대사・중신 임명을 먼저 하고 있다. 한편 19대 눌지왕, 20대 자비왕은 중신 임명이나 대사를 행하지 않았던 것으로 전한다.

의 신성성을 완전히 포기한 것은 아니었다.[37] 그리고 이 시기의 왕은 왕경의 일정한 부에 속해 있었다. 이것은 왕권이 6부의 세력을 초월할 만큼의 지위에까지는 오르지 못한 것을 의미한다. 또한 마립간시기의 정치운영은 '간'으로 표현되는 중앙의 유력한 귀족들로 구성된 귀족회의를 중심으로 이루어지고 있었다. 이를 본다면 이 시기의 시조묘제사 역시 이사금시기와 마찬가지로, 신왕의 즉위의례나 국가의 중대사가 있을 때에는 왕실뿐만 아니라 여러 정치세력 집단들의 장들이 함께 시조묘에서 국조인 혁거세왕에게 제사를 지내는 것으로 짐작되어지는 것이다.

그러나 마립간시기 김씨왕실은 정국을 주도해 나간다. 이러한 과정에서 김씨왕실은 국조인 혁거세왕에 대한 제사를 독점하려고 하지 않았을까 한다. 이와 관련하여 다음이 관심을 끈다.

> G. 2월에 歷代園陵을 修葺하였다. 여름 4월에 시조묘에서 제사지냈다. (『삼국사기』 3, 신라본기3, 눌지마립간 19년)[38]

위의 사료 G에 따르면 눌지왕은 19년(425) 2월에 歷代園陵을 修葺하였다고 한다. 여기에서 '園陵'은 왕릉을 말하는 것으로,[39] '歷代園陵'은 혁거세왕 이후의 박·석·김씨 왕들의 능이라고 할 수 있다. 그리고 '修葺'은 '집을 손질하고 지붕을 새로 잇는다'는 뜻이다. 이로 본다면 눌지왕 19년에 역대원릉을 수즙하였다는 것은 역대왕릉에 딸린 건물들을 보수·정화하였음을 의미하는 것으로 풀이할 수 있다.[40]

---

37) 나희라, 앞의 논문, 1999, 135쪽.

38) "二月 修葺歷代園陵 夏四月 祀始祖廟".

39) 園陵은 陵, 곧 왕릉을 뜻한다(諸橋轍次, 『大漢和辭典』 3, 大修館書店, 1984, 93쪽).

40) "修葺歷代陵園"을 조그맣게 축조되어 있었거나 퇴락한 역대 왕릉[園陵]을 대형고

오릉 | 시조 혁거세왕과 알영부인, 2대 남해왕, 3대 유리왕, 5대 파사왕이 묻힌 곳이라 전하며, 시조묘는 이 주변에 건립되었을 것으로 추정한다.

눌지왕 19년 '역대원릉'을 '수즙'하면서 혁거세왕릉에 대한 정비도 이루어졌을 것이다. 그리고 시조묘는 혁거세왕릉 주변에 세워진 것으로 보인다.[41] 그러하다면 당시 혁거세왕릉을 정비하면서 혁거세왕을 모시고 있는 시조묘에 대한 정비도 함께 이루어지지 않았을까 한다. 이것은 눌지왕이 '역대원릉'을 수즙하고 두 달 후 시조묘에서 제사지내고 있는데, 이때의 시조묘는 정비된 시조묘로 짐작해 볼 수 있는 것이다. 또한 눌지왕대 '역대원릉'에 대한 '수즙' 사실을 역대왕의 계보 정리로 보는 견해가 있어 주목된다.[42] 아마도 이때 혁거세왕은 신라의 건국조이자 국조로서 자리매김하지

총으로 확대 개축한 것으로 보기도 한다(최병현, 「신라의 성장과 신라 고분문화의 전개」, 『한국고대사연구』 4, 1991, 156쪽/『신라고분연구』, 일지사, 1992, 380~381쪽).

41) 이와 관련해서 채미하, 앞의 논문, 2003, 286~287쪽.

42) 나희라는 눌지왕이 왕권의 안정과 계승의 정당화라는 의도에서 '역대원릉'을 '수즙'

않았을까 한다.

이와 같은 이해가 가능하다면 눌지왕은 국조인 혁거세왕을 김씨왕실과 연결시키려고 하였고 동시에 그를 제사지내는 시조묘제사도 독점하려고 하였을 것으로 짐작해 볼 수 있는 것이다. 그런데 소지마립간 9년에 신궁이 설치된다. 신궁의 '시조' 또한 혁거세왕이다. 이로 볼 때 마립간시기의 정치적 상황 속에서 김씨왕실이 시조묘제사를 독점하기는 어려웠을 것으로 여겨진다. 이에 시조묘가 아닌 새로운 제사체계를 생각하였을 것이고 그것이 마립간시기 말에 설치되는 신궁으로 헤아려진다. 그리고 신궁이 설치되면서 시조묘제사에 변화가 있었을 것이다.[43] 이에 대해서는 본장 제3절에

하고 있다고 하면서, 이것을 왕실의 왕통 계보의 정리와 연관된다고 이해하고 있다(앞의 논문, 1999, 104~105쪽). 한편 역대왕릉 정비의 주요 대상은 나물왕계의 직계조상들로서 바로 나물왕계의 정통성 과시 내지는 수단으로 보기도 한다(최병현, 위의 논문, 1991, 156쪽/앞의 책, 1992, 380~381쪽).

43) 채미하, 앞의 논문, 2003, 286~290쪽 참고.

서 후술된다.

제2절 신궁제사와 중고기 왕권

1. 신궁의 시조와 그 성격

신라의 신궁 설치에 대해서는 다음과 같이 전한다.

A. 1) 봄 2월 奈乙에 신궁을 설치[置]하였다. 나을은 시조가 처음 태어난 곳[始祖初生之處]이다. (『삼국사기』 3, 신라본기3, 소지마립간 9년)[44]

2) 제22대 지증왕은 시조가 탄강한 땅[始祖誕降之地]인 나을에 신궁을 세워[創立] 그를 제향하였다. (『삼국사기』 32, 잡지1, 제사)[45]

사료 A-1)에 따르면 소지왕 9년(487)에 '시조가 처음 태어난 곳(始祖初生之處)'인 '奈乙'에 신궁을 설치('置')하였다고 하고, A-2)에는 지증왕이 '始祖誕降之地'인 '나을'에 신궁을 '創立'하였다고 되어 있다.

신궁 설치 시기를 앞의 사료 A-1)에 따르면 소지왕 9년이라고 하고, A-2)에는 지증왕이라고 하여 다르게 나온다.[46] 그런데 소지왕 17년(495)과

---

44) "春二月 置神宮於奈乙 奈乙始祖初生之處也".

45) "第二十二代智證王 於始祖誕降之地奈乙 創立神宮 以享之".

46) 기왕의 연구에 따르면 신궁의 설치 시기에 대해 『삼국사기』 신라본기의 기록을 중시하는 경우는 소지왕대로(변태섭, 「묘제의 변천을 통하여 본 신라사회의 발전과정」, 『역사교육』 8, 1964, 59쪽 ; 이병도, 『국역 삼국사기』, 을유문화사, 1977, 49쪽 ; 이종욱, 『신라국가형성사연구』, 일조각, 1982, 166쪽 등), 『삼국사기』 제사지의 기록을 중시하는 경우는 지증왕대로 파악하고 있다(신형식, 「신라의 시대구분」, 『한국사연구』 18, 1977, 18쪽 및 38쪽 ; 吉岡完右, 「中國郊祀の周邊國家への傳播－郊祀の發生から香春尸羅神の渡來まで」, 『朝鮮學報』 108, 1983, 36~37쪽 등).

나정의 유구 배치도 | 발굴조사 결과 팔각건물지와 우물지, 溝狀遺構, 부속건물지 등이 확인되었다.

나정 | 혁거세왕이 태어난 곳으로 전해지며, 신궁은 이 부근에 건립되지 않았을까 한다.

지증왕 3년(502)에 왕이 신궁에서 친사하고 있다.[47] 이로 볼 때 신궁은

그리고 소지왕대와 지증왕대 다 의미가 있다고 파악하기도 한다(浜田耕策, 「新羅の神宮と百座講會と宗廟」, 『東アジア世界における日本古代史講座－東アジアにおける儀禮と國家』, 學生社, 1982, 224~226쪽 ; 최광식, 「신라의 신궁에 대한 신고찰」, 『한국사연구』 43, 1983/「신라의 신궁제사」, 『고대한국의 국가와 제사』, 한길사, 1994, 198~199쪽 ; 최광식, 「신라와 당의 대사·중사·소사 비교연구」, 『한국사연구』 95, 1996, 4쪽 등). 한편 정재교는 나물왕 이후 눌지왕대 사이의 어느 시기에 신궁이 설치되었다고 보고 있다(「신라의 국가적 성장과 신궁」, 『부대사학』 11, 1987, 17~24쪽). 이하의 제 논의는 채미하, 「신라의 신궁제사」, 『전통문화논총』 2, 한국전통문화학교, 2004 참고.

47) 『삼국사기』 3, 신라본기3, 소지마립간 17년, "春正月 王親祀神宮" ; 『삼국사기』

소지왕 9년에 설치되었다고 할 수 있을 것이다. 그러하다면 소지왕 9년에 설치된 신궁에 모셔진 '시조'는 누구인가.[48] 우선 다음이 주목된다.

B. 겨울 10월에 여러 신하들이 아뢰었다. "시조께서 나라를 세우신 이래[始祖創業已來] 나라 이름을 정하지 않아, 사라라고도 하고 혹은 사로 또는 신라라고도 칭하였습니다. 신등의 생각으로는 '新'은 '덕업이 날로 새로워진다'는 뜻이고 '羅'는 '사방을 망라한다'는 뜻이므로, 그것을 나라 이름으로 삼는 것이 마땅하다고 여겨집니다. 또 살펴보건대 옛부터 국가를 가진 이는 모두 帝나 王을 칭하였는데, 우리 시조께서 나라를 세운 지 지금 22대에 이르기까지[自我始祖立國 至今二十二世] 단지 방언만

4, 신라본기4, 지증마립간 3년, "春二月 親祀神宮".

48) 신궁의 시조와 관련하여 기왕의 견해를 보면 혁거세설(今西龍, 「新羅骨品考」, 『新羅史研究』, 1933, 232~233쪽 ; 이병도, 앞의 책, 1977, 49쪽 ; 나희라, 『신라의 국가제사』, 지식산업사, 2003, 139~159쪽)과 김씨 시조설로 대별된다. 이 중 김씨 시조설은 김씨가 왕위를 계속해서 잇는다는 것에 주목하여 나온 것인데, 김씨 시조를 알지(小田省吾, 「半島廟制概要」, 『朝鮮』 269, 1937, 69~70쪽 ; 김병곤, 「신라 왕권의 성장과 지배이념의 연구」, 동국대학교 박사학위논문, 2000, 142~150쪽/『신라왕권성장사 연구』, 학연문화사, 2003)·미추(변태섭, 앞의 논문, 1964, 61~63쪽)·나물(末松保和, 「新羅上古世系考」, 『新羅史の諸問題』, 1954, 108~110쪽 ; 木下禮仁, 「新羅始祖系譜の構成」, 『朝鮮史研究會論文』 2, 1966, 48쪽/「第6章 王統系譜の形成」, 『日本書紀と古代朝鮮』, 塙書房, 1993 ; 신종원, 「삼국사기 제사지 연구-신라사전의 연혁·내용·의의를 중심으로」, 『사학연구』 38, 1984/『신라초기불교사연구』, 민족사, 1992, 84쪽)·성한(강종훈, 「신궁의 설치를 통해 본 마립간시기의 신라」, 『한국고대사논총』 6, 1994, 211~212쪽) 등으로 보고 있다. 한편 신궁의 주신을 자연신, 그 중에서도 특히 천지신이라고 파악하기도 한다(최광식, 앞의 책, 1994, 205~209쪽 ; 정재교, 앞의 논문, 1987, 17~24쪽과 30쪽 ; 최근영, 「한국고대의 천신신앙에 대한 고찰-신라의 경우를 중심으로」, 『최영희선생화갑기념한국사학논총』, 탐구당, 1987, 14쪽). 그리고 혁거세와 알영 2인이라고도 하기도 한다(이종태, 「신라 지증왕대의 신궁설치와 김씨시조인식의 변화」, 『택와허선도선생정년기념한국학논총』, 1992, 74~75쪽 ; 김두진, 「신라 김알지신화의 형성과 신궁」, 『이기백선생고희기념한국사학논총(상)』, 일조각, 1994, 76~78쪽/『한국고대의 건국신화와 제의』, 일조각, 1999).

을 칭하고 높이는 호칭을 정하지 못하였으니, 이제 뭇 신하가 한 뜻으로 삼가 신라 국왕이라는 칭호를 올립니다." 왕이 그것을 따랐다. (『삼국사기』 4, 신라본기4, 지증마립간 4년)[49]

사료 B에 따르면 지증왕은 여러 신하들의 건의에 따라 국호를 '신라'로 하고 중국식 '王'호를 사용하였다고 한다. 그 건의 중 "始祖創業已來"와 "自我始祖立國 至今二十二世"라는 구절이 주목된다. 다 아는 바와 같이 신라의 시조는 박혁거세왕이었다고 전한다. 그리고 『삼국사기』와 『삼국유사』에 따르면 지증왕은 박혁거세왕으로부터 따질 때 제22대 왕에 해당한다. 그러니까 지증왕대에도 시조는 혁거세왕이 된다. 그렇다면 지증왕대 창립되었다는 신궁의 시조 역시 혁거세왕이었을 것이다. 같은 시기에 서로 다른 시조가 존재하였다고는 생각되지 않기 때문이다. 이와 관련하여 다음도 참고된다.

C. 봄 2월 몸소 신궁에서 제사지냈다(종묘의 제도는 비록 김씨를 시조로 삼았으나, 신궁의 제사는 한결같이 옛 의식을 준수하여 폐하지 않고 嗣君이 그것을 대대로 행하였다). (『동사강목』 5(상), 辛酉(선덕왕 2년))[50]

위의 사료 C에 따르면 종묘의 제도에서 김씨를 시조를 삼았으나, 신궁의 제사는 여전히 행해졌다고 한다. 여기에서 종묘는 오묘로, 오묘에서 김씨를

49) "冬十月 羣臣上言 始祖創業已來 國名未定 或稱斯羅 或稱斯盧 或言新羅 臣等以爲新者德業日新 羅者網羅四方之義 則其爲國號宜矣 又觀自古有國家者 皆稱帝稱王 自我始祖立國 至今二十二世 但稱方言 未正尊號 今羣臣一意 謹上號新羅國王 王從之".

50) "春二月 親祀神宮(宗廟之制 雖以金氏爲始祖 而神宮之祭 一遵舊儀不廢 嗣君世世行之".

시조로 삼은 것은 혜공왕대부터이다. 그러하다면 안정복의 평은 신궁의 시조가 김씨는 아니었다는 것을 말하는 것으로 여겨진다.[51]

그리고 앞의 사료 A에서는 신궁을 '나을'에 세웠다고 전한다. 혁거세는 『삼국사기』에서는 "양산 기슭 나정 옆의 숲 사이[楊山麓 蘿井傍林間]"[52]에서, 『삼국유사』에서는 '양산 아래 나정 옆[楊山下 蘿井傍]'[53]에서 나타났다고도 전하고 있다. 사료 A의 나을과 蘿井은 음훈상으로 통한다고 한다.[54] 이 역시 신궁의 '시조'가 혁거세임을 말해주는 것이 아닐까 한다. 그리고 다음도 관심을 끈다.

D. 봄 정월에 몸소 신궁에 제사지냈다. 용이 양산 우물[楊山井] 안에서 나타났다. (『삼국사기』 4, 신라본기4, 법흥왕 3년)[55]

---

51) 이와 관련해서 최광식도 "『삼국사기』 본기에는 신문왕대 오묘제가 성립되어 시행된 것으로 기록되어 있다. 한편 『삼국사기』 제사지에는 혜공왕대에 오묘제가 성립되어 시행된 것으로 기록되어 있다.……이 기록에 의하면 신궁이 김성 시조를 모시는 김성 시조묘가 아니라는 것을 명백히 알 수 있다"고 하였다(앞의 책, 1994, 204쪽). 그리고 『삼국사기』 제사지에 따르면 시조묘와 오묘의 경우에는 그 주신을 밝히고 있는 반면, 신궁의 경우에는 그냥 시조라고만 쓰고 있다. 만약 신궁의 시조가 혁거세가 아니라고 한다면, 제사지 찬자는 시조묘나 오묘의 경우처럼 분명하게 그 시조를 밝히지 않았을까 한다(김두진, 앞의 논문, 1994, 76쪽 ; 박승범, 「신라 제의의 변천과 정연구」, 단국대학교 석사학위논문, 1995, 43~44쪽 ; 나희라, 「한국고대의 신관념과 왕권－신라왕실의 조상제사를 중심으로」, 『국사관논총』 69, 1996, 134쪽/앞의 책, 2003, 147~149쪽 ; 이종태, 「삼국시대의 「시조」인식과 그 변천」, 국민대학교 박사학위논문, 1996, 36쪽 ; 이종태, 「신라의 시조와 태조」, 『백산학보』 52, 1999, 9~10쪽).

52) 『삼국사기』 1, 신라본기1, 시조 혁거세거서간 즉위년.

53) 『삼국유사』 1, 기이1, 신라시조 혁거세왕.

54) 이병도, 앞의 책, 1977, 49쪽.

55) "春正月 親祀神宮 龍見楊山井中".

위의 사료 D에 따르면 법흥왕 3년(516)에 신궁에서 친사하였다고 한다. 그리고 '양산 우물[楊山井]'에서 용이 나타나고 있다. 용은 왕과 관련이 있다고 한다.[56] 그러하다면 용이 출현한 것은 왕이 신궁에서 친사한 것에 대한 대응으로 나타난 것으로 볼 수 있을 것이다. 그리고 그 용은 '양산'의 우물에서 나타났다. '양산'은 현재 경북 경주시에 있는 남산으로,[57] 남산에는 여러 우물이 있었겠지만, 이곳에는 혁거세가 태어났다고 전하는 나정이 있다. 양산정은 아마도 나정을 말하는 것이 아닐까 한다. 양산정이 나정이라고 한다면 신궁의 시조는 혁거세왕이었음을 시사해 주는 것이다.

이상에서 살펴본 바와 같이, 소지왕 9년에 설치된 신궁의 시조는 시조묘의 시조와 같은 혁거세왕임을 알 수 있다. 신궁이란 신을 제사하는 곳을 말하며,[58] 신궁은 郊廟라고도 한다.[59] 郊는 원래 중국에서 천지신을 제사하는 장소이고, 郊祀는 그 제사를 의미한다. 신궁의 宮은 廟와 동일한 의미로[60] 묘는 조상을 제사하는 장소이다. 이로 볼 때 신궁에 모셔진 혁거세왕

---

56) 김정숙, 「신라문화에 나타나는 동물의 상징－『삼국사기』 신라본기를 중심으로」, 『신라문화』 7, 1990, 74~76쪽 ; 이희덕, 『한국고대 자연관과 왕도정치』, 혜안, 1999, 202~204쪽.

57) 정구복 외 4인, 『역주삼국사기』 3(주석편 상), 한국정신문화연구원, 1997b, 14쪽.

58) 신종원, 앞의 책, 1992, 82쪽 주 76 참고.

59) 신종원은 郊廟란 제천의례와 시조 제사의 성격을 함께 가지는 신궁제사를 말한다고 하였다(위의 책, 1992, 80쪽). 나희라는 신궁의 제사가 시조 제사와 제천의례를 아울러 가지는 것이었음을 생각할 때 郊祀와 廟制를 합친 성격의 신궁제사를 郊廟라 부른 것이라고 할 수 있다고 하였다(앞의 논문, 1996, 136~137쪽). 그리고 중국에서도 郊祭時 조상을 配祭하기 때문에 郊祭를 郊廟에 제사한다고 표현하는 경우도 있다(이와 관련해서 나희라, 「신라의 국가 및 왕실 조상제사 연구」, 서울대학교 박사학위논문, 1999, 125쪽 주 61 및 앞의 책, 2003, 155~158쪽).

60) 池田末利, 「附釋廟」, 『中國古代宗教史研究－制度と思想』, 東海大學出版會, 1981, 328~329쪽 ; 서영대, 「서평－『고대한국의 국가와 제사』, 최광식 저」, 『한국사연구』 98, 1997 ; 나희라, 앞의 논문, 1996, 138쪽 주 73 및 앞의 책, 2003, 157쪽.

역시 시조묘에 모셔졌던 혁거세왕과 마찬가지로 국조이면서 천신적 성격을 띠었다고 여길 수 있다.

그리고 앞의 사료 A에 따르면 신궁은 시조가 '初生'·'誕降'한 곳에 두어졌다고 한다. 혁거세왕이 '초생'·'탄강'한 곳은 『삼국사기』에는 '양산 기슭 나정 옆의 숲 사이', 『삼국유사』에는 '양산 아래의 나정 옆'이라고 전하고 있다. '나을'과 '나정'은 음훈상으로 통한다.61) 이에 신궁은 혁거세왕이 '초생'·'탄강'한 나정 부근에 있었을 가능성을 상정해 볼 수 있다.

시조묘가 설치된 장소와 관련해서는 『삼국사기』 제사지에 고구려는 신대왕 이후 역대왕들이 졸본에 있는 시조묘에 가서 친사하였다62)는 것이 참고된다. 특히 장수왕이 평양으로 천도한 이후 안장왕, 평원왕, 건무왕(영류왕) 역시 시조묘가 있는 졸본에 가서 친사하였다. 이것은 고구려의 시조묘가 시조가 묻힌 졸본의 시조릉 주변에 있었기 때문이었을 것이다.63) 『삼국유사』에 따르면 혁거세왕이 묻힌 곳은 오릉이라고 전한다.64) 이로 볼 때

---

61) 이병도, 앞의 책, 1977, 49쪽.

62) 『삼국사기』 32, 잡지1, 제사, "古記云……新大王四年秋九月 如卒本 祀始祖廟 故國川王元年秋九月 東川王二年春二月 中川王十三年秋九月 故國原王二年春二月 安臧王三年夏四月 平原王二年春二月 建武王二年夏四月 並如上行". 이는 『삼국사기』 고구려본기에도 나온다. 단, 신대왕의 시조묘제사 기록은 왕 3년의 사실로 기록되어 있다.

63) 최광식, 앞의 책, 1994, 180~181쪽. 한국고대에서 死者가 묻힌 능이 곧 사자의 사후세계이며, 나아가서는 그를 제사하는 廟라는 관념이 있었다(변태섭, 「한국고대의 계세사상과 조상숭배신앙」, 『역사교육』 3·4, 1958·1959). 가령 고구려의 미천왕릉이 미천왕묘로(『삼국사기』 18, 고구려본기6, 고국원왕 12년), 가야의 수로왕릉이 수로왕묘(『삼국유사』 2, 기이2, 가락국기)로 불려지고 있는데서 알 수 있다.

64) 『삼국유사』 1, 기이1, 신라시조 혁거세왕, "七日後 遺體散落于地 后亦云亡 國人欲合而葬之 有大蛇逐禁 各葬五體爲五陵 亦名蛇陵".
최광식은 김씨왕실에서 오묘제를 시행하자, 박씨들도 오묘를 만들었는데, 무덤에 사당을 만들어 오릉을 오묘로 한 것이라고 파악하고 있다(「신라 상대 왕경의 제장」, 『신라왕경연구』(신라문화제학술발표회논문집 16), 1995, 75~76쪽 ; 「신라의 건국

신라의 시조묘는 혁거세왕릉이거나 능 부근에 있는 제사처를 말하는 것으로, 혁거세왕이 묻힌 곳과 관련있 는 곳에 시조묘가 세워졌을 것으로 여길 수 있을 것이다.

이와 같이 시조묘는 혁거세왕릉이거나 릉 부근에 세워졌을 것이다.[65] 그런데 신궁은 혁거세왕이 '初生'・'誕降'한 곳에 두어졌다. 이것은 신궁이 시조가 묻힌 곳에 두어진 시조묘와 구분되는 것이다. 죽음을 상징하는 시조묘에서의 제사는 인격적 시조신의 성격이, 탄생을 상징하는 신궁에서의 제사는 상대적으로 인격을 초월한 성격을 더 많이 구현한 시조의 제사가 되는 것이다.[66] 이와 같이 생각할 수 있다면 김씨왕실은 시조가 출현한 곳에 신궁을 설치하여 시조의 신성성을 시조묘제사 보다 더욱 부각시킨 것으로 여겨진다.

2. 소지・지증왕과 신궁제사

마립간시기의 시조묘에서는 왕실뿐만 아니라 여러 세력집단의 長들이 함께 國祖이자 천신인 혁거세왕에 대한 제사를 지냈다.[67] 그런데 마립간시

신화와 시조신화」, 『한국사』 7, 국사편찬위원회, 1997, 18쪽). 하지만 당시 박씨세력이 왕실과 같은 오묘를 구성하였다고는 여겨지지 않는다. 한편 『삼국사기』 신라본기에 따르면 오릉은 혁거세왕과 그의 비인 알영, 2대 남해왕・3대 유리왕・4대 파사왕의 능묘로 전하기도 한다. 그러나 오묘가 직계 조상에 대한 제사라는 점에서 알영을 제사지냈을까라는 의문이 든다.

65) 채미하, 「신라의 시조묘제사」, 『민속학연구』 12, 2003, 287쪽.

66) '初生'과 誕降'은 하늘에서 내려와 이 세상에 모습을 보인 시조의 탄생에 관한 전승을 각기 표현한 것이다(나희라, 앞의 논문, 1996, 134쪽 주 63 참조). 그리고 시조 혁거세가 '初生', '誕降'한 곳에서의 제사, 곧 신궁제사는 시조묘제사의 인격적 시조왕에 대한 것보다는 신성성을 더 많이 내포한 천신적 구현자에 대한 제사를 부각시킨 것이라고 한다(나희라, 앞의 논문, 1999, 119~120쪽 및 앞의 책, 2003, 148~153쪽).

서출지 | 사금갑 설화의 배경이 된 장소로, 경주시 남산동에 위치하고 있다

기는 이사금시기와는 달리 마립간위의 부계 장자계승이 실현되었다.

눌지왕은 나물왕의 장자이고, 자비왕은 눌지왕의 장자이며, 소지왕은 자비왕의 장자이다. 또한 왕위만 부자상속이 이루어진 것이 아니라 副王이라고 할 수 있는 葛文王의 지위 역시 왕의 형제나 가까운 부계친족이 부자 계승하였다.[68] 뿐만 아니라 나물왕, 실성왕, 눌지왕, 자비왕, 소지왕의 妃들도 모두 김씨로 나물왕은 4촌, 실성왕도 4촌, 눌지왕은 6촌, 자비왕은 4촌, 소지왕은 5촌과 혼인하였다. 이처럼 마립간시기에는 김씨왕실 중심으로 정국이 운영되어 나갔다. 이와 같이 마립간시기 이미 정국을 주도한 김씨왕실은 국조이자 천신인 혁거세왕에 대한 제사도 독점하려고 하지 않았을까 한다. 이와 같이 생각할 수 있다면 소지왕이 신궁을 설치하여 혁거세왕을 모신 것은 이와 같은 이유로 짐작되어진다.

그렇지만 신궁 설치와 관련해서 갈등이 있지 않았을까 한다. 이와 관련해서 소지왕이 사냥에 갔다 돌아오는 길에 天泉井에서 노옹으로부터 封書를 전해받고 琴匣을 활로 쏘아서 반역을 꾀한 焚修僧과 宮主를 죽이는 설화

67) 이와 관련해서 채미하, 앞의 논문, 2003, 283쪽 참고.

68) 이기백, 「신라시대의 갈문왕」, 『역사학보』 58, 1973/『신라정치사회사연구』, 일조각, 1974, 22~23쪽.

가[69] 주목된다. 이 사금갑 설화는 전통신앙과 불교와의 갈등으로 이해되고 있다.[70] 그런데 이때는 소지왕 10년(488)으로 신궁 설치 다음 해에 해당한다. 그러하다면 사금갑 설화는 소지왕 9년에 설치되는 신궁 설치와 관련된 갈등을 알려주는 것으로도 짐작되어진다.[71] 이와 관련하여 『동사강목』의 다음 기록이 관심을 끈다.

E. 계림이 그 왕비 善兮夫人을 목 베었다(왕비와 중이 사통하였기 때문이다). (『동사강목』 2(하), 戊辰(신라 소지왕 9년))[72]

위의 사료 E에 따르면 왕비 善兮夫人이 중과 사통하였기에 죽였다고 한다.[73] 『삼국유사』의 궁주가 여기에서는 선혜부인으로 나온다. 『동사강

69) 『삼국유사』 1, 기이1, 사금갑.

70) 최광식, 앞의 책, 1994, 214쪽 및 340~341쪽 ; 주보돈, 「삼국시대의 귀족과 신분제」, 『한국사회발전사론』, 일조각, 1992, 45쪽 ; 신종원, 「신라 불교전래의 제양상」, 앞의 책, 1992, 155~158쪽 ; 강종훈, 앞의 논문, 1994, 238~239쪽.

71) 이와 관련해서 다음이 참고된다. 사금갑 설화의 『삼국사기』 편년을 그대로 믿고 '天泉井'을 신궁과 관련지어 생각한다면, '天泉井'은 신궁과 관련된 나정과 관련이 있는 어떤 건조물을 말하는 것으로, 시조왕이 하늘에서 내려와 탄생하였다는 '泉井'은 그 속성상 '天泉'을 의미한다고 하였다. 즉, 시조왕의 탄생을 가능케 한 우물이라는 의미에서는 '蘿井'으로 그 탄생이 하늘과 관련이 있음을 강조하는 의미에서는 '天泉'으로 불리었을 것으로, 소지왕은 신궁 설치 후에 그곳에 제사를 드리러 갔었고, 제사 결과 신탁을 받아 궁중 내의 중요한 문제를 처리할 수 있었던 것이다(나희라, 앞의 논문, 1999, 121쪽 주 54 및 앞의 책, 2003, 152쪽 주 57).

72) "鷄林誅其妃善兮夫人(妃與僧潛通故也)".

73) 한편 김두진은 폐쇄적인 왕족의식을 고수하려는 왕실과 이들과는 달리 박씨세력과 연합한 지증 즉 습보계 왕족들 사이의 반목이 사금갑 설화로 나타났고, 따라서 사금갑 설화는 소지왕에 반대하는 왕실 내부세력을 제거하는 것으로 나타난 것으로 보고 있다(앞의 논문, 1994, 72~73쪽). 그리고 이종태는 사금갑 설화는 불교의 수용을 두고 왕실과 여타 귀족집단과의 대립의 표현일 수도 있고, 다른 한편으로는 김씨왕실의 독점적이고 폐쇄적인 정국 운영에 대한 반발을 나타내 주는 것일 가능성

목』의 기사가 무엇에 근거했는지는 잘 알 수 없으나, 근거 없는 이야기는 아닐 것이다.

왕비 선혜부인은 이찬 乃宿의 딸이다.[74] 내숙은 소지왕 8년에 국정을 맡았다.[75] 그러하다면 소지왕 9년 신궁이 설치될 때 내숙으로 대표되는 유력귀족세력이 신궁 설치를 반대한 것이 아니었을까 한다. 기왕의 시조묘 제사에서는 왕실뿐만 아니라 여러 세력집단의 장들이 함께 국조이자 천신인 혁거세왕에 대한 제사를 지냈다. 그런데 김씨왕실이 신궁을 설치하여 왕실만이 혁거세왕에 대한 제사를 주도하려고 하자 내숙을 비롯한 유력귀족세력들이 여기에 반대하였던 것으로 짐작되어지는 것이다.

이러한 왕실과 유력귀족세력간의 갈등 속에서 왕비 선혜부인이 죽었다고 한다면 소지왕은 신궁 설치를 반대한 유력귀족세력을 제거하였을 것으로 여겨진다. 이러한 갈등을 극복한 김씨왕실은 혁거세왕에 대한 제사를 통해 왕실만이 지고신인 천신의 후손이며 국조의 후손임을 더욱 강조하였을 것으로 헤아려 볼 수 있는 것이다.

이와 관련해서 다음이 참고된다. 『삼국지』 동이전에서 고구려 전체의 신으로 모셔졌던 천신(日神)과 隧神이 5세기의 「광개토왕릉비」와 「모두루묘지」 및 같은 시기의 전승을 담은 『위서』 고구려전에서는 계루부 왕실의 시조인 주몽의 아버지와 어머니로 나타나고 있다. 이 두 신의 결합의 소산인

도 제시하고 있다(앞의 논문, 1992, 57~58쪽). 한편 정효운은 서출지 설화는 신라 상대에 보기 드문 왕의 암살모의 사실을 서술하고 있다고 하면서, 이 사건이 박씨와 관련이 있는 것으로 보고 있다(「신라 중고시대의 왕권과 개원에 관한 연구」, 『고고역사학지』 2, 1986, 16쪽).

74) 『삼국사기』 3, 신라본기3, 소지마립간 즉위년, "炤知麻立干立……妃善兮夫人 乃宿伊伐湌女也" ; 『삼국유사』 1, 왕력1, 제21비처마립간, "一作炤知王……妃期寶葛文王之女".

75) 『삼국사기』 3, 신라본기3, 소지마립간 8년, "二月 以乃宿爲伊伐湌 以參國政".

영일냉수리신라비 | 지금까지 남아 있는 신라비 중 가장 오래된 것으로, 지증왕이 至都盧葛文王으로 나온다.

주몽은 현 왕실과 왕권의 초월적 권위와 위엄의 상징으로 강조되었다고 한다.[76] 이것은 고구려의 왕권이 강화되면서 왕실의 시조만이 유일한 天의 후예임을 내세우면서 귀족 가문의 족조 전승이 왕실을 중심으로 재편된 결과라고 한다.[77]

한편 지증왕은 신궁을 시조가 '탄강'한 곳에 '창립'하였다고 한다. 『삼국유사』에 따르면 지증왕은 나물왕의 손자로 되어 있어 소지왕의 再從叔이라고 한다.[78] 「영일냉수리신라비」에는 至都盧葛文王으로 나온다. 갈문왕은 準王的 위치로 정치에 어느 정도 참여하였다고 한다.[79] 또한 『삼국사기』에 따르면 그의 나이 64세에

---

76) 노태돈, 『고구려사연구』, 사계절, 1999, 364쪽 ; 채미하, 「고구려의 국모신앙」, 『북방사논총』 12, 2006a 참고.

77) 서영대, 「고구려 귀족가문의 족조전승」, 『한국고대사연구』 8, 1995, 181쪽 및183쪽.

78) 『삼국유사』 1, 왕력1, 제22지정마립간, "一作智哲老 又智度路王 金氏 父訥祇王弟期寶葛文王".
그런데 『삼국사기』에 의하면 나물왕의 손자인 습보갈문왕의 아들로 전왕인 소지왕의 再從弟로 되어 있다(『삼국사기』 4, 신라본기4, 지증마립간 즉위년). 『삼국유사』와 『삼국사기』의 기록 중 어느 것이 옳은 지는 단정할 수 없으나, 지증왕은 즉위시의 나이가 64세였으므로 소지왕과 같은 세대로 보기는 어렵다. 따라서 『삼국유사』의 기록이 더 옳지 않을까 한다(이기동, 「신라 나물왕계의 혈연의식」, 『역사학보』 53 · 54, 1972/『신라 골품제사회와 화랑도』, 일조각, 1984, 63~64쪽). 이종욱은 『삼국사기』의 기록이 보다 더 믿을 만하다고 보았으나(『신라 상대 왕위계승 연구』, 영남대학교출판부, 1980, 31~33쪽 및 85~93쪽), 따르지 않는다.

즉위하였다고 기록되어 있다. 이로 볼 때 지증왕은 소지왕대의 정국 운영에서 상당한 정치적 지위를 누렸을 것이고 소지왕 9년 신궁 설치에도 적극적으로 참여한 것으로 짐작되어진다.[80] 그런데 사료 A-1)에 따르면 소지왕은 시조가 '초생'한 곳에 신궁을 '설치(置)'했다고 하고, A-2)에서는 지증왕이 시조가 '탄강'한 곳에 신궁을 '창립'하였다고 한다. 그 이유는 무엇일까.

앞의 사료 B의 "自我始祖立國 至今二十二世"라는 구절은, 이 무렵 혹은 아마도 그리 앞서지 않은 어느 왕대에 정리된 역대 왕의 계보에 의거한 것으로 여겨진다. 이와 관련해서는 다음이 관심을 끈다.

F. 2월에 歷代園陵을 수리하였다. 여름 4월에 시조묘에서 제사지냈다. (『삼국사기』 3, 신라본기3, 눌지마립간 19년)[81]

사료 F에 따르면 눌지왕은 19년(435) 2월에 '역대원릉'을 '수즙'하고 있다. 눌지왕 19년에 '역대원릉'을 '수즙'하였다는 것은 역대왕릉에 딸린 건물들을 보수·정화하였음을 의미하는 것으로 풀이할 수 있다.[82] 역대왕릉을 정비하면서 눌지왕은 역대 왕의 계보를 정리하였을 것이다.[83] 그리고 이 사실을 그 해 4월에 시조묘에 가서 아뢴 것으로 여겨진다.[84] 이것은 눌지왕이 시조인 혁거세왕에게 그것을 인정받기 위한 상징적인 의미가 아니었을까 하는 것이다.

---

79) 이기백, 앞의 책, 1974, 15~18쪽.

80) 강종훈, 앞의 논문, 1994, 192쪽.

81) "二月 修葺歷代園陵 夏四月 祀始祖廟".

82) 채미하, 앞의 논문, 2003, 285쪽.

83) 이와 관련해서 본서 제2장 제1절 주 42 참고.

84) 소지왕 19년 4월 시조묘제사를 歷代陵園을 修葺하고 난 후의 시조묘제사의 변화와 관련된 것으로 보기도 한다(박승범, 앞의 논문, 1995, 28쪽).

그런데 시조로부터 당대에 이르는 왕계의 정리는 시조의 신격화 작업과도 밀접한 관련이 있었을 것이다.85) 이로써 시조의 신성성은 더욱 강조되었을 것으로 짐작된다. 그리고 '초생' 보다 '탄강'했다는 것이 보다 본질적인 시조 출현의 모습을 보여주는 표현이라고 한다.86) 그러하다면 시조로부터 시작되는 새로운 왕계의 반영이 지증왕대의 신궁 설치 기사에서 '탄강'이라는 표현으로 나타난 것으로 짐작되어진다.

그리고 앞의 사료 B의 "自我始祖立國 至今二十二世"라는 구절이 다시 한 번 더 주목된다. 이것은 지증왕이 시조인 혁거세왕으로부터 제22대 왕에 해당한다는 것을 말하며, 늦어도 이때 시조 혁거세왕으로부터 시작되는 신라의 새로운 왕의 계보가 확정되었음을 알려주는 것으로 여겨진다. 그러하다면 지증왕이 시조 혁거세왕을 모시는 신궁을 '창립'했다는 것은 새로운 왕의 계보 확립과 관련있는 것으로 헤아려 볼 수 있을 것이다.87)

---

85) 이와 관련해서 조인성, 「4, 5세기 고구려 왕실의 세계인식변화」, 『한국고대사연구』 4, 1991 참고.

86) 나희라, 앞의 논문, 1996, 134쪽 주 63/앞의 책, 2003, 149쪽 주 47 참조.

87) 그리고 소지왕 9년 신궁을 설치하면서 왕은 신궁에서 친사하였을 것이다. 또한 왕 17년에도 신궁에서 친사하였다[최광식은 소지왕 17년 정월에 왕이 친히 신궁에 치제함으로써 신궁에 대한 친제가 확정된 것으로 보고 있다(앞의 책, 1994, 197~198쪽). 그러나 신궁을 설치하면서 왕은 여기에서 친사하였을 것이다]. 그러나 이것은 즉위의례로서의 친사가 아니었다. 즉위의례로서의 신궁 친사는 지증왕대에 처음 이루어진다[최광식은 『삼국사기』 제사지에 지증왕대에 신궁이 창립된 것으로 기록한 것은 신왕의 즉위의례로서 신궁에 처음으로 친사한 것이 지증왕이기 때문이라고 하였고, 이때 신궁이 제도화되었다고 한다(위의 책, 1994, 341쪽)]. 한편 지증왕대 신궁 창립 기사는 대·중·소사와 관련시켜 신궁의 등급을 정하고, 그 의례나 관리 인원 등을 재조정한 것이라고 보기도 한다(신종원, 앞의 책, 1992, 95쪽). 신궁 창립과 더불어 기존의 제사제도에 대한 정비가 있었던 것은 짐작되지만, 당시 신라에 대·중·소사가 수용되었다고 여겨지지 않는다(채미하, 「『삼국사기』 제사지 신라조의 분석－신라 국가제사체계의 재검토와 관련하여」, 『한국고대사연구』 13, 1998, 217~230쪽). 이에 소지왕대는 '置', 지증왕대는 '創立'이라는 다른 표현을 쓰고 있는 것이 아닐까 한다. '置'보다는 '創立'이 보다 공식적인 것으로 여겨진다는

이와 관련해서는 다음이 참고된다. 소수림왕을 이은 고국양왕대에 종묘를 수리하고 國社를 세웠는데,[88] 이 새 종묘에는 鄒牟王 등의 신위가 모셔졌다고 한다.[89] 이로써 새로운 왕계는 확고히 정착하게 되었고, 이 왕계가 「광개토왕릉비」에 반영된 것이며 『삼국사기』에 전하는 왕계일 것이라고 한다.[90]

이상에서 마립간시기 말 김씨왕실은 신궁을 설치하여 혁거세왕에 대한 제사권을 독점하였다. 그리고 신궁을 시조가 출현한 곳에 둔 것은 시조묘제사 보다 시조의 신성성을 부각시키기 위한 것이었다. 또한 지증왕이 신궁을 '탄강'한 곳에 '창립'하였다고 한 것은 소지왕대 보다 시조의 신성성을 더욱 부각시킴과 아울러 혁거세왕으로부터 시작되는 신라의 새로운 왕의 계보가 확정되는 것과 짝하는 것으로 보았다.

3. 진평왕과 신궁제사

지증왕이 처음으로 신궁에서 즉위의례를 행한 이후 약간의 예외가 있기는 하지만, 중고기 대부분의 왕들은 즉위 다음해나 그 다음해에 신궁에서 친사하였다. 이 점은 상고기 시조묘제사가 갖는 즉위의례와 같은 것이다.[91] 그러하다면 신궁제사 역시 즉위의례의 성격을 지닌 것으로, 신왕은 신궁에서 친사함으로써 자신이 '시조'에서 비롯된 정통의 왕자이며 자신의 지배행

점에서 그러하다.

88) 『삼국사기』 18, 고구려본기6, 고국양왕 8년, "三月 下教 崇信佛法求福 命有司立國社 修宗廟".

89) 조인성, 앞의 논문, 1991, 71~73쪽.

90) 노태돈, 앞의 책, 1999, 93쪽.

91) 浜田耕策, 앞의 논문, 1982, 229~230쪽 ; 신종원, 앞의 책, 1992, 88쪽 ; 최재석, 앞의 책, 1987, 236쪽 및 241쪽 ; 강종훈, 앞의 논문, 1994, 198~199쪽.

위가 정당한 것임을 내외에 공포하였을 것으로 여겨진다. 다음 <표 2-1>은 신라 중고기 신궁제사와 관련된 것이다.

<표 2-1>을 보면 진흥왕은 신궁에서 친사하지 않고 있다. 이것은 남해왕 이후 신라 상고기의 모든 왕들이 시조묘에서 제사를 지낸 것과는 구별되는 것이다. 그렇다면 진흥왕이 신궁에 친사하지 않은 이유는 무엇인가.

<표 2-1> 신라 중고기의 신궁제사

왕대	왕명(성)	연·월	내용
22	지증마립간(김)	3. 3	親祀神宮
23	법흥왕(김)	3. 1	親祀神宮
24	진흥왕(김)		
25	진지왕(김)	2. 2	王親祀神宮
26	진평왕(김)	2. 2	親祀神宮
27	선덕왕(김)	2. 1	親祀神宮
28	진덕왕(김)	1. 11	王親祀神宮

진흥왕대는 불교가 성행한 시대로 진흥왕이 불교에 경도되었기 때문에 신궁제사를 친히 집행하지 않았던 것이라고 한다.[92] 불교의 융성은 진흥왕뿐만 아니라 진평왕의 경우에도 마찬가지였다. 이로 볼 때 유독 진흥왕이 불교에 경도되었기 때문에 신궁에서 친사하지 않았다고는 보여지지 않는다.

그리고 진흥왕의 치세 기간이 길고 삼국의 대립으로 대외적으로 다망한 시기였기 때문에 신궁에 대한 친사는 행해졌지만, 그 사실이 누락되었을 것으로 파악하기도 한다.[93] 신궁이 설치된 이후 대부분의 왕들은 즉위년 또는 그 다음해에 신궁에서 친사하였다. 반면 즉위 3년에 신궁에서 친사하

92) 浜田耕策, 위의 논문, 1982, 230~232쪽.

93) 井上秀雄, 「新羅の始祖廟」, 『古代朝鮮史序説－王者と宗教』, 寧樂社, 1978, 59~60쪽.

는 왕들도 있다.[94] 『삼국사기』 신라본기에 따르면 진흥왕 3년(542)과 4년 기사가 보이지 않는다. 그러하다면 진흥왕은 왕 3년에 신궁에서 친사하였는데, 그것이 누락되었다고 여길 수도 있을 것이다.

그런데 진흥왕은 왕 6년에 거칠부 등에게 『국사』를 편찬하도록 하였다.[95] 『국사』는 유교적 정치이념에 입각하여 왕실의 정통성과 위엄을 과시하려는 목적에서 편찬되었다고 한다.[96] 여기에는 왕실에서 행한 제사가 빠짐없이 기록되었을 것이다. 그리고 그 이후에도 마찬가지였다고 짐작되어진다. 그러하다면 진흥왕대 신궁친사 기록이 보이지 않는 것은 단순한 누락은 아닌 듯하다. 그 이유는 무엇일까.

신라 중고기는 지증왕계가 왕통을 독점하였지만, 중고 전반부인 진지왕대까지는 박씨 왕비가 계속된다.[97] 그런데 다음이 주목된다.

G. 진평왕이 왕위에 올랐다. 이름은 백정이고 진흥왕의 태자 동륜의 아들이다. 어머니는 김씨 만호부인으로(또는 만내부인이라고도 한다) 갈문왕 입종의 딸이다. (『삼국사기』 4, 신라본기4, 진평왕 즉위년)[98]

---

94) 지증왕, 법흥왕, 효소왕, 경덕왕, 원성왕, 애장왕 등이 그러하였다.

95) 『삼국사기』 4, 신라본기4, 진흥왕 6년, "秋七月 伊湌異斯夫奏曰 國史者 記君臣之善惡 示褒貶於萬代 不有修撰 後代何觀 王深然之 命大阿湌居柒夫等 廣集文士俾之修撰" ; 『삼국사기』 44, 열전4, 거칠부, "眞興大王六年乙丑 承朝旨 集諸文士 修撰國史 加官波珍湌".

96) 조인성, 「삼국 및 통일신라시대의 역사서술」, 『한국사학사의 연구』, 을유문화사, 1985, 16~19쪽.

97) 이를 <표>로 나타내면 다음과 같다.

왕명	왕비명	왕비의 부명	성	전거
지증왕	延帝夫人	登欣 伊湌	박	삼국사기
법흥왕	保刀夫人		박	삼국사기
진흥왕	思道夫人		박	삼국사기
진지왕	知刀夫人	起烏公	박	삼국유사

사료 G를 보면 진평왕의 父인 동륜은 진흥왕의 장자로, 입종갈문왕의 딸인 김씨 만호부인과 혼인한 사실을 알 수 있다. 만호부인은 진흥왕과 남매사이였다.[99] 동륜태자와 만호부인의 혼인을 계기로 진흥왕을 포함한 지증왕계는 지증왕대 이래로 누려온 왕족으로서의 지위뿐만 아니라 동륜태자가 예정대로 진흥왕의 뒤를 이어 왕위에 오를 경우 왕비족의 지위까지도 차지할 수 있게 되었다. 이것은 진흥왕이 지증왕계를 제외한 그 밖의 혈족집단을 왕실에서 배제하여 독존적이고 초월적인 왕실을 구축하려는 노력의 일환이었다고 여길 수 있다.[100]

이처럼 진흥왕은 지증왕계를 제외한 다른 혈족집단을 왕실에서 배제하려고 하였다. 이것은 진흥왕이 자신의 왕실과 그 전의 왕실을 구분하기 위한 노력의 하나가 아니었을까 한다. 그리고 이것의 일환으로 진흥왕은 신궁제사에 대한 변화도 시도하였을 것으로 짐작되어진다. 아마도 진흥왕은 신궁제사를 지증왕계만이 제사지내는 것으로 변화시키려고 하였을 것이다. 그것의 반영이 진흥왕의 신궁친사 기록의 누락으로 헤아려지는 것이다.

그런데 동륜태자가 왕위를 계승하기 전에 죽고[101] 진흥왕의 차자인 사륜(진지왕)이 왕위에 오르면서[102] 지증왕계 중심의 왕실을 구축하려는

---

98) "眞平王立 諱白淨 眞興王太子銅輪之子也 母金氏萬呼(一云萬內夫人) 葛文王立宗之女".

99) 『삼국사기』 4, 신라본기4, 진흥왕 즉위년, "眞興王……法興王弟葛文王立宗之子也".

100) 이것은 지증왕대 이후 지속되어 온 지증왕계와 박씨족 사이의 연합관계가 이 때에 이르러 금이 가기 시작하였음을 말하는 것이라고 한다(이희관, 「신라 상대 지증왕계의 왕위계승과 박씨 왕비족」, 『동아연구』 20, 1989, 94~95쪽).

101) 『삼국사기』 4, 신라본기4, 진흥왕 27년, "立王子銅輪爲王太子" ; 『삼국사기』 4, 신라본기4, 진흥왕 33년, "三月 王太子銅輪卒".

102) 『삼국사기』 4, 신라본기4, 진지왕 즉위년, "眞智王立 諱舍輪(或云金輪) 眞興王次子 母思道夫人 妃知道夫人 太子早卒 故眞智立".

노력은 수포로 돌아갔던 것으로 보인다. 그렇지만 진지왕의 뒤를 이어 진흥왕의 손자, 즉 동륜의 아들 백정이 진평왕으로 즉위한다. 진평왕은 직계존비속을 석가족으로 표방하면서[103] 일반 왕족 신분인 진골과 구별되는 성골이라는 독존적인 왕족 신분을 만들었다.[104] 이것은 동륜계 왕실집단이 자신들을 나머지 지증왕계 친족집단과 구별하기 위한 것이었다.

그리고 다음도 관심을 끈다.

H. (진평대왕) 1) 즉위 원년에 天使가 궁전의 뜰에 내려와 왕에게 이르기를, "上皇께서 나에게 명하여 옥대를 전해주라고 하였습니다"라고 하였다. 왕이 친히 꿇어앉아서 받으니, 그 후 그 사자는 하늘로 올라갔다. 2) 무릇 교묘와 같은 큰 제사 때에는 으레 이 옥대를 착용하였다[凡郊廟大祀皆服之]. (『삼국유사』 1, 기이1, 천사옥대)[105]

사료 H-1)에 따르면 진평왕은 즉위 원년(579)에 上皇으로부터 玉帶를 받고 있다. 천사옥대는 신라 삼보의 하나이다. 이와 관련해서 다음이 주목된다.

I. 봄 정월에 김률이 왕에게 아뢰었다. "신이 지난해 고려에 사신으로 갔을 때, 고려 왕이 신에게 묻기를 '듣건대 신라에는 세 가지 보물이 있다고 하는데, 이른바 장육존상과 구층탑 그리고 聖帶가 그것이라고 한다.

---

103) 진평왕과 그 왕비는 각기 석가의 부모인 백정과 마야부인을 취하였으며, 진평왕의 두 동생도 석가의 숙부 이름인 백반, 국반을 취하였다. 이와 관련해서 김두진, 「신라 진평왕대의 석가불신앙」, 『한국학논총』 10, 1988, 34~39쪽 참고.

104) 이기동, 앞의 책, 1984, 86~89쪽.

105) "1) 卽位元年 有天使降於殿庭 謂王曰 上皇命我傳賜玉帶 王親奉跪受 然後其使上天 2) 凡郊廟大祀皆服之". 이와 관련해서 다음도 참고된다. 『삼국사절요』 7, 己亥(진평왕 원년), "初卽位有神降於宮庭曰 天賜玉帶 王跪受之 凡郊廟大祀皆帶之".

장육존상과 구층탑은 아직도 있으나, 성대는 지금도 있는지 모르겠다'고 하였으므로 신이 대답할 수 없었습니다." 왕이 그것을 듣고 여러 신하들에게 물었다. "성대라는 것이 어떤 보물인가". 그러나 알 수 있는 사람이 아무도 없었다. 그 때 황룡사에 나이가 90세 넘은 사람이 있어 말하였다. "제가 일찍이 그것을 들은 적이 있었습니다. 보배로운 띠는 곧 진평대왕이 착용하던 것인데, 대대로 그것이 전해져 남쪽 창고에 보관되어 있습니다". 왕이 마침내 창고를 열도록 하였으나, 볼 수가 없었다. 그래서 다른 날에 몸과 마음을 깨끗이 하고 제사를 지낸 후에야 그것을 보게 되었는데, 그 띠는 금과 옥으로 장식된 것으로 매우 길어서 보통 사람이 맬 수 있는 것이 아니었다. (『삼국사기』 12, 신라본기12, 경명왕 5년)[106]

위의 사료 I에 따르면 신라에는 세 보배가 있는데, 장육존상 · 구층탑 및 聖帶가 그것이라고 한다. 여기에서 장육존상은 황룡사장육상이고 구층탑은 황룡사구층탑, 성대는 천사옥대를 말한다. 이 중 황룡사장육상은 진흥왕 35년(574)에 만들어졌고[107] 황룡사구층탑은 선덕왕 14년(645)에 공사를 착수하여 왕 15년에 완성되었다.[108]

신라 삼보는 삼보라는 개념부터 불교의 불 · 법 · 승 삼보에서 유래된 것이고[109] 황룡사장육상과 황룡사구층탑은 불교도의 예배대상이었다. 게다가 진흥왕은 황룡사장육상의 造像緣起譚을 통해 전륜성왕사상을 그의 정치이념으로 부각시켰다.[110] 그리고 천사옥대 또한 불교적인 성격을 띠었

---

106) "春正月 金律告王曰 臣往年奉使高麗 麗王問臣曰 聞新羅有三寶 所謂丈六尊像 · 九層塔幷聖帶也 像塔猶存 不知聖帶今猶在耶 臣不能答 王聞之 問羣臣曰 聖帶是何寶物耶 無能知者 時有皇龍寺僧 年過九十者曰 予嘗聞之 寶帶是眞平大王所服也 歷代傳之 藏在南庫 王遂令開庫 不能得見 乃以別日齋祭 然後見之 其帶粧以金玉甚長 非常人所可束也".

107) 『삼국유사』 3, 탑상4, 황룡사장육.

108) 『삼국유사』 3, 탑상4, 황룡사구층탑.

109) 정중환, 「신라성골고」, 『이홍직박사회갑기념 한국사학논총』, 신구문화사, 47쪽.

다고 한다. 이것은 사료 H-1)에서 천사옥대를 내린 上皇을 불교의 제석, 天帝釋으로 보고 있기 때문이다.[111] 진평왕이 석가족을 표방하였고 내제석궁(천주사)이라는 절까지 세웠다[112]는 점에서 상황은 불교의 제석으로 볼 수 있다. 그렇지만 불교가 수용된 이후에도 전통적인 천관념은 왕의 권위와 위엄을 뒷받침해 주었을 것이다. 이것은 신라 중고기에 설치된 신궁제사가 전통적인 천관념과 밀접한 관련이 있다는 데서 알 수 있을 것이다.[113] 이 점을 염두에 둔다면 진평왕에게 천사옥대를 내려준 상황은 전통적인 '천' 관념의 소산으로 볼 수도 있지 않을까 한다.[114]

사료 H-2)에서 천사옥대 설화의 배경이 되는 시점은 진평왕 원년이다. 진평왕은 진흥왕의 태자인 동륜의 아들이다. 그런데 동륜은 왕위를 계승하기 전에 죽었다. 이에 진흥왕의 차자인 사륜(진지왕)이 왕위에 올랐지만 왕 4년(579)에 정란황음으로 폐위되자[115] 그 뒤를 이어 동륜의 아들 백정이 진평왕으로 즉위하였다. 이 과정에서 동륜계와 사륜계의 갈등이 있었을 것이다.[116] 이로 볼 때 천사옥대 설화의 배경이 진평왕 원년인 것은 즉위의

110) 김상현, 「신라 삼보의 성립과 그 의의」, 『동국사학』 14, 1980, 55~57쪽 및 63쪽.

111) 김영태, 「신라불교천신고」, 『불교학보』 15, 1978, 67쪽 ; 김상현, 위의 논문, 1980, 58쪽 ; 김두진, 「신라 진평왕대의 석가불신앙」, 『한국학논총』 10, 1988, 20~22쪽 ; 안지원, 「신라 진평왕대 제석신앙과 왕권」, 『역사교육』 63, 1997, 89~90쪽 ; 이정숙, 「진평왕대 왕권강화와 제석신앙」, 『신라문화』 16, 1999a, 6쪽.

112) 『삼국유사』 1, 기이1, 천사옥대.

113) 최광식, 앞의 책, 1994, 195~216쪽 ; 나희라, 앞의 책, 2003, 131~170쪽.

114) 채미하, 「천사옥대와 흑옥대」, 『경희사학』 24, 2006b, 28~29쪽. 신문왕이 받은 흑옥대가 전통적인 용사상과 밀접한 관련을 가지고 있는데서도, 그것을 생각해 볼 수 있다.

115) 『삼국유사』 1, 기이1, 도화녀·비형랑, "第二十五 舍輪王……御國四年 政亂荒婬 國人廢之".

116) 김덕원, 「신라 중고기 사륜계의 정치활동 연구」, 명지대학교 박사학위논문, 2002, 59~62쪽.

정당성을 드러내고자 하는 진평왕측의 정치적 목적에서 비롯되었다고 여길 수 있으며,[117] 왕의 권위는 상황, '천'에 의해 보증받았다고 생각된다. 그리고 진평왕은 여러 제도 개혁 등을 통해서 왕권강화에 주력하였다.[118] 천사옥대 설화는 이것도 뒷받침해 주었을 것이다. 그러하다면 천사옥대 설화에는 왕권강화를 도모하고자 했던 진평왕의 정치적 의도가 개재되어 있었다고 생각된다.[119] 이와 관련해서 신라 삼보의 하나인 황룡사구층탑이 선덕왕의 왕권강화와 관련있다는 것[120]도 참고된다.

한편 사료 H-2)에 따르면 진평왕은 천사옥대를 "凡郊廟大祀皆服之" 했다고 한다. 여기에서 '郊廟大祀'를 '郊廟와 大祀'로,[121] '郊祀와 宗廟의 큰 제사'로,[122] '교묘의 큰 제사'[123]로 풀이하고 있다. 그리고 '皆'를 '모두',

117) 천사옥대 설화가 진평왕 원년 사실로 등장하게 된 배경에는 진지왕을 폐위시킨 것에 따른 진평왕 즉위 정당성을 표방하기 위한 정치세력들의 정치적 의도가 담겨있다고 한다(이정숙, 앞의 논문, 1999a, 7쪽).

118) 이정숙, 「신라 진평왕대의 왕권연구」, 이화여자대학교 박사학위논문, 1995, 549~555쪽.

119) 진평왕의 천사옥대 설화에 보이는 왕자의식의 고양은 단순히 상징적인 것만은 아니었고 실질적인 왕권의 성장을 반영한 것이라고 할 수 있다(김상현, 앞의 논문, 1980, 58쪽 ; 고경석, 「비담의 난의 성격문제」, 『한국고대사논총』 7, 1995, 247~249쪽 ; 이정숙, 「진평왕 말기의 정국과 선덕왕의 즉위」, 『백산학보』 52, 1999b, 226쪽). 천사옥대 설화의 배경이 된 시점은 진평왕 원년이나, 그 내용은 진평왕의 지위와 직접 관련이 있는 것으로, 왕권이 확립됨으로써 진평왕이 국정에 상당한 자신감을 갖게 된 이후에야 비로소 가능한 사실로 보여진다(이정숙, 앞의 논문, 1999a, 6~7쪽).

120) 김상현, 위의 논문, 1980, 59~63쪽.

121) 신종원은 '郊廟大祀'에서 '郊廟'는 신궁제사를 가리키는 것으로, 郊는 천에 연결되며, 廟는 조상신에 연결된다고 한다. 그리고 대사는 '대 · 중 · 소사 중의 대사'라고 하고 있다(앞의 책, 1992, 78~80쪽). 그런데 '郊廟大祀'를 '교묘제사와 대사'로 해석할 수 있다면, 진평왕대에 (명산대천제사만으로) 대 · 중 · 소사가 있었다고 할 수 있다. 하지만 '대사'는 '교묘'제사, 교묘제사와 같은 큰 제사를 가리키는 것일 수도 있다.

'으레(히)'로 해석하고 있다.[124] '개'를 '모두'로 본다면 '교묘대사'는 '교묘와 대사', 또는 '교사와 종묘 그리고 대사', '교사와 종묘와 같은 큰 제사'로 풀이할 수 있을 것이다. 그런데 '으레(히)'로 본다면 '교묘대사'는 '교묘와 같은 큰 제사'로 해석되어진다. 여기의 '교묘'는 신궁이다. 이 신궁은 대사, 곧 큰 제사였다. 이것은 신궁이 중고기의 가장 중요한 제사였음을 말해주는 것으로 여길 수 있는 것이다. 이러한 신궁제사에 진평왕은 상황, 천이 내린 옥대를 착용하였을 것이다.

사료 I에서는 신라 사람들이 옥대를 성(제)대라고도 불렀다고 한다.[125] 이것은 진평왕이 성골왕이라는 연유에서일 것이다.[126] 그러하다면 천사옥

---

122) 이재호는 '郊社(祀)와 종묘의 큰 제사'(『삼국사기』(상), 명지대학교 출판부, 1975, 108쪽)로, 서영대는 '교사와 종묘의 제사와 같은 대사'(「한국고대 신관념의 사회적 의미」, 서울대학교 박사학위논문, 1991, 145쪽)로 보고 있다. 여기에서 교사는 천에 대한 제사를, 종묘는 조상에 대한 제사를 말하는 것으로, 당시 여기에 비교될 수 있는 것으로 신궁제사를 생각해 볼 수 있다. 그러나 필자는 郊廟는 신궁으로, 신궁에 이 기능이 다 있는 것으로 파악하므로, 따르지 않는다. 한편 안지원은 '郊廟大祀는 시조묘제사와 신궁제사를 가리키는 것이며 왕이 직접 지냈기 때문에 大祀라고 하였'다고 파악하였다(앞의 논문, 1997, 89쪽). 이정숙은 시조묘제사와 신궁제사를 郊廟大祀라 하였다고 한다(앞의 논문, 1999a, 6쪽). 郊를 시조묘제사, 廟를 신궁제사로 파악하고 있는 듯한데, 이미 시조묘제사는 신궁이 설치됨으로써, 왕이 직접 제사지내지 않는 것이 되었으므로, 이 견해 역시 따르지 않는다. 그리고 郊廟를 시조묘로 보기도 하나(최재석, 「신라의 시조묘와 신궁의 제사」, 『동방학지』 50, 1986/『한국고대사회사연구』, 일지사, 1987, 266쪽), 위와 같은 이유로 따르지 않는다.

123) 이병도는 '郊廟大祀'를 '郊廟의 큰 제사'(『삼국사기』(수정판), 을유문화사, 1992, 214쪽)로, 나희라는 '교묘제사와 같이 왕이 친히 제사하는 큰 제사'로 보고 있다(앞의 논문, 1996, 136~137쪽).

124) 북한에서는 '모두'(리상호 옮김, 『삼국사기』, 1960, 149쪽)로, 이병도는 '으레히'(위의 책, 1992, 204쪽)로, 이재호는 '으레'(앞의 책, 1975, 108쪽)로 해석하고 있다.

125) 『고려사』 2, 세가2, 태조 20년 하5월 계축, "新羅寶藏殆四百年世傳聖帝帶……國人以眞平王是聖骨之王 稱曰聖帝帶". 이와 관련해서 『동사강목』 3상, 기해(신라 진평왕 원년)도 참고.

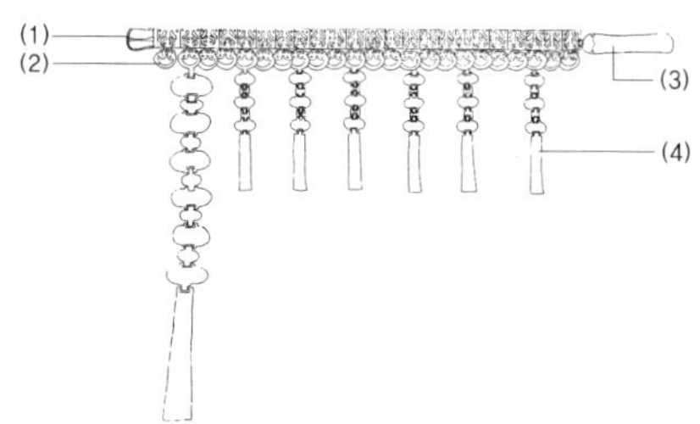

허리띠의 구성과 착장 모습 | 경주 황남동과 인왕동 일대에 축조된 적석목곽분에서 출토된 허리띠는 대개 (1) 띠고리[鉸具], (2) 띠꾸미개[帶端金具], (3) 띠끝장식[銙板], (4) 드리개[腰佩] 등으로 이루어져 있는데, 이를 통해 진평왕이 착용하였다는 천사옥대를 조금이나마 짐작해 볼 수 있다.

금제 허리띠 · 드리개 | 경주금관총(신라 5~6세기)

대는 성골왕만이 착용하였음을 말하여 주는 것이 아닐까 한다. 이를 통해

126) 天賜帶 혹은 聖帝帶라 불렀다는 것은 성골의식의 발생을 암시하는 것으로 볼 수 있다고 한다(이기동, 「신라의 정치 · 경제와 사회」, 『한국사』 7, 국사편찬위원회, 1997, 257쪽). 한편 당시 신라 사람들이 玉帶를 진평왕이 성골 출신 왕이라는 연유로 聖帝帶라고도 일컬었다는 기록은 玉帶가 성골왕실의 지배이데올로기로서 표방되어진 제석신앙과 밀접히 연관됨을 시사해 주는 것이라고도 한다(안지원, 앞의 논문, 1997, 87쪽).

진평왕은 자신과 이전의 왕들을 구별하였을 것이고 천사옥대를 착용하면서 성골왕으로서의 권위와 위엄을 내세웠을 것이다.[127] 이로 본다면 진평왕대 이후 신궁제사는 성골왕만이 지낼 수 있는 제사로 여겨진 것으로 짐작되어 진다. 그리고 신궁제사를 통해 동륜계 왕실은 왕실의 위엄과 권위, 신성성을 더욱 더 강조하였을 것이다.

그런데 사료 I에 보이는 것처럼 천사옥대는 진평왕이 죽고 난 뒤 南庫에 보장되어 대대로 전해졌다고 한다. 이로 보면 천사옥대는 후대의 왕들이 몸에 지니고 다닌 것 같지는 않다. 그러므로 천사옥대에 대한 후대왕들의 인식은 차차 흐려져 간 것 같고, 특히 신라 말기에 이르면 군신은 모두 이에 대해 잊고 있을 정도가 아니었을까 한다.[128] 이와는 달리 신라 삼보의 하나인 황룡사구층탑은 성덕왕 17년 낙뢰로 인해 2년 뒤인 19년에 중수를 했고[129] 문성왕 때에는 동북쪽으로 기울어져 있었지만,[130] 수리하지 못하다가 경문왕 11년에 두 번째의 중수를 시작해 23년에 완성되어[131] 신라말

---

127) 천사옥대와 신궁제사와의 관계에 대해서 채미하, 앞의 논문, 2006b 참고.

128) 이와 관련해서 황룡사장육상도 참고된다. 황룡사장육상의 경우 그것이 조성될 당시만 해도 신라 최대의 鑄佛이라는데에 그 위엄의 근거가 있었겠고 황룡사의 본존불도 많은 사람들의 귀의 대상이 되었겠지만(김상현, 앞의 논문, 1980, 65쪽), 그것이 호국보로서 기여한 구체적인 사료는 찾을 수가 없다. 뿐만 아니라 선덕왕이 영묘사에 장육상을 새로 조성해 모심으로써(『삼국사기』 3, 탑상4, 영묘사장육 ; 『삼국사기』 4, 의해5, 양지사석), 이때부터 황룡사 장육상은 신라 유일의 장육상은 아니었다.

129) 『삼국사기』 8, 신라본기8, 성덕왕 17년, "夏六月 震皇龍寺塔" ; 『삼국유사』 3, 탑상4, 황룡사구층탑, "又按國史及寺中古記 眞興王癸酉創寺後 善德王代 貞觀十九年乙巳 塔初成 三十二孝昭王卽位七年 聖曆元年戊戌六月 霹靂(寺中古記云 聖德王代誤也 聖德王代 無戊戌) 第三十三聖德王代庚申歲 重成 四十八景文王代戊子六月 第二霹靂 同代第三重修".

130) 「황룡사구층탑찰주본기」 제2판 내면.

131) 『삼국사기』 11, 신라본기11, 경문왕 8년, "夏六月 震皇龍寺塔" ; 『삼국사기』 11, 신라본기11, 경문왕 11년, "春正月 王命有司 改造皇龍寺塔" ; 『삼국사기』 11, 신라본기11, 경문왕 13년, "秋九月 皇龍寺塔成九層 高二十二丈" ; 「황룡사구층탑찰주

까지 그 중요성이 지속되었다. 이와 같은 천사옥대에 대한 신라인들의 인식의 변화는 신궁제사의 변화와도 관련있지 않을까 한다.[132] 이에 대해서는 제4장 제4절에서 후술된다.

제3절 신궁 설치 이후의 시조묘제사

『삼국사기』 신라본기에 따르면 남해왕 3년(6) '시조' 혁거세묘를 세운 이후 소지왕대까지 대부분의 왕들은 즉위한 그 다음해의 정월이나 2월에 시조묘에 친사(알)하고 있다.[133] 소지왕대 설치된 신궁은 지증왕이 처음으로 신궁에서 즉위의례를 행한 이후 약간의 예외가 있기는 하지만, 중고기 대부분의 왕들은 즉위 다음해나 그 다음해에 신궁에서 친사하였다. 그리고 시조묘와 신궁에는 국조인 혁거세왕을 모시고 있다. 이로 볼 때 상고기 시조묘제사와 중고기 신궁제사는 국가 및 왕실의 최고 제사이자 신왕의 즉위의례라는 점에서 그리고 특정 왕계의 혈연적 계보관념에 의한 직계조상이 아니라 全 국가적 '시조'왕을 제사한다는 점에서는 같은 성격을 지닌 것으로 볼 수 있다.[134]

시조묘와 신궁에 모셔진 '시조'가 같고 이 두 제사의 성격이 같다는 점에서 시조묘제사는 신궁 설치 이후에 없어진 것으로 짐작해 볼 수 있다.

본기」 제2판 내면 및 제3판 내면.

132) 이와 관련해서 채미하, 앞의 논문, 2004, 60~65쪽 및 앞의 논문, 2006b 참고.

133) 그 외 1년 7월(11대 조분왕·12대 첨해왕), 3년 2월(17대 나물왕·18대 실성왕)에 시조묘에서 제사한 왕들도 있다. 그리고 시조묘 외에 조묘(아달라왕 2, 첨해왕 7), 국조묘(미추왕 2), 묘(미추왕 20) 등도 보이는데, 이것들은 신문왕대 오묘제가 성립되기 이전의 기록이므로 시조묘로 볼 수 있을 것이다.

134) 나희라, 「신라의 국가 및 왕실 조상제사 연구」, 서울대학교 박사학위논문, 1999, 138쪽 ; 『신라의 국가제사』, 지식산업사, 2003.

그런데 시조묘는 혁거세왕이 묻힌 곳과 관련된 장소에, 신궁은 혁거세왕이 '초생'·'탄강'한 곳과 가까운 장소에 두어졌다.[135] 그러하다면 신궁이 설치된 이후에도 시조묘제사는 여전히 존속하였던 것으로 여겨진다. 이와 관련해서 다음이 관심을 끈다.

A. 여름 4월에 몸소 시조묘에서 제사지내고 사당지기[守廟] 20집을 추가로 설치하였다. (『삼국사기』 3, 신라본기3, 소지마립간 7년)[136]

사료 A에 따르면 소지왕은 왕 7년(485)에 시조묘에서 친사하고, 수묘 20가를 증치하였다고 한다. 여기에서 수묘 20가가 증치된 사실을 신궁 설치를 위한 예비적 조처라고 보기도 하고,[137] 시조묘제사의 변화를 말하는 것이라고 하면서 시조묘역이 넓어졌다든지 시조묘에서의 어떠한 일의 규모가 확대된 것으로 보기도 한다.[138]

---

135) 채미하, 「신라의 시조묘제사」, 『민속학연구』 12, 2003, 286~287쪽.

136) "夏四月 親祀始祖廟 增置守廟二十家".

137) 변태섭, 「묘제의 변천을 통하여 본 신라사회의 발전과정」, 『역사교육』 8, 1964, 59쪽 ; 최광식, 『고대한국의 국가와 제사』, 한길사, 1994, 166~167쪽 ; 나희라, 「한국고대의 신관념과 왕권-신라왕실의 조상제사를 중심으로」, 『국사관논총』 69, 1996, 123~126쪽. 한편 소지왕 7년에 수묘가를 둔 이유를 천재지변(최재석, 「신라의 시조묘와 신궁의 제사」, 『동방학지』 50, 1986/『한국고대사회사연구』, 일지사, 1987, 261쪽)과 대외적인 사정(정재교, 「신라의 국가적 성장과 신궁」, 『부대사학』 11, 1987, 11쪽 ; 강종훈, 「신궁의 설치를 통해 본 마립간시기의 신라」, 『한국고대사논총』 6, 1994, 235쪽)과 연결짓기도 하고, 수묘가 증치는 신궁을 설치할 즈음에 시조묘도 중국의 종묘를 본받아 정비한 것이라 한다(신종원, 「삼국사기 제사지 연구-신라사전의 연혁·내용·의의를 중심으로」, 『사학연구』 38, 1984/『신라초기불교사연구』, 민족사, 1992, 94쪽). 이때 수묘가를 증치한 것이 아니라 유교풍의 묘를 창치한 것으로 보는 견해도 있으나(井上秀雄, 「新羅の始祖廟」, 『古代朝鮮史序說-王者と宗敎』, 寧樂社, 1978), 따르지 않는다.

138) 나희라, 앞의 논문, 1999, 106쪽.

앞의 제2장 제1절에서 살펴본 바와 같이, 마립간시기 김씨왕실은 정국을 주도해 나가면서 국조인 혁거세왕을 모신 시조묘제사를 독점하려고 하였다. 눌지왕 19년(435) 역대왕릉을 정비하는 등의 조처[139]는 이것과 밀접한 관련이 있는 것이었다.[140] 하지만 마립간시기 시조묘제사는 이사금시기와 마찬가지로 왕실뿐만 아니라 각 세력집단들의 장들이 함께 제사지내는 것이었다. 이에 김씨왕실은 새로운 제사체계인 신궁을 설치하여 혁거세왕을 독점하였다. 이와 같이 생각할 수 있다면 신궁 설치에 앞서 시조묘에 수묘 20가를 증치한 것은 시조묘역이나 시조묘제사의 규모의 확대라기보다는 새로운 국가제사인 신궁을 설치하기에 앞서 당시 최고의 국가제사인 시조묘제사에 대한 예우조처의 일환이었다고 여겨진다.[141] 이에 신궁이 설치된 이후에도 시조묘제사는 존속되었을 것으로 헤아려지는 것이다.

그렇지만 신궁이 설치된 이후 시조묘제사의 위상은 상고기와는 다르지 않았을까 한다.[142] 아마도 시조묘제사는 신궁 설치 후 상당히 형식적인 것으로 존재하였다고 여겨진다.[143] 이와 관련해서는 다음이 주목된다.

---

139) 『삼국사기』 3, 신라본기3, 눌지마립간 19년, "二月 修葺歷代園陵 夏四月 祀始祖廟".

140) 채미하, 앞의 논문, 2003, 285~286쪽.

141) 박승범은 신궁 설립 이전 수묘 20가의 설치를 오릉에 대한 예우로 보고 있다(「신라의 시조묘 제의」, 『사학지』 30, 1997, 45쪽). 한편 나희라는 수묘 20가 증치 기사는 시조묘제사의 변화를 말해주는 것으로 파악하고 있다. 곧 이전에 개별적 혹은 그룹별로 거행되던 선대왕들의 제사가 왕통 계보의 정리를 바탕으로 시조왕 아래에 모아졌다고 한다(위의 논문, 1999, 106쪽).

142) 이와 관련해서 채미하, 앞의 논문, 2003, 286~290쪽.

143) 대부분의 연구자들은 시조묘제사가 신라 멸망 때까지 끊이지 않았다고 한다. 이 중 변태섭은 신궁 설치 이후에도 김씨왕조는 여전히 신라 최고의 '시조'인 혁거세시조묘를 봉사하고 있는데, 애장왕 이후 3왕의 기록 중에 신궁을 제사함과 동시에 시조묘를 제사하였다는 것으로 증명된다고 하였다. 그리고 이때의 시조묘는 형식적이고 전통적인 國祖로서의 성격을 지니고 있음에 불과하다고 하였다(앞의 논문, 1964, 65쪽). 한편 나희라는 신궁 설치 이후 시조묘제사는 역대왕들이 함께 합사되는

B. 1) 2월에 담당 관청에 명하여 諸王陵園에 각각 백성 20호씩을 이주시켰다. (『삼국사기』 6, 신라본기6, 문무왕 4년)[144]

2) (대력 14년) 여름 4월에 회오리 바람이 세차게 일어나 유신의 묘소에서 시조대왕의 능에까지 이르렀는데, 티끌과 안개로 캄캄하여 사람을 분간할 수 없었다. 守陵人이 들으니 그 속에서 울고 슬퍼하며 탄식하는 듯한 소리가 났다. 혜공대왕이 그 말을 듣고 두려워하여 대신을 보내 제사드려 사과하였다. (『삼국사기』 43, 열전3, 김유신(하))[145]

사료 B-1)에 따르면 문무왕 4년(664) '諸王陵園'에 백성 20호씩을 이주시켰다고 한다. 이 중 '제왕능원'의 '제왕'은 문무왕 이전의 '여러' (또는 '모든') 왕들을 말하며 '능원'은 왕릉을 뜻한다.[146] 이로 볼 때 '제왕능원'에는 박씨왕릉, 석씨왕릉, 김씨왕릉이 포함되어 있었을 것으로 짐작된다.[147] 또한 B-2)의 (시조대왕릉의) 수릉인 역시 문무왕대 두어진 것으로 여겨진다.

이와 같이 문무왕 4년에 문무왕 이전의 '여러'(또는 '모든') 왕릉을 보존하고 지키기 위한 일련의 조처, 곧 수묘가를 두고 있음을 알 수 있다. 그런데 눌지왕 19년 역대 왕릉을 정비하지만, 이때에는 수묘가를 두지 않았다. 반면 사료 A에 따르면 소지왕은 시조묘에 수묘가를 '증치'하고 있는데, 이것은 소지왕 이전에도 시조묘에 수묘가가 있었음을 알려준다. 이로 본다면 마립간시기에는 시조묘에만 수묘가를 두었다고 헤아려 볼 수 있는 것이다. 그리고 시조묘=혁거세왕릉이라고 한다면 왕릉 중 혁거세왕릉에만 수

왕실만의 조상제사로 변화하게 되었을 것으로 보고 있으나(앞의 책, 2003, 131~139쪽), 따르지 않는다.

144) "二月 命有司徙民於諸王陵園 各二十戶".

145) "夏四月 旋風坌起 自庾信墓至始祖大王之陵 塵霧暗冥 不辨人物 守陵人聞其中若有哭泣悲嘆之聲 惠恭大王聞之恐懼 遣大臣致祭謝過".

146) 능원은 천자의 능이라고 한다(諸橋轍次, 『大漢和辭典』 11, 1985, 899쪽).

147) 채미하, 「신라 종묘제의 수용과 그 의미」, 『역사학보』 176, 2002, 54쪽.

묘가를 두었다고도 볼 수 있다. 이것은 마립간시기 시조묘의 중요성과 여기에 모셔진 혁거세왕의 위상을 짐작해 볼 수 있는 것이다.

하지만 사료 B-1)을 보면 문무왕대 이후에는 '여러' (또는 '모든') 왕릉에도 수묘가를 두었다. 이것은 문무왕대 이후 '여러' (또는 '모든') 왕릉이 시조묘와 같은 대우를 받았음을 말하는 것이 아닐까 한다. 시조묘=혁거세왕릉이라고 한다면 문무왕대 혁거세왕릉과 '여러' (또는 '모든') 왕릉이 다를 바가 없었다고 여겨지는 것이다. 이와 같은 이해가 가능하다면 문무왕대의 시조묘는 그 전시기 보다 더욱 형식적인 것이 되었다고 생각할 수 있을 것이다.

그리고 혜공왕대 오묘제사의 首位에 모셔진 태조대왕묘가 시조대왕묘로 바뀌고 있는 것이 관심을 끈다. 신라에서 중국식의 오묘제가 시정된 것은 신문왕이 즉위하고 나서 얼마 있지 않은 시기로, 이때 오묘제사의 수위에는 태조대왕묘가 모셔졌다.[148] 그러다가 혜공왕대 태조대왕묘는 시조대왕묘로 바뀐다. 당시 태조대왕묘에서 시조대왕묘로 오묘제사의 수위가 바뀐 이유는 여러 가지가 있겠지만,[149] 그 중의 하나가 이 시기를 즈음해서 시조묘제사가 그 기능을 다하지 못하였기 때문이 아닐까 한다. 이에 이 무렵부터는 오묘제사의 수위에 모셔진 시조대왕묘를 시조묘라고 불렀을 것으로 짐작되어진다. 따라서 신라 하대의 3왕, 애장왕・헌덕왕・흥덕왕이 배알한 시조묘[150]는 상고기의 시조묘가 아닌 오묘제사의 시조대왕묘라고 여길 수 있을 것이다.[151]

---

148) 채미하, 「신라의 오묘제 '시정'과 신문왕권」, 『백산학보』 70, 2004, 267~275쪽.

149) 채미하, 「신라 혜공왕대 오묘제의 개정」, 『한국사연구』 108, 2000, 41~45쪽.

150) 『삼국사기』 10, 신라본기10, 애장왕 2년, "春二月 謁始祖廟" ; 『삼국사기』 10, 신라본기10, 헌덕왕 5년, "二月 謁始祖廟" ; 『삼국사기』 10, 신라본기10, 흥덕왕 8년, "夏四月 王謁始祖廟".

이상에서 시조묘제사는 상고기 신라 최고의 국가제사였으나, 신궁 설치 이후 형식적인 것으로 변화되었고 늦어도 중대 말에는 그 기능을 다하지 못하였으며, 하대 오묘제사의 수위에 모셔진 시조대왕묘가 시조묘로 여겨졌을 것으로 헤아려보았다.

---

151) 浜田耕策, 「新羅の神宮と百座講會と宗廟」, 『東アジア世界における日本古代史講座』 9, 學生社, 1982, 248쪽 ; 강종훈, 앞의 논문, 1994, 223~224쪽 ; 나희라, 앞의 논문, 1996, 143~144쪽 ; 박승범, 「신라 제의의 변천과정 연구-시조묘와 신궁을 중심으로」, 단국대학교 석사학위논문, 1995, 32~33쪽 ; 채미하, 앞의 논문, 2003, 286~290쪽. 한편 시조묘제사가 신라말까지 존속하였다고 하면서 여기의 시조묘는 상고기의 시조묘라고 하기도 한다(변태섭, 앞의 논문, 1964, 65쪽 ; 井上秀雄, 앞의 책, 1978, 73쪽 ; 米田雄介, 「三國史記に見える新羅の五廟制」, 『日本書紀研究』 15, 高書房, 1987, 330쪽 ; 최광식, 앞의 책, 1994, 167쪽).

제3장 오묘제와 중대 왕권

제1절 종묘제의 수용

1. 종묘제 수용의 배경

신라 종묘제의 수용은 중국 문화에 대한 적극적 수용과 무관하지 않았다고 생각된다. 왜냐하면 종묘제는 중국의 제사제도이기 때문이다. 이와 관련하여 다음이 관심을 끈다.

A. 전사서는 예부에 속하였는데, 성덕왕 12년에 설치하였다. 감은 1명이다. 관등은 나마에서 대나마까지로 하였다. 대사는 2명으로 진덕왕 5년에 설치하였다. 관등은 사지에서 나마까지로 하였다. 사는 4명이다. (『삼국사기』 38, 잡지7, 직관 상)[1)]

사료 A의 전사서는 그 명칭상 제사와 관련있는 관서로 진덕왕 5년(651)에 대사 2명을 둔 사실로 보아, 이때 설치되었음을 알 수 있다. 이러한 신라의 전사서와 관련하여 『주례』 춘관조의 典祀와 守祧조가 참고된다.

1) "典祀署 屬禮部 聖德王十二年置 監一人 位自奈麻至大奈麻爲之 大舍二人 眞德王五年置 位自舍知至奈麻爲之 史四人". 신라 종묘제의 수용과 그것이 가지는 의미와 관련해서 채미하, 「신라 종묘제의 수용과 그 의미」, 『역사학보』 176, 2002 참고.

중국 周代의 '전사'는 四郊·外祀를 맡은 官으로 五帝, 四類(日, 月, 風師·司中·司命, 雨師), 四望(五嶽·四鎭·四瀆, 山川, 丘陵) 이하에 대한 제사를 관장하였고,[2] '수조'는 종묘의 제사를 맡은 관을 가리키는 것이라고 한다.[3] 그리고 다음도 주목된다.

> B. 태상시 경은 1인으로 정3품이다……태상경의 직임은 나라의 예악·교묘·사직의 일을 관장하는 것으로, 8署로 나누어 처리한다. 첫째는 교사(서), 둘째는 태묘(서)(개원 24년(736) 칙에 태묘서를 폐하고 소경 1인에게 태묘의 일을 맡겼다), 셋째는 제릉(서), 넷째는 태악(서), 다섯째는 고취(서), 여섯째는 태의(서), 일곱째는 태복(서), 여덟째는 늠희(서)로, 해당 관속을 총괄하여 해당 정령을 시행한다. (『대당육전』 14, 태상시)[4]

사료 B의 太常寺는 唐의 禮樂, 郊廟, 社稷의 일을 관장하였으며 8署로 나누어져 있었음을 알 수 있다. 이 중 郊社署의 장관인 郊社令은 "五郊社稷明堂之位 祠祀祈禱之禮"[5]를 관장하였다. 太廟署는 종묘제사를 관장하는 곳이었다.

이로 볼 때 당대의 교사서는 주대의 전사에, 당대의 태묘서는 주대의 수조에 해당하는 것으로 짐작되어진다. 그러하다면 진덕왕 5년에 설치된 전사서는 주대의 전사, 당 태상시의 관할 관서인 교사서에 비교되는 것으로 여길 수 있지 않을까 한다.[6]

---

2) 『周禮』 春官, "典祀 掌外祀之兆守 皆有域 掌其政令(小宗伯所云兆五帝於四郊 四類·四望亦如之 兆山川·丘陵已下 皆是典祀掌之也)".

3) 『周禮』 春官, "守祧 掌守先王先公之廟祧 其遺衣服藏焉".

4) "太常寺 卿一人 正三品……太常卿之職 掌邦國禮樂·郊廟·社稷之事 以八署分而理焉 一曰郊社 二曰太廟(開元二十四年 敕廢太廟署 令少卿一人 知太廟事) 三曰諸陵 四曰太樂 五曰鼓吹 六曰太醫 七曰太卜 八曰廩犧 總其官屬 行其政令".

5) 『大唐六典』 14, 太常寺.

또한 다음이 주목된다.

C. 1) 음성서는 예부에 속하였다. 경덕왕이 대악감으로 고쳤으나, 혜공왕이 옛 이름대로 하였다. 장은 2명으로, 신문왕 7년에 경으로 고쳤다. 경덕왕이 또 사악으로 고쳤으나, 혜공왕이 다시 경으로 칭하였다. 관등은 다른 경과 같았다. 대사는 2명으로, 진덕왕 5년에 설치하였다. 경덕왕이 주부로 고쳤으나, 후에 다시 대사로 칭하였다. 관등은 사지에서 나마까지로 하였다. 사는 4명이다. (『삼국사기』 38, 잡지7, 직관(상))[7]

2) 여름 사월 ① 음성서의 장관을 고쳐 경이라 하였다. ② 대신을 조묘에 보내 제사를 올리고 아뢰었다. "왕 아무개는 머리 숙여 재배하고, 삼가 태조대왕·진지대왕·문흥대왕·태종대왕·문무대왕 영전에 아룁니다." (『삼국사기』 8, 신라본기8, 신문왕 7년)[8]

사료 C-1)에 따르면 음성서는 진덕왕 5년에 대사 2명을 두고 있음을 알 수 있다. 이러한 음성서는 당의 태악서에 비정되며,[9] 그 장관인 太樂令은

---

6) 전사서에 대해 기왕의 연구에서는 신문왕 6년 길흉요례를 수용한 이후 왕 7년 종묘가 오묘의 禮를 취한 것을 시작으로 하여 상당히 복잡해진 제사를 담당할 예부의 기구를 강화했는데, 이것이 성덕왕 12년의 전사서라고 하였다(浜田耕策, 「新羅の祀典と名山大川の祭祀」, 『呴沫集』 4, 1984, 151쪽). 그리고 전사서에서 다루었을 국가제사의 대상은 오묘 등의 왕실 제사와 삼산·오악과 같은 명산대천제사였을 것으로 파악하고 있다(김수태, 『신라중대정치사연구』, 일조각, 1996, 70쪽 ; 이기동, 「신라 성덕왕대의 정치와 사회」, 『역사학보』 160, 1998, 13쪽 ; 김흥삼, 「신라 성덕왕의 왕권강화정책과 제의를 통한 하서주지방통치(상)」, 『강원사학』 13·14, 1998, 119~120쪽).

7) "音聲署 屬禮部 景德王改爲大樂監 惠恭王復故 長二人 神文王七年改爲卿 景德王又改爲司樂 惠恭王復稱卿 位與他卿同 大舍二人 眞德王五年置 景德王改爲主簿 後復稱大舍 位自舍知至奈麻爲之 史四人".

8) "夏四月 ① 改音聲署長爲卿 ② 遣大臣於祖廟 致祭曰 王某稽首再拜 謹言太祖大王·眞智大王·文興大王·太宗大王·文武大王之靈".

"樂人을 가르치고 鍾律을 조합하여 나라의 제사와 饗宴을 관장"하였다고 한다.[10] 사료 C-2)②를 보면 음성서의 장을 경으로 변경한 사실에 뒤이어서 오묘제사를 지내고 있음을 알 수 있다. 제사, 곧 吉禮에는 음악이 사용된다. 따라서 음성서의 정비[11]와 오묘제사는 맞물려 이루어졌다고 여길 수 있을 것이다.[12] 그리고 음성서 역시 중국 제도의 영향을 받아 설치되었다고 할 수 있을 것이다.

이처럼 제사와 관련있는 전사서와 음성서가 중국 제도의 영향을 받아 진덕왕 5년에 처음 설치되고 있다. 이것은 김춘추의 재당경험에서 비롯되었을 것이다. 김춘추는 진덕왕 원년 12월에 입당하여 다음해 2월까지 당에 머무르면서[13] 당의 국학에서 강론을 듣고 석전의식을 참관하였다. 또한 그는 태종에게 장복을 중국의 제도로 바꾸기를 청하여 진귀한 의복을 하사받았다.[14] 김춘추가 당에서 견문한 것은 그의 귀국 후 신라의 각종 제도 정비에 반영되었던 것이다.[15]

---

9) 이인철, 「신라 중앙행정관부의 조직과 운영」, 『신라정치제도사연구』, 일지사, 1993, 44쪽 ; 정구복 외 4인, 『역주 삼국사기』 4(주석편 하), 한국정신문화연구원, 1997c, 504쪽.

10) 『大唐六典』 14, 太常寺, "太樂署 令一人 從七品下……太樂令 掌教樂人調合鍾律以供邦國之祭祀饗宴".

11) 위의 사료 C-2)①에 따르면 음성서의 長을 卿으로 바꾸고 있음을 알 수 있다. 음성서는 사료 C-1)에서 진덕왕 5년에 대사 2인을 둔 것으로 보아 이때에 만들어진 것이었다. 그러다가 신문왕 7년 이전 어느 시기에 장을 두었고 왕 7년에 이것이 경으로 바뀌어 음성서가 정비되었던 것으로 짐작된다.

12) 이혜구, 「통일신라의 문화－음악」, 『한국사』 3, 국사편찬위원회, 1981, 349~350쪽.

13) 『삼국사기』 5, 신라본기5, 진덕왕 원년. 이와 관련하여 권덕영, 「견당사 관련기록의 검토」, 『고대한중외교사－견당사연구』, 일조각, 1997, 26~31쪽 참고.

14) 『삼국사기』 5, 신라본기5, 진덕왕 2년.

15) 진덕왕 3년 당 장복제 시행, 진덕왕 4년 당 연호 채용 및 당홀 사용, 진덕왕 5년 하정식의 거행 등이 그것이다. 이와 관련하여 권덕영, 앞의 책, 1997, 269~274쪽

그리고 당 조정에서는 김춘추가 입당하기 이전 종묘를 둘러싼 묘론 논쟁이 있었다. 곧 貞觀 9년(635 : 선덕왕 4) 高祖가 죽자 묘론이 발생하였는데, 이때 朱子奢는 천자가 제후와 같은 오묘를 쓸 수 없음을 주장하고 제후는 고조 이하와 태조를 합해 오묘를, 천자는 칠묘를 세우는 것이 옳음을 주장하였다.[16] 이로 볼 때 입당하여 당의 분위기를 경험한 김춘추는 중국의 제사제도인 종묘제에 대해서도 관심을 가졌을 것으로 짐작된다.

김춘추는 선덕왕 말에 일어난 비담의 난[17] 이후 정치권력을 장악하여 진덕왕대는 사실 김춘추의 즉위를 위한 준비기라고 한다.[18] 그렇다면 진덕왕대 김춘추가 당제를 수용하였던 것은 지배체제를 김춘추 중심으로 전환시키기 위한 것으로 여길 수 있을 것이다.[19] 그리고 김춘추가 종묘제에 관심을 가진 것 역시 이와 무관하지 않았을 것으로 짐작되어진다.[20]

참고. 한편 김춘추가 진덕왕대 친당주의·사대주의를 취한 것으로 미루어 김춘추는 왕위에 올랐을 때 당의 제후국으로 자처하는 종묘제를 시정하였다고도 하나(이병도, 『국역 삼국사기』, 을유문화사, 1977, 495~496쪽), 따르지 않는다.

16) 이와 관련하여 戶崎哲彦, 「唐代における太廟制度の變遷」, 『彦根論叢』 262·263, 1989 및 나희라, 「신라의 종묘제 수용과 그 내용」, 『한국사연구』 98, 1997, 73쪽 참고.

17) 『삼국사기』 5, 신라본기5, 선덕왕 16년.

18) 노태돈, 「고대국가의 성립과 발전」, 『한국사』 2, 국사편찬위원회, 1981, 227~228쪽 ; 김영하, 「삼국과 남북국의 사회성격」, 『한국사』 3, 한길사, 1994, 78쪽 ; 주보돈, 「남북국시대의 지배체제와 정치」, 『한국사』 3, 한길사, 1994, 283~289쪽 참고. 그리고 신형식은 진덕왕대를 무열왕권의 정책시험기 또는 무열왕권 확립의 준비기라고 하였다(「무열왕권의 성립과 발전」, 『한국사논총』 2, 1977 ; 「무열왕계의 성립과 활동」, 『한국고대사의 신연구』, 일조각, 1984, 117쪽). 그러나 여기에는 일정한 한계가 있었던 듯하다. 김춘추는 상대등과 같은 귀족 전체를 대표하는 직위를 차지하지는 못하였다. 이것은 성골왕의 시대에는 아직 깨버릴 수 없는 골품제의 규칙이 엄격히 작용하고 있었기 때문일 것이다(이기백, 「통일신라와 발해의 사회」, 『한국사강좌 I (고대편)』, 일조각, 1982, 307~308쪽).

19) 주보돈, 「김춘추의 외교활동과 신라내정」, 『한국학논집』 20, 1993, 47~48쪽.

20) 한편 나희라는 중고기 왕실의 직계적 혈연의식은 불교적 관념에 의해 표현되었다고

김춘추는 즉위와 동시에 考인 용춘을 문흥대왕으로 추봉하고 있다.[21] 이것을 신라 종묘제 수용의 중요한 단서로 보면서 이때 제후오묘에 적합한 종묘제가 수용되었다고 하기도 한다.[22] 그런데 대왕은 갈문왕의 변형이고 중국의 追謚와 비슷한 관념에서 행해진 것이라고 한다.[23] 갈문왕은 準王的 존재로 왕족 및 왕비족(혹은 전왕족)의 독립된 씨족 및 가계의 장이 갈문왕에 봉해졌고 왕의 즉위 초에 책봉되는 경우와 사후에 추봉되는 경우가 있었다. 이 중 朴阿道葛文王,[24] 骨正[世神]葛文王[25]과 仇道葛文王[26]은 추

하면서, 김춘추는 진평왕대의 불교식 직계 가족 신성화를 대체할 수 있는 유교적 종묘제사, 곧 단일 직계의 혈연원리에 입각한 중국의 제사에 관심을 가지고 이를 적극 수용하였다고 한다. 이를 통해 마립간기에서 시작하여 중고기를 거치면서 계속 확산되어 온 왕실의 직계적 혈연의식을 반영하는 직계조상의 제사를 체계화하였다고 한다(앞의 논문, 1997, 67~68쪽).

21) 『삼국사기』 5, 신라본기5, 태종무열왕 원년.

22) 박순교는 무열왕대에 태조-법흥-진흥-진지-문흥과 같은 시원적인 종묘제가 시행되었다고 보고 있다. 이는 용춘을 문흥대왕으로 추봉한 것이 중요한 관건이었고, 무열왕 사후 上號되는 태종 묘호에서 더욱 뚜렷해진다고 하였다(「신라 중대 시조존숭 관념의 형성」, 『한국 고대의 고고와 역사』, 학연문화사, 1997, 391~393쪽 ; 「김춘추의 집권과정 연구」, 경북대학교 박사학위논문, 1999, 256~258쪽 참고). 이문기는 무열왕이 즉위 원년에 考인 용춘을 문흥대왕으로 추봉한 것을 종묘제를 시행한 시점으로 파악하면서, 그 대상은 태조-立宗葛文王-진흥-진지-문흥이라고 하였다(이문기, 「신라 오묘제의 성립과 그 배경」, 『한국고대사와 고고학』(김정학박사미수기념고고학·고대사논총), 2000.

23) 그리고 중대에는 왕제들이 있기는 하였으나, 그 어느 누구도 갈문왕이나 대왕에 책봉되지를 않았다. 왕비나 왕모의 父도 또한 마찬가지였다. 따라서 중대의 첫 왕의 父인 용춘이 갈문왕의 전통을 이어받으면서 중국식으로 문흥대왕에 추봉된 것을 계기로 일단 종래의 갈문왕은 중단되었다고 해야 하겠다. 그리고 이 사실은 태종무열왕대 왕권의 전제주의 결과라고 해야 옳을 것이다(이기백, 「신라시대의 갈문왕」, 『역사학보』 58, 1973/『신라정치사회사연구』, 일조각, 1974, 23~26쪽). 그런데 상대의 갈문왕제는 중대의 시작과 더불어 폐지되고 새로운 제도로서 추봉대왕제가 확립되었다고 하기도 하나(이명식, 「신라 중대왕권의 전제화과정」, 『대구사학』 38, 1989, 109~110쪽), 따르지 않는다.

24) 『삼국사기』 1, 신라본기1, 일성이사금 15년.

봉의 형태로 갈문왕에 봉해졌는데, 이들은 모두 왕의 父였다. 이로 본다면 전왕과는 다른 씨족 혹은 가계에서 왕위에 즉위한 경우 자기의 부를 갈문왕으로 추봉하였음을 알 수 있다.[27] 따라서 김춘추가 부인 용춘을 문흥대왕으로 추봉한 것은 갈문왕의 전례를 따른 것으로 여겨진다.[28]

그리고 왕위에 즉위한 국왕이 왕위에 오르지 못했던 직계 조상을 대왕으로 추봉하였던 것은 이들을 종묘에 모시기 위한 조처였다고도 한다.[29] 그런데 이러한 대왕 추봉은 문흥대왕을 제외하고는 하대에 이루어지고 있다.[30] 따라서 김춘추가 왕위에 오르자마자 父인 용춘을 문흥대왕으로 추봉한 것은 종묘제 수용의 단서라고 보기는 어려울 것이다.

또한 김춘추는 화백회의에서 정당한 절차를 밟아 선출된 알천으로부터 선양받는 형식을 취하여 3번 사양하고 난 뒤 즉위하였다.[31] 이것은 김춘추

25) 『삼국사기』 2, 신라본기2, 첨해이사금 원년.

26) 『삼국사기』 2, 신라본기2, 미추이사금 2년.

27) 이기백, 앞의 책, 1974, 20쪽.

28) 그런데 갈문왕은 신라 고유의 표현이고 그것을 중국식으로 표현한 것이 대왕으로 짐작된다. 대왕 추봉은 직계 조상에 한하여 이루어진다는 점에서 家祖的 성격을 띠었다고 할 수 있다(변태섭, 「묘제의 변천을 통하여 본 신라사회의 발전과정」, 『역사교육』 8, 1964, 67쪽). 따라서 대왕 추봉은 家祖에 대한 중시의 경향과 더불어 새로운 왕권의 등장에 영속성을 부여하기 위한 가계 인식의 확립과 깊은 관련이 있다고 헤아려진다. 이와 같이 생각할 수 있다면 무열왕이 즉위하면서 용춘을 문흥대왕으로 추봉한 것은 종묘제로 발전하는 始源으로 여길 수 있을 것이다(이명식, 앞의 논문, 1989, 101쪽).

29) 米田雄介는 오묘에 列祀될 수 있는 자격은 大王號를 가지는 직계 조상이어야 한다고 하였다(「三國史記に見える新羅の五廟制」, 『日本書紀研究』 15, 高書房, 1987, 318쪽).

30) 중대에는 왕위가 아들이 없는 경우를 제외하고는 부자상속에 의하여 줄곧 계승되어 왕의 父가 대왕에 추봉될 여지가 전적으로 배제되었다. 신라 하대의 오묘제와 관련해서는 채미하, 「신라 하대의 오묘제」, 『종교연구』 25, 2001 참고.

31) 『삼국사기』 5, 신라본기5, 태종무열왕 즉위년.

의 왕위계승이 순탄하지 않았음을 말하여준다. 게다가 이때는 백제 정벌을 눈앞에 두고 있던 시기였다. 이것들은 김춘추가 즉위하고 왕권을 행사하는 데 제약이 되었을 것이다.[32] 또한 무열왕대는 왕 즉위년에 율령을 詳酌하여 理方府格 60여 조를 수정한 것[33] 외에는 백제와의 전쟁 등으로 지배체제 정비와 관련된 기록들이 보이지 않는다는 점도 참고해 볼 수 있다.

이상에서 신라의 종묘제에 대한 관심과 그것의 시행에는 시간적 차이를 예상할 수 있다. 진덕왕대 설치된 음성서와 전사서가 본격적으로 기능하게 되는 것이, 이것들이 정비되는 신문왕 7년(687)과 성덕왕 12년(713)[34]이라는 데서 짐작할 수 있을 것이다. 그리고 신라에서 종묘제가 수용되고[35] 오묘제가 '시정'된[36] 이후에도 여기에 짝하는 사직단이 선덕왕대 설치되는 사실[37]에서도 생각해 볼 수 있다.

2. 문무왕대 종묘제의 수용

문무왕대의 종묘와 관련해서는 다음이 관심이 끈다.

D. 1) ① 6월 왕이 죽었다. 시호를 무열이라고 하고[謚曰武烈] 영경사 북쪽

32) 김수태, 앞의 책, 1996, 16쪽 및 174쪽.

33) 『삼국사기』 5, 신라본기5, 태종무열왕 원년.

34) 진덕왕 5년에는 음성서가 본격적으로 기능을 수행한 것은 아니며 그 후 점진적인 정비작업을 거쳐 국학이 정식으로 출범한 신문왕 2년(682)경에 예부의 부속관서를 일괄 정비하면서 음성서의 長을 임명하여 정식으로 출범시켰고 신문왕 7년에 음성서의 長을 卿으로 개칭하였다고 하는 견해(이인철, 「신라의 음성서」, 『국악원논문집』 11, 1999a, 22~27쪽)가 참고된다.

35) 채미하, 앞의 논문, 2002 참고.

36) 채미하, 「신라의 오묘제 '시정'과 신문왕권」, 『백산학보』 70, 2004 참고

37) 『삼국사기』 32, 잡지1, 제사 ; 채미하, 「신라 선덕왕대 사직단 설치와 사전의 정비」, 『한국고대사연구』 30, 2003.

에 장사지냈으며 호는 태종으로 올렸다[上號太宗]. (『삼국사기』 5, 신라본기5, 태종무열왕 8년)[38] ② 봄 당나라 중종이 사신을 보내 조칙을 말로 전하였다. "우리 태종 문황제는 신묘한 공과 거룩한 덕이 천고에 뛰어났으므로 황제께서 세상을 떠나신 날 묘호를 태종[廟號太宗]이라 하였다. 너희 나라의 선왕 김춘추에게도 그것과 같은 묘호를 쓰니, 이는 매우 분수에 넘치는 일이다. 모름지기 빨리 칭호를 고쳐야 할 것이다." 이에 왕이 여러 신하들과 함께 의논하여 대답하였다. "우리나라의 선왕 춘추의 謚號가 우연히 성조의 묘호와 서로 저촉되어 칙령으로 이를 고치라 하니, 제가 어찌 감히 명령을 좇지 않을 수 있겠는가? 그러나 생각건대 선왕 춘추는 자못 어진 덕이 있었고, 더욱이 생전에 어진 신하 김유신을 얻어 한마음으로 정치를 하여 삼한을 통일하였으니, 그 공적을 이룩한 것이 많지 않다고 할 수 없다. 그리하여 그가 별세했을 때 온 나라의 백성들이 슬퍼하고 사모하는 마음을 이기지 못하여, 추존한 묘호가 성조와 서로 저촉되는 것을 깨닫지 못하였던 것이다. 지금 교칙을 들으니 두려움을 이기지 못하겠다. 엎드려 바라건대, 사신께서 대궐의 뜰에서 복명할 때 이대로 아뢰어 주십시오." 그 후에 다시는 별다른 칙명이 없었다. (『삼국사기』 8, 신라본기8, 신문왕 12년)[39]

2) ① 진덕왕이 세상을 떠나자 영휘 5년 갑인(654)에 춘추공은 왕위에 올라 나라를 다스린 지 8년만인 용삭 원년 신유(661)에 세상을 떠나니 나이가 59살이었다. 애공사 동쪽에 장사지내고 비를 세웠다. 왕은 유신과 더불어 꾀와 힘을 다해 삼국을 통일하고, 나라에 큰 공을

---

38) "王薨 謚曰武烈 葬永敬寺北 上號太宗".

39) "春 唐中宗遣使 口勅曰 我太宗文皇帝 神功聖德 超出千古 故上僊之日 廟號太宗 汝國先王金春秋 與之同號 尤爲僭越 須急改稱 王與羣臣同議 對曰 小國先王春秋謚號 偶與聖祖廟號相犯 勑令改之 臣敢不惟命是從 然念先王春秋 頗有賢德 況生前得良臣金庾信 同心爲政 一統三韓 其爲功業 不爲不多 捐館之際 一國臣民 不勝哀慕 追尊之號 不覺與聖祖相犯 今聞敎勑 不勝恐懼 伏望 使臣復命闕庭 以此上聞 後更無別勑".

> 세웠으므로 묘호를 태종[廟號太宗]이라고 하였다. (『삼국유사』 1, 기이1, 태종춘추공)[40] ② 신문왕 때 당나라 고종이 신라에 사신을 보내 말하기를, "나의 성고(당 태종)께서는 어진 신하 위징과 이순풍 등을 얻어서 마음을 합하고 덕을 같이 하여 천하를 통일하였으므로 태종황제라 하였지만, 너희 신라는 해외의 작은 나라로서 태종이란 칭호를 사용하여 천자의 이름을 어지럽히는 것은 그 뜻이 불충한 데에 있으니 속히 그 칭호를 고치라"고 하였다. 신라 왕이 글을 올려 말하기를, "신라는 비록 작은 나라지만, 거룩한 신하 김유신을 얻어서 삼국을 통일했으므로 태종이라고 한 것입니다"고 하였다. 황제가 그 글을 보고, 곧 자신이 태자로 있을 때에 하늘에서 이르기를, '33천의 한 사람이 신라에 태어나 김유신이 되었다'고 하던 것을 글로 적어 둔 것이 생각나서 꺼내보고 놀랍고 두렵지 않을 수 없어 다시 사신을 보내 태종의 칭호를 고치지 않아도 좋다고 하였다. (『삼국유사』 1, 기이1, 태종춘추공)[41]

사료 D-1)①에 따르면 무열왕이 죽자 "上號太宗"하였다고 하는데,[42] D-1)②에서는 이를 시호라고 하고 있다. 반면 D-2)①에서는 "廟號太宗", 곧 태종을 묘호라고 하였다.

---

40) "眞德王薨 以永徽五年甲寅卽位 御國八年 龍朔元年辛酉崩 壽五十九歲 葬於哀公寺東有碑 王與庾信神謀戮力 一統三韓 有大功於社稷 故廟號太宗".

41) "神文王時 唐高宗遣使新羅曰 朕之聖考得賢臣魏徵李淳風等 協心同德 一統天下 故爲太宗皇帝 汝新羅海外小國 有太宗之號 以僭天子之名 義在不忠 速改其號 新羅王上表曰 新羅雖小國 得聖臣金庾信 一統三國 故封爲太宗 帝見表乃思儲貳時 有天唱空云 三十三天之一人降於新羅爲庾信 紀在於書 出檢視之 驚懼不已 更遣使許無改太宗之號".

42) 황운용은 태종이 시호가 아닌 묘호였으며 무열왕 사후의 절차를 ① 시호 제정과 장례 ② 묘호의 추존으로 나누어 파악하였다(「신라 태종 묘호의 분규시말」, 『동국사학』 17, 1982, 13~15쪽). 한편 황선영은 묘호가 아닌 시호로 보고 있으나(「신라의 묘제와 묘호」, 『동의사학』 5, 1989, 15~17쪽), 따르지 않는다.

태종무열왕릉비 이수와 비편 | 태종무열왕릉비는 현재 비신은 없어지고 귀부 위의 이수와 비편만이 남아 있는데, 이수에는 김인문의 글씨인 '太宗武烈大王之碑'란 제액이 보인다.

시호는 임금의 생전의 공덕을 칭송하여 추증하는 칭호이고, 묘호는 임금의 靈을 태묘(종묘)에 모실 때 추존하는 것이다. 신라에서 시호가 사용되기 시작한 것은 지증왕대부터였다.43) D-1)①에서 '諡曰武烈'이라고 한 것은 태종무열왕의 시호가 무열임을 말해준다. 그러하다면 태종무열왕의 묘호는 태종으로 헤아려진다.

널리 알려진 바와 같이 태종은 태조에 이어서 왕조에 가장 공덕이 큰 조상에게 올렸던 묘호로, 실질적으로 태조의 정신이 그에게 계승되는 것이라는 의미에서 붙여진 것이었다. 이러한 태종이라는 묘호를 문무왕이 무열왕에게 올렸다는 것은 당시 '不遷之位'로 종묘의 首位에 모셔지는 태조를 인식하고 있었기 때문일 것이다.

그리고 문무왕대에는 종묘에 대한 기사가 처음으로 나온다.

E. 1) 가을 8월에 왕이 칙사 유인원, 웅진도독 부여융과 함께 웅진 취리산에서 맹약을 맺었다……"그러므로 금서철권을 종묘에 간직하여 자손

43)『삼국사기』4, 신라본기4, 지증마립간 15년.

만대에 감히 어기지 말지어다. 신이시여, 이 말을 들으시고 흠향하시고 복을 내려 주소서." 이것은 유인궤가 지은 글이다. 피를 마신 다음 희생과 예물을 제단의 북쪽 땅에 묻고, 그 글을 우리 종묘에 간직하였다. (『삼국사기』 6, 신라본기6, 문무왕 5년)[44]

2) 신라별기에는 다음과 같은 글이 있다. 문무왕 즉위 5년 을축(665) 가을 8월 경자에 왕이 친히 많은 군사를 거느리고 웅진성에 가서 가왕 부여융과 만나 단을 만들고 흰 말을 잡아서 맹세할 때, 먼저 천신과 산천의 신령에게 제사지낸 후에 피를 입가에 바르고 글을 지어 맹세하기를 다음과 같이 하였다. "……그러므로 금서철계를 종묘에 간직해 두니 자손들은 만대에 감히 어기거나 범하지 말 일이다. 신은 이를 들으시고 흠향하고 복을 주소서." 피를 마신 다음에 폐백을 제단의 북쪽에 묻고 맹세의 글을 大廟에 보장하니, 이 맹세의 글은 대방도독 유인궤가 지은 것이다. (『삼국유사』 1, 기이1, 태종춘추공)[45]

사료 E에 따르면 문무왕은 왕 5년(665)에 당의 칙사인 劉仁願의 주재하에 웅진도독인 부여융과의 3자 맹서를 하고 그 서계를 E-1)에서는 종묘에, E-2)에서는 大廟에 保藏하였다고 한다.[46] 특히 여기에서 당의 칙사인 유인

44) "秋八月 王與勅使劉仁願 熊津都督扶餘隆 盟于熊津就利山……故作金書鐵券 藏之宗廟 子孫萬代 無敢違犯 神之聽之 是饗是福 劉仁軌之辭也 歃訖 埋牲幣於壇之壬地 藏其書於我之宗廟".

45) "新羅別記云 文虎王卽位五年乙丑秋八月庚子 王親統大兵 幸熊津城 會假王扶餘隆作壇 刑白馬而盟 先祀天神及山川之靈 然後歃血爲文而盟曰……故作金書鐵契 藏之宗廟 子孫萬代 無或敢犯 神之聽之 是享是福 歃訖埋幣帛於壇之壬地 藏盟文於大廟 盟文乃帶方都督劉仁軌作". 『구당서』 동이전 백제조에는 '新羅之廟'라고 나온다.

46) 노명호는 문무왕 5년에 당의 정략에 의한 부여융과 문무왕 사이의 맹약 후에 그 맹서를 '新羅之廟'에 두었다는 것으로 볼 때 문무왕 무렵에는 종묘가 설치되어 있었으리라 하였다(「백제의 동명신화와 동명묘」, 『역사학연구』 10, 전남대학교 사학회, 1981, 81쪽 주 41 참조).

원이 종묘・대묘로 인식하였다는 점에서 신라의 시조묘나 신궁이 아닌 중국식의 종묘였을 것으로 짐작되어진다. 사료 F-2)의 대묘란 태묘라고도 하고 종묘라고도 한다.[47] 따라서 E-1)의 종묘와 E-2)의 대묘는 같은 것으로 여겨진다.

또한 다음도 주목된다.

F. 1) 11월 6일에 문무관료를 이끌고 先祖廟에 朝謁하고 다음과 같이 아뢰었다. "삼가 先志를 이어 당나라와 함께 의로운 군사를 일으켜 백제와 고구려에게 죄를 묻고 원흉들을 처단하여 국운이 태평하게 되었습니다. 이에 감히 고하노니 신이시여 들으소서." (『삼국사기』 6, 신라본기 6, 문무왕 8년)[48]

2) 가을 칠월 1일에 왕이 죽었다. 시호를 문무라고 하였다.……왕의 유조는 다음과 같다. "과인은 나라의 운이 어지럽고 싸움의 때를 당하여 서쪽을 정벌하고 북쪽을 토벌하여 영토를 안정시켰고 배반하는 무리를 치고 협조하는 무리를 불러들여 멀고 가까운 곳을 모두 평안케 하였다. 위로는 宗祧의 遺顧를 위로하고 아래로는 부자의 宿寃을 갚았으며[上慰宗祧之遺顧 下報父子之宿寃], 살아남은 사람과 죽은 사람에게 상을 두루 주었고, 벼슬을 터서 중앙과 지방에 있는 사람들에게 균등하게 하였다.……태자는 일찍이 밝은 덕을 쌓았고 오랫동안 태자의 자리에 있었으니, 위로는 여러 재상으로부터 아래로는 뭇 관원들에 이르기까지 죽은 사람을 보내는 도리를 어기지 말고 살아있는 이 섬기는 예의를 빠뜨리지 말라. 종묘의 주인은 잠시도 비워서는 안 되니, 태자는 곧 관 앞에서 왕위를 잇도록 하라. (『삼국사기』 7, 신라본기7, 문무왕 21년)[49]

---

47) 諸橋轍次, 『大漢和辭典』 3, 大修館書店, 1984, 444쪽.

48) "十一月六日 率文武臣寮 朝謁先祖廟 告曰 祗承先志 與大唐同擧義兵 問罪於百濟・高句麗 元兇伏罪 國步泰靜 敢玆控告 神之聽之".

49) "秋七月一日 王薨 諡曰文武……遺詔曰 寡人運屬紛紜 時當爭戰 西征北討 克定疆

사료 F-1)에 따르면 왕은 8년 11월 6일에 문무신료와 함께 '先祖廟'를 배알하여 '先志'를 받들어 당과 합력하여 백제와 고구려를 멸망시킨 사실을 고하였다고 전한다. 여기에서 '선조묘'는 무엇을 말하는 것일까.[50] 이에 사료 F-2)의 "上慰宗祧之遺顧 下報父子之宿寃"이라고 하는 구절이 참고된다.

사료 F-2)의 '종조'는 遠祖를 合祀하는 사당으로 종묘와 같은 뜻이고 '부자'는 무열왕과 문무왕을 가리킬 것이다. 따라서 '종조'는 문무왕의 선대조들을 모시는 사당이었을 것이다. 그리고 '유고'는 문무왕의 선대조들의 유고였을 것이다. 이로 볼 때 사료 F-1)의 '선지'는 F-2)의 '유고'와 같고 F-1)의 '선조묘'는 F-2)의 '종조'와 같은 것으로 헤아릴 수 있을 것이다.

그리고 다음도 관심을 끈다.

G. 1) 신라의 제30대왕 법민 용삭 원년 신유(661) 3월 어느 날에 이르러, 왕명을 전하는 칙서를 내려 이르기를, ① "짐은 가야국 원군의 9대손인 구형왕이 우리나라에 항복하였을 때, 데리고 온 아들인 세종의

封 伐叛招携 聿寧遐邇 上慰宗祧之遺顧 下報父子之宿寃 追賞遍於存亡 疏爵均於內外……太子早蘊離輝 久居震位 上從羣宰 下至庶寮 送往之義勿違 事居之禮莫闕 宗廟之主 不可暫空 太子卽於柩前 嗣立王位".

50) 선조묘는 특정의 개인이 아닌 선왕(태종무열왕)을 포함한 선조들을 제사하는 묘로 보기도 한다(浜田耕策, 「新羅の神宮と百座講會と宗廟」, 『東アジア世界における日本古代史講座－東アジアにおける儀禮と國家』, 學生社, 1982, 241쪽 ; 米田雄介, 앞의 논문, 1987, 317쪽). 그리고 『예기』(吉凶要禮) 도입 이전 시대의 일인 동시에 오묘 시정 이전의 일이며 또한 신궁을 묘라고 하지 않은 점에서 종묘·선조묘 등을 시조묘와 동일시하기도 하나(최재석, 「신라의 시조묘와 신궁의 제사」, 『동방학지』 50, 1986/『한국고대사회사연구』, 일지사, 1987, 224쪽), 따르지 않는다. 한편 이문기는 태종무열왕대 종묘제가 성립된 것으로 보면서 문무왕대의 종묘, 대묘, 선조묘를 오묘로 파악하고 있다. 특히 문무왕 8년의 선조묘는 신문왕 7년의 기사에서 '祖廟'라고 기록하고 있듯이, 선조묘 역시 오묘의 다른 표현으로 보아야 한다고 하였다(앞의 논문, 2000).

아들이 솔우공이요, 그 아들 서운 잡간의 딸인 문명황후께서 나를 낳으셨다. 그러므로 元君은 나에게 있어서 15대 시조가 된다. ② 다스린 나라는 이미 패망하였으나, 능과 사당[葬廟]은 아직 남아 있으니, 宗祧에 합하여 계속 제사를 지내도록 하겠다"라고 하였다.

2) 이에 사자를 옛 종묘 궁궐이 있던 터[黍離之趾]에 보내, 묘와 가까운 상상전 30경을 바쳐 제사에 쓰일 경비로 삼아, 왕위전이라고 부르고, 본토에 붙여 속하게 하였다. 왕의 17대손 갱세 급간은 조정의 뜻을 받들어 그 田을 관장하여, 매년 계절의 행사 때마다 술과 감주를 빚고, 떡과 밥, 다과와 여러 가지 맛있는 음식 등을 준비하여 제사를 올렸으며, 매년 빠뜨리지 않았다. 그 제삿날도 거등왕이 정한 연중 5일을 잃지 않으니, 향기롭고 효성스러운 제사가 이제야 우리에게 맡겨졌다. (『삼국유사』 2, 기이2, 가락국기)[51]

사료 G-1)①은 문무왕이 가락국의 건국시조인 元君, 곧 수로왕으로부터 자신에 이르기까지의 세계를 伽耶國 元君[수로왕]……九代孫 仇衡王→世宗→率友公→庶云匝干→文明皇后→문무왕이라고 밝히고 수로왕이 자신의 15대 시조가 된다고 하는 부분이다. 그리고 사료 G-1)②는 수로왕묘를 '종조'에 합하여 제사를 계속케 하라는 것이고[52] 사료 G-2)는 사료 G-1)②

51) "1) 洎新羅第三十王法敏龍朔元年辛酉三月日 有制曰 ① 朕是伽耶國元君九代孫仇衡王之降于當國也 所率來子世宗之子 率友公之子 庶云匝干之女 文明皇后寔生我者 玆故元君於幼冲人 乃爲十五代始祖也 ② 所御國者已曾敗 所葬廟者今尙存 合于宗祧 續乃祀事 2) 仍遣使於黍離之趾 以近廟上上田三十頃 爲供營之資 號稱王位田付屬本土 王之十七代孫賡世級干祗禀朝旨 主掌厥田 每歲時釀醪醴 設以餠飯茶菓庶羞等奠 年年不墜 其祭日不失居等王之所定年內五日也 芬苾孝祀 於是乎在於我".

52) "合于宗祧 續乃祀事"를 "이를 종묘에 합사하고 제사를 계속할 것이다"(리상호 옮김, 『삼국사기』, 1960, 272쪽), "종묘에 합하여 제사를 계속케 하리라"(이병도, 『삼국사기』(수정판), 을유문화사, 1992, 292쪽), "종묘에 합하여 제사를 계속하게 하겠다"(이재호, 『삼국사기』(중), 명지대학출판부, 1975, 139쪽)로 해석하고 있다.

수로왕릉 | 납릉이라고도 부르며, 가락국(금관가야)의 시조이자 김해 김씨의 시조인 수로왕의 무덤이다.

에 대한 후속조처로 생각된다.

이 중 사료 G-1)②에서 수로왕을 모시라고 한 '종조'는 신라 고유의 제사제도인 시조묘나 신궁은 아니었을 것이다. 왜냐하면 시조묘나 신궁은 국조이자 천신인 혁거세왕을 모시는 곳[53]이었기 때문에 혈연적으로 문무왕의 모계 시조인 수로왕이 여기에 모셔질 리는 없다. 이것 역시 중국식의 종묘였을 것으로 여겨진다.

뿐만 아니라 문무왕대는 다음과 같은 지배체제의 정비가 이루어진다.

H. 1) 교서를 내려 부인들도 역시 중국 의복을 입도록 하였다.

53) 이와 관련하여 채미하, 「신라의 시조묘제사」, 『민속학연구』 12, 2003 및 「신라의 신궁제사」, 『전통문화연구』 2, 한국전통문화학교, 2004 참조.

2) 2월에 담당 관리에게 명하여 諸王陵園에 백성을 이주시켰는데, 각각 20호씩이었다.
3) 3월에 성천과 구일 등 28인을 웅진부성에 보내 당나라 음악을 배우게 하였다. (『삼국사기』 6, 신라본기6, 문무왕 4년)[54]

사료 H-1)에 따르면 4년(664) 정월에 부인의 의복도 중국의 그것으로 바꾸었다고 한다.[55] 이것은 진덕왕대 당의 복색제를 수용한 사실과 관련있을 것이다. 그리고 사료 H-3)에 따르면 4년 3월에는 성천, 구일 등 28인을 웅진부성에 보내어 당악을 배우게 하였다고 한다. 이것 역시 진덕왕대 설치된 음성서와 관련이 있을 것이다. 이 같은 일련의 정책은 무열왕대 대백제전으로 인해 이루어질 수 없었던 지배체제의 정비가 문무왕 1, 2년에 백제부흥군과의 전투가 정리되고 대고구려전이 소강상태로 정리된 상황에서 이루어졌을 것이다.

이처럼 문무왕대에는 종묘의 수위에 모셔지는 태조를 인식하고 있었고 무열왕에게 태종이라는 묘호를 올렸다. 그리고 종묘에 대한 기사가 처음 나오며 지배체제의 정비도 이루어졌다. 이러한 점들을 염두에 둔다면 문무왕대 중국식의 제사제도인 종묘제가 수용되었다고 생각할 수 있을 것이다.

그렇다면 그것이 수용된 시기는 언제일까. 우선 문무왕이 무열왕에게 태종이라는 묘호를 올린 시점과 관련있지 않았을까 한다. 사료 D-1)①과 D-2)①에 따르면 무열왕이 죽은 뒤 얼마간의 시간을 둔 어느 시기에 태종이라는 묘호를 올리고 있음을 알 수 있다. 그리고 사료 G-1)은 문무왕의 制書로 그 내용은 문무왕 당대의 인식이 반영되었다고 보아도 좋을 것이

---

54) "1) 下教 婦人亦服中朝衣裳 2) 二月 命有司徙民於諸王陵園 各二十戶 3) 三月 遣星川·丘日等二十八人於府城 學唐樂".

55) 『삼국사기』 33, 잡지2, 색복.

다.[56] 문무왕이 제서를 내린 시기는 龍朔 원년 3월이다. 그런데 문무왕은 용삭 원년 6월에 태종무열왕이 홍하자 그 뒤를 이어 즉위한다. 따라서 용삭 원년 3월은 용삭 2년 3월의 오기로 여겨진다. 이로 볼 때 문무왕의 제서는 왕 2년의 사실이라고 할 수 있을 것이다.

이상에서 문무왕이 즉위하고 얼마 있지 않은 어느 시기에 중국식 종묘제는 수용되었다고 여길 수 있을 것이다.[57] 늦어도 수로왕의 신위를 '종조'에 모시라는 제서가 내려진 문무왕 2년일 것으로 헤아려진다.

이러한 문무왕대의 종묘에는 태조대왕과 문무왕의 父인 태종대왕의 신위가 모셔졌을 것이다. 그리고 앞의 사료 H-2)도 관심을 끈다. 여기에서 '諸王陵園'의 '제왕'은 문무왕 이전의 왕들을 가리키며 '능원'은 왕릉의 뜻이다.[58] 이로 볼 때 사료 H-2)는 문무왕 이전의 왕릉에 백성 20호씩을 사민한 것은 이전의 왕릉을 보존하고 지키기 위한 일련의 조처였다고 짐작된다. 여기에는 박씨왕릉, 석씨왕릉도 포함되었을 것이다. 그렇지만 문무왕은 역대 왕릉 중에서 김씨왕, 그 중에서도 자신의 직계 왕의 능인 무열왕릉과 진지왕릉과 대왕으로 추봉된 문흥대왕의 능에 관심을 가지지 않았을까 한다.[59] 능의 정비가 묘의 정비와 짝하여 이루어진다는 점을 고려하면

---

56) 이문기, 「신라 김씨 왕실의 소호금천씨 출자 관념의 표방과 변화」, 『역사교육논집』 23·24, 1999b, 666쪽.

57) 신라의 종묘는 태종무열왕이 타계한 다음 그의 업적을 기리기 위해 묘호가 정해지면서 그에 상응하는 조치로 종묘가 세워졌던 것이 아닐까(황운용, 앞의 논문, 1982, 11~13쪽). 한편 선덕왕 4년 영묘사의 창건은 종묘 건립의 단서가 된 듯한 느낌이 든다고도 한다(황운용, 위의 논문, 1982, 11~13쪽). 그러나 '靈廟'란 불교 용어상으로 佛祖聖賢 등의 신령을 봉사하는 묘소를 말하는 뜻으로 쓰이며 실제 용례상으로도 남북조시대에 사찰을 '寺廟'나 '塔廟'라 불렀으며 周 武帝와 慧遠 사이에 오고갔던 논박에서 종묘와 사찰이 같은 선상에서 비교되었던 것으로 보아, '靈廟'가 중국 예제상의 '종묘'와 반드시 관련이 있는 것은 아니다(나희라, 「신라의 국가 및 왕실 조상제사연구」, 서울대학교 박사학위논문, 1999, 175쪽).

58) 陵園은 천자의 능이라고 한다(諸橋轍次, 『大漢和辭典』 11, 1985, 899쪽).

문무왕대의 종묘에는 문흥대왕의 신위와 진지대왕의 신위도 모셔졌다고 여겨진다.

한편 사료 G-1)①에서 수로왕을 모시라고 한 '종조'는 문무왕대 신라의 종묘가 아니었을까 한다. 그리고 G-1)②는 중앙에서 수로왕을 신라 종묘에 모시는 조처로, G-2)는 수로왕의 후손들에게 지방에서 수로왕에게 제사지낼 수 있는 여건을 마련해 주는 것으로 볼 수 있지 않을까 한다. 이와 같이 볼 수 있다면 문무왕대의 종묘에는 가락국의 건국시조인 수로왕의 신위가 모셔졌다고 짐작된다.[60]

이상에서 문무왕대의 종묘에는 태조대왕과 문무왕의 曾祖인 진지대왕, 祖인 문흥대왕, 父인 태종대왕의 신위와 함께 가락국의 건국시조인 수로왕의 신위도 모시고 있음을 살펴보았다.

3. 종묘제 수용의 의미

문무왕대 종묘의 수위에는 태조대왕이 모셔졌다. 신라의 태조[61]와 관련

59) 김춘추의 즉위와 더불어 父인 김용춘에 대해 대왕 추봉이 새로 행해지는 사실은 자연 祖인 진지에 대한 일련의 추봉사업이 상호 연계되었을 것이 분명하다고 하면서, 이는 결국 진지와 용춘, 즉 진지와 문흥 양자의 묘역단장으로 현실화되었을 것으로 보고 있다(박순교, 앞의 논문, 1997, 412~413쪽).

60) 문무왕대의 종묘에 문무왕의 직계 선조가 아닌 수로왕을 모신 이유에 대해서는 후술하겠다.

61) 신라의 경우 「진흥왕순수비」에 태조가 처음 보인다. 여기의 태조를 신문왕 7년의 태조대왕과 연결지어 이해하기도 한다. 그러나 진흥왕대에 나타나는 태조와 중대 이후에 보이는 태조, 太祖漢王, 太祖星漢, 星漢은 구분하여야 한다고 하면서, 그 단서는 부체제의 변화에서 찾을 수 있다고 한다(박순교, 앞의 논문, 1999, 251~256쪽). 그리고 종묘제의 시행과 더불어 확정된 太祖大王은 중국적 예제상의 태조 인식에 근거한 묘호로, 중대왕실의 새로운 계보인식과 결부되어 전혀 새로운 것이었다고 할 수 있다고 하면서 종묘제 시행 이전의 태조와 시행 이후의 태조대왕 혹은 태조는 구별할 필요가 있다고 한다(이문기, 앞의 논문, 2000).

문무왕릉비 | 문무왕의 가계와 행적이 기록되어 있으며, 이 비문에 따르면 星漢王은 문무왕의 15대조라고 한다.

김인문 묘비 | 김인문의 가계와 삼국통일 과정에서의 활약상 등을 전하고 있으며, 太祖 漢王이 보인다.

'太祖星漢' 銘 흥덕왕릉비편 | 현재까지 흥덕왕릉 부근에서 여러 개의 비편이 발견되었는데, 그 중 '太祖星漢'銘 비편은 '太祖'에 대한 신라인들의 인식이 반영되어 있는 중요한 자료이다.

해서는 다음이 관심을 끈다.

I. 1) 15대조 星漢王은 그 바탕이 하늘에 내리고, 그 靈이 선악에서 나와 □□을 개창하여 玉欄을 대하니, 비로소 조상의 복이 상서로운 수풀처럼 많았다. (「문무왕릉비」)62)

2) 太祖 漢王은 천년의 □을 열고 □聖은 백곡의 □에 임하셨다. (「김인문비」)[63]

사료 I-1)의 「문무왕릉비」는 신문왕 2년(682)에 건립되었다. 사료 I-2)의 「김인문비」는 그가 효소왕 3년(694) 중국에서 죽은 후 이듬해 본국으로 유해가 송환되어 장례가 치러졌다고 하므로, 이때에서 멀지 않은 시기에 세워졌을 것으로 보인다. I-2)의 태조 한왕은 I-1)의 성한왕일 것이다.[64] 이것은 중대 초에 성한이 태조로 인식되고 있었음을 반영하는 것이다.[65]

예제에 따르면 태조는 '始封之君'이고 '시봉지군'은 바로 천자의 자제로 처음으로 제후에 봉해진 사람으로[66] 그 후손이 혈연의식을 확연하게 가지고 있는 조상을 말한다고 한다.[67] 성한은 세대상으로나 음운상으로 勢漢으로 비정되고 있다.[68] 이 세한은 알지의 아들로[69] 왕위에 오르지 못하였다. 그런데 사료 I-1)과 I-2)에는 '星漢王'·'漢王'으로 나온다. 이것은 무열왕이

62) 韓國古代社會硏究所編, 「문무왕릉비」, 『역주 韓國古代金石文』 2(신라1·가야), 1992, 125쪽, "十五代祖 星漢王 降質圓穹 誕靈仙岳 肇臨□□ 以對玉欄 始蔭祥林".

63) 韓國古代社會硏究所編, 「김인문비」, 위의 책, 1992, 136쪽, "太祖漢王 啓千齡之□□聖臨百谷之□".

64) 이기동, 「신라 태조성한의 문제와 흥덕왕릉비의 발견」, 『대구사학』 15·16합집, 1978 ; 『신라골품제사회와 화랑도』, 일조각, 1984, 373쪽.

65) 이상과 관련하여 채미하, 「신라 혜공왕대 오묘제의 개정」, 『한국사연구』 108, 2000, 43~44쪽 주 19 참고.

66) 『禮記注疏』 王制 鄭玄注, "太祖 始封之君 王者之後 不謂始封之君廟".

67) 이종태, 「신라의 시조와 태조」, 『백산학보』 52, 1999, 3~8쪽.

68) 前間恭作, 「新羅王の世次と其名について」, 『東洋學報』 15-2, 1925 ; 木下禮仁, 「新羅始祖系譜の構成－金氏始祖を中心として」, 『朝鮮史硏究會論文集』 2, 1966, 48쪽 ; 長田夏樹, 「新羅文武王陵碑文初探」, 『神戶外大論叢』 17-1-3, 1966, 188쪽 ; 강종훈, 앞의 논문, 1994, 210쪽.

69) 『삼국사기』 2, 신라본기2, 미추왕 즉위년 ; 『삼국유사』 1, 기이1, 김알지·탈해왕대.

용춘을 문흥대왕으로 추봉한 것처럼 성한=세한도 무열왕과 문무왕 어간에 대왕으로 추봉되었음을 말해주는 것이 아닐까 한다. 이러한 성한을 사료 I-1)에는 "□□를 개창하여 玉蘭을 대하니"라고 되어 있고 I-2)에는 "천년의 □를 열고 □聖은 百谷의 □에 임하셨다"라고 나온다. 이로 본다면 성한은 태조에 부합되는 것으로 여길 수 있을 것이다.

그런데 중대 왕실은 김씨 칭성의 이유를 중국 상고 전승에 나오는 少昊金天氏에서 찾고 있다.[70] 그러나 김씨왕실은 이미 계보를 갖고 있었다.[71] 그럼에도 불구하고 중국 상고로부터 연원한 깊은 유래를 가지고 있는 소호금천씨를 태조=성한이 직접 계승하고 있음을 내세우고 있는 것이다. 그 이유는 무엇일까.

우선 생각해 볼 수 있는 것으로 무열왕계는 진골로 왕위에 올랐다. 때문에 성골로 여겨지던 동륜계 왕실과 자신의 왕실을 구분지을 필요가 있지 않았을까 한다. 이에 자신들의 유래를 중국 상고의 소호금천씨에서 찾은 것이 아닐까 한다. 이와 관련하여 다음도 관심을 끈다.

J. (진평대왕) 1) 즉위 원년에 天使가 궁전의 뜰에 내려와 왕에게 이르기를, "上皇께서 나에게 명하여 옥대를 전해주라고 하였습니다"라고 하였다. 왕이 친히 꿇어앉아서 받으니, 그 후 그 사자는 하늘로 올라갔다. 2) 무릇 교묘와 같은 큰 제사 때에는 으레 이 옥대를 착용하였다[凡郊廟大祀皆服之]. (『삼국유기』 1, 기이1, 천사옥대)[72]

---

70) 『삼국사기』 28, 백제본기6, 의자왕 20년 사론. 이와 관련하여 이문기, 앞의 논문, 1999b, 669~672쪽 참고. 이종태 역시 「김인문비」의 '太祖漢王'의 바로 윗 행에 少昊·金天의 용어가 보여 신라인이 소호금천씨의 후예라는 관념을 가지고 있었던 것과 관련될 수도 있다고 하였다(앞의 논문, 1999, 15쪽 주 20 참고).

71) 강종훈, 앞의 논문, 1994, 204~212쪽.

72) "(眞平大王) 1) 卽位元年 有天使降於殿庭 謂王曰 上皇命我傳賜玉帶 王親奉跪受 然後其使上天 2) 凡郊廟大祀皆服之".

사료 J-1)에 따르면 진평왕은 즉위 원년(579)에 上皇, 천으로부터 옥대를 받고 있다. 그리고 사료 J-2)에서는 천사옥대를 "凡郊廟大祀皆服之" 했다고 한다. 여기의 '郊廟大祀'를 '郊廟와 같은 큰 제사'로 해석하고[73] '교묘'를 신궁[74]이라고 한다면 신궁은 당시의 대사, 곧 큰 제사였다. 그리고 당시 신라 사람들은 진평왕이 성골 출신 왕이라는 연유로 옥대를 성제대라고도 불렀다고 한다.[75] 그러하다면 진평왕대 이후 신궁에서 제사지낼 때 왕이 천사옥대를 착용함으로써 신궁제사는 성골왕, 동륜계만이 지낼 수 있는 것으로 여겨지지 않았을까 한다.[76]

이와 같이 생각할 수 있다면 진골로 왕위에 오른 무열왕계는 신궁에서 제사지낼 수 없었다.[77] 따라서 무열왕계는 신궁제사와는 별도의 제사체계를 염두에 두었던 것으로 짐작되는 것이다. 그것이 중국의 제사제도인 종묘제가 아니었을까 헤아려진다.

그리고 이러한 종묘의 수위에는 소호금천씨에 연원을 둔 성한이 태조로

73) 이와 관련해서 채미하, 앞의 논문, 2004, 58쪽.

74) 채미하, 위의 논문, 2004, 58쪽 주 52 및 본서 제2장 제2절 참고.

75) 『고려사』 2, 세가2, 태조 20년 하5월 癸丑 및 『동사강목』 3상, 己亥(신라 진평왕 원년) 참고. 『삼국사기』 12, 신라본기12, 경명왕 5년에는 '聖帶'로 나온다. 天賜帶 혹은 聖帝帶라 불렀다는 것은 성골의식의 발생을 암시하는 한 자료로 볼 수 있다고 한다(이기동, 「신라의 정치·경제와 사회」, 『한국사』 7, 국사편찬위원회, 1997, 257쪽). 한편 당시 신라 사람들이 옥대를 진평왕이 성골 출신 왕이라는 연유로 성제대라고도 일컬었다는 기록은 옥대가 성골왕실의 지배이데올로기로서 표방되어진 제석신앙과 밀접히 연관됨을 시사해 주는 것이라고도 한다(안지원, 「신라 진평왕대 제석신앙과 왕권」, 『역사교육』 63, 1997, 87쪽).

76) 이와 관련해서 채미하, 앞의 논문, 2004 ; 「천사옥대와 흑옥대－신라 국가제사와의 관련성을 중심으로」, 『경희사학』 24, 2006, 31쪽 참고.

77) 그런데 중대에 효성왕을 제외하고는 신문왕 이후 신궁에서 친사하고 있다. 그 이유에 대해서는 채미하, 위의 논문, 2004, 60~65쪽 및 본서 제4장 제4절 참고.

모셔지고 있다. 예제에 따르면 후세 자손들이 태조묘를 不遷位로 하는 것은 태조의 공덕을 본받기 위한 것이었다고 하였다. 이것은 태조의 공덕을 이어받은 후손은 태조를 이어 세습한다는 논리가 된다.[78] 이로 본다면 동륜계 왕실이 국조이자 천신인 혁거세왕을 모신 신궁에서 치제함으로써 왕위계승권자임을 내세운 것에 대해 중대 왕실의 신왕들은 종묘의 수위에 모셔진 태조 성한=세한을 통해 김씨왕실의 실제적인 왕위계승권자임을 내세우면서 왕자로서의 정통성을 천명할 수 있었던 것으로 볼 수 있다.[79]

한편『삼국사기』왕력 신라조에는 각 왕의 말미에 능의 소재지가 기록되어 있다. 모두 능이라고 되어 있는데 반해 진지왕의 경우만 묘라고 되어 있다.[80] 사전적인 의미로 능은 큰 구릉 같은 무덤을 뜻하고,[81] 묘는 흙을 쌓아올리지 않은 서인의 무덤이라고 한다.[82] 진지왕은 진흥왕의 차남으로

---

78) 이와 관련해서 채미하, 앞의 논문, 2000, 43~45쪽.

79) 한편 이문기는 太祖大王(星漢)을 오묘의 수위에 모셨던 정치적 목적은 일차적으로 무열왕의 즉위가 직전의 불교적 신성관념에 근거한 성골신분을 과시했던 동륜계 왕실의 계통을 이은 단순한 왕위계승이 아니었으며, 계통을 달리하는 중국 상고의 소호금천씨에서 연원한 창업지주인 太祖 星漢王을 직접 계승하여 새로운 시대를 개창했음을 선언하고자 했던 데서 찾아볼 수 있다고 하였다. 그리고 이 새로운 왕실은 중국 상고로부터 연원한 깊은 유래를 가지고 있고 실질적인 창업지주를 직접 계승했음을 내세워 왕자로서의 정통성을 재천명하는 효과도 노렸을 것이라고 하였다(앞의 논문, 2000). 한편 박순교는 부체제의 해체와 더불어 나타나는 家의 대두는 개별 가조의 존숭으로 연결되었으며 이러한 사정이 사륜계의 김성가조로서의 구체적인 太祖 성한으로 이어진 것으로 보았다. 결국 김춘추는 즉위하자마자 진평왕대 이루어진 동륜계 위주의 배타적인 성골관념을 극복하고, 김성가조에 대한 태조 존숭을 사륜계의 정통성과 결부시킴으로써 집권 기반을 강화해 나갔다고 하였다(앞의 논문, 1999, 255~256쪽).

80)『삼국유사』1, 왕력1, 제25진지왕, "墓在哀公寺北".

81) 諸橋轍次,『大漢和辭典』11, 大修館書店, 1985, 899쪽.

82) 諸橋轍次,『大漢和辭典』3, 大修館書店, 1984, 247쪽. 진지왕이 사후에 陵이 아닌 墓에 안장된 것은 아마도 폐위와 사망을 사이로 한 일정한 시점에서 平人으로 지위가 격하되었음을 짐작할 수 있다고 여기는 견해도 있다(박순교, 앞의 논문,

장남인 동륜이 진흥왕 33년(572)에 사망하자[83] 왕위에 올랐는데, 재위 4년 만에 國人에게 '政亂荒婬'의 이유로 축출되었다.[84] 그런데 사료 H-2)에 따르면 문무왕은 역대 왕릉에 대한 보존 조처를 하고 있다. 이때 진지왕의 묘역도 단장되었을 것이다. 이것은 그 앞선 어느 시기에 진지왕이 복권되었음을 암시하여 준다. 아마도 진지왕이 종묘에 모셔지는 것과 관련있지 않았을까 한다.[85]

그리고 다음도 주목된다.

K. 1) ① 애공사 북쪽 산봉우리에 장사지냈다. (『삼국사기』 4, 신라본기4, 법흥왕 27년)[86]

② 애공사 북쪽 산봉우리에 장사지냈다. (『삼국사기』 4, 신라본기4, 진흥왕 37년)[87]

③ 영경사 북쪽에 장사지냈다. (『삼국사기』 4, 신라본기4, 진지왕 4년)[88]

1997, 412쪽). 하지만 진지왕이 폐위되면서 평인으로 격하되었다는 의견은 너무 지나친 것이 아닌가 한다. 「광개토왕릉비」에 따르면 광개토왕이 죽자 山陵으로 모시었고(遷就山陵), 광개토왕릉을 지키는 '守墓人'을 두었다고 한다. 여기에서 능과 묘가 같이 쓰이고 있는 것으로 볼 때 왕릉에도 묘라는 표현을 쓴 것으로 여길 수 있다. 아마도 진지왕묘라고 쓴 것은 그 규모면에서 차이가 있었기 때문이 아닐까 한다.

83) 『삼국사기』 4, 신라본기4, 진흥왕 27년 ; 『삼국사기』 4, 신라본기4, 진흥왕 33년.

84) 『삼국유사』 1, 기이1, 도화녀·비형랑.

85) 그런데 이제까지 연구자들은 신문왕 7년 오묘 致祭 때 진지대왕이 새롭게 조명된 것으로 보고 있다(변태섭, 앞의 논문, 1964, 73쪽 ; 신형식, 앞의 논문, 1977, 119쪽 참고). 그러나 진지왕은 문무왕이 진지왕의 묘를 정비하면서 재인식된 것으로 여겨진다.

86) "葬於哀公寺北峯".

87) "葬于哀公寺北峯".

88) "葬于永敬寺北".

④ 영경사 북쪽에 장사지냈다. (『삼국사기』 5, 신라본기5, 태종무열왕 8년)[89]

2) ① 묘는 애공사 북쪽에 있다. (『삼국유사』 1, 왕력1, 제25진지왕)[90]

② 용삭 원년 신유(661)에 세상을 떠나니 나이가 59세였다. 애공사의 동쪽에 장사지내고 비를 세웠다. (『삼국유사』 1, 기이1, 태종춘추공)[91]

사료 K-1)에 따르면 법흥왕과 진흥왕은 애공사 북쪽 봉우리에 장사지냈다고 하며, 진지왕과 무열왕은 영경사 북쪽에 장사지냈다고 한다. 그런데 사료 K-2)에는 진지왕의 묘가 애공사 북쪽에 있고, 무열왕은 애공사 동쪽에 장사지냈다고 되어 있다. 애공사는 지금의 경주 효현동에, 영경사는 지금의 경주 서악동에 있었다고 한다.[92] 그리고 애공사는 능묘 조영 당시나 그 직후에 창건된 사찰로 법흥왕·진흥왕·진지왕·무열왕의 장지와 관련있는 것으로 보아, 이들 능묘와 관련된 추복사찰로 여겨진다.[93]

이와 같이 진지왕릉과 무열왕릉의 소재지가 『삼국사기』와 『삼국유사』에

89) "葬永敬寺北".

90) "墓在哀公寺北".

91) "龍朔元年辛酉崩 壽五十九歲 葬於哀公寺東 有碑".

92) 한국불교연구원, 『한국의 폐사』 I, 일지사, 1974, 59~60쪽. 한편 무열왕릉이 애공사 동쪽에 있고 진지왕릉이 애공사 북쪽에 있다는 기록을 관련지어 본다면 영경사는 애공사 남쪽이나 남동쪽에 있었다고도 한다(이인철, 「신라 상대의 불사조영과 그 사회·경제적 기반」, 『백산학보』 52, 1999b, 57쪽). 그리고 애공사와 영경사를 동일 영역으로 보면서 묘역의 위치나 규모로 볼 때 태종왕릉 위의 4基는 법흥왕, 진흥왕, 진지왕, 문흥왕의 무열왕 직계 4친의 무덤이며, 애공사를 중심으로 할 때 법흥왕·진흥왕·진지왕의 諸陵은 애공사의 북쪽에 위치하여야 하며, 무열왕릉은 애공사의 동쪽에 위치한 것으로 보기도 한다(박순교, 앞의 논문, 1997, 407~414쪽). 현재 애공사와 영경사의 위치는 알 수 없으나, 문무왕대 영경사가 무열왕계의 추복사찰이지 않았을까 한다.

93) 이도학, 「고신라기 진호사찰의 기능 확대 과정」, 『백산학보』 52, 1999, 89~93쪽.

서악동고분군 | 법흥－진흥－진지－문흥(용춘)－무열왕릉이 순서대로 조영된 것으로 여겨진다.

다르게 나타나고 있다. 이것은 우선 『삼국사기』 찬자와 『삼국유사』 찬자가 서로 다른 저본자료를 참고하였기 때문일 것이다. 그리고 진지왕과 무열왕의 추복 사찰이 애공사에서 영경사로 변화된 것을 말하는 것으로도 볼 수 있지 않을까 한다. 이것은 이들이 종묘에 모셔진 것과 무관하지 않았다고 짐작되어진다. 아마도 직계조상들을 종묘에 모심으로써 무열계라는 왕실의 계보의식이 성립된 것이 아닐까 한다. 다시 말하자면 이때 진지왕－무열왕으로 이어지는 왕실계보 의식이 성립되었다고 여겨지는 것이다. 이것이 반영되어 나타난 것이 『삼국사기』의 기록이 아닐까 생각된다.

한편 앞의 사료 G-1)②에 따르면 문무왕대의 종묘에는 가락국의 건국시조인 수로왕의 신위도 모셔지고 있다. 널리 알려진 바와 같이 김유신 세력은 김춘추와의 혼인을 통해 무열왕계와 밀접한 관련을 맺고 있었을 뿐만 아니라 무열왕권의 성립 과정에서나 삼국통일 과정에서 적극적으로 무열왕계를 도왔다. 그리고 문무왕 20년(680) 금관가야의 옛 땅에 금관소경을 설치하고 있다.[94] 또한 사료 D-1)②와 D-2)②에 따르면 신라 태종은 聖臣 김유신을 얻어서 삼국을 통일하였으므로 태종이라 하였다고 한다. 이로 볼 때 태종이라는 묘호 역시 김유신과 관련이 있음을 알 수 있다.

그리고 김유신이 사망[95]한 직후인 문무왕 13년경에 세워진 「유신비」[96]에 가문의 연원을 '軒轅之裔 少昊之胤'[97]이라 하여 김유신 가문은 중대 왕실과 동일한 출자관념을 표방하고 있다. 또한 앞의 사료 G-1)에서 문무왕은 수로왕을 자신의 15대 시조라고 하였다. 그러나 수로왕은 문무왕의 15대조가 되지 않는다.[98] 그럼에도 불구하고 문무왕이 수로왕을 자신의 15대 시조라고 한 것은 앞의 사료 I-1)에서 문무왕이 부계쪽으로 성한을 15대조로 인식하고 있는 것과 관련있지 않을까 한다.[99] 이 역시 당시 김유신 세력을 염두에 두었기 때문으로 헤아려진다.

이처럼 문무왕대 수로왕의 신위가 종묘에 모셔진 것은 당시 김유신이라는 유력한 인물의 영향력이 작용한 것으로 여겨진다.[100] 곧 무열왕계와

94) 『삼국사기』 7, 신라본기7, 문무왕 20년 ; 『삼국사기』 34, 잡지3, 지리1(양주).

95) 『삼국사기』 7, 신라본기7, 문무왕 13년.

96) 『삼국사기』 41, 열전1, 김유신(상)에 보이는 유신비는 문무왕 13년 김유신이 사망한 직후에 건립된 비이다(이문기, 앞의 논문, 1999b, 660~669쪽 참고).

97) 『삼국사기』 41, 열전1, 김유신(상).

98) 수로왕을 15대조로 보는 세계인식은 금관가야 왕실의 각종 세계 기록과 비교해 볼 때 형제 관계인 世宗이 김무력으로 비정되는 率友公(혹은 卒支公)을 서로 세대가 다른 것으로 보지 않는 한 성립될 수 없다고 한다(村上四男, 「金官國 世系 卒支公(率友公)」, 『韓國古代史硏究』, 開明書院, 1978, 372~382쪽). 그리고 『삼국사기』 41, 열전1, 김유신(상)에 따르면 수로왕은 김유신의 12대조라고 한다. 그렇다면 수로왕은 문무왕의 13대조가 되어야 한다.

99) 이와 관련해서 이용현, 「가야의 성씨와 '금관'국」, 『사총』 48, 1998 참고.

김유신 세력과의 정치적 역학 관계 속에서 문무왕대의 종묘에 수로왕의 신위가 모셔졌던 것이다. 이것은 문무왕대 중국의 제사제도인 종묘제가 수용되었지만, 당시의 정치적 상황 속에서 그것이 변용되어 나타난 것으로 보여지는 것이다. 이와 관련해서 후대의 사실이지만, 선덕왕이 당시의 정치적 상황 속에서 祖인 원훈을 대신하여 외조인 성덕대왕의 신위를 오묘에 모시고 있는 점[101]이 참고된다.

제2절 오묘제의 시정

1. 오묘제 시정과 '길흉요례'

신라의 오묘제 시정과 관련해서는 다음의 기사가 관심을 끈다.

A. 여름 4월에 1) 음성서의 장관을 고쳐 경이라 하였다. 2) 대신을 祖廟에 보내 제사를 올리고 아뢰었다. "왕 아무개는 머리 숙여 재배하고 삼가 태조대왕·진지대왕·문흥대왕·태종대왕·문무대왕 영전에 아뢰니다." (『삼국사기』 8, 신라본기8, 신문왕 7년)[102]

위의 사료 A에 따르면 신문왕 7년(687) 4월 당시 '祖廟'(이하 오묘라 함)에 태조대왕과 신문왕의 고조인 진지대왕, 증조인 문흥대왕, 祖인 태종

---

100) 문무왕대 김유신 세력의 영향력에 대해서는 최병헌, 「신라말 김해지방의 호족세력과 선종」, 『한국사론』 4, 1978, 410~411쪽 및 김상돈, 「신라말 구가야권의 김해 호족세력」, 『진단학보』 82, 1996, 64쪽 참고.

101) 채미하, 「신라 하대의 오묘제」, 『종교연구』 25, 2001, 126~127쪽 참고.

102) "夏四月 1) 改音聲署長爲卿 2) 遣大臣於祖廟 致祭曰 王某稽首再拜 謹言 太祖大王·眞智大王·文興大王·太宗大王·文武大王之靈".

대왕, 考인 문무대왕의 신위가 모셔졌음을 알 수 있다. 이러한 오묘 구성은 『예기』 왕제편의 "諸侯五廟 二昭二穆與太祖之廟而五"라고 한 규정에 맞는다. 이로 볼 때 신라에서는 '제후오묘'의 원칙에 입각한 오묘제가 신문왕 7년 4월 이전에 이루어졌다고 할 수 있을 것이다.

예제상의 관행에 따른다면 왕이 즉위하고 얼마 있지 않은 시기에 오묘의 신위를 개편하는 것이 관례였을 것이다. 이와 관련해서 다음이 주목된다.

> B. 1) 2월에 왕의 고조부 대아찬 법선을 현성대왕으로, 증조부 이찬 의관을 신영대왕으로, 할아버지 이찬 위문을 흥평대왕으로, 죽은 아버지 일길찬 효양을 명덕대왕으로 추봉하였다.…… 2) 성덕대왕과 개성대왕의 두 사당을 헐고 시조대왕, 태종대왕, 문무대왕 및 할아버지 흥평대왕과 아버지 명덕대왕으로써 오묘를 삼았다. (『삼국사기』 10, 신라본기10, 원성왕 원년)[103)]

우선 사료 B-2)에 따르면 원성왕이 오묘의 신위를 개편하고 있음을 알 수 있다. 곧 선덕왕대 오묘에 모셔진 성덕대왕과 개성대왕의 신위를 옮기고, 시조대왕 · 태종대왕 · 문무대왕의 신위와 자신의 조 · 부인 흥평대왕과 명덕대왕의 신위를 모셨다. 그런데 사료 B-1)에 따르면 원성왕은 즉위하자마자 직계 4조를 추봉하였다고 한다. 왕위에 즉위한 국왕이 왕위에 오르지 못했던 직계조상을 대왕으로 추봉하였던 것은 이들을 오묘에 모시기 위한 조처라고 한다.[104)] 이로 볼 때 대왕 추봉과 거의 동시에 오묘에 대한 개편이

---

103) "1) 二月 追封高祖大阿飡法宣爲玄聖大王 曾祖伊飡義寬爲神英大王 祖伊飡魏文爲興平大王 考一吉飡孝讓爲明德大王…… 2) 毁聖德大王 · 開聖大王二廟 以始祖大王 · 太宗大王 · 文武大王及祖興平大王 · 考明德大王爲五廟".

104) 米田雄介는 오묘에 列祀될 수 있는 자격은 대왕호를 가지는 직계 조상이어야 한다고 하였다(「三國史記に見える新羅の五廟制」, 『日本書紀研究』 15, 塙書房, 1987, 318쪽).

수중릉 | 문무왕은 자신의 시신을 화장하여 유골을 동해에 묻으면, 용이 되어 동해로 침입하는 왜구를 막겠다고 하였다. 이에 유해를 동해의 大石에 장사지냈다. 대왕암이라고도 한다.

이루어진 것으로 짐작되어진다.105) 이 점을 염두에 둔다면 신문왕은 즉위하고 얼마 있지 않아 부왕인 문무왕을 대왕으로 추봉하고 오묘를 개편하지 않았을까 한다.

감은사는 문무왕이 '欲鎭倭兵'하려고 창건하였으나, 완공하지 못한 것을 신문왕 2년 문무왕을 위하여 완공하였다고 한다.106) 그리고 이 해 5월 7일에 왕이 감은사에 行幸하고 있다.107) 또한 감은사를 창건한 2~3개월 뒤인 7월 25일에 문무왕릉비를 건립하고 있다.108) 이러한 감은사 완공과 문무왕릉비의 건립으로 나타나는

105) 채미하, 「신라 하대의 오묘제」, 『종교연구』 25, 2001, 125쪽. 그리고 신문왕대의 오묘제와 관련해서는 채미하, 「신라의 오묘제 '시정'과 신문왕권」, 『백산학보』 70, 2004 참고.

106) 『삼국유사』 2, 기이2, 만파식적, "第三十一 神文大王 諱政明 金氏 開耀元年辛巳七月七日卽位 爲聖考文武大王 創感恩寺於東海邊(寺中記云 文武王欲鎭倭兵 故始創此寺 未畢而崩 爲海龍 其子神文立 開耀二年畢 排金堂砌下 東向開一穴 乃龍之入寺旋繞之備 蓋遺詔之葬骨處 名大王岩 寺名感恩寺 後見龍現形處 名利見臺)". 이호영, 「신라 중대왕실과 봉덕사」, 『사학지』 8, 1974, 8~9쪽 ; 김상현, 「만파식적설화의 형성과 의의」, 『한국사연구』 34, 1981, 5쪽도 참고.

107) 『삼국유사』 2, 기이2, 만파식적, "明年壬午五月……以其月七日 駕幸利見臺 望其山 遣使審之 山勢如龜頭 上有一竿竹 晝爲二 夜合一(一云 山亦晝夜開合如竹) 使來奏之 王御感恩寺宿".

감은사지 | 「感恩寺 寺中記」에 따르면 감은사는 원래 문무왕이 나라를 수호하고 왜인의 침입을 막으려는 의도로 건립하기 시작하였으나, 신문왕이 즉위한 이후 문무왕을 기리는 목적으로 창건되었다고 한다.

문무왕에 대한 추존의식을 생각해 본다면 문무대왕의 신위는 신문왕이 즉위하면서 개편한 오묘에 모셔졌을 것으로 여겨진다.

그리고 신문왕은 중국의 예제인 '제후오묘'의 원칙을 알고 있었을 것이다. 이것은 신문왕이 중국의 예제를 직접 체득하고 있는데서 짐작해 볼 수 있을 것이다.

> C. 가을 7월 1일에 왕이 죽었다. 시호를 문무라 하였다. 여러 신하들이 유언에 따라 동해 어구 큰 바위 위에 장사지냈다.……태자는 일찍이 밝은 덕을 쌓았고 오랫동안 태자의 자리에 있었으니 위로는 여러 재상으로부터 아래로는 뭇 관원들에 이르기까지 죽은 사람을 보내는 도리를 어기지 말고 살아있는 이 섬기는 예의를 빠뜨리지 말라. 종묘의 주인은

108) 이영호, 「신라문무왕릉비의 재검토」, 『역사교육논집』 8, 1986, 71~72쪽.

잠시도 비워서는 안되니, 태자는 곧 관 앞에서 왕위를 잇도록 하라. (『삼국사기』 7, 신라본기7, 문무왕 21년)[109]

사료 C에 따르면 문무왕 21년(681) 7월 1일 문무왕이 재위 21년만에 돌아가자, 7월 7일에 문무왕의 유조에 따라 신문왕이 왕위에 오르고 있음을 알 수 있다. 문무왕은 유조에서 "종묘의 주인은 잠시라도 비울 수 없으니 태자는 곧 柩前에서 즉위하여 왕위를 계승하라"고 당부하고 있다. 이것은 당 태종이 유조에서 "宗社를 보존함에 군주가 없을 수 없으니, 황태자는 곧 구전에서 황제위에 즉위하라"는 것과 같다.[110] 그러하다면 당시 당의 즉위 형식[111]이 신라에 들어왔고, 신문왕의 즉위에 이것이 적용되었음을 알 수 있는 것이다.

그리고 다음 기록도 관심을 끈다.

D. 봄 2월에 일길찬 김흠운의 작은 딸을 맞아들여 부인으로 삼았다. 먼저 이찬 문영과 파진찬 삼광을 보내 기일을 정하고, 대아찬 지상을 보내 납채하게 하였는데, 예물로 보내는 비단이 15수레이고 쌀·술·기름·

---

109) "秋七月一日 王薨 諡曰文武 羣臣以遺言葬東海口大石上……太子早蘊離輝 久居震位 上從羣宰 下至庶僚 送往之義勿違 事居之禮莫闕 宗廟之主 不可暫空 太子卽於柩前 嗣立王位".

110) 나희라, 「신라의 즉위의례」, 『한국사연구』 116, 2002, 14쪽. 그리고 태자에게 柩前에서 왕위를 계승하라는 당부는 본래 신왕의 즉위가 선왕의 喪葬이 모두 끝난 후에 치러졌음을 보여준다. 따라서 殯과 즉위의례가 밀접히 연관되었을 가능성이 있다 (권오영, 「한국 고대의 상장의례」, 『한국고대사연구』 20, 2000, 13쪽).

111) 즉위의례의 기본형식은 후한대 완성되어 당대까지 계속 이어졌다. 한에서 당까지 중국 즉위의례의 중요한 사항을 정리하면 우선 즉위 시기는 대체로 즉일의 즉위라는 것, 즉위 장소는 柩前이 일반적이며, 선황의 유조와 후계자를 지명하는 冊命, 황제위의 표상인 璽綬를 양도하는 것이 중요한 요건이었다. 이 외에 대사령을 내리고 즉위시에 평민과 관리 모두에게 작위를 수여하거나 관리를 임명하는 일이 행해졌다 (나희라, 위의 논문, 2002, 7~8쪽).

> 꿀·간장·된장·포·젓갈이 135수레였으며, 조가 150수레였다.……5월 7일에 이찬 문영과 개원을 그 집에 보내 책봉하여 부인으로 삼았다. 그 날 묘시에 파진찬 대상·손문, 아찬 좌야·길숙 등을 보내 각각 그들의 아내와 양부 및 사량부 두 부의 여자 각 30명과 함께 맞아오게 하였다. 부인이 탄 수레의 좌우에 시종하는 관원들과 부녀자들이 매우 많았는데, 왕궁의 북문에 이르러 수레에서 내려 대궐로 들어갔다. (『삼국사기』 8, 신라본기8, 신문왕 3년)[112)]

사료 D는 신문왕 3년(683) 김흠운의 딸을 왕비로 맞이하는 과정을 보여주고 있다. 신문왕의 혼인 순서를 보면 우선 왕은 이찬 문영과 파진찬 삼광을 보내어 기일을 정한다(卜日). 다음으로 대아찬 지상을 보내 부인에게 납채케 하였다(납채). 그리고 이찬 문영과 개원을 보내 부인으로 책봉하였다(책후). 다음으로 그 날 군신들과 그들의 아내 등 여자 60명과 함께 부인을 맞이하였다(命使奉迎). 그리고 부인이 왕궁의 북문에 이르러 수레에서 내려 대궐로 들어갔다. 이처럼 신문왕의 혼인에서 「개원례」 가례의 황제가 황후를 맞는 의례(皇帝納后)의 절차[113)]인 복일－납채－책후－命使奉迎의 모습이 찾아진다. 이로 볼 때 신문왕은 중국식의 혼인제도에 따라 혼인하였음을 알 수 있다.[114)]

---

112) "春二月 納一吉湌金欽運少女爲夫人 先差伊湌文穎·波珍湌三光定期 以大阿湌智常納采 幣帛十五轝 米·酒·油·蜜·醬·豉·脯·醢 一百三十五轝 租一百五十車……五月七日 遣伊湌文穎·愷元抵其宅 冊爲夫人 其日卯時 遣波珍湌大常·孫文 阿湌坐耶·吉叔等 各與妻娘及梁·沙梁二部嫗各三十人迎來 夫人乘車 左右侍從 官人及娘嫗甚盛 至王宮北門 下車入內".

113) 「개원례」 가례의 황제가 황후를 맞는 의례(皇帝納后) 절차를 보면, 卜日－告圜丘－告方澤－臨軒命使－納采－問名－納吉－納徵－告期－告廟－冊后－命使奉迎－同牢－皇后謝表－朝太后－皇后受羣臣賀－會羣臣－外命婦朝會－羣臣上禮－皇后廟見－車駕出宮의 순으로 되어 있다. 納采－問名－納吉－納徵－告期의 의미와 관련해서는 『禮記』 29, 婚儀 제44 참고.

한편 다음도 주목된다.

E. 1) 국학은 예부에 속하였는데, 신문왕 2년(682)에 설치하였다. 경덕왕이 대학감으로 고쳤으나, 혜공왕이 옛 이름대로 하였다. 경은 1명으로, 경덕왕이 사업으로 고쳤으나, 혜공왕이 다시 경으로 칭하였다. 관등은 다른 경과 같았다.……대사는 2명으로, 진덕왕 5년(651)에 설치하였다. 경덕왕이 주부로 고쳤으나, 혜공왕이 다시 대사로 칭하였다. 관등은 사지에서 나마까지로 임용하였다.……*敎授之法*은 주역·상서·모시·예기·춘추좌씨전·문선으로 나누어 이것을 업으로 삼도록 하였다. (『삼국사기』 38, 잡지7, 직관상)[115]

2) 6월에 국학을 세우고 경 1인을 두었다. (『삼국사기』 8, 신라본기8, 신문왕 2년)[116]

사료 E-1)에 따르면 국학은 진덕왕 5년에 실무를 담당하는 대사 2인을 둔 것으로 보아, 이때에 설치된 것으로 짐작된다. 그리고 사료 E-2)에서 신문왕 2년에 長인 경이 설치되는 것으로 미루어, 이때 국학이 정비되었음을 알 수 있다.[117]

이러한 국학정비를 추진한 유력한 인물로 강수와 설총을 들고 있다.[118]

---

114) 채미하, 「신라 중대 오례와 왕권-오례 수용을 중심으로」, 『한국사상사학』 27, 2006a, 138~139쪽 참고.

115) "國學 屬禮部 神文王二年置 景德王改爲大學監 惠恭王復故 卿一人 景德王改爲司業 惠恭王復稱卿 位與他卿同……大舍二人 眞德王五年置 景德王改爲主簿 惠恭王復稱大舍 位自舍知至奈麻爲之……敎授之法 以周易·尙書·毛詩·禮記·春秋左氏傳·文選 分而爲之業".

116) "六月 立國學 置卿一人".

117) 신문왕 원년에 세워진 「문무왕릉비」에 '국학소경'과 '대사'가 보이고 있다. 이것은 신문왕 이전에 국학은 소경-대사체계를 갖추게 된 사실을 알 수 있다.

118) 이기백, 「통일신라와 발해의 사회」, 『한국사강좌』 I(고대편), 일조각, 1982, 318쪽.

강수는 『효경』, 「곡례」, 『이아』, 『문선』을 읽었다고 하고,[119] 설총은 '방언으로 九經을 읽어 후생을 훈도하였다'고 한다.[120] 강수가 읽었다는 「곡례」는 『예기』의 首篇이다. 그리고 설총이 읽었다는 9경은 『시경』·『서경』·『역경』·『춘추』·『예기』·『의례』·『주례』·『논어』·『효경』으로,[121] 여기에는 예를 주로 상술한 三禮 즉 『예기』·『의례』·『주례』가 포함되어 있다.[122] 또한 위의 사료 E-1)의 국학의 '敎授之法'으로 『예기』가 보인다. 이로 볼 때 당시 신라는 중국의 예제, 그 중 '천자칠묘 제후오묘'의 원칙을 충분히 알고 있었을 것으로 생각된다.

이러한 점들을 염두에 둔다면 신문왕이 즉위하고 얼마있지 않아 '제후오묘'에 입각한 오묘제가 시행되었다고 할 수 있을 것이다. 신라에는 문무왕대 중국식의 종묘제가 수용되었다. 이때의 종묘에는 태조대왕과 문무왕의 증조인 진지대왕, 조인 문흥대왕, 부인 태종대왕의 신위와 함께 가락국의 건국시조인 수로왕의 신위가 모셔졌다.[123] 이로 볼 때 신문왕 즉위 초의 종묘에는 수로왕의 신위가 천훼되는 대신 문무대왕의 신위가 모셔지면서 태조와 신문왕의 직계 4조가 모셔졌을 것이다. 이것은 '제후오묘'의 원칙에

---

119) 『삼국사기』 46, 열전6, 강수전, "强首……遂就師讀孝經·曲禮·爾雅·文選".

120) 『삼국사기』 46, 열전6, 설총전, "薛聰……以方言讀九經 訓導後生".

121) 九經은 당 시기의 9가지 유교경전으로, 7가지 견해가 있다. 그러나 신라의 독서삼품과의 시험과목에 비추어 볼 때 설총이 읽었다는 구경은 시, 서, 역, 춘추, 예기, 의례, 주례, 논어, 효경을 뜻한다고 생각한다(정구복 외 4인, 『역주 삼국사기』 4(주석편 하), 한국정신문화연구원, 1997, 771~772쪽).

122) 『주례』의 6篇 306官이 당시의 관제를 규정한 것이라면 『의례』는 원래 威儀三千과 曲禮三千을 합한 것으로 천자·제후·대부·사의 4계급에 대한 길·흉·군·빈·가의 오례를 서술한 것이며 지금 전하는 것은 士禮의 부분 17편만 남아 있는 것이다. 『예기』는 본래 『의례』의 傳의 뜻과 記의 뜻을 겸한 성질을 가진 '禮經의 記'라는 뜻인데 오늘날 『예기』라는 것은 戴聖의 『小戴禮』 49편을 가리킨다(금장태, 『유교사상과 종교문화』, 서울대학교출판부, 1994, 146쪽).

123) 채미하, 「신라 종묘제의 수용과 그 의미」, 『역사학보』 176, 2002, 49~55쪽.

맞는 것으로, 신문왕 즉위 초에 오묘제는 시정되었다고 할 수 있는 것이다.

이러한 오묘제 시정을 뒷받침해 주는 것으로는 다음이 주목된다.

F. 당나라에 사신을 보내『예기』와 문장을 청하니, 측천무후가 담당관청에 명하여 길흉요례를 베끼고『문관사림』의 많은 글(詞林) 중, 규계의 영역에 들(涉)만큼 중요하고 좋은 글을 골라 50권의 책으로 만들어 그것을 주었다. (『삼국사기』 8, 신라본기8, 신문왕 6년)[124)]

사료 F에 따르면 신문왕 6년(686)에 신라에서 당에『예기』와 문장을 요청하자,[125)] 당은 이때 '길흉요례'와 아울러 "『문관사림』의 많은 글(詞林) 중, 규계의 영역에 들(涉)만큼 중요하고 좋은 글"[126)](이하 '사섭규계'라고 함), 즉 규범과 준거가 될만한 글을 뽑아 50권의 책으로 묶어 주었다고 한다.

신라와 당의 외교관계는 문무왕 8년(668) 이후 거의 단절상태[127)]였

124) "遣使入唐 奏請禮記幷文章 則天令所司 寫吉凶要禮 幷於文館詞林 採其詞涉規誡者 勒成五十卷 賜之".

125)『冊府元龜』와『唐會要』에는『예기』를 요청한 것으로 나오나,『구당서』 동이 열전 신라전과『신당서』 220, 열전145, 동이 신라전에서는 당례로 나온다. 그리고『삼국사절요』와『동사강목』 등에는 예전이라고 나온다. 이로 볼 때 신라가 당에 요청한『예기』를 문자 그대로『예기』로 보기에는 무리가 있겠다. 아마도 신라가 당에 청한 것은 중국 예전이 아닐까 한다(浜田耕策, 앞의 논문, 1982, 149~150쪽 ; 나희라, 앞의 책, 2003, 177쪽). 그리고 문장은 '한 나라의 문명을 이룬 예악과 제도 또는 그것을 적어 놓은 글'이다. '문장' 역시 문자 그대로 받아들이기는 어려울 것이다.

126) 황위주,「문관사림의 실체」,『한국의 철학』 19, 1991, 75쪽.

127) 신형식,「통일신라의 대당관계」,『한국 고대사의 신연구』, 일조각, 1984, 347쪽. 그러나 어떤 형태로든 나·당간의 공식적인 외교 채널은 열려 있었다. 이와 관련해서 권덕영,『고대한중외교사연구』, 일조각, 1997, 43쪽 ; 김수태,『신라중대정치사연구』, 일조각, 1996, 46~48쪽 ; 김수태,「나당관계의 변화와 김인문」,『백산학보』 52, 1999, 668~674쪽 참고.

다.[128] 그리고 신문왕 6년 재개된 당과의 외교관계에서 파견된 사신은 조공사가 아니라, 『예기』와 문장을 요청하고 있다. 그 이유는 무엇일까.

신문왕은 즉위 직후 김흠돌의 난[129]과 대문의 난[130]을 진압한 후 왕 5년까지 관료제도 확립, 지방제도 정비, 군사제도 정비 등의 지배체제의 정비를 통해 대내적인 안정을 이루었고 이를 통해 왕권을 안정시켰다. 이와 같은 점을 염두에 둔다면 신문왕은 왕 5년까지 이루어진 지배체제의 정비를 뒷받침할 그 무엇이 필요하지 않았을까 한다. 이에 당에 『예기』와 문장을 요청한 것으로 여겨진다. 그리고 당에서 보내준 '길흉요례'와 '사섭규계'를 통해 자신의 왕권을 보다 안정시키려고 하였을 것이다.[131]

---

128) 신문왕 6년 2월 신라가 당에 사신을 파견한 것은 문무왕 15년 사죄사 이후의 첫 공식적인 파견이었다. "二月 劉仁軌破我兵於七重城 仁軌引兵還 詔以李謹行爲安東鎭撫大使 以經略之 王乃遣使 入貢且謝罪 帝赦之 復王官爵 金仁問中路而還 改封臨海郡公"(『삼국사기』 7, 신라본기7, 문무왕 15년).

129) 『삼국사기』 8, 신라본기8, 신문왕 원년.

130) 『삼국사기』 8, 신라본기8, 신문왕 4년.

131) 김수태, 앞의 책, 1996, 44~45쪽/앞의 논문, 1999, 670~671쪽 ; 박해현, 「신라중대 정치세력연구」, 전남대학교 박사학위논문, 1996, 38~39쪽. 신문왕이 왕 6년에 견당사를 보낸 것은 전반적인 국가체제 정비 과정에서 당의 문물제도 수입의 욕구(古畑徹, 「七世紀末から八世紀初にかけて新羅・唐關係－新羅外交史の一試論」, 『朝鮮學報』 107, 1983, 37~38쪽) 때문이 아닌가 한다. 한편 신라가 이 해에 『예기』와 문장을 요청한 것은 동왕 2년 6월에 설치한 국학의 운영과 관련이 있는 것으로 보기도 한다(浜田耕策, 「新羅の國學と遣唐留學生」, 『呴沫學』 2, 1980, 60~61쪽 ; 주보돈, 「문관사림에 보이는 한국고대사 관련 외교문서」, 『경북사학』 15, 1992, 159쪽 ; 권덕영, 앞의 책, 1997, 39쪽). 그리고 이때 당이 '길흉요례'를 보내오는 것으로 보아 『예기』를 청한 것은 단순한 중국의 선진문물을 수용하는 차원이 아니라 국가와 왕실제사의 체계화와 관련있는 것으로 파악하기도 한다(나희라, 앞의 책, 2003, 177~179쪽). 『문관사림』의 일부가 들어온 신문왕 6년(686)은 신라가 고구려를 멸망시키고 삼국을 통일한 지 18년째 되던 해로써, 당나라와의 불편한 관계를 비로소 해소하고 문물제도의 정비에 박차를 가하던 때이다. 이 책의 일부가 들어오기 바로 4년전인 신문왕 2년(682)에 국학을 설치하여 오경과 『문선』·『사기』 등을 교육함으로써 文士의 양성을 제도화하였고, 왕의 근시기구로 국가의 문한을 전담하

당에서 보내 준 '길흉요례'와 '사섭규계' 중 '길흉요례'는 문자상 길례와 흉례를 요약한 것으로 볼 수 있다.[132] 길례와 흉례는 오례의 하나이다. 오례는 『주례』에서 가장 먼저 찾을 수 있으며,[133] 『晋書』부터 예지나 예악지가 오례 항목으로 서술되기 시작하였다.[134] 당의 오례체계는 『구당서』와 『신당서』를 통해서 알 수 있다.[135] 그리고 당에서 보내온 '길흉요례'는 당 태종 때 편찬된 정관례나 당 고종 때 편찬된 현경례 또는 수 양제 때 편찬된 江都集禮 같은 것들을 참고한 것으로, 현존하는 개원례는 이것들을 참고하여 이루어진 것이라고 한다.[136] 이러한 개원례는 길례·빈례·군례·가례·흉례의 순서로 되어 있다. 이로 볼 때 당에서 보내온 '길흉요례'는 국가제도 전반인 길례에서 흉례에 이르는 오례의 요긴한 부분을 지칭하는 것으로 여길 수 있지 않을까 한다.[137] 이러한 '길흉요례' 중 길례의 내용은 오묘제 시정을 뒷받침해 주었을 것인데, 신문왕 즉위 초에 행해진

는 한림대 등의 관청을 설립하여 이런 글들에 대한 국가적인 수요가 대폭 증대되었다. 『문관사림』은 이러한 국가적 필요성에 따라 그 일부가 들어온 것이며, 나라의 통치이념을 구현하는 각종 글들에 대한 경험을 확충하고 다양화하는 방향에서 국내 한문학계에 기여했을 것으로 짐작되는 것이다(황위주, 앞의 논문, 1991, 75~76쪽).

132) 浜田耕策은 '길흉요례'가 길례와 흉례의 2례에 한한 것인지, 혹은 길·빈·군·가·흉의 오례를 합한 것인지는 분명하지 않다고 하였다(앞의 논문, 1984, 149~150쪽). 나희라는 오례 중 길례와 흉례를 초록한 것이라고 하였다(앞의 책, 2003, 62쪽 ; 이문기, 앞의 논문, 2000, 892쪽).

133) 『周禮』 春官 大宗伯, "大宗伯之職 掌建邦之天神人鬼地示之禮 以佐王建保邦國 以吉禮 以凶禮 以賓禮 以軍禮 以嘉禮".

134) 이범직, 『한국 중세 예사상연구－오례를 중심으로』, 일조각, 1991, 412~413쪽.

135) 이범직, 위의 책, 1991, 414~416쪽.

136) 나희라, 앞의 책, 2003, 62쪽.

137) 채미하, 앞의 논문, 2004, 273~274쪽 및 채미하, 앞의 논문, 2006a, 127~133쪽 참고.

오묘제 시정은 이것에 의해 확정되었다고 헤아려진다.

신문왕 7년 4월의 오묘제사는 오묘제 시정이 확정된 이후에 이루어졌다. 그리고 이 제사와 관련해서 앞의 사료 A-1)에서 음성서의 長이 경으로 바뀌고 있는 것도 관심을 끈다. 음성서는 진덕왕 5년에 대사 2인을 둔 것으로 보아, 이때에 설치된 것으로 짐작된다. 그러다가 신문왕 7년 이전 어느 시기에 장을 두었고 왕 7년에 이것이 경으로 바뀌어 음성서가 정비되었던 것으로 여겨진다.

이러한 음성서는 나라의 음악을 담당하던 관서로, 당의 태악서에 비정되며,[138] 그 장관인 태악령은 "樂人을 가르치고 鍾律을 조합하여 나라의 제사와 향연을 관장"하였다고 한다.[139] 그리고 『신당서』 예악지에는 태악령이 工人, 二舞, 歌者, 琴瑟, 九部伎[광대] 등을 거느리고 길례, 빈례, 군례, 가례 등에 참여하고 宮縣[天子]의 樂을 설하였다는 기록이 전한다. 이것은 唐에서 음악이 각종 제사와 황제 및 王公의 행차, 각종 연회, 군대의 출정 등에 이르기까지 매우 다양하게 이용되었음을 말하는 것이다.[140] 이러한 모습은 신라의 경우도 마찬가지였을 것이다. 특히 김유신이 죽었을 때 왕이 군악의 고취수 100인을 주었다는 기록[141]을 통해 장례, 곧 흉례에 음악이 연주된 것을 알 수 있다. 신라에서는 음성서가 정비되면서 오례의 음악, 특히 길례의 음악이 정비되었을 것이다. 이로 본다면 음성서의 정비와 신문왕 7년 오묘제사는 맞물려 이루어졌다고 할 수 있다.[142]

---

138) 이인철, 「신라 중앙행정관부의 조직과 운영」, 『신라 정치제도사 연구』, 일지사, 1993, 44쪽 ; 정구복 외 4인, 앞의 책, 1997c, 504쪽.

139) 『大唐六典』 14, 太常寺, "太樂署 令一人 從七品下……太樂令 掌教樂人調合鍾律以供邦國之祭祀饗宴".

140) 이인철, 「신라의 음성서」, 『국악원논문집』 11, 1999, 32쪽.

141) 『삼국사기』 43, 열전3, 김유신(하).

142) 이혜구, 「통일신라의 문화—음악」, 『한국사』 3, 국사편찬위원회, 1981, 349~350쪽.

이처럼 신문왕 7년 4월의 오묘제사는 오묘제 시정이 확정되고 길례의 음악이 정비된 이후의 제사이다. 그러하다면 이 제사는 '길흉요례' 수용 이전의 오묘제사 보다는 더욱 권위있는 제사가 되었을 것이고 이후 오묘제사는 신라 왕실의 최고 제사로 자리매김하지 않았을까 한다.

2. 신문왕 7년 오묘제사의 정치적 배경

신문왕 7년(687) 4월에 오묘제사를 지낸 정치적 배경과 관련해서는 다음이 주목된다.

G. 여름 4월에 대신을 조묘에 보내 제사를 올리고 아뢰었다. "1) 왕 아무개는 머리 숙여 재배하고[王某稽首再拜] 삼가 태조대왕·진지대왕·문흥대왕·태종대왕·문무대왕 영전에 아룁니다. 2) ① 저는 재주와 덕이 없이 숭고한 유업을 계승하여 지킴에 자나깨나 걱정하고 애쓰느라 편안하게 지낼 겨를이 없었습니다. ② 종묘의 돌보심과 하늘과 땅이 내리는 복에 힘입어 사방이 안정되고 백성들이 화목하며, 외국에서 오는 손님들은 보물을 실어다 바치고, 형벌이 뜻에 밝고 송사가 없이 오늘에 이르렀습니다. 3) 요즈음 임금으로서 할 바 도를 잃고 의리가 하늘의 어그러졌음인지, 별의 형상에 괴변이 나타나고 해는 빛을 잃고 침침해지니 몸이 벌벌 떨려 마치 깊은 못과 골짜기에 떨어지는 것만 같습니다. 4) 삼가 아무 관직에 있는 아무개를 보내 변변치 못한 것을 차려 놓고 살아계신 듯한 영혼 앞에 정성을 올리오니, 엎드려 바라옵건대 미미한 정성을 밝게 살피시고 하찮은 이 몸을 불쌍히 여기시어 사철 기후를 순조롭게 하시고 오사의 징후에 허물이 없게 하시며[以順四時之候 無愆五事之徵], 곡식이 잘되고 질병을 없게 하며 입고 먹는 것이 넉넉하고 예의를 갖추며 안팎이 편안하고 도적이 사라지며, 넉넉한 것을 자손들에게 남겨 길이 많은 복을 누리게 하여 주십시오[垂裕後昆 永膺多福]. 삼가 아룁니다[謹言]."(『삼국사기』 8, 신라본기8, 신문왕 7년)[143]

위의 사료 G는 신문왕 7년 4월 오묘제사의 제문이다.[144] 이것은 크게 4부분으로 나누어 볼 수 있다. 1)은 제사의 대상에 관한 것, 2)는 그간의 복잡했던 정치상황과 그것이 종식된 후의 안정을 표현한 것, 3)은 변란에 대한 위기의식(그리 멀지 않은 시기에 있었던 여러 가지 天變에 대한 우려의 표명), 4)는 지금 이후의 안정 번영을 염원하는 것(국가와 왕실의 평안을 기원)이다.

이와 관련해서 다음도 참고된다.

H. 여름 4월 祖廟에서 기도하였다. 【 1) 왕이 즉위한 이래 재변이 여러 번 나타나고[灾變屢見] 반적이 잇달아 일어났다. 2) 이해 2월에 원자가 탄생하였는데, 이 날 날씨가 어둡고 크게 천둥하고 번개가 쳤다. 3) 왕이 대신을 보내어 조묘에 제사를 드리고 陰佑를 빌었다.】(『동사강목』 4(하), 丁亥(신문왕 7년))[145]

사료 H에 따르면 신문왕이 조묘에 제사지낸 이유를 1) 왕이 즉위한

---

143) "夏四月 遣大臣於祖廟 致祭曰 1) 王某稽首再拜 謹言 太祖大王·眞智大王·文興大王·太宗大王·文武大王之靈 2) ① 某以虛薄 嗣守崇基 寤寐憂勤 未遑寧處 ② 奉賴宗廟 護持乾坤降祿 四邊安靜 百姓雍和 異域來賓 航琛奉職 刑淸訟息 3) 以至于今 比者 道喪君臨 義乖天鑒 怪成星象 火宿沈輝 戰戰慄慄 若墜淵谷 4) 謹遣使某官某 奉陳不腆之物 以虔如在之靈 伏望 炤察微誠 矜恤眇末 以順四時之候 無愆五事之徵 禾稼豊而疫癘消 衣食足而禮義備 表裏淸謐 盜賊消亡 垂裕後昆 永膺多福 謹言".

144) 신문왕 7년의 제문은 중국식 제문 형식을 따른 것이라고 한다(나희라, 앞의 책, 2003, 174쪽). 한편 문무왕 8년(668) 11월에 선조묘에 조알했다는 기사가 나오는데, 여기에도 구체적인 제문이 보인다. "(十一月)六日 率文武臣療 朝謁先祖廟 告曰 祗承先志 與大唐同擧義兵 問罪於百濟高句麗 元兇伏罪 國步泰靜 敢玆控告 神之聽之"(『삼국사기』 6, 신라본기6, 문무왕 8년).

145) "夏四月 禱于祖廟[1) 王卽位以來 灾變屢見 叛賊繼起 2) 是年二月 元子生 是日陰昧大雷電 3)王遣大臣 致祭於祖廟 以祈陰佑]".

이래 재변과 반적이 일어났었기 때문이고, 2) 날씨가 음침하고 어두컴컴하였으며 천둥 번개가 심하게 쳤기 때문이라고 한다. H-1)은 G-2)①에 해당하고, H-2)는 G-3)에 해당하는 것으로 볼 수 있다.

이에 신문왕 7년 오묘제사를 지낸 이유와 관련하여 사료 G-2)와 사료 G-3)이 주목되는 것이다. 우선 사료 G-2)는 신문왕이 즉위 직후에 일어난 김흠돌의 난과 4년의 대문의 난을 진압한 후 대내적인 안정을 이룬 것과 관련 있는 것이라고 할 수 있다. 그리고 사료 G-3)과 관련해서는 다음이 주목된다.

I. 봄 2월에 왕의 맏아들이 태어났다. 이 날 날씨가 음침하고 어두컴컴하였으며 천둥과 번개가 심하게 쳤다. (『삼국사기』 8, 신라본기8, 신문왕 7년)[146]

위의 사료 I는 앞의 사료 H-2)와 거의 일치한다. 이로 볼 때 사료 G-3)은 신문왕 7년 2월 원자 탄생 때의 천변과 밀접한 관련이 있다고 할 수 있다.[147]

신문왕에게는 두 명의 왕비가 있었다. 첫째 왕비는 김흠돌의 딸로 오랫동안 아들이 없자 출궁되었다.[148] 둘째 왕비는 김흠운의 딸로 신문왕 3년 5월에 부인으로 맞아 들였다(앞의 사료 D). 이로 볼 때 원자는 김흠운의

---

146) "春二月 元子生 是日 陰沉昧暗 大雷電".

147) 신종원은 원자 탄생 후의 천변은 그의 출생으로 인한 어떤 비극을 예견하는 것으로 보고 있으나(「신라오대산사적과 성덕왕의 즉위배경」, 『최영희선생화갑기념논총』, 1987, 103~104쪽), 따르지 않는다. 이에 대해서는 후술된다.

148) 『삼국사기』 8, 신라본기8, 신문왕 즉위년, "神文王立……妃金氏 蘇判欽突之女 王爲太子時納之 久而無子 後坐父作亂 出宮".
한편 왕비의 출궁이 父의 난에 연루되었다는 견해로는 김상현, 앞의 논문, 1981, 14쪽 ; 신종원, 위의 논문, 1987, 103쪽 ; 주보돈, 「남북국시대의 지배체제와 정치」, 『한국사』 3, 한길사, 1994, 301쪽 ; 박해현, 앞의 논문, 1996, 32~33쪽 참고.

딸의 소생임을 알 수 있다. 김흠운은 태종무열왕의 사위로 신문왕과는 비교적 가까운 혈족이었다.[149] 신문왕이 족내혼을 한 이유는 왕족인 김씨가 진골귀족세력의 영향으로부터 벗어나기 위한 정치적인 동기에서 비롯되었다고 한다.[150] 이것은 김흠돌의 난 이후 계속해서 이루어지는 신문왕의 왕권 안정책 내지는 왕권강화책의 하나로 여겨도 무방할 것이다.

그리고 고대사회에서 천변은 단순한 자연 현상이 아니라 왕의 실정에 대한 하늘의 견책을 의미하는 것으로 해석된다. 이와 관련해서 앞의 사료 H-1)의 '灾變屢見'은 신문왕 2년 5월의 '太白犯月', 신문왕 3년 10월의 '彗星出五車', 신문왕 4년 10월의 '自昏及曙 流星縱橫'을 말하는 것이다. 이 중 신문왕 4년 10월의 천변은 신문왕 4년 11월의 대문의 난을 예견하는 징조였을 것이다. 이와 같은 신문왕 즉위 이래의 천변은 신문왕 초 안정되지 않은 정치상황을 반영하는 것으로 생각해 볼 수 있다. 그런데 신문왕은 왕 5년에 이르기까지 중앙과 지방의 제도 개편을 단행하여 정치적 안정을 도모하였다. 이를 통해 신문왕은 중고적인 지배질서를 청산하고 새로운 중대질서를 구축할 수 있게 되었다.[151]

그러하다면 김흠운의 딸의 소생인 원자가 탄생할 때 일어난 천변은 신문왕의 왕권강화책에 대한 진골귀족세력의 불만 움직임의 하나가 아니었을까 한다. 이것은 신문왕 원년 김흠돌의 반란사건과 그 처리과정에서 왕권에 도전할 만한 세력은 거의 모두 제거되었다고는 생각되지만,[152] 아직도

---

149) 『삼국사기』 47, 열전7, 김흠운전, "況公新羅之貴骨 大王之半子".

150) 김수태, 앞의 책, 1996, 29쪽. 박해현은 당시 김흠운은 사망한 지 오래된 상태였기 때문에 그의 가문이 비교적 정치적으로 강한 힘을 가졌다고 보기는 어려운데, 신문왕은 비교적 열악한 가문의 딸을 택함으로써 왕권 행사에 부담을 갖지 않으려고 했다고 한다(앞의 논문, 1996, 33쪽).

151) 주보돈, 앞의 논문, 1994, 300~302쪽.

152) 김흠돌의 난은 오랫동안 김춘추와 김유신 두 세력 집단 중심의 정치 운영에 대해

무너지지 않은 진골귀족세력이 상당히 남아 있었음을 보여주는 것이라고 할 수 있다.[153] 이와 관련해서 신문왕 9년의 달구벌 천도 계획[154]이 그대로 이루어지지 않은 것[155]을 신문왕의 왕권강화책에 대한 진골귀족세력의 반발로 보는 견해[156]가 있어 참고된다.

신문왕은 원자 탄생 때 천변이 일어나자 오묘에서 제사지내고 있다. 이러한 모습은 김흠돌의 난과 대문의 난 이후에 정치 안정을 종묘의 가호로 돌리고 있는 데서도 알 수 있을 것인데, 사료 G-2)②는 그것이다. 그리고 김흠돌의 난을 진압하고, 그 열흘 뒤인 18일에 내린 교서의 한 부분에 "寡人 上賴天地之祐 下蒙宗廟之靈"이라 하여 신문왕이 김흠돌의 반란 진압

대척적인 입장에 섰던 귀족세력들의 마지막 도전으로, 통일전쟁 이전뿐만 아니라 전쟁의 진행 과정에서도 줄곧 대립 갈등하고 있던 양대 세력이 최후로 결전한 사건이었다(주보돈, 위의 논문, 1994, 301쪽 ; 주보돈, 「신라의 달구벌천도 기도와 김씨집단의 유래」, 『백산학보』 52, 1999, 571쪽).

153) 이기백, 앞의 논문, 1982, 331쪽. 한편 김수태는 김흠돌의 모반 사건 처리 이후에도 진골귀족세력이 남아 있어 신문왕 사후 효소왕대의 정치적 변화를 유발하는 계기가 되었다고 보았다(앞의 책, 1996, 8~33쪽).

154) 『삼국사기』 8, 신라본기8, 신문왕 9년, "王欲移都達句伐 未果".

155) 신문왕의 천도 노력은 결국 진골귀족의 본거지인 왕경 경주를 벗어나려고 하는 전제주의적 정책에서 나온 것이다. 그러나 그의 이러한 천도계획은 실천에 옮겨지지 못하였다. 이것은 필시 진골귀족의 반발에 부딪친 때문으로 생각된다(이기백, 앞의 논문, 1982, 331쪽). 그러므로 여기에서 신문왕 말까지 여러 가지 제도적인 정치개혁을 통하여 정치적인 안정을 도모하려고 했던 신문왕의 한계와 신문왕 말년의 불안한 정치적 상황을 엿볼 수 있다(김수태, 앞의 책, 1996, 39~40쪽). 한편 주보돈은 신문왕의 달구벌 천도 시도를 반대하고 나섰던 세력들은 왕권 중심의 지배체제 정비에 반대하던 세력들이 아니라 차라리 적극 동참하여 왔던 핵심 인물들로 파악하고 이들이 천도를 반대한 것은 경주와 그 인근에 상당한 세력 기반을 갖고 있었으므로, 그로 말미암아 상실할 것이 많았기 때문이라고 보았다. 이미 녹읍 혁파를 통하여 그들이 지니고 있던 경제적 기반의 상당 부분을 상실하게 된 상층 귀족들은 더 이상 양보할 수가 없는 상황에 직면하였던 것(앞의 논문, 1999, 574쪽)이라고 하였다.

156) 이와 관련하여 신종원, 앞의 논문, 1987, 102~105쪽 ; 박해현, 앞의 논문, 1996, 41~44쪽 참고.

에서 종묘의 신령함에 도움을 받았음을 밝히고 있기도 하다.157)

그렇다면 신문왕이 왕 7년 4월 오묘제사에서 목적한 것은 무엇이었을까.158) 앞의 사료 G-4)는 지금 이후의 국가와 왕실의 평안을 기원하는 대목이다. 이것은 가까이는 신문왕권의 안정을 바라는 것이고 멀리는 앞의 사료 G-4)의 '垂裕後昆 永膺多福'에서 알 수 있듯이, 자손들의 안정도 바라는 것으로 볼 수 있다.

중대왕실은 장자가 왕위를 계승하는 것을 원칙으로 하였다. 이에 왕위를 계승할 아들을 얻고자 하는 노력도 강하게 나타나고 있는데, 신문왕은 김흠돌의 딸이 아들을 낳지 못하자 출궁시키고 김흠운의 딸을 비로 맞아들여 왕 7년에 원자인 이홍(효소왕)을 낳았다. 그리고 이홍은 신문왕 11년에 태자로 책봉되며,159) 신문왕의 사후인 12년에 왕위에 오른다.

그러하다면 신문왕은 갓 태어난 원자가 왕위를 계승하는 것뿐만 아니라 원자가 왕위에 오르고 난 이후의 정치적 안정을 원했을 것이다. 그런데 원자 탄생 때 천변이 일어나고 있는 것이다. 이것은 원자에게는 치명적인 일이었을 것이다. 이에 신문왕은 무엇보다도 원자의 지위를 확고하게 해 줄 필요가 있지 않았을까 한다. 그 방법의 하나가 오묘에서 제사지낸 것이었을 것이다. 이를 통해 원자는 그 적통성을 직계 조상에게 인정받았을 것이

157) 이문기, 「신라 오묘제의 성립과 그 배경」, 『한국고대사와 고고학』(김정학박사미수기념고고학·고대사논총), 2000, 892쪽.

158) 신종원은 신문왕 7년 4월의 오묘 치제는 원자의 적통성을 인귀에게 보장받기 위한 것이라고 하였다(앞의 논문, 1987, 103~104쪽). 박해현은 "원자의 출생 직후에 오묘에 제사지낸 것을 보면, 이 제사가 원자의 출생과 전연 무관할 수 없다"고 하였고, "원자가 태어난 후 원자의 권위를 고양시키려는 노력의 하나"로 보고 있다(앞의 논문, 1996, 50~51쪽). 한편 이문기는 신문왕 7년 원자 탄생일에 발생한 천변을 염려하여 저간의 사정을 조묘에 고유하면서 국가와 왕실의 안녕을 기원했던 임시적인 제사로 파악하고 있다(위의 논문, 2000, 893쪽).

159) 『삼국사기』 8, 신라본기8, 신문왕 11년, "春三月一日 封王子理洪爲太子".

다. 이처럼 신문왕은 직계 조상에게 원자의 적통성을 인정받음으로써 원자가 자신의 뒤를 이을 왕위계승권자임을 대내외에 천명한 것으로 여겨진다.

이와 관련해서 다음의 사실도 관심을 끈다. 만파식적 설화에 의하면 문무왕과 김유신이 보낸 使者龍[160]은 신문왕에게 만파식적과 흑옥대 두 가지 보물을 전해주고 있다.[161] 이 중 흑옥대 설화는 효소왕과도 깊은 관련이 있다.

J. 왕이 감은사에서 유숙하고, 17일에 기림사 서쪽 냇가에 이르러 수레를 멈추고 점심을 먹었다. 태자 이공(즉, 효소대왕)이 대궐을 지키고 있다가 이 소식을 듣고는 말을 달려와서 하례하고 천천히 살펴보고[徐察] 말하기를, "이 옥대의 여러 쪽들[玉帶諸窠]이 모두 진짜 용입니다"라고 하였다. 왕이 말하기를, "네가 어떻게 그것을 아는가?"라고 하셨다. 태자가 아뢰기를, "쪽[窠] 하나를 떼어서 물에 넣어보면 아실 것입니다"라고 하였다. 이에 왼편의 둘째 쪽을 떼어 시냇물에 넣으니 곧 용이 되어 하늘로 올라가고, 그곳은 못이 되었다. 이로 인해 그 못을 용연으로 불렀다. (『삼국유사』 2, 기이2, 만파식적)[162]

---

160) 신문왕 앞에 나타난 용이 "今王考爲海中大龍 庾信復爲天神 二聖同心 出此無價大寶 令我獻之"라고 한 것에서 볼 때, 문무왕의 화신이 아니라 문무왕과 김유신이 보낸 사자룡임을 알 수 있다고 한다(김상현, 앞의 논문, 1981, 9쪽).

161) 이 중 만파식적은 만들어진 피리를 준 것이 아니고, '浮來하는 산에 난 대나무로 피리를 만들어 불면 천하가 태평해 질 것'이라고 가르쳐준 데 불과하지만, 신문왕에게 용이 직접 전해 준 것은 흑옥대이다. 이로 볼 때 흑옥대 설화는 왕권의 신성성을 강조하고, 신라 중대 무열왕권의 정당성을 주장함으로써 왕권강화를 도모하고자 했던 정치적인 의도에 의해, 당시 신라사회에 유포되고 있던 천사옥대설화가 변이되고 재편성된 것으로 생각된다(김상현, 위의 논문, 1981, 9~10쪽). 흑옥대와 관련해서 채미하, 「천사옥대와 흑옥대」, 『경희사학』 24, 2006b 참고.

162) "王宿感恩寺 十七日 到祗林寺西溪邊 留駕晝饍 太子理恭(卽孝昭大王)守闕 聞此事 走馬來賀 徐察奏曰 此玉帶諸窠皆眞龍也 王曰 汝何知之 太子曰 摘一窠沈水示之 乃摘左邊第二窠沈溪 卽成龍上天".

'辛審龍王'銘 토기 | 안압지에서 출토된 토기로 '辛審龍王'이란 명문이 새겨져 있는데, 아마도 東宮에서 사용하던 것으로 추정된다.

금동용두 | 안압지 출토

위의 사료 J는 신문왕이 흑옥대를 얻었을 때 태자였던 이홍이 직접 달려와 축하하면서 흑옥대를 '徐察'하고 '玉帶諸窠'가 모두 진룡임을 아는 신이한 능력을 보여주고 있는 것을 전하고 있는 것이다.163)

---

163) 흑옥대의 窠 하나 하나가 모두 眞龍이었다고 한 이야기에서 옥대의 신성성과 그것을

그런데 이 사실은 신문왕 즉위 초에 있었던 것으로 태자 이홍이 출생하기 5년 전의 일로 기록되어 있다.[164] 그러하다면 흑옥대 설화는 신문왕을 신화적 질서 속으로 감싸는 과정에 이홍을 삽입시킴으로써 효소왕의 탁월한 자질을 드러내려는 의도가 있었다고 할 수 있겠다. 다시 말하자면 흑옥대 설화는 이홍을 신성화하려는 의도가 담겨져 있다고 할 수 있는 것이다.[165]

이상에서 신문왕 7년 오묘제사는 원자 탄생일에 발생한 천변이 그 계기가 되었다. 이것은 신문왕의 왕권강화책에 대한 진골귀족세력의 불만 움직임의 하나였다. 이에 신문왕은 오묘제사를 통해 자신의 왕권을 안정시키려고 했을 뿐만 아니라 元子의 적통성을 직계 조상에게 인정받게 함으로써 자신의 후계자를 확정지은 것으로 헤아려진다.

3. 시정 오묘제와 신문왕권

문무왕대는 김유신 세력과의 일정한 관계 속에서 가락국의 건국시조인 수로왕의 신위가 신라의 종묘에 모셔졌다. 이것은 문무왕대 중국식의 종묘

몸에 지닌 왕 자신의 위엄을 강조하려 했던 것을 엿볼 수 있다(김상현, 앞의 논문, 1981, 10쪽). 한편 『삼국사기』에는 동궁관에 소속된 관청으로 용왕전의 존재가 보여진다. 그리고 태자의 동궁이 있던 안압지에서 龍頭와 함께 「龍王辛審」, 「辛審龍王」의 명문이 새겨진 토기가 출토된 바 있다. 또한 신문왕의 태자에 의한 용의 승천과 祇林寺 근처에 용연의 생성 등을 용왕에의 제의가 거행된 것으로 이해되기도 한다. 즉 왕위 계승자로서의 태자가 동궁시에 수행 또는 관장해야 할 직무 가운데 하나가 용의 제의와 제장에 대한 관장이라는 사실로 이해할 수 있다. 이러한 측면에서 왕위계승을 통해서 왕의 신성성이 계승되었으며 그 신성성의 내용 가운데는 용신앙 역시 포함되어 있었다고 할 수 있을 것이다(하정룡, 「신라시대 용신앙의 성격과 신궁」, 『용, 그 신화와 문화(한국편)』, 민속원, 2002, 192쪽).

164) 그러나 만파식적이 신문왕대 만들어졌다고 하더라도 그 설화의 형성이란 효소왕대로 보여지므로(신종원, 앞의 논문, 1987, 105쪽), 효소왕과 흑옥대와의 각별한 관계를 알 수 있을 것이다.

165) 장장식, 「만파식적설화의 연구」, 『국제어문』 6·7, 국제어문학연구회, 1986, 123쪽.

제가 수용되었지만, 당시의 정치적 상황 속에서 이것이 변용된 것이었다고 할 수 있다.[166] 이러한 문무왕대의 종묘제를 신문왕은 즉위하고 얼마 있지 않아 개편하였을 것이다. 이때 수로왕의 신위는 천훼되고 문무대왕의 신위가 모셔졌을 것이다. 그러나 당시 수로왕을 종묘에서 천훼하기란 쉽지 않았을 것이다.

김유신은 문무왕 13년(673)에 사망했지만,[167] 그의 사후 아들인 삼광이 집권하였다고 한다.[168] 그리고 문무왕과 김유신의 二聖이 뜻을 같이하여 호국의 보배인 만파식적을 얻게 하였다는 설화는 신문왕 초 김유신 가문의 지위를 엿볼 수 있는 대목이다. 뿐만 아니라 앞의 사료 D에 따르면 신문왕 3년(683) 김흠운의 딸을 왕비로 맞아들일 때, 김삼광은 김개원, 김문영 등과 함께 그 일을 수행하고 있다. 이처럼 김유신 사후 신문왕 초까지 김유신 가문의 영향력이 상당했음을 알 수 있다.[169]

그럼에도 불구하고 신문왕 초의 종묘에는 수로왕이 천훼되고 태조 및 직계 4조를 모신 오묘제가 시정되었다. 이것은 김흠돌 난의 결과와 밀접한 관련을 가지고 있다고 생각된다. 신문왕은 이 난을 진압한 후 내린 교서에서 '枝葉까지도 샅샅이 찾아서 모두 이미 죽였다'고 한다. 그리고 이 난의 모의 사실을 알고도 이를 고발하지 않았다는 죄목으로 상대등이던 군관까지도 죽음에 처해졌다. 이처럼 신문왕은 김흠돌의 난을 철저하게 탄압하였는데, 이 과정에서 신문왕의 왕권은 공고화된 것으로 여겨진다.[170]

166) 채미하, 앞의 논문, 2002, 60~62쪽.

167) 『삼국사기』 7, 신라본기7, 문무왕 13년, "秋七月一日 庾信卒".

168) 『삼국사기』 47, 열전7, 열기전, "後庾信之子三光執政".

169) 김유신 가문이 김유신 사후 점점 그 세력이 약해져갔다는 사실은 주지되는 바이다. 이에 대해서 이기백, 앞의 책, 1982, 316쪽 참고. 그러나 신문왕 초까지는 여전히 그 영향력은 상당했을 것으로 생각된다.

170) 이기백은 앞의 논문, 1982, 309쪽에서 전제왕권 확립으로 보고 있으나, 이것을

이처럼 신문왕권이 공고화되는 과정 속에서 문무왕대 종묘에 모셔졌던 수로왕은 천훼되지 않았을까 한다. 김흠돌의 난 후 내린 교서의 한 부분인 "寡人 上賴天地之祐 下蒙宗廟之靈"의 '종묘'에는 태조대왕과 신문왕의 직계 4친이 모셔졌을 것이다.

오묘제는 직접 자기 世系 조상을 제사하는 家廟制로서 그 家祖的 성격이 농후한 것[171]이다. 이것은 가계확립의 지표로서의 의미를 지니고 있다고 할 수 있다. 그렇다면 신문왕 초에 이루어진 오묘제 시정은 무열왕계가 확립되었음을 상징하는 하나의 조처였다고 생각되어진다.[172] 그리고 오묘에 신문왕의 직계 4친이 모셔져 있다는 점에서 신문왕은 근친 세력을 결집하면서 자신의 왕권을 유지, 강화하려고도 하였을 것이다. 이로 본다면 오묘제 시정은 신문왕권의 확립에 일정 정도 기여한 것으로 여겨진다.

한편 신문왕 6년 당에서 보내온 '길흉요례'는 천자에 대한 제후의 예를 근간으로 한 것이었을 것이다.[173] 당의 입장에서 '길흉요례'를 신라에 보낸 것은 당 중심의 동아시아 세계질서 속에 신라를 편제하려고 하였던 것이다.[174] 이것은 앞의 사료 G-1)의 신문왕 7년 4월 오묘제사의 대상에서도

신문왕권의 확립으로 보아도 무방하지 않을까 한다.

171) 변태섭, 앞의 논문, 1964, 68쪽.

172) 신문왕의 오묘제 실시는 '무열왕가의 강화나 그 신분(진골로서 왕위에 오른 것)의 합리화'(김철준, 「신라시대의 친족집단」, 『한국사연구』 1, 1968, 172쪽)에 목적이 있다고 한다. 한편 신문왕대의 오묘제 확립은 '정란황음으로 축출된 진지왕을 조묘에 봉사하여 가문의 명예를 회복하는'(김상현, 1981, 앞의 논문, 15쪽) 것으로 보기도 하는데, 진지왕에 대한 복원은 이미 문무왕대 이루어진 것으로 필자는 보고 있다(채미하, 앞의 논문, 2002, 58~59쪽).

173) 浜田耕策, 앞의 논문, 1984, 149~150쪽.

174) 중국 예제의 수용이 신라 내부의 국가제도 정비와 밀접한 관련이 있으며, 또한 이것이 당측의 의도와도 관련이 있다고 한다. 즉 신라측에서는 중앙집권력의 제고와 그를 중심으로 한 계층질서의 구분과 왕권을 중심으로 한 통일성의 과시라는 과제를 앞에 두고서, 그리고 중국측에서는 자신을 중심으로 한 정치적, 문화적 종속관계를

알 수 있다.[175] 그런데 앞의 사료 G-4)의 '謹言'이 주목된다.

<표 3-1> 唐 公式令의 詔書式·令書式·教書式의 양식[176]

王格	皇帝	皇太子	親王
文書名	詔書	令書	敎書
首句	門下	令	敎
尾句	布告天下 咸知朕意 主者施行	·	·
文書處理過程表現	詔書如右 請奉詔 付外施行 謹言	令書如右 請奉詔 付外施行 謹啓	敎如右 請 付外奉行 謹諮
文書制可	可	諾	依諮

위의 <표 3-1>에서 알 수 있듯이, 신라 왕명문서양식은 당 공식령의 조서식을 기본으로 하고 있다. 당시 국제정치 상황의 변화 속에서 신라는 비록 왕명에 있어서는 당보다 한 단계 낮은 敎를 사용하였지만 실질적인 양식면에서는 조서식을 그대로 사용하고 있었다고 할 수 있다.[177] 이 점을 생각해 보면 신문왕은 명분상으로는 당의 제후국임을 자처하였지만, 실질

통해 군신적 세계질서를 추구하는 과정에서 예제의 전파와 수용이 진행되었던 것이다(나희라, 앞의 책, 2003, 182~192쪽). 이와 관련된 실제적인 예는 채미하, 앞의 논문, 2006a, 151~153쪽 참고.

175) 그리고 사료 G-1)의 내용 중 '王某稽首再拜'도 주목된다. 황제는 대사, 중사에서 제사의 대상이 되는 신에 대해 축문에 '皇帝(天子)臣某', '皇帝(天子)臣某'·'皇帝(天子)某'의 '某' 즉 이름을 自署한다. 이것에 따라 황제는 그 제사의 주제자로서의 자격을 오로지 할 수 있고 有司攝事 곧 대신이 대행할 때에도 그것이 황제의 제사이라는 것이 공인되는 것이다(金子修一, 「唐代皇帝祭祀の親祭と有司攝事」, 『東洋史硏究』 47-2, 1988, 285~286쪽). 당의 자칭형식이 신라에 그대로 적용되었는지는 의문이다. 하지만 당의 국가제사체계와 황제 자칭과의 관계를 그대로 대입하면 제문의 冒頭에 나오는 '王某'라는 자칭 형식은 당의 중사에 해당되는 것으로 볼 수 있다. 신문왕 7년 오묘제사에서 '王某'라고 칭한 것은 천자국에 대한 제후국이라는 의미에서 쓰인 것으로 볼 수 있지 않을까 한다.

176) 양정석, 「신라 공식령의 왕명문서양식 고찰」, 『한국고대사연구』 15, 1999, 163쪽.

177) 양정석, 위의 논문, 1999, 180쪽.

적으로는 당에 대한 자신감을 표출한 것으로 여겨지는 것이다. 이와 관련해서 다음이 주목된다.

K. 1) 봄 당나라 중종이 사신을 보내 조칙을 말로 전하였다. "우리 태종 문황제는 신묘한 공과 거룩한 덕이 천고에 뛰어났으므로 황제께서 세상을 떠나신 날 묘호를 태종이라 하였다. 너희 나라의 선왕 김춘추에게도 그것과 같은 묘호를 쓰니, 이는 매우 분수에 넘치는 일이다. 모름지기 빨리 칭호를 고쳐야 할 것이다." 이에 왕이 여러 신하들과 함께 의논하여 대답하였다. "우리나라의 선왕 춘추의 시호가 우연히 성조의 묘호와 서로 저촉되어 칙령으로 이를 고치라 하니, 제가 어찌 감히 명령을 좇지 않을 수 있겠는가? 그러나 생각건대 선왕 춘추는 자못 어진 덕이 있었고, 더욱이 생전에 어진 신하 김유신을 얻어 한마음으로 정치를 하여 삼한을 통일하였으니, 그 공적을 이룩한 것이 많지 않다고 할 수 없다. 그리하여 그가 별세했을 때 온 나라의 백성들이 슬퍼하고 사모하는 마음을 이기지 못하여, 추존한 묘호가 성조와 서로 저촉되는 것을 깨닫지 못하였던 것이다. 지금 교칙을 들으니 두려움을 이기지 못하겠다. 엎드려 바라건대, 사신께서 대궐의 뜰에서 복명할 때 이대로 아뢰어 주십시오." 그 후에 다시는 별다른 칙명이 없었다. (『삼국사기』 8, 신라본기8, 신문왕 12년)[178]

2) 신문왕 때 당나라 고종이 신라에 사신을 보내 말하기를, "나의 성고(당 태종)께서는 어진 신하 위징과 이순풍 등을 얻어서 마음을 합하고 덕을 같이 하여 천하를 통일하였으므로 태종황제라 하였지만, 너희 신라는 해외의 작은 나라로서 태종이란 칭호를 사용하여 천자의 이름

178) "春 唐中宗遣使 口勅曰 我太宗文皇帝 神功聖德 超出千古 故上僊之日 廟號太宗 汝國先王金春秋 與之同號 尤爲僭越 須急改稱 王與羣臣同議 對曰 小國先王春秋謚號 偶與聖祖廟號相犯 勅令改之 臣敢不惟命是從 然念先王春秋 頗有賢德 况生前得良臣金庾信 同心爲政 一統三韓 其爲功業 不爲不多 捐館之際 一國臣民 不勝哀慕 追尊之號 不覺與聖祖相犯 今聞敎勅 不勝恐懼 伏望 使臣復命闕庭 以此上聞 後更無別勅".

을 어지럽히는 것은 그 뜻이 불충한 데에 있으니 속히 그 칭호를 고치라"고 하였다. 신라 왕이 글을 올려 말하기를, "신라는 비록 작은 나라지만, 거룩한 신하 김유신을 얻어서 삼국을 통일했으므로 태종이라고 한 것입니다"고 하였다. 황제가 그 글을 보고, 곧 자신이 태자로 있을 때에 하늘에서 이르기를, '33천의 한 사람이 신라에 태어나 김유신이 되었다'고 하던 것을 글로 적어 둔 것이 생각나서 꺼내보고 놀랍고 두렵지 않을 수 없어 다시 사신을 보내 태종의 칭호를 고치지 않아도 좋다고 하였다. (『삼국유사』 1, 기이1, 태종춘추공)[179]

위의 사료 K-1)에 따르면 신문왕 12년(692) 당의 사신이 태종무열왕의 묘호가 당 태종과 같다고 하여 고칠 것을 요구하였으나, 따르지 않았다고 한다. K-2)는 신문왕 때 당 고종이 신라에 사신을 보내어 태종무열왕의 묘호를 바꾸도록 하였으나, 신라에서는 이를 거절했다고 한다. 이처럼 K-1)과 K-2)의 기록에는 차이가 보인다.

그런데 묘호의 改修 문제가 처음 제기된 것이 당 고종에 의해서이고,[180] 그 시기는 신문왕 즉위년에 신라에 온 책봉사를 통해서였던 것으로 이해되

179) "神文王時 唐高宗遣使新羅曰 朕之聖考得賢臣魏徵李淳風等 協心同德 一統天下 故爲太宗皇帝 汝新羅海外小國 有太宗之號 以僭天子之名 義在不忠 速改其號 新羅王上表曰 新羅雖小國 得聖臣金庾信 一統三國 故封爲太宗 帝見表乃思儲貳時 有天唱空云 三十三天之一人降於新羅爲庾信 紀在於書 出檢視之 驚懼不已 更遣使許無改太宗之號".

180) 황운용, 앞의 논문, 1982, 15~18쪽. 『삼국사기』에는 신문왕대이면서 중종대라고 한다. 그것은 신문왕 2년(682) 12월부터 이듬해 2월에 則天武后가 중종을 폐위시키기까지의 2개월간의 어느 때로 보여진다. 왜냐하면 705년 중종이 복위될 때는 벌써 신라에서는 13년전에 신문왕대가 끝나고 효소왕대가 시작되고 있었기 때문이다. 『삼국사기』에서는 신문왕 때 당 고종이 사신을 보냈다고 한다. 이것은 신문왕 즉위년(681) 8월부터 시작하여 2년 후인 신문왕 3년 12월까지의 약 2년 4개월의 기간이다.

고 있다.[181] 이로 볼 때 당과 신라 사이에 태종무열왕의 묘호가 문제된 것은 왕 12년이 아닌 신문왕 즉위년에 있었던 사실로 여길 수 있다. 이처럼 신문왕 즉위년 태종의 묘호와 관련하여 당과 분쟁이 있었으나, 신문왕 7년에 여전히 태종대왕이라는 묘호를 고수하고 있는 것이다.

그리고 당대에 中祀 이상은 황제 친제가 원칙이었지만,[182] 정기적인 종묘제사의 경우에는 有司攝事에 의한 운영이 이루어졌고, 황제 친제는 특별한 경우에만 행해졌다고 한다.[183] 신라의 정기적인 오묘제사는 정월 2일과 5일, 5월 5일, 7월 상순, 8월 1일과 15일이었다.[184] 신문왕 7년 오묘에서 제사를 지낸 4월은 오묘의 정기적인 제사일이 아닐 뿐만 아니라 4월은 정기적인 제사일인 5월 5일과도 그리 멀지 않은 시기이다. 그리고 이때의 제사는 원자 탄생 때의 천변으로 말미암아 이루어지고 있다. 이로 본다면 이 제사는 왕이 친제하는 것이 마땅하지 않았을까 한다. 그런데 왕이 아닌 大臣이 오묘에서 제사지내고 있다.[185]

대신은 상대등과 같다고 한 해석[186]이 있다. 그러나 대신은 대등의 후신으로, 신라 귀족회의와 관계가 있는 四靈地에 관한 기록에서 同會議에 6명의 대신들만이 회동하고 있다.[187] 적어도 진덕왕 때의 귀족회의에는

---

181) 권덕영, 앞의 책, 1997, 45쪽 주 110 참고. 당 고종은 683년, 즉 신문왕 3년 12월에 죽었으므로 『삼국사기』의 기록이 옳다면 당에서 태종무열왕의 묘호 개칭을 요구한 것은 신문왕 3년 12월 이전이어야만 한다.

182) 金子修一, 앞의 논문, 1988, 285~286쪽.

183) 金子修一, 위의 논문, 1988, 290쪽.

184) 『삼국사기』 32, 잡지1, 제사.

185) 이문기는 대신이 치제한 것은 오묘에 대한 제사 관행이 성립되어, 국왕의 정기적인 친사뿐만 아니라 사안에 따라서는 국왕을 대신하여 고위의 신료가 임시로 제사를 올릴 수도 있었던 당시의 사정이 반영된 것으로 이해하고 있다(앞의 논문, 2000, 892~893쪽).

186) 전봉덕, 「상대등고」, 『한국법제사연구』, 서울대학교출판부, 1968, 323쪽.

진골 출신의 고관인 대신만이 참여하고 있음을 알 수 있다.[188] 이로 볼 때 신문왕 7년 4월 오묘에서 제사지낸 대신 역시 진골 출신의 고관으로 여겨진다. 이들이 누구인지는 잘 알 수 없으나, 대신은 진골귀족세력의 대표자라고 할 수 있을 것이다. 그리고 귀족회의의 의장이 상대등이라는 점에서 상대등 역시 대신의 하나였다고 생각된다.

그러하다면 이러한 대신을 신문왕이 오묘에 보내 제사지내게 한 이유는 무엇일까. 『삼국사기』나 『삼국유사』에 따르면 상대에서 중대 혹은 중고에서 하고로의 변화를 왕위가 성골왕에서 진골왕으로 바뀌는 것을 말하는 것으로 전하고 있다. 진골왕의 즉위는 구체적으로 태종무열왕과 그 자손의 왕위계승을 말하는 것이다. 따라서 중대는 무열왕계가 왕위를 계승하던 시대라고 말할 수 있다. 그런데 당시 진골귀족세력도 왕이 될 수 있는 자격이 있었다. 특히 상대등은 정당한 왕위계승권자가 없을 경우 왕위를 계승할 수 있었다.[189] 그리고 신문왕의 왕권강화책에 대한 불만의 움직임이 원자 탄생 때 천변으로 표출되었다. 이것은 신문왕권에 대한 진골귀족세력의 도전이라고 할 수 있는 것이다. 그러하다면 신문왕이 대신을 오묘에 보내어 제사지내게 한 것은, 우선 현왕과 새로 태어난 원자에게 충성을 다지게 하기 위한 것이 아니었을까 한다.

그리고 사료 G-4)의 '以順四時之候 無愆五事之徵'을 보면 신문왕은 오묘 제사를 통해 '五事의 징후에 허물이 없'기를 바라고 있다. '오사'는 첫째 자신을 잘 다스리고, 둘째 여자[閨門]를 잘 다스리며, 셋째 좌우의 신하를

---

187) 『삼국유사』 1, 기이1, 진덕왕, "王之代有閼川公・林宗公・述宗公・虎林公(慈藏之父)・廉長公・庾信公 會于南山亐知巖 議國事".

188) 이기백, 「대등고」, 『역사학보』 17・18, 1962/『신라정치사회사연구』, 일조각, 1974, 80~81쪽.

189) 이기백, 위의 책, 1974, 99~101쪽.

바로잡고, 넷째 공과 상의 실질을 얻고, 다섯째 관리에게 후덕해서 그들을 선량하게 하는 것이라고 한다.[190] 이 중 특히 세 번째가 주목되는데, 이와 관련해서는 신문왕 6년 당에서 받아들인 '길흉요례'와 '사섭규계'가 관심을 끈다.

'길흉요례'는 천자에 대한 제후의 예를 근간으로 하고 있다. 이러한 천자-제후라는 질서 속에는 군과 신이라는 질서도 내재되어 있었을 것이다. 그리고 '사섭규계'는 『문관사림』[191]의 각종 문체 중 현실정치에 가장 요긴하게 활용되는 전형적인 작품을 가려 뽑아 놓은 것으로 추측된다.[192] 이러한 '사섭규계' 안에는 신하들이 지켜야 할 규율에 관한 것도 있었다고 한다.[193] 그러하다면 신문왕은 이 사실을 염두에 두었고, 그 내심을 교서에서 드러낸 것이 아닐까 한다. 아마도 왕실과 진골귀족세력이 다름을 신문왕은 천명하려고 한 것이 아니었을까 하는 것이다. 이와 같이 생각할 수 있다면 신문왕이 대신을 오묘에 보낸 것은 왕의 직계 조상에 대한 제사 행위를 통해 그들을 기억하고 상기시킴으로써, 여타 지배자 집단과 왕실집단이 다를 뿐만 아니라 왕실집단의 권위를 내세우기 위한 것으로 여길

---

190) 『한서』 85, 열전, 谷永杜業傳.

191) 『문관사림』은 당 고종 10년(658) 10월 2일에 許敬宗이 조정의 칙명을 받들어 편찬한 1,000권 巨帙의 관찬 시문총서로, 나라의 통치이념을 구현하는 공용문서라든가 왕족 귀족 및 고위 관료들의 작품이 주류를 이루고 있다(황위주, 앞의 논문, 1991, 51쪽). 현존하는 『문관사림』은 23권 정도이다. 여기에는 대략 詩 88題 97수, 頌 12題 12수, 七 3題 24수, 碑 17題 17수, 詔 197題 208수, 勅30 題30수, 令 34題 35수, 教 37題 37수, 表 1題 1수 정도가 실려 있다(황위주, 위의 논문, 1991, 63~66쪽).

192) 나희라, 앞의 책, 2003, 187쪽.

193) 김두진은 「통일신라의 역사와 사상」, 『한국사상사대계 2』, 한국정신문화연구원, 1991, 164쪽에서 '이 때 구해온 規箴은 신하들이 지켜야 할 규율에 관한 것'이라고 하였다.

신문왕릉 전경과 神文王陵銘文護石 | 신문왕릉 호석의 남쪽 支持石의 상면에 해서체의 '門'자가 음각되어 있다. 羨門의 위치를 표시한 것으로 여겨진다.

수 있을 것이다. 즉, 신문왕 7년 4월의 오묘제사는 신문왕권에 반발하는 진골귀족세력에 대해 왕실의 정통성과 권위를 강조하였다고 생각된다. 이는 신문왕 4년 전후에 설치되는 성전사원에서도 알 수 있다.

『삼국사기』 직관지에 나오는 신라시대의 7寺 성전 중[194] 신문왕대에 5개의 성전, 곧 신문왕 4년(684)에 영흥사에 성전이 설치될 때[195] 영묘사·

194) 성전사원은 『삼국사기』 직관지의 7곳 외에 「황룡사찰주본기」에 보이는 황룡사성전까지 8곳이 보인다. 황룡사는 직관지가 제시하는 하한인 애장왕 6년(805)까지는 성전이 두어지지 않았으나, 그 이후 어느 시기에 성전사원으로 지정되었다(이영호, 「신라 성전사원의 성립」, 『신라불교의 재조명』(신라문화제학술발표회논문집14), 1993, 261~265쪽).

사천왕사·감은사·봉성사 등의 사원에도 성전이 설치되었다고 한다.[196] 이들 성전이 설치된 사원의 창건자는 모두 왕실로, 영흥사만 왕비에 의해 발원되고 나머지는 모두 국왕의 발원에 의해 창건되었다. 그리고 그 위치는 감은사를 제외하고는 현재 경주시의 북천, 서천, 남천을 경계로 하여 낭산에 이르는 지역인 신라의 경주 중심부에 밀집·분포하였다.[197] 이로 볼 때 성전사원은 왕실의 원당으로 기능하였음을 알 수 있다.[198] 이러한 성전사원을 통해 신문왕은 왕실의 정통성과 권위를 강조하였을 것이다.[199]

이상에서 신문왕 7년 4월 오묘제사가 가지는 의미를 생각해 보았다. 이것은 신문왕이 즉위하면서 계속해서 진행시킨 왕권강화책의 하나라고 여길 수 있다. 이러한 신문왕의 왕권강화책은 왕 7년 4월 오묘제사 직후에도 계속되는데, 신문왕이 관료들을 대상으로 문무관료전을 지급[200]하고 있다든가,[201] 왕 9년의 녹읍혁파[202]에서도 알 수 있다.[203]

---

195) 『삼국사기』 38, 잡지7, 직관 상, "永興寺成典 神文王四年始置 景德王十八年 改爲監 永興寺館 大奈麻一人 景德王改爲監 史三人".

196) 신문왕 5년(685)에 신라 중앙행정관제가 정비되고 9주 5소경을 비롯한 통일신라 문물제도의 완성기였다는 점에서 신문왕 4년을 성전사원의 성립이란 획기적 시기로 파악하고 있다. 그 후 성덕왕 6년(707) 봉덕사가 창건됨으로써 봉덕사가 성전사원이 되었고 다시 봉은사가 창건되기 시작하는 혜공왕 1~7년경에 봉은사가 성전사원으로 성립되었다(이영호, 앞의 논문, 1993, 264쪽).

197) 단, 감은사가 동해변에서 다소 떨어져 있지만 사원을 창건한 문무왕이 동해의 용이 되겠다고 한 것으로 보아 특별한 경우로 분류할 수 있을 것이다(이영호, 위의 논문, 1993, 262쪽).

198) 이영호, 「신라 중대 왕실사원의 관사적 성격」, 『한국사연구』 43, 1983, 104~105쪽.

199) 채상식, 「신라 통일기의 성전사원의 구조와 기능」, 『부산사학』 8, 1984, 108쪽.

200) 『삼국사기』 8, 신라본기8, 신문왕 7년, "五月 敎賜文武官寮田有差".

201) 문무관료전은 신문왕대에 계속하여 진행되어 온 새로운 관료체제의 정비와 궤를 같이하는 것으로, 신흥의 관료들에게 경제적인 기반을 마련해 주기 위하여 취해진 조처이다. 이것은 신문왕권의 자신감에서 이루어진 것으로 여겨진다.

202) 『삼국사기』 8, 신라본기8, 신문왕 9년, "春正月 下敎罷內外官祿邑 逐年賜租有差

오묘제는 원칙상 새로운 신위가 오묘에 모셔지게 되면 昭穆의 수를 넘는 신위는 오묘에서 옮겨져야 했다. 신라의 경우는 혈연관계로 정해졌기 때문에 '親過高祖'하면 '毁其廟'해야 했다. 신문왕 이후 오묘 구성은 이것을 따랐을 것이고 신왕들은 즉위하자마자 오묘를 개편하였을 것이다. 그리고 신왕들은 오묘 개편을 통해 자신의 즉위에 대한 정당성도 부여받았을 것이다. 그러하다면 오묘제 시정과 오묘 개편은 신문왕의 왕권강화뿐만 아니라 이후 신왕들의 왕권을 강화·유지시키는 데 일정한 기여를 하였을 것이다. 이것은 오묘제 시정 이후의 혜공왕대의 오묘제 개정[204] 및 애장왕대의 오묘제 경정[205]을 통해서도 살펴볼 수 있다.

제3절 오묘제의 개정

1. 혜공왕대 오묘제의 개정

『삼국사기』 제사지에는 신라의 종묘제도가 기술되어 있다. 그 중 오묘제에 대해서는 다음과 같이 전한다.

A. 신라 종묘의 제도를 살펴보건대,……제36대 혜공왕 때 이르러 비로소 오묘를 정하였으니[始定五廟], 미추왕은 김성의 시조가 되므로 태종대왕과 문무대왕은 백제와 고구려를 평정한 큰 공덕이 있다고 하여 모두 대대로 헐지 않는 종으로 삼았으며[以味鄒王爲金姓始祖 以太宗大王·

以爲恒式".

203) 녹읍을 둘러싼 제반 문제에 대해서는 이희관, 「신라의 녹읍」, 『한국상고사학보』 3, 1990 ; 전덕재, 「신라시대 녹읍의 성격」, 『한국고대사논총』 10, 2000 참고.

204) 채미하, 「신라 혜공왕대 오묘제의 개정」, 『한국사연구』 108, 2000.

205) 채미하, 앞의 논문, 2001, 130~141쪽.

文武大王 平百濟·高句麗 有大功德 並爲世世不毁之宗], 친묘 둘을 아울러 오묘로 하였다. (『삼국사기』 32, 잡지1, 제사)[206]

위의 사료 A에 따르면 오묘제가 혜공왕대에 '시정'되었다고 한다. 하지만 이미 밝혀졌듯이 혜공왕대에 오묘제가 비로소 시행되었던 것은 아니다. 사료 A는 묘주의 변화를 표시한 것으로, 신문왕대 이래 태조대왕과 직계 4조를 모신 오묘제가 혜공왕대에 개정되었음을 전하는 것으로 파악되는 것이다.[207]

그런데 『삼국사기』 신라본기 혜공왕대 기사에는 오묘제 개정에 관한 것을 찾을 수 없다. 그렇지만 혜공왕이 왕 11년 모후의 섭정을 벗어나 친정을 시작하였으리라고 여겨진다는 점, 『삼국사절요』와 『동사강목』의 혜공왕 12년조에 오묘제 시정 기사가 전하는 점[208] 등으로 미루어 보아, 왕 12년(776)에 오묘제가 개정되었으리라고 생각하여도 좋을 것이다.[209]

신라의 오묘제 시행과 관련하여서 주목되어왔던 것은 다음의 기록이다.

B. 여름 4월에 대신을 祖廟에 보내 제사를 올리고 아뢰었다. "왕 아무개는 머리 숙여 재배하고 삼가 태조대왕·진지대왕·문흥대왕·태종대왕·

206) "按新羅宗廟之制……至第三十六代惠恭王 始定五廟 以味鄒王爲金姓始祖 以太宗大王·文武大王 平百濟·高句麗 有大功德 並爲世世不毁之宗 兼親廟二爲五廟".

207) 변태섭, 「묘제의 변천을 통하여 본 신라사회의 발전과정」, 『역사교육』 8, 1964, 69쪽.

208) 주 219·220 참고.

209) 이문기, 「신라 혜공왕대 오묘제 개혁의 정치적 의미」, 『백산학보』 52, 1999a, 799~807쪽 ; 채미하, 「신라 혜공왕대 오묘제의 개정」, 『한국사연구』 108, 2000 참고. 이병도도 『동국통감』 혜공왕 12년조에 전하는 '五廟始定' 기록에 주목하여, 혜공왕 12년이라는 연대가 『삼국사기』와는 다른 전거에 의거하였을 것으로 추측하였다(『국역 삼국사기』, 을유문화사, 1977, 496쪽).

문무대왕 영전에 아룁니다. 저는 재주와 덕이 없이 숭고한 유업을 계승하여 지킴에 자나깨나 걱정하고 애쓰느라 편안하게 지낼 겨를이 없었습니다. 종묘의 돌보심과 하늘과 땅이 내리는 복에 힘입어 사방이 안정되고 백성들이 화목하며 외국에서 오는 손님들은 보물을 실어다 바치고 형벌이 밝고 송사가 없이 오늘에 이르렀습니다". (『삼국사기』 8, 신라본기8, 신문왕 7년)[210]

위의 사료 B를 통하여 신문왕 7년(687) 4월 당시 오묘에 태조대왕과 신문왕의 고조인 진지대왕, 증조인 문흥대왕, 祖인 태종대왕, 考인 문무대왕의 신위가 모셔졌음을 알 수 있다. 이러한 오묘 구성은 "제후의 오묘는 二昭二穆과 태조의 廟와 다섯"이라고 한 『예기』 왕제편의 규정에 맞는다. 신라의 오묘제는 늦어도 신문왕대에는 시정되었던 것이다.[211]

널리 알려진 바와 같이 오묘에 모셔진 태조의 신위는 영원토록 옮겨지지 않는 것이 원칙이었다. 반면 나머지 네 신위는 가변적이었다. 신문왕대 오묘의 예에서 보듯이, 국왕의 직계 조상의 신위를 오묘에 모시는 것이

---

210) "夏四月 遣大臣於祖廟 致祭曰 王某稽首再拜 謹言太祖大王・眞智大王・文興大王・太宗大王・文武大王之靈 某以虛薄 嗣守崇基 寤寐憂勤 未遑寧處 奉賴宗廟護持乾坤降祿 四邊安靜 百姓雍和".

211) 위의 사료 B를 중시하여 신문왕 7년 무렵에 오묘제가 始定되었을 것이라고 여기는 견해가 많다(변태섭, 앞의 논문, 1964, 68~69쪽 ; 浜田耕策, 「新羅の神宮と百座講會と宗廟」, 『東アジア世界における日本古代史講座－東アジアにおける儀禮と國家』, 學生社, 1982, 241~242쪽 ; 신종원, 「삼국사기 제사지 연구」, 『사학연구』 38, 1984/「신라 사전의 성립과 의의」, 『신라 초기불교사 연구』, 민족사, 1992, 87쪽 ; 米田雄介, 「三國史記に見える新羅の五廟制」, 『日本書紀硏究』 15, 塙書房, 1987, 317쪽 ; 황선영, 「신라의 묘제와 묘호」, 『동의사학』 5, 1989, 7쪽 ; 강종훈, 「신궁의 설치를 통해 본 마립간시기의 신라」, 『한국고대사논총』 6, 1994, 190~191쪽 ; 나희라, 「한국고대의 신관념과 왕권－신라왕실의 조상제사를 중심으로」, 『국사관논총』 69, 1996, 145~146쪽/「신라의 종묘제 수용과 그 내용」, 『한국사연구』 98, 1997, 59~64쪽). 이에 대한 보다 자세한 사항은 본서 제3장 제2절 참고.

황복사지 3층석탑과 금동사리함기 | 효소왕이 신문왕의 명복을 빌기 위해 세운 황복사 3층석탑은 이후 성덕왕이 사리와 불상 등을 다시 탑 안에 넣어 두 왕의 명복을 빌고 왕실의 번영과 태평성대를 기원하였다고 한다.

일반적이었다. 따라서 왕대가 내려가거나 왕계의 변화가 생기면 오묘에 모셔진 네 신위도 변할 수밖에 없었던 것이다. 그리고 신위 교체는 신왕이 즉위한 지 얼마되지 않은 시점에 이루어지기 마련이었다.

이와 관련하여 다음 사료가 주목된다.

C. 신문대왕이……천수 3년(692) 임진년 7월 2일에 돌아갔다. 신목태후와 효소대왕이 받들어 종묘의 신성한 영령[宗廟聖靈]을 위해 禪院伽藍에 3층석탑을 세웠다. (「황복사 금동사리함기」)[212]

위의 사료 C에 따르면 신문왕의 사후에 왕의 妃인 神睦太后와 아들인 孝照大王(孝昭王)이 "종묘의 신성한 영령[宗廟聖靈]으로 받들게 된 까닭에" 선원가람(황복사)에 삼층석탑을 건립하였다고 한다. 여기에서 '종묘의 신성한 영령'은 신문대왕을 가리킨 것이다. 이로 볼 때 효소왕대의 오묘에는 신문대왕의 신위가 모셔졌을 것이다.[213] 그렇다면 신문왕대 오묘에 모셔진 진지대왕의 신위는 옮겨졌을 것이다. 한편 신위가 교체된 시점은 알 수 없지만, 별 다른 이유가 없는 한 효소왕이 즉위한 후 얼마 되지 않은 시기에 교체되었을 것으로 보아 큰 잘못은 아닐 것으로 생각된다.[214]

이상의 논의가 인정된다면 신라 중대에도 예제상의 관행에 따라, 왕이 즉위한 후 얼마 되지 않은 시기에 오묘의 신위를 개편하는 것이 관례였음을 짐작할 수 있다.[215] 신문왕대부터 경덕왕대까지의 오묘의 신위를 추정하여

---

212) 한국고대사회연구소편, 「皇福寺 金銅舍利函記」, 『역주 한국고대금석문』 3(신라2·발해편), 1992, 347쪽, "神文大王……天授三年壬辰七月二日乘天 所以神睦太后·孝照大王 奉爲宗廟聖靈 禪院伽藍 建立三層石塔".

213) 나희라, 앞의 논문, 1997, 80쪽.

214) 神睦太后가 聖曆 3년, 효소왕 9년(700)에 죽는 것으로 보아(「황복사금동사리함기」), 그 이전 어느 시기에 황복사 삼층석탑이 건립되었다고 생각된다.

215) 이와 달리 신문왕대 오묘의 신위가 효성왕대에 와서야 바뀌었으리라고 여기는 견해가 있다. 浜田耕策은 효성왕 3년의 "拜祖考廟"(『삼국사기』 9, 신라본기9, 효성왕 3년 춘정월)에 주목하여 효성왕이 신문왕대 오묘에서 진지대왕과 문흥대왕의 신위를 옮기고, 대신 '祖'인 신문왕과 '考'인 성덕왕의 신위를 모셨다고 보았다(앞의 논문, 1982, 242~243쪽). 그런데 앞의 사료 B에 나오는 '祖廟'는 말 그대로의 '조묘'가 아니고 오묘였다. 그러므로 '祖考廟'가 곧 '祖廟'와 '考廟'라고 하기는 어렵다. '祖考'는 시조 혹은 태조를 가리킨다고 한다(『禮記』 祭法과 『禮記注疏』 祭法 孔穎達 疏 참고). 이에 '祖考廟'는 오묘 중 태조묘를 의미하는 것으로 여길

<표 3-2>로 제시하면 다음과 같다.[216]

<표 3-2> 신문왕대~경덕왕대까지의 오묘의 신위

왕대	왕명	不遷之主	親廟			
			高祖	曾祖	祖	父
31	신문왕	태조대왕	진지대왕	문흥대왕	태종대왕	문무대왕
32	효소왕	태조대왕	문흥대왕	태종대왕	문무대왕	신문대왕
33	성덕왕	태조대왕	문흥대왕	태종대왕	문무대왕	신문대왕
34	효성왕	태조대왕	태종대왕	문무대왕	신문대왕	성덕대왕
35	경덕왕	태조대왕	태종대왕	문무대왕	신문대왕	성덕대왕

위의 <표 3-2>를 보면 혜공왕도 즉위한 후 얼마 되지 않아 관례대로 오묘의 신위를 개편하였을 것이다.[217] 거기에는 태조대왕 및 직계 4조인

수 있을 것이다. 그리고 앞에서 살펴본 바와 같이 효소왕대에 이미 진지대왕의 신위가 옮겨지고 신문왕의 신위가 오묘에 모셔졌다면, 효성왕대에는 문흥대왕의 신위가 옮겨지고, 성덕대왕의 신위가 오묘에 모셔졌다고 할 수 있다(米田雄介, 앞의 논문, 1987, 325쪽). 한편 오묘제가 혜공왕 때 '始定'되었다는 것을 전제로 '祖考廟'를 상대 이래의 시조묘라고 보는 견해도 있지만(최재석, 「신라의 시조묘와 신궁의 제사」, 『동방학지』 50, 1986/『한국고대사회사연구』, 일지사, 1987, 225쪽), 따르지 않는다.

216) 형제관계로 왕위를 계승했을 경우, 오묘의 신위는 前代와 다름이 없었을 것으로 여겨진다. 중대에는 성덕왕대와 경덕왕대의 오묘 구성이 여기에 해당한다. 그런데 형제관계로 왕위를 계승했을 경우 전왕이 오묘에 모셔질 가능성은 없었을까. 비록 후대의 기록이지만 다음이 참고된다. 『세종실록』 11, 세종 11년 3년 4月 26일(戊午)에 許稠가 "고려조에는 태조 이상은 祧遷된 신주를 간직한 곳이 없고, 다만 태조의 아버지만을 추존하여 세조라 하고 능소에서 제사를 지내고, 태조 이하의 조천된 신주는 모두 여러 능소에서 제사를 지냈습니다"라고 하고 있다. 이것은 고려초까지 종묘에서 옮겨지는 신위들이 그들의 陵所에서 제사지냈음을 보여 주는 것이다. 따라서 신라의 경우 형제관계로 왕위를 계승하였을 경우 전왕은 오묘에 모셔지지 않았다고 여겨진다.

217) 이문기는 혜공왕이 18세가 되는 해인 왕 11년에 친정을 하였고, 그 이듬해에 오묘제에 대한 개혁을 단행하였는데, 이것은 일반적으로 중대 이래 즉위 직후에 행해지던 오묘제 개편의 관례를 깬 것이라고 하였다(이문기, 앞의 논문, 1999a, 813~817쪽).

문무대왕·신문대왕·성덕대왕·경덕대왕의 신위가 모셔졌을 것이다. 경덕왕대의 오묘의 신위와 비교해 보면 태종대왕의 신위가 옮겨지고 부왕인 경덕대왕의 신위가 모셔졌을 것이다.[218)]

혜공왕은 왕 12년에 오묘제를 개정하였다. 개정 전에는 태조대왕 및 직계 4조인 문무대왕, 신문대왕, 성덕대왕, 경덕대왕의 신위가 모셔졌을 것이다. 개정 후에는 미추왕과 태종대왕, 문무대왕의 신위를 '不毁之宗'으로 삼고, 직계 2조인 성덕대왕과 경덕대왕의 신위를 모셨을 것이다. 개정 전과 개정 후의 오묘 신위를 비교하면 다음 <표 3-3>과 같다.

<표 3-3> 오묘제 개정 전과 개정 후의 오묘 신위

	不遷之主 (不毁之宗)	親廟			
		高祖	曾祖	祖	父
개정 전	태조대왕	문무대왕	신문대왕	성덕대왕	경덕대왕
개정 후	미추왕 태종대왕 문무대왕			성덕대왕	경덕대왕

곧 혜공왕은 친정의 시작에 맞추어 비로소 오묘제를 개정한 것으로, 왕이 즉위한 후 얼마 되지 않아서는 태후 섭정기였으므로 오묘의 개편이 없었던 것으로 파악하고 있는 것이다. 그런데 애장왕은 13세의 나이로 즉위하여 숙부인 김언승의 섭정을 받았지만, 왕 2년에 오묘의 개편에만 그치지 않고 혜공왕대 개정되었던 오묘제를 다시 고쳤다. 이에 비추어 본다면 攝政을 받았다고 해서 관행이었던 오묘의 개편이 없었다고는 생각되지 않는다.

218) 황선영이 "武烈王의 神位가 한 때 오묘에서 철훼되었다가 廟制 改定과 더불어 復立되었을 가능성이 높아 보인다. 신문왕대 이래의 祖廟가 中代에 걸쳐 지속되었다고 보고, 祖廟의 변경시기를 大曆 14년 즉 혜공왕 15년(779)으로 잡는다면 혜공왕 즉위 직후의 祖廟에서는 4대를 넘긴 무열왕의 신위가 이미 철훼되었을 것이고, 그 대신 父 경덕왕의 신위가 모셔졌을 것이기 때문이다"고 하였음이 참고된다(앞의 논문, 1989, 14~15쪽). 단 후술하겠지만, 왕 15년은 왕 12년에 개정된 오묘제가 김양상과 그와 정치적 입장을 같이하는 진골귀족세력에게 인정받는 시기로 파악해야 하지 않을까 한다.

<표 3-3>을 보면 오묘제 개정의 특징은 우선 태조대왕 대신 미추왕을 오묘의 수위에 모시고 '불훼지종'으로 삼은 것에서 찾을 수 있다. 다음으로는 이미 옮겨졌던 태종대왕의 신위와 다음 대에는 옮겨질 문무대왕의 신위를 '불훼지종'으로 하였다는 점을 지적할 수 있다. 이제 이에 대해 살펴보기로 한다.

2. 개정 오묘제와 예제

1) 미추왕

미추왕을 오묘의 首位에 모시고 태종대왕과 문무대왕을 '불훼지종'으로 삼았던 이유는 앞의 사료 A에서 "以味鄒王爲金姓始祖 以太宗大王·文武大王 平百濟·高句麗 有大功德 並爲世世不毁之宗"으로 전한다. 이 구절에 대한 해석과 관련하여 우선 『삼국사절요』[219]의 "盖味鄒王爲金氏始祖 太宗王·文武王平麗濟 有大功德 爲不遷之主"라고 한 대목은 "대개 미추왕은 김씨 시조가 되고 태종왕과 문무왕은 고구려와 백제를 평정하여 큰 공덕이 있어서 불천지주로 삼았다"고 번역된다. 그리고 『동사강목』[220]의 "以味鄒王爲金姓始祖 太宗·文武平麗濟 有大功德 爲不毁之宗"이라는 대목은 "미추왕은 김씨 성의 시조가 되고, 태종과 문무왕은 고구려와 백제를 평정한 큰 공덕이 있으므로 불천위로 삼았다"고 번역된다.[221] 『삼국사절요』나 『동사강목』에 따르면 앞의 사료 A의 "以味鄒王爲金姓始祖"는 "미추왕은 김성

219) 『三國史節要』 12, 丙辰(혜공왕 12년), "王始立五廟 以味鄒王·太宗王·文武王 幷祖禰爲五廟……蓋味鄒王爲金氏始祖 太宗王·文武王平麗濟有大功德 爲不遷之主".

220) 『東史綱目』 5上, 丙辰(혜공왕 12년), "始立五廟(初新羅宗廟之制未詳……至是 始以味鄒王爲金姓始祖 太宗·文武平麗濟有大功德爲不毁之宗 幷祖禰爲五廟".

221) 민족문화추진회, 『국역 동사강목』 Ⅲ, 1978, 43쪽.

의 시조가 되므로"로 해석할 수 있다.[222] 미추왕이 '불훼지종'이 되었던 것은 그가 김씨의 시조이기 때문이었다고 할 수 있는 것이다.

'김성 시조'는 알지[223] 외에, 소호금천씨[224] 등을 들 수 있다. 이로 본다면 미추왕은 '김성 시조'라고 할 수 없다. 그럼에도 불구하고 왜 미추왕을 '김성 시조'라고 하였던 것일까. 다음이 참고된다.

D. 제13대 미추이질금(또는 미조 또는 미고)은 김알지의 7세손이다. 누대에 높은 귀족으로서 겸하여 성스러운 덕이 있었다. 이해니질금으로부터 선위를 받아 비로소 왕위에 올랐다(지금 세상에서 왕의 능을 시조당이라고 하는 것은 김씨로서 처음으로 왕위에 올랐기 때문이며[今俗稱王之陵爲始祖堂 盖以金氏始登王位故], 후대의 모든 김씨 왕들이 미추로써 시조를 삼은 것은 당연하다). 왕위에 오른 지 23년만에 죽었으며, 능은 흥륜사 동쪽에 있다. (『삼국유사』 1, 기이1, 미추왕·죽엽군)[225]

---

222) "미추왕은 김성의 시조가 됨으로 해서, 또 태종대왕·문무대왕은 백제와 고구려를 평정한 큰 공덕이 있음으로 해서, 모두 (三王을) 世世不遷의 (부동의) 신위로 삼(았다)"는 해석(이병도, 앞의 책, 1977, 495~496쪽)이 옳다고 여겨진다. "미추왕을 김성의 시조로 삼고, 태종대왕과 문무대왕은 백제와 고구려를 평정한 큰 공덕이 있다고 하여 모두 대대로 헐지 않는 宗으로 삼았(다)"고 한 것(정구복 외 4인, 『역주 삼국사기』 2(번역편), 한국정신문화연구원, 1997a, 555쪽)이나 이와 유사한 번역(과학원고전연구실 옮김, 『삼국사기』 하, 1959, 116쪽 ; 이재호, 『삼국사기』 3, 솔, 1997, 15쪽)은 약간의 문제가 있어 보인다.

223) 『삼국사기』 1, 신라본기1, 탈해이사금 9년과 『삼국사기』 2, 신라본기2, 미추이사금 즉위년 및 『삼국유사』 1, 기이1, 김알지·탈해왕대 참고.

224) 『삼국사기』 28, 백제본기6, 의자왕 30년 史論 ; 『삼국사기』 41, 열전1, 김유신(상) ; 이문기, 「신라 김씨 왕실의 소호금천씨 출자 관념의 표방과 그 변화」, 『역사교육논집』 23·24, 1999b 참고.

225) "第十三未鄒尼叱今(一作未祖 又未古) 金閼智七世孫 赫世紫纓 仍有聖德 受禪于理解 始登王位(今俗稱王之陵爲始祖堂 蓋以金氏始登王位故 後代金氏諸王 皆以未鄒爲始祖宜矣) 在位二十三年而崩 陵在興輪寺東".

위의 사료 D에서 주목되는 것은 "今俗稱王之陵爲始祖堂 盖以金氏始登王位故"라는 일연의 주이다. 이에 따르면 미추왕이 김씨로서는 최초로 왕위에 올랐기 때문에 고려후기[226]에 미추왕릉을 始祖堂이라고 불렀다고 한다. 앞의 사료 A에 미추왕이 '김성 시조'라고 되어 있는 것은, 아마도 그가 김씨로서 처음으로 왕위에 올랐다는 의미에서였다고 볼 수가 있을 듯하다.

예제상 제후오묘에서는 '始封之君'이 태조가 된다.[227] 제후의 태조인 '시봉지군'은 바로 천자의 자제로서 처음으로 제후에 봉해진 사람이다.[228] 김씨로서 처음 왕위에 올랐던 미추왕은 '시봉지군'에 해당한다고 할 수 있다. 미추왕이 혜공왕 12년 오묘제 개정에서 오묘의 수위를 차지할 수 있었던 까닭의 하나는 여기에서 찾을 수 있다.[229]

---

226) '今'은 일연이 『삼국유사』를 찬술할 당시를 말한다(신종원, 앞의 책, 1992, 83쪽).

227) 『禮記注疏』 王制 鄭玄 注, "諸侯五廟二昭二穆與太祖之廟而五(太祖 始封之君 王者之後 不爲始封之君廟)".

228) 『禮記注疏』, 王制 孔穎達 疏, "凡始封之君 謂王之子弟 封爲諸侯 爲後世之太祖".

229) 한국고대사회연구소편, 「문무왕릉비」, 『역주 한국고대금석문』 2(신라1 · 가야편), 1992, 125쪽, "十五代祖 星漢王 降質圓穹 誕靈仙岳 肇臨□□ 以對玉欄 始蔭祥林 如觀石紐" ; 한국고대사회연구소편, 「김인문비」, 위의 책, 1992, 136쪽, "太祖漢王 啓千齡之□ □聖臨百谷之□".

위의 「문무왕릉비」는 신문왕 2년(682)에 건립되었다. 「김인문비」는 그가 효소왕 3년(694) 중국에서 죽은 후 이듬해 본국으로 유해가 송환되어 장례가 치러졌다고 하므로, 이때에서 멀지 않은 시기에 세워졌을 것으로 보인다. 「김인문비」의 '太祖漢王'은 「문무왕릉비」의 星漢일 것이다(이기동, 「신라 태조성한의 문제와 흥덕왕릉비의 발견」, 『대구사학』 15 · 16합집, 1978/『신라골품제사회와 화랑도』, 일조각, 1984, 373쪽). 이것은 중대 초 星漢을 태조로 인식하고 있었음을 반영하는 것이다. 그렇다면 오묘에 모셔졌던 태조대왕은 성한이었을 것이다. 성한에 대해서는 그가 알지일 것이라는 설(今西龍, 「新羅文武王陵碑に就きて」, 『新羅史研究』, 1933, 504쪽 ; 황선영, 앞의 논문, 1989, 24~27쪽), 알지의 아들이라고 하는 勢漢(熱漢)으로 보는 견해(前間恭作, 「新羅王の世次と其名について」, 『東洋學報』 15-2, 1925 ; 末下禮仁, 「新羅始祖系譜の構成－金氏始祖を中心として」, 『朝鮮史研究會論文集』 2, 1966, 48쪽 ; 長田夏樹, 「新羅文武王陵碑文初探」, 『神戸外大論叢』 17-1-3,

그렇다면 왜 '시봉지군'으로서 미추왕이 혜공왕 12년 오묘제 개정 때 주목되었던 것일까.[230] 이와 관련하여 예제상의 首位에 모셔지는 태조가 갖는 의미를 살펴볼 필요가 있겠다.

『의례』 士冠禮편의 "繼世以立諸侯 象賢也"라는 기록이 주목된다. 이에 대해 鄭玄은 "자손이 능히 선조의 현명함을 본받기 때문에 대대로 세습시킨

1966, 188쪽 ; 강종훈, 앞의 논문, 1994, 210쪽), 미추왕이라는 설(이종욱, 『신라상대왕위계승연구』, 영남대학교민족문화연구소, 1980, 137쪽 ; 김창호, 「신라 태조성한의 재검토」, 『역사교육논집』 5, 1983 ; 김창호, 「문무왕릉비에 보이는 신라인의 조상인식」, 『한국사연구』 53, 1986, 29~31쪽), 김성의 조상으로 모셔졌으나, 가공의 인물일 것이라는 견해 등이 있다(나희라, 앞의 논문, 1997, 76쪽 ; 이문기, 앞의 논문, 1999a, 831쪽 ; 이문기, 「신라 오묘제의 성립과 그 배경」, 『한국고대사와 고고학』(김정학박사미수기념고고학 · 고대사논총), 2000). 심지어 석탈해로 추정한 설(문경현, 「신라 시조왕의 연구」, 『신라사연구』, 경북대출판부, 1983, 142쪽)도 있다. 오묘제가 왕실의 조상제사 제도라는 점에서 姓을 달리하는 인물을 오묘의 首位에 두었을 것으로는 믿어지지 않는다. 그리고 미추왕은 혜공왕 12년 이후 오묘의 首位를 차지하므로 그를 태조대왕에 비기기는 어려울 것이다. 그리고 「문무왕릉비」에 따르면 '火官之后'(黃帝)→'秺侯祭天之胤'(少昊金天氏, 金姓의 由來) ……15代祖 星漢王이라고 하면서(이와 관련해서 이문기, 앞의 논문, 1999b, 653~655쪽 참고), 중대 왕실은 김씨 칭성의 이유를 중국 상고 전승에 나오는 소호금천씨에서 찾고 있다(『삼국사기』 28, 백제본기6, 의자왕 20년 사론). 이와 관련하여 이문기, 위의 논문, 1999b, 669~672쪽 참고. 이종태 역시 「김인문비」의 '太祖漢王'의 바로 윗행에 少昊 · 金天의 용어가 보여 신라인이 소호금천씨의 후예라는 관념을 가지고 있었던 것과 관련될 수도 있다고 하였다(「신라의 시조와 태조」, 『백산학보』 52, 1999, 15쪽 주 20). 이로 볼 때 알지가 태조였다고는 여겨지지 않는다. 또한 太祖는 그 후손이 혈연의식을 확연하게 가지고 있는 조상을 말한다고 한다(이종태, 위의 논문, 1999, 3~8쪽). 그러하다면 가공의 인물을 태조로 모셨다고는 볼 수 없을 것이다. 요컨대 태조 성한은 勢漢에 비길 수 있지 않을까 한다. 이로 볼 때 신라 오묘의 태조대왕은 '始封之君'이 아닌 셈이 된다. 혜공왕 12년 오묘제 개정 때 태조대왕이 오묘의 首位에서 옮겨진 이유의 하나를 이에서 찾을 수 있지 않을까 한다.

230) 이와 관련하여 이기동, 위의 책, 1984, 371쪽 ; 황선영, 위의 논문, 1989, 13쪽 ; 정구복 외 4인, 『역주 삼국사기』 4(주석편 하), 한국정신문화연구원, 1997c, 8쪽 ; 이문기, 앞의 논문, 1999a, 830~833쪽.

다"[231]는 의미로 보았다. 이는 후손이 왕위를 세습하는 것의 정당성을 선조의 현명함을 이어 받는다는 점에서 찾고 있는 것이다. 그렇다면 여기에서 후손이 선조의 현명함을 이어받은 증거는 무엇인가. 이에 대해 賈公彦은 '시봉지군'을 이어 받은 후세 자손이 시조묘를 헐지 않고 불천위로 두고 있다는 사실, 그것이 바로 선조의 현명함을 본받는 것[232]이라고 해설하였다. 즉, 후세 자손들이 태조묘를 불천위로 하는 것은 '시봉지군'인 태조의 공덕을 본받기 위한 것이라는 뜻이다. 때문에 '시봉지군'인 태조의 공덕을 이어받은 후손은 '시봉지군'인 태조를 이어 세습한다는 논리가 되는 것이다.

이상에서 혜공왕이 김씨로써 처음으로 왕위에 오른 미추왕을 오묘의 수위에 둔 것은 자신이 김씨왕실의 실질적인 계승권자임을 내세우기 위한 것이었다고 볼 수 있을 것이다.

2) 태종대왕과 문무대왕

『삼국사기』 제사지(앞의 사료 A)에 따르면 태종대왕과 문무대왕의 신위가 '불훼지종'으로 모셔진 이유를 삼국통일에 큰 공덕이 있었기 때문이라고 되어 있다. 누구나 다 알 듯이, 무열왕과 문무왕은 삼국통일의 영주였다. 이들은 중대왕실을 상징하는 왕들로서, 그런 만큼 중대 여러 왕들의 그들에 대한 존숭도 남달랐다. 당에서 신라의 태종 묘호가 당 태종과 같다고 하여 문제 삼았으나, 신문왕은 따르지 않았다고 한다.[233] 성덕왕은 무열왕을

---

231) 『儀禮注疏』, 士冠禮 鄭玄 注, "象法也 爲子孫 能法先祖之賢 故使之繼世也".

232) 『儀禮注疏』, 士冠禮 賈公彦疏, "云能法先祖之賢者 凡諸侯出封 皆由有德 若周禮典命云 三公八命 其卿六命 大夫四命 及其出封 皆加一等 出爲五等 諸侯卽爲始封之君 是其賢也 於後子孫繼立者 皆不毁始祖之廟 是象先祖之賢也".

233) 『삼국사기』 8, 신라본기8, 신문왕 12년 ; 『삼국유사』 1, 기이1, 태종춘추공 참고.

위해서 왕 6년(707)에 봉덕사를 짓기 시작하였다.[234] 신문왕은 문무왕을 위해 감은사를 완성하였고[235] 그것을 관리하기 위해 成典을 설치하였다.[236]

예제에 따르면 태조 이외에도 공덕이 탁월한 왕들은 태조와 마찬가지로 불천위가 될 수 있다고 한다. 이와 관련하여 『尙書』의 "嗚呼 七世之廟 可以觀德"[237]이라는 구절이 주목된다. 孔安國은 이 구절을 "천자는 7묘를 세운다. 덕이 탁월한 왕은 祖宗이 되므로 그 묘를 헐지 않는다. 그러므로 그 왕의 덕을 볼 수가 있다"[238]고 해설하였다. 또한 孔穎達은 "예에 왕으로 祖는 공이 있는 것이고 宗은 덕이 있는 것이다. 그러므로 七世 이외에도 그 묘를 헐지 않는다"[239]라 하고 아울러 "문왕과 무왕이 조종이 된다"[240]고 하였다. 따라서 공이 높은 사람은 조가 되고 덕이 높은 사람은 종이 되는데, 이들의 공덕이 문왕과 무왕에 필적할 경우 불천위가 될 수 있는 것이었다.

무열왕과 문무왕에 대한 중대왕실의 존숭은 혜공왕 12년 오묘제 개정 때 두 왕을 '불훼지종'으로 모심으로써 일단락되는 것으로 볼 수 있을 것이다.[241] 하지만 이를 가지고 그 구체적인 배경이 드러났다고 하기는

---

234) 봉덕사는 본래 무열왕을 위한 사원이었으나, 완성될 때는 성덕왕을 위한 사원으로 변경되었다고 한다(이호영, 「신라 중대왕실과 봉덕사」, 『사학지』 8, 1974, 9쪽).

235) 김재원·윤무병, 「감은사지발굴조사보고서」, 『국립박물관 특별조사보고』 2, 을유문화사, 1961, 5쪽.

236) 『삼국사기』 38, 잡지7, 직관(상).

237) 『尙書』, 「商書」, 咸有一德.

238) 『尙書注疏』, 商書, 咸有一德 孔安國注, "天子立七廟 有德之王則爲祖宗 其廟不毁 故可觀德".

239) 『尙書注疏』, 商書 孔穎達 疏, "禮 王者 祖有功宗有德 雖七世之外 其廟不毁".

240) 『尙書注疏』, 商書 孔穎達 疏, "文武則爲祖宗".

241) 중국의 경우 공덕이 뛰어난 왕을 '祖功宗德'으로 하여 不遷位로 한 경우가 많이 있었다. 春秋時代 魯나라에서는 魯公과 武公을 不遷位로 모셨는데, 노공은 문왕과

어렵지 않을까 한다.[242] 이와 관련하여 혜공왕 원년에서 7년 사이에 진지대왕사가 창건되었음이 주목된다.

중대왕실을 개창하고 무열왕의 조인 진지왕을 위한 사원을 창건하였던 것은 그를 중대 왕실 친족집단의 창시자로 인식했기 때문이었을 것이다.[243] 이것은 혜공왕대에 중대 왕실의 시조인 진지왕에 대한 조상숭배관념이 이례적으로 고조되었음을 보여주는 것으로 여겨지며,[244] 태종대왕과 문무

같은 덕이 있다고 하여 文世室로 불렸고 무공은 무왕과 같은 공이 있다고 하여 武世室로 불렸다(『禮記注疏』 明堂位). 그리고 고려의 경우를 보면 의종대에 혜종과 현종이 '不遷之主'로 설정되고 있다(『고려사』 60, 지14, 예2, 吉禮 太廟 太廟禘祫儀 및 太廟四孟月及親獵享儀, 『고려사』 61, 지15, 예3, 희종4년 10月). 惠宗이 '不遷之主'로 설정된 것은 고려 왕실에 대한 '骨肉'을 保全한 공 때문이었다고 추측된다(『고려사』 93, 열전 6, 최승로전 ; 『고려사』 22, 세가22, 고종 2년 10월 乙未). 그리고 현종은 거란을 격퇴한 공으로써 '不遷之主'로 설정되었다(『고려사』 22, 세가22, 고종 2년 10月 乙未). 따라서 개정된 오묘제의 오묘 구성도 예제에 따른 것이라고 할 수 있겠거니와, 사실 이는 鄭玄의 학설에 의한 孔穎達의 『禮記正義』에 의거한 것이다. 鄭玄은 시조묘와 4친묘, 그리고 不遷의 文·武 2왕의 2祧가 7묘를 구성한다고 하였다. 혜공왕대의 오묘 구성에서 不毁之宗의 태종·문무는 바로 鄭玄이 말한 2祧에 해당하는 것이다(나희라, 앞의 논문, 1996, 150쪽). 그런데 예제상 천자칠묘에서는 태조묘와 三昭三穆의 첫 자리에 있는 양묘를 2祧로 삼아 이들 3묘를 不遷位로 하고, 제후오묘에서는 태조의 묘만을 不遷位로 하도록 규정되어 있다. 혜공왕 12년 오묘제 개정에서는 오묘임에도 불구하고 태조묘와 더불어 태종대왕, 문무대왕의 신위를 '不毁之宗'으로 하고 있다. 이것은 천자의 종묘 구성을 참고하여 오묘를 구성하고 있는 것이다. 이로 볼 때 개정된 오묘제는 『예기』 왕제편의 종묘 규정에 입각한 중국적인 종묘제도를 변용한 것이었다고 볼 수 있다(변태섭, 앞의 논문, 1964, 66~70쪽 ; 이문기, 앞의 논문, 1999a, 811쪽).

242) 태종대왕과 문무대왕을 '不毁之宗'으로 모신 이유와 관련하여 변태섭, 위의 논문, 1964, 69~70쪽 ; 浜田耕策, 앞의 논문, 1982, 242쪽 ; 浜田耕策, 「新羅の祀典と名山大川の祭祀」, 『呴沫集』 4, 1984, 151쪽 ; 나희라, 앞의 논문, 1996, 149~150쪽 ; 나희라, 앞의 논문, 1997, 73~74쪽 ; 이문기, 앞의 논문, 1999a, 833~837쪽 참고.

243) 이기동, 「신라 나물왕계의 혈연의식」, 『역사학보』 53·54합집, 1972/『신라골품제사회와 화랑도』, 일조각, 1984, 87~88쪽.

244) 이영호, 「신라 중대 왕실사원의 관사적 성격」, 『한국사연구』 43, 1983, 87쪽.

대왕을 '불훼지종'으로 모셨던 것도 이런 맥락에서 파악할 수 있지 않을까 한다.

여기서 중국의 경우 천자, 제후, 또는 경, 대부들이 가능하면 그들의 직계 조상을 "祖功宗德"의 불천위로 만들고자 노력하였으며, 이는 불천위가 후손의 입지강화에 유용하였기 때문이라는 점을 떠올리게 된다.[245) 그렇다면 혜공왕이 오묘제를 개정하면서 직계 조상인 태종대왕과 문무대왕의 신위를 '불훼지종'으로 삼았던 것은 중대 왕실의 상징적 존재인 두 왕을 내세움으로써 왕권을 유지하고 그 입지를 공고히 하기 위한 것으로 파악된다.

3. 개정 오묘제를 둘러싼 갈등과 타협

이상에서 살펴본 바에 따르면, 혜공왕이 왕 12년(776) 오묘제를 개정하였던 것은 왕권을 강화하려는 의도와 관련이 있었다고 할 수 있다. 이 점에서 다음 사료가 주목된다.

> E. 봄 정월에 교서를 내려 관직의 이름을 모두 옛 것으로 회복시켰다. 왕이 감은사에 거둥하여 바다에 망제를 지냈다. 2월에 국학에 거둥하여 강의를 들었다. 가을 7월에 당나라에 사신을 보내 조회하고 토산물을 바쳤다. 겨울 10월에 당나라에 사신을 보내 조공하였다. (『삼국사기』 9, 신라본기9, 혜공왕 12년)[246)

---

245) 고려의 경우 의종대에 혜종과 현종을 '不遷之主'로 설정한 것은 당시 왕위계승의 논의 속에서 부자의 계승, 나아가 적장자의 왕위계승을 명분으로 하는 유자 관료들의 입장을 반영하는 것이었다(최순권, 「고려전기 오묘제의 운영」, 『역사교육』 66, 1998, 56~65쪽 참고).

246) "春正月 下敎 百官之號 盡合復舊 幸感恩寺望海 二月 幸國學聽講 秋七月 遣使朝唐獻方物 冬十月 遣使入唐朝貢".

위의 사료 E에 따르면 혜공왕은 왕 12년 정월 감은사에 거둥하여 바다에 望祭를 지냈다고 한다. 감은사는 문무왕의 願堂이다. 감은사 앞의 바다에는 문무왕의 수중릉이 있다. 그렇다면 혜공왕이 감은사에 거둥하여 바다에 지냈다는 망제는 중대왕실을 대표하는 왕 중의 하나인 문무왕을 추모하기 위한 것으로 여길 수 있을 것이다. 그런데 혜공왕은 왕 11년 모후의 섭정을 벗어나 친정을 시작하였다고 한다.[247] 이에 그가 감은사에 거둥하여 바다에 망제를 지냈던 것은 친정의 시작을 문무왕에게 고한 것으로 여겨지거니와, 이것이 중대 왕실의 계속적인 유지를 바라는 혜공왕의 염원과 무관할 수는 없을 것이다.

혜공왕은 즉위 원년(765)에 국학에 행차하였다.[248] 이것은 즉위의례의 일부라고 여길 수 있을 것이다. 그렇다면 왕 12년에 다시 국학에 가서 강의를 들었던 것도 친정의 시작과 관련된 의례적인 성격이라고 볼 여지도 있다. 그런데 중대 국학이 왕권의 강화와 연결된 관료세력들의 기반이었다는 사실[249]을 고려할 필요가 있겠다. 혜공왕이 친정 이후 국학에 가서 청강하였던 것은 왕권을 강화하려는 의도와 연결시킬 수 있을 것으로 여겨진다.[250]

혜공왕은 9년부터 11년까지 매년 두 차례에 걸쳐서 당에 사신을 파견하였다.[251] 이러한 사신 파견은 이례적인 것으로, 혜공왕이 당을 정치적으로 이용하려는 것으로 이해되고 있다.[252] 혜공왕 12년 두 차례에 걸친 사신

---

247) 이문기, 앞의 논문, 1999a, 813~817쪽.

248) 『삼국사기』 9, 신라본기9, 혜공왕 원년, "大赦 幸太學 命博士講尙書義".

249) 이기백, 「신라 골품제하의 유교적 정치이념」, 『대동문화연구』 6·7, 1970/『신라사상사연구』, 일조각, 1986.

250) 김수태, 『신라중대정치사연구』, 일조각, 1996, 129쪽.

251) 『삼국사기』 9, 신라본기9, 혜공왕 9년 하4월과 6월, 10년 하4월과 동10월, 11년 춘정월과 하6월 참고.

파견은 왕이 당과의 관련 속에서 왕권을 강화하기 위한 노력의 소산이 아니었을까 한다.[253]

이러한 일련의 움직임은 혜공왕이 친정을 시작한 이후 왕권을 강화하려고 하였음을 일러주고 있거니와, 같은 해 단행되었으리라고 여겨지는 오묘제의 개정도 이러한 맥락에서 파악할 수 있을 것이다. 그렇다면 혜공왕의 이러한 노력에 대한 진골귀족들의 반응은 어떠하였을까.

F. 봄 3월에 서울에 지진이 일어났다. 여름 4월에 또 지진이 일어났다. 상대등 양상이 왕에게 글을 올려 時政을 極論하였다. (『삼국사기』 9, 신라본기9, 혜공왕 13년)[254]

위의 사료 F에 따르면 상대등 김양상이 지진이 거듭되자 時政을 極論하였다고 한다. 여기의 지진은 단순한 자연재해를 의미하는 것이 아니라, 왕의 실정에 대한 하늘의 견책을 의미하는 것으로 해석된다.[255] 극론의 사전적 의미는 끝까지 캐어서 논한다는 뜻이다. 그러므로 김양상은 혜공왕의 정책이 잘못되었다고 국왕을 공격하였음을 알 수 있다.

한편 김양상이 상대등이었음을 고려하면 그가 국왕을 공격하였던 것은 그를 대표로 하는 화백회의와 무관하지 않았을 것이라는 짐작이 든다.[256]

---

252) 이기백, 「신라 혜공왕대의 정치적 변혁」, 『사회과학』 2, 1958/앞의 책, 1974, 234~235쪽.

253) 김수태, 앞의 책, 1996, 131쪽.

254) "春三月 京都地震 夏四月 又震 上大等良相上疏 極論時政".

255) 이기백, 「신라 집사부의 성립」, 『진단학보』 25·26·27, 1964/앞의 책, 1974, 165~166쪽 참고.

256) 상대등은 화백회의의 의장으로, 중고기에는 귀족세력의 대변자로서 왕권과 대립되는 존재였다가(이기백, 「상대등고」, 『역사학보』 19, 1962/위의 책, 1974, 96쪽), 중대에는 시중(중시)에게 권한을 양보하고 정치의 일선에서 물러나 방관자적인

김양상은 화백회의를 배경으로 왕권에 도전하였던 것이 아닌가 하는 것이다. 뿐만 아니라 김양상은 시정을 극론한 후에도 여전히 상대등의 지위를 유지하였다.[257] 이것은 이미 당시 정국의 주도권이 김양상과 그와 정치적 입장을 같이 하는 진골귀족세력(이하 김양상 세력[258]이라고 함)에게 넘어갔음을 일러준다고 보아도 큰 무리가 없을 듯하다.[259]

김양상이 극론하였다는 時政은 무엇이었을까. 대체로 혜공왕이 친정을 시작한 이후의 정책, 왕 12년 정월 이후의 정책과 관련이 깊을 것이다. 그 중에서도 왕권강화와 관련된 시책들이 그 대상이었을 것으로 여겨진다.[260] 그렇다면 혜공왕 12년 오묘제 개정을 둘러싸고 혜공왕과 김양상

입장에 있었다(이기백, 위의 책, 1974, 105~106쪽). 그런데 혜공왕 10년 김양상의 상대등 임명은 정치의 후면으로 물러났던 상대등이 정치의 일선에 재등장하였음을 의미한다(이기백, 위의 책, 1974, 111쪽).

257) 이와 관련하여 다음이 참고된다. 『삼국사기』 9, 신라본기9, 경덕왕 15년, "春二月 上大等金思仁 以比年災異屢見 上疏極論時政得失 王嘉納之".
경덕왕 15년에 상대등 김사인이 근년에 재이가 자주 나타났던 것을 계기로 왕에게 時政의 득실을 극론하였다고 한다. 김사인은 경덕왕의 정책을 강하게 비판하였거니와, 이것 역시 화백회의와 무관하지 않았을 것이다. 한편 경덕왕은 김사인이 올린 상소를 가납하였다고 한다. 하지만 『삼국사기』 9, 신라본기9, 경덕왕 16년조에서 알 수 있듯이, 1년 후 김사인은 상대등에서 물러난다. 김사인이 상대등에서 물러나는 표면상의 이유는 건강상의 문제였다고 되어 있지만, 15년의 時政 極論과 무관하지 않을 것이다. 아직 김사인을 대표로 하는 화백회의가 왕권을 능가하였던 것은 아니었다고 할 수 있다.

258) 김양상 세력으로는 김경신과 김주원 등을 들 수 있다(김수태, 앞의 책, 1996, 131~135쪽).

259) 이기백, 앞의 책, 1974, 234~235쪽.

260) 김양상의 '時政極論'을 혜공왕의 중대 왕권 복구운동에 대한 일련의 경고로 파악하였음(이기백, 위의 책, 1974, 236~237쪽 ; 김수태, 앞의 책, 1996, 125~135쪽)이 크게 참고된다. 이와 달리 이를 일련의 天變地異에 적절하게 대처하지 못한 국왕의 실정에 대한 충성된 신하로서의 비장한 간언으로 이해하기도 하고(이영호, 「신라 중대의 정치와 권력구조」, 경북대학교 박사학위논문, 1995, 34~45쪽), '極論時政'이라는 표현은 현실 정치의 문제점에 대한 직설적인 비판이라고 하면서 상대등인

세력 사이에 갈등이 있었을 것임을 짐작할 수 있다. 이러한 사정은 다음 사료를 통해서 좀더 구체적으로 살펴볼 수 있지 않을까 한다.

G. 1) ① 먼 훗날 37대 혜공왕 때 대력 14년 기미(779) 4월에 갑자기 회오리 바람이 유신공의 무덤에서 일어났다. 그 가운데 한 사람이 날쌘 말을 탔는데, 그 모양이 장군과 같았고 또한 갑옷을 입고 무기를 든 40명 가량의 군사가 그 뒤를 따라 죽현릉으로 들어갔다. 조금 있더니 왕릉 속에서 왁자지껄하면서 우는 듯한 소리가 났으며, 혹은 하소연하는 듯한 소리가 났다. 그 말소리는 "신이 정치를 돕고 평생동안 어려운 시국을 구하고 삼국을 통일한 공을 세웠습니다. 이제 혼백이 되어서도 나라를 수호하며, 재앙을 물리치고 환난을 구제하려는 마음은 잠시도 변함이 없습니다. 하오나, 지난 경술년에 신의 자손이 아무런 죄도 없이 죽음을 당하였고, 임금이나 신하들은 저의 공적을 생각지 않습니다. 신은 차라리 멀리 다른 곳으로 옮겨 가서 다시는 나라를 위해 애쓰지 않을까 하니, 바라옵건대 왕께서는 허락해 주십시오"라고 하였다. ② 왕이 대답하기를, "오직 나와 공이 이 나라를 지키지 않는다면 저 백성들은 어떻게 할 것인가? 공은 이전과 다름없이 힘쓰도록 하오"라고 하였다. 세 번이나 청해도 세 번 다 듣지 않자, 회오리 바람이 돌아가고 말았다.

김양상이 현실정치를 비판한 이유는 혜공왕이 주도하는 연합정치에 대한 반기로 볼 수 있다고 파악하기도 하지만(이문기, 앞의 논문, 1999a, 838쪽), 따르지 않는다. 한편 앞의 E에 따르면 혜공왕은 그 이듬해인 왕 12년 봄 정월 교서를 내려 '百官의 號'를 모두 옛 것으로 회복시키라고 하였다고 한다. 경덕왕 18년(759) 중국식으로 고쳤던 관직과 관부의 명칭(『삼국사기』 9, 신라본기9, 경덕왕 18년)을 원래의 명칭으로 환원하도록 한 것이다. 이에 대해서는 여러 가지 해석이 있지만(이기백, 위의 책, 1974, 238~247쪽 ; 이영호, 「신라 혜공왕대 정변의 새로운 해석」, 『역사교육논집』 13·14, 1990 ; 이영호, 위의 논문, 1995, 71~78쪽 ; 이문기, 위의 논문, 1999a, 825~827쪽), 이 조치가 혜공왕 10년 상대등에 임명되었던 김양상과 무관하지 않을 것으로 여겨지고 있다. 따라서 관호복고가 '極論'의 대상이었다고는 여겨지지 않는다.

김유신의 묘 | 『삼국사기』에는 김유신이 죽자 문무왕이 예를 갖추어 장례를 치르고 그의 공덕을 기리는 비를 세웠다고 전하며, 『삼국유사』에는 흥덕왕이 김유신을 흥무대왕으로 받들었다고 한다.

2) ① 왕은 이 소식을 듣고 두려워하여 ② 이에 대신 김경신을 보내 김공의 무덤에 가서 사과하였으며, 공을 위해 공덕보를 세우고 그 밑천으로 밭 30결을 취선사에 내려서 공의 명복을 빌게 하였다. 이 절은 김공이 평양(고구려)을 토벌한 후에 복을 빌기 위하여 세웠던 것이었기 때문이다.

3) ① 미추의 혼령이 아니었던들 김공의 노여움을 막지 못했을 것이므로, 왕이 나라를 수호한 힘은 크다고 아니할 수 없다. ② 그러므로 邦人들이 그 덕을 생각하여 ③ 三山과 동격으로 제사하고 (그 격을) 떨어뜨리지 않았고 ④ (그) 격을 오릉 (제사)의 위에 놓았다. ⑤ (미추왕릉을) 大廟라고 불렀다. (『삼국유사』 1, 기이1, 미추왕·죽엽군)[261]

261) “1) ① 越三十六世惠恭王代 大曆十四年己未四月 忽有旋風 從庾信公塚起 中有一人乘駿馬如將軍儀狀 亦有衣甲器仗者 四十許人 隨從而來 入於竹現陵 俄而陵中似有振動哭泣聲 或如告訴之音 其言曰 臣平生有輔時 救難匡合之功 今爲魂魄 鎭護邦國 攘災救患之心 暫無渝改 往者庚戌年 臣之子孫無罪被誅 君臣不念我之功烈 臣欲遠移他所 不復勞勤 願王允之 ② 王答曰 惟我與公不護此邦 其如民庶何 公復努力如前 三請三不許 旋風乃還 2) ① 王聞之懼 ② 乃遣上臣金敬信 就金公陵謝過

대릉원 | 13대 미추왕 이래 22대 지증왕에 이르기까지 김씨 왕과 귀족들의 묘역으로 여겨지며, 미추왕릉과 황남대총·천마총이 있다.

위의 사료 G는 이미 밝혀진 바와 같이, 혜공왕대 오묘제의 개정과 관련이 있을 것이다.[262] 우선 사료 G-3)⑤에 "(미추왕릉을) 大廟라고 불렀다"고 하였음이 주목된다. 대묘란 太廟라고도 하는데, 이것은 종묘의 시조묘(태조묘)를 가리킨다.[263] 그러므로 이는 미추왕이 오묘의 시조로 정해졌다는

焉 爲公立功德寶田三十結于鷲仙寺 以資冥福 寺乃金公討平壤後 植福所置故也 3) ① 非未鄒之靈 無以遏金公之怒 王之護國 不爲不大矣 ② 是以邦人懷德 ③ 與三山同祀而不墜 ④ 躋秩于五陵之上 ⑤ 稱大廟云".

262) 신종원, 앞의 책, 1992, 83쪽. 나희라는 미추왕·죽엽군 설화는 혜공왕대에 미추왕을 김성 시조왕으로 추앙하고 그의 묘를 시조묘로 승격시킨 당시의 제사정책과 관련이 있다고 파악하였다. 곧 미추왕에게 나라를 진호하는 靈力이 컸음과 그 영력의 진원지는 미추왕의 영혼이 머물고 있는 미추왕릉이라는 설화의 내용은 미추왕을 시조로, 미추왕릉을 시조묘로 승격시킨 혜공왕대의 제사제도의 재편과 관련이 있다는 것이다(앞의 논문, 1996, 148쪽).

263) 諸橋轍次, 『大漢和辭典』 3, 大修館書店, 1984, 444쪽.

의미로 파악해 볼 수 있다.

이미 살펴본 바와 같이, 미추왕이 시조이기 때문에 오묘의 수위에 모셔지고 '불훼지종'이 되었던 것은 혜공왕 12년이었다. 따라서 大曆 14년 4월, 즉 혜공왕 15년 4월에 이르러서야 미추왕릉이 대묘라고 불려졌다는 것은 미추왕을 오묘의 수위에 모신 것에 대한 갈등이 있었음을 알려주는 것으로 이해할 수 있지 않을까. 혜공왕 13년 김양상이 극론한 시정에는 오묘제의 개정이 포함되었을 것으로 헤아려 보게 되는 것이다.

한편 혜공왕 15년 미추왕을 오묘의 시조로 인정하였던 것은 사료 G-3)② 의 '邦人'이었을 것이다. 앞에서 살펴본 것처럼 혜공왕 13년 김양상이 시정을 극론하였던 것은 화백회의를 배경으로 한 것이었다고 생각된다. 따라서 미추왕에 대한 제사를 "三山과 동격으로 제사하고 (그 격을) 떨어뜨리지 않았고, (그) 격을 오릉 (제사)의 위에 놓았다"[264]는 것은 화백회의의 결정사항이었거나, 적어도 그 동의를 필요로 하였음을 지적할 수 있다. 이에 '방인'은 '國人'과 같은 말인데,[265] 화백회의를 구성하였던 진골귀족이었을 것으로 헤아려진다.[266] 미추왕이 오묘의 시조로 인정되었던 것은 김양상에

---

264) 채미하, 「『삼국사기』 제사지 신라조의 분석-신라 국가제사체계의 재검토와 관련하여」, 『한국고대사연구』 13, 1998, 225~226쪽.

265) 혜공왕 15년 미추왕을 시조로 인정한 邦人은 신라인 전체가 아닌 신라의 귀족, 특히 진골귀족으로 짐작해 볼 수 있지 않을까 한다. 그리고 이것은 『삼국사기』에 등장하는 국인으로 헤아릴 수 있을 것이다. 이와 관련하여 성덕왕을 추대하였다는 국인(『삼국사기』 8, 신라본기8, 성덕왕 즉위년)은 신라인 전체이기 보다는 신라의 귀족 특히 진골귀족이라고 여길 수 있다는 견해가 참고된다(김수태, 「신라 성덕왕·효성왕대 김순원의 정치적 활동」, 『동아연구』 3, 1983, 213쪽 및 앞의 책, 1996, 63쪽).

266) 井上秀雄이 "國人"은 화백회의를 구성한 진골귀족들이었다(「新羅 政治體制の變遷過程」, 『新羅史基礎研究』, 東出版, 1974, 432~433쪽)고 하였음이 주목된다. 아울러 성덕왕이 국인의 추대를 받았다는 것은, 화백회의의 모습을 전하는 것이라는 지적(김영미, 「성덕왕대 전제왕권에 대한 일고찰」, 『이대사원』 22·23 합집, 1988,

의해 주도되고 있었던 화백회의의 결정에 따른 것이 아니었을까 하는 것이다.

김양상 세력이 미추왕을 오묘의 수위로 인정한 이유는 무엇일까. 우선 혜공왕 12년 미추왕을 오묘의 수위로 모심으로써 미추왕에 대한 인식이 상당히 고조되어 있었기 때문이 아니었을까 한다.[267] 한편 당시 정국의 주도권은 김양상 세력에 의해 장악되고 있었다. 이러한 상황에서 미추왕을 오묘의 수위로 모신 왕권강화책이 효과를 볼 수 없었을 것이라는 점도 고려되었음직하다.

무엇보다도 김양상 세력의 입장에서 미추왕을 오묘의 수위로 인정함으로써 얻을 수 있었던 정치적 이득은 무엇인지를 생각해 볼 필요가 있겠다. 미추왕은 무열왕계뿐만 아니라 나물왕계에게도 '始封之君'의 의미를 지니고 있었다. 그렇다면 당시 김양상 세력이 미추왕을 오묘의 수위로 인정함으로써 무열왕계 독점의 중대 왕위계승에서 자유로워지지 않았을까 한다. 이는 김양상 세력이 이것을 인정함으로써 왕위계승에서 권리를 행사할 수 있음을 대내외적으로 인정받는 선언적 의미가 있지 않았을까 하는 것이다.

무열왕과 문무왕은 혜공왕의 직계 조상이다. 직계 조상을 '불훼지종'으로 모신다는 것에 대해 김양상 세력으로부터 강한 반발이 있었을 것으로 여겨진다. 그런데 김양상 세력은 혜공왕 15년 미추왕을 오묘의 수위로 인정할 때 태종대왕과 문무대왕의 신위 역시 '불훼지종'으로 인정하였을

379쪽 참고)이 참고된다.

267) 변태섭은 혜공왕 15년 김유신의 靈이 미추왕릉에 간 것은 미추가 혜공왕 12년에 오묘의 시조로 모셔졌기 때문이라고 하였고(앞의 논문, 1964, 62~63쪽), 나희라는 미추왕릉이 시조묘가 되었기 때문에 가능한 것이었다고 파악하였다(앞의 논문, 1996, 148쪽).

것으로 생각된다. 이는 애장왕 2년(801) 오묘제가 다시 바뀔 때까지 태종대왕과 문무대왕의 신위를 '불훼지종'으로 모시는 원칙이 그대로 유지되고 있는데서 짐작할 수 있다.[268)]

그렇다면 김양상 세력이 태종대왕과 문무대왕을 '불훼지종'으로 인정하였던 이유는 무엇일까. 우선 김양상 세력 역시 무열왕과 문무왕이 삼국통일에 큰 공덕이 있었다는 사실을 무시할 수 없었을 것이다. 그리고 당시의 정치적 상황 속에서는 혜공왕이 태종대왕과 문무대왕의 신위를 '불훼지종'으로 모신 왕권강화책이 큰 효과를 볼 수 없었다고 판단하였기 때문일 것이다.

뿐만 아니라 이는 당시 시중이었던 김주원 세력과도 관련있어 보인다. 김주원은 무열왕의 6세손으로 그 가계는 武烈王－文王－大莊－思人－惟正－周元으로 연결된다.[269)] 이러한 김주원은 중대말 혜공왕을 타도하기 위한 범나물왕계의 운동에 무열왕계로서는 이례적으로 협력하였다고 한다.[270)] 그리고 혜공왕 13년 김주원의 시중 임명은, 김양상이 혜공왕의 왕권강화책을 비판한 직후 이루어졌다는 점[271)]에서 나물왕계와 밀접한 관련 속에서

268) 『삼국사기』 10, 신라본기10, 애장왕 2년, "春二月 謁始祖廟 別立太宗大王・文武大王二廟 以始祖大王及王高祖明德大王・曾祖元聖大王・皇祖惠忠大王・皇考昭聖大王爲五廟".

269) 김정숙, 「김주원세계의 성립과 그 변천」, 『백산학보』 28, 1984, 150~158쪽.

270) 이기동, 「신라하대의 왕위계승과 정치과정」, 『역사학보』 85, 1980/앞의 책, 1984, 155쪽.

271) 이문기는 김양상이 혜공왕 13년 時政을 極論하여 혜공왕이 주도하는 연합정치에 대해 반기를 들자, 이에 대해 혜공왕은 侍中을 金順에서 무열왕계인 김주원으로 교체하고 왕 15년에는 始祖大王陵에서 발생한 사단을 계기로 味鄒王 추숭사업과 金庾信系의 결집을 위해 재차 노력한 것으로 보고 있다(앞의 논문, 1999a, 838~839쪽). 그러나 혜공왕 15년은 혜공왕권이 붕괴되어 더 이상 회복될 수 없는 상태였을 것이다. 그런 상황에서 혜공왕의 입장에서 侍中이 교체되었는지는 의문이 든다.

이루어졌다고 파악된다. 요컨대 김주원 세력을 포섭하기 위하여 혹은 그들과의 연계를 유지하기 위해 김양상 세력이 태종대왕과 문무대왕의 신위를 '불훼지종'으로 모시는 것에 동의하였던 것이 아닐까 하는 것이다.

이상에서 혜공왕이 왕권을 유지·강화하기 위하여 왕 12년 오묘제를 개정하였으리라는 점을 살펴보았다. 그리고 당시 정국의 주도권을 장악하고 있었던 김양상 세력은 개정 오묘제가 김양상을 비롯한 나물왕계의 왕위계승을 합리화할 수 있다는 점, 무열왕계 세력을 포섭할 수 있다는 점에서 그것을 인정하였던 것이다.

제4장 오묘제와 하대 왕권

제1절 선덕왕·원성왕대의 오묘제

김춘추가 관심을 가진 종묘제는 문무왕대에 수용되었고,[1] 신문왕대에는 오묘제가 시정되었다.[2] 그리고 혜공왕대에 그것은 개정되었다.[3] 개정 오묘제는 태조대왕 대신 미추왕을 오묘의 수위에 모시고, 태종대왕과 문무대왕의 신위를 '不毁之宗'으로 하고, 직계 2조의 신위를 모시는 것이었다. 신라 하대에도 예제상의 관행에 따라 왕이 즉위하고 얼마 있지 않은 시기에 오묘의 신위를 개편하는 것이 관례였을 것이다.

이와 관련해서 다음이 주목된다.

A. 1) 2월에 왕의 고조부 대아찬 법선을 현성대왕으로, 증조부 이찬 의관을 신영대왕으로, 할아버지 이찬 위문을 흥평대왕으로, 죽은 아버지 일길찬

---

1) 채미하, 「신라 종묘제의 수용과 그 의미」, 『역사학보』 176, 2002 및 제3장 제1절 참고.

2) 채미하, 「신라의 오묘제 '시정'과 신문왕권」, 『백산학보』 70, 2004 및 제3장 제2절 참고.

3) 이와 관련해서 다음의 글이 참고된다. 이문기, 「신라 혜공왕대 오묘제 개혁의 정치적 의미」, 『백산학보』 52, 1999 ; 채미하, 「신라 혜공왕대 오묘제의 개정」, 『한국사연구』 108, 2000.

효양을 명덕대왕으로 추봉하였다.…… 2) 성덕대왕과 개성대왕의 두 사당을 헐고 시조대왕, 태종대왕, 문무대왕 및 할아버지 흥평대왕과 아버지 명덕대왕으로써 오묘를 삼았다. (『삼국사기』 10, 신라본기10, 원성왕 원년)[4)]

우선 사료 A-2)에 따르면 원성왕이 오묘의 신위를 개편하고 있음을 알 수 있다. 곧 선덕왕대 오묘에 모셔진 성덕대왕과 개성대왕의 신위를 옮기고, 시조대왕·태종대왕·문무대왕의 신위와 자신의 조·부인 흥평대왕과 명덕대왕의 신위를 모셨다. 그런데 사료 A-1)에 따르면 원성왕은 즉위하자마자 직계 4조를 추봉하였다고 한다. 왕위에 즉위한 국왕이 왕위에 오르지 못했던 직계 조상을 대왕으로 추봉하였던 것은 이들을 오묘에 모시기 위한 조처라고 한다.[5)] 그러하다면 대왕 추봉과 거의 동시에 오묘에 대한 개편이 이루어진 것으로 짐작되어진다.

사료 A-2)에서 선덕왕대 오묘의 신위로 모셔진 개성대왕은 선덕왕의 父인 孝芳으로 선덕왕이 즉위하자마자 추봉되었다.[6)] 아마도 선덕왕 역시 즉위한 후 얼마 있지 않아 오묘의 신위를 개편하였을 것으로 여겨진다. 이러한 선덕왕대의 오묘에는 시조대왕과 태종대왕, 문무대왕의 신위가 '불훼지종'으로 모셔졌을 것이다. 그리고 혜공왕대에 모셔진 성덕대왕의 신위는 그대로 두고 경덕대왕의 신위를 옮기면서 대신 부인 개성대왕의 신위를

4) "1) 二月 追封高祖大阿湌法宣爲玄聖大王 曾祖伊湌義寬爲神英大王 祖伊湌魏文爲興平大王 考一吉湌孝讓爲明德大王…… 2) 毁聖德大王·開聖大王二廟 以始祖大王·太宗大王·文武大王及祖興平大王·考明德大王爲五廟".

5) 米田雄介는 오묘에 列祀될 수 있는 자격은 大王號를 가지는 직계 조상이어야 한다고 하였다(「三國史記に見える新羅の五廟制」, 『日本書紀研究』 15, 塙書房, 1987, 318쪽). 그리고 선덕왕·원성왕대의 오묘제와 관련해서 채미하, 「신라 하대의 오묘제」, 『종교연구』 25, 2001, 124~130쪽 참고.

6) 『삼국사기』 9, 신라본기9, 선덕왕 즉위년, "追封父爲開聖大王".

모셨을 것이다.

개정 오묘제에서는 미추왕을 시조대왕으로 삼고 있다. 미추왕은 무열왕계뿐만 아니라 나물왕계에게도 '始封之君'의 의미를 지니고 있었다. 김양상을 대표로 하는 나물왕계에서는 이를 인정함으로써 무열왕계가 독점한 왕위계승에서 자유로워질 수 있었다고 여겨진다.[7] 선덕왕 김양상은 나물왕 10세손,[8] 원성왕 김경신은 나물왕 12세손[9]이었다. 나물왕계로 왕위에 오른 선덕왕과 원성왕은 미추왕, 곧 시조대왕을 통해 김씨왕실의 실질적인 왕위계승권자임을 내세웠을 것이다.

개정 오묘제에서는 태종대왕과 문무대왕의 신위를 '불훼지종'으로 삼았다. 무열왕과 문무왕은 무열왕계를 대표하는 왕들이다. 예제상 태조(시조) 이외에 직계를 '불훼지종'으로 하는 것은 자기 가계의 왕통 유지와 관련된 것이었다. 그럼에도 불구하고 나물왕계를 표방한 선덕왕과 원성왕은 태종대왕과 문무대왕의 신위를 '불훼지종'으로 모셨다.[10] 그 이유는 무엇일까.

선덕왕 김양상과 원성왕 김경신은 개정 오묘제에서 태종대왕과 문무대왕의 신위를 '불훼지종'으로 모시는 것에 동의하였다. 이것은 무열왕과

---

7) 채미하, 앞의 논문, 2000, 53쪽.

8) 『삼국사기』 9, 신라본기9, 선덕왕 즉위년, "宣德王立 姓金氏 諱良相 奈勿王十世孫也".

9) 『삼국사기』 10, 신라본기10, 원성왕 즉위년, "元聖王立 諱敬信 奈勿王十二世孫". 한편 원성왕을 선덕왕의 弟라고도 한다(『삼국사기』 10, 신라본기10, 원성왕 즉위년). 그리고 太祖 星漢과의 세대수를 기준으로 하여 본다면 원성왕은 나물왕의 17세손이어야 한다. 이처럼 원성왕의 세계에는 의문이 남아 있다(이기동, 「신라 하대의 왕위계승과 정치과정」, 『역사학보』 85, 1980/『신라골품제사회와 화랑도』, 일조각, 1984, 151쪽).

10) 기왕의 연구에 따르면 선덕왕과 원성왕이 태종대왕과 문무대왕을 '不毁之宗'으로 모신 이유는 개정 오묘제의 원칙을 준수하였기 때문이라고 한다(변태섭, 「묘제의 변천을 통하여 본 신라사회의 발전과정」, 『역사교육』 8, 1964, 70~71쪽 ; 나희라, 「신라의 종묘제 수용과 그 내용」, 『한국사연구』 98, 1997, 77~78쪽).

문무왕이 삼국통일에 큰 공이 있었기 때문이었다. 그리고 후술되겠지만, 김양상과 김경신은 왕위에 오른 뒤에도 김주원 세력으로부터 자유롭지 못하였다. 따라서 선덕왕과 원성왕은 김주원 세력을 포섭하기 위하여 혹은 그들과의 연계를 위해 태종대왕과 문무대왕의 신위를 '불훼지종'으로 모셨던 것으로 짐작되어진다.[11)]

한편 개정 오묘제에서는 직계 2조의 신위를 모시는 것이 원칙이었다. 선덕왕의 직계 2조는 祖인 원훈과 父인 효방이다. 그런데 부인 개성대왕의 신위만을 오묘에 모셨고 조인 원훈을 대신하여 외조인 성덕대왕의 신위가 오묘에 모셔졌다. 이것은 개정 오묘제의 원칙에서 어긋나는 것이다. 그러하다면 선덕왕이 외조인 성덕대왕의 신위를 오묘에 모셨던 이유는 무엇일까.[12)]

선덕왕 김양상은 혜공왕을 시해하고 즉위하였는데,[13)] 이 과정에서 김주원 세력의 도움을 받았다.[14)] 뿐만 아니라 선덕왕의 어머니는 四炤夫人, 곧 貞懿太后로 성덕왕의 딸이다.[15)] 선덕왕은 무열왕의 후손이기도 하였던

---

11) 채미하, 앞의 논문, 2000, 53~54쪽.

12) 선덕왕이 친조가 아닌 외조를 모신 이유를 자기 혁명에 대한 변명과 명분으로(변태섭, 앞의 논문, 1964, 70~71쪽), 그리고 왕위계승에 있어 어머니쪽의 영향을 받아 別系로 즉위한 선덕왕이 무열왕계와의 관계를 드러내기 위한 것으로(井上秀雄, 「新羅の始祖廟」, 『朝鮮朝鮮史序說－王者と宗教』, 寧樂社, 1978, 72쪽 ; 최병헌, 「신라 하대사회의 동요」, 『한국사』 3, 국사편찬위원회, 1981, 435~436쪽 ; 浜田耕策, 「新羅の神宮と百座講會と宗廟」, 『東アジア世界における日本古代史講座－東アジアにおける儀禮と國家』, 學生社, 1982, 246쪽 ; 米田雄介, 앞의 논문, 1987, 326쪽 ; 나희라, 「한국 고대의 신관념과 왕권－신라왕실의 조상제사를 중심으로」, 『국사관논총』 69, 1996, 150쪽) 볼 수 있다.

13) 이와 관련된 대표적인 견해는 이기백, 「신라 혜공왕대의 정치적 변혁」, 『사회과학』 2, 1958/『신라 정치사회사 연구』, 일조각, 1974, 237쪽 ; 이기백, 「신라 상대등고」, 『역사학보』 19, 1962, 118쪽 참고.

14) 이기동, 앞의 책, 1984, 155쪽.

괘릉 | 원성왕릉으로 추정되는 이 능은 통일시대의 능묘제도를 가장 잘 갖추고 있으며, 석물의 조각 수법 또한 매우 뛰어나다.

것이다. 따라서 선덕왕이 외조인 성덕대왕의 신위를 오묘에 모신 것은 무열왕계인 김주원 세력을 의식하였기 때문으로 짐작할 수 있는 것이다.[16] 무열왕계를 대표하는 태종대왕과 문무대왕의 신위를 '불훼지종'으로 모신 것 역시 이 때문이었을 것이다.

원성왕대의 오묘에는 개정 오묘제의 원칙에 따라 직계 2조를 모셨다. 이는 개정 오묘제의 원칙에 맞는 것이다. 그런데 앞의 사료 A-1)에 따르면 원성왕은 즉위하자마자 직계 4조를 추봉하였음을 알 수 있다.[17] 추봉된

15) 『삼국사기』 9, 신라본기9, 선덕왕 즉위년, "母金氏 四炤夫人 聖德王之女也……尊母金氏爲貞懿太后".

16) 이와 관련해서 김경애, 「신라 원성왕의 즉위와 하대 왕실의 성립」, 경희대학교 석사학위논문, 2001, 32~33쪽/『한국고대사연구』 41, 2006.

17) 원성왕의 직계 4친은 고조 대아찬 法宣, 증조 이찬 義寬, 祖 이찬 魏文, 考 일길찬 孝讓이다(『삼국사기』 10, 신라본기10, 원성왕 원년). 『삼국유사』 2, 기이2, 원성대왕조에는 父를 孝讓 大角干(『삼국사기』 3, 탑상4, 鍪藏寺彌陁殿條에는 孝讓 大阿干), 祖는 訓入 迊干, 曾祖를 義官 迊干, 高祖를 法宣 大阿干, 法宣의 父를 摩叱次

직계 조상들은 오묘에 모셔질 수 있는 자격이 있었다. 그러하다면 원성왕이 직계 4조를 추봉한 것은 개정 오묘제를 바꾸기 위한 의도가 있었던 것으로 짐작해 볼 수 있는 것이다.[18)]

김경신은 김주원을 물리치고 왕위에 즉위하였다.[19)] 따라서 원성왕은 선덕왕과는 달리 오묘의 신위를 구성할 때 김주원 세력으로부터 자유로울 수 있지 않았을까 한다. 그렇지만 원성왕은 태종대왕과 문무대왕의 신위를 '불훼지종'으로 하고 직계 2조의 신위만을 오묘에 모시고 있다.

원성왕이 즉위하자 김주원은 명주로 퇴거하였다고 한다.[20)] 그런데 원성왕은 왕 6년에 김주원의 장자인 종기를 시중으로 삼았다.[21)] 이것은 김주원 세력에게 시중직을 할애함으로써 그들의 정치적 반발을 무마시키고자 하는 정치적 목적이 있었기 때문이었을 것이다.[22)] 또한 왕 10년에 봉은사를

迊干이라 하였다.

18) 원성왕이 직계 4祖를 추봉한 것을 김주원을 물리치고 왕위에 오른 원성왕 가계의 권위를 높이기 위한 조처로 여기기도 한다(이종욱, 「신라시대의 혈족집단과 상속」, 『역사학보』 121, 1989, 60쪽 ; 이명식, 「신라 원성왕계의 분지화와 왕권붕괴」, 『장충식박사화갑기념논총(역사학편)』, 1992, 81쪽). 한편 4祖를 추봉 대왕한 것은 오묘제의 관념에서 나온 것으로 신라가 중국의 영향을 받아 家祖 중시의 관념이 발달하였음을 증명하는 것이라고 한다(변태섭, 앞의 논문, 1964, 71쪽). 그리고 원성왕이 직계 4祖를 추봉하고 있는 것으로 볼 때 원성왕은 선덕왕과는 다른 분파의식을 가지고 있었다고도 한다(최병헌, 앞의 논문, 1981, 436쪽).

19) 『삼국사기』 10, 신라본기10, 원성왕 즉위년과 『삼국사기』 2, 기이 2, 원성대왕 참고. 이기동은 『삼국사기』의 내용이 보다 사실에 가까운 것으로 생각된다고 하였다(앞의 논문, 1980/앞의 책, 1984, 150쪽).

20) 『新增東國輿地勝覽』 44, 江陵大都護府 人物條, "周元懼禍退居溟州 遂不朝請".

21) 『삼국사기』 10, 신라본기10, 원성왕 6년, "春正月 以宗基爲侍中".

22) 오성, 「신라 원성왕계의 왕위 교체」, 『전해종박사화갑기념사학논총』, 1979, 615쪽. 그런데 김주원계의 입장에서는 시중직을 발판으로 자기들의 독립적인 세력을 이룩하려고 하였을 것이다(윤병희, 「신라 하대 균정계의 왕위계승과 김양」, 『역사학보』 96, 1982, 59쪽). 하대의 시중이란 전제왕권의 지지자이기보다는 오히려 독립적인 귀족세력의 정치적 발판 구실을 하였던 것으로 여겨지기 때문이다(이기백, 「신라

始創하였다.[23] 이것은 신라 중대에서 하대로의 정치적 변혁기에 폐사된 봉은사(중대의 진지대왕사)를 중창한 것이다.[24] 이처럼 원성왕이 중대 왕실의 원당의 성격을 지닌 봉은사를 다시 진지왕의 追福之所로 삼은 것은 김주원 세력에 대한 정치적 배려에서 나온 것으로 여겨진다.[25]

이로 볼 때 김주원 세력은 여전히 원성왕의 입장에서는 무시할 수 없었다고 생각된다. 따라서 원성왕은 이들 세력을 회유·포섭하려고 하였던 것이다.[26] 그러하다면 원성왕이 비록 직계 4조를 추봉하였지만, 태종대왕과 문무대왕의 신위를 '불훼지종'으로 하고 직계 2조의 신위만을 오묘에 모셨던 것은 김주원 세력을 상징적으로 배려한 것으로 헤아려지는 것이다.[27]

그런데 원성왕이 즉위한 직후 그의 아버지 효양이 그에게 전해주었다는 만파식적 곧 중대 왕권의 상징이 원성왕에 의해 다시 부각되었다.[28] 이 설화는 원성왕이 왕자로서의 권위를 높이고 자신의 정통성을 내세워 왕위

하대의 집사성」, 『신라 정치사회사 연구』, 일조각, 1974, 181~182쪽).

23) 『삼국사기』 10, 신라본기10, 원성왕 10년, "秋七月 始創奉恩寺".

24) 이영호, 「신라 중대 왕실사원의 관사적 성격」, 『한국사연구』 43, 1983, 85~86쪽 ; 채상식, 「신라 통일기의 성전사원의 구조와 기능」, 『부산사학』 8, 1984, 15~16쪽.

25) 채상식, 위의 논문, 1984.

26) 이와 관련해서 김경애, 앞의 논문, 2001, 27~28쪽 참고.

27) 원성왕이 직계 4祖를 추봉했음에도 불구하고 직계 2祖만을 모신 이유를 원성왕이 무열왕의 혈통을 이은 김주원을 누르고 즉위한 별계의 김씨였기 때문이었다고 하는 견해도 있다(浜田耕策, 앞의 논문, 1982, 246~247쪽). 한편 최재석은 대왕 추봉의 범위와 오묘의 신위 범위와의 불일치 자체를 신라 고유의 문화와 중국의 문화를 받아들임에서 생겨난 하나의 불균형 내지 의미의 不通으로 생각하고 있다(「신라시대의 사회변동」, 『한국고대사회사연구』, 일지사, 1987, 571쪽). 井上秀雄은 태조대왕과 태종대왕·문무대왕의 靈을 제사하는 3묘 외에 2개의 친묘 즉 祖父 및 亡父의 靈을 제사하는 오묘의 형식이 원성왕대에만 혜공왕대의 諸神과 같으므로 원성왕대 오묘제가 확립되었다고 보고 있다(앞의 책, 1978, 70~72쪽).

28) 『삼국유사』 2, 기이2, 원성대왕.

계승을 합법적인 것으로 하기 위한 의도를 갖고 있었음을 짐작하게 한다.[29] 또한 이것은 김주원 세력을 극복하려고도 하였음을 말해주는 것으로 헤아려 볼 수 있는 것이다.[30]

그리고 원성왕은 왕과 태자를 정점으로 하여 극히 좁은 범위의 근친 왕족들을 상대등, 시중, 병부령, 재상 등에 임명하여 직계친들에게 요직을 집중시켰다.[31] 이를 통해 원성왕은 자신의 왕권을 강화하고 왕실을 안정시켜 나갈 수 있었던 것이다.

이상에서 선덕왕과 원성왕은 오묘의 신위를 구성할 때 김주원 세력으로부터 자유롭지 못하였음을 알 수 있었다. 그렇지만 원성왕은 직계 4조를 추봉하여 개정 오묘제를 바꾸려고도 하였다. 이것은 원성왕대의 오묘제가 선덕왕대의 오묘제와는 구별된다는 것을 보여주는 것으로 헤아려진다.

제2절 애장왕대 오묘제의 경정

1. 오묘제의 경정과 그 내용

다음은 애장왕대의 오묘제 관련 기사이다.

A. 봄 2월에 왕이 시조묘에 배알하였다. 태종대왕과 문무대왕이 두 사당을

29) 여기에는 "지배계층의 강한 정치적 목적"이 반영된 것으로(김상현, 「만파식적설화의 형성과 의의」, 『한국사연구』 34, 1981, 3~12쪽), 이를 "정당한 왕위 계승자인 김주원과의 대립에서 權道로 왕위를 쟁취하고 두 번째 왕이 된 원성왕의 즉위가 人謀에 의한 것이 아니라 天意이고 天恩에 의한 것임을 만파식적의 신성함을 빌려 강조하고, 이로써 그의 즉위를 정당화하고 있음이 확실하다"고 하였다(김상현, 위의 논문, 1981, 17~18쪽).

30) 이에 대해서 김경애, 앞의 논문, 2001, 28~32쪽 참고.

31) 이기동, 앞의 책, 1984, 152~153쪽.

따로 세우고[別立] 시조대왕과 왕의 고조 명덕대왕, 증조 원성대왕, 할아버지 혜충대왕, 아버지 소성대왕으로 오묘를 삼았다. (『삼국사기』 10, 신라본기10, 애장왕 2년)[32)]

사료 A에 따르면 애장왕 2년(801)에 태종대왕과 문무대왕의 신위를 別立하고, 시조대왕과 애장왕의 고조, 증조, 祖, 考의 직계 4조의 신위를 오묘에 모셨음을 알 수 있다. 혜공왕대 개정된 오묘제가 다시 애장왕대 개정되었거니와,[33)] 이 점에서 애장왕대 개정된 오묘제는 更定 오묘제라고 할 수 있다.[34)]

경정 오묘제에서는 개정 오묘제와 마찬가지로 오묘의 수위에 미추왕을 시조대왕으로 모시고 있다. 이와 관련하여 다음도 참고가 된다.

B. 지금 세간에서 왕의 능을 시조당이라고 하는 것은 김씨로서 처음으로 왕위에 올랐기 때문이며, 후대의 모든 김씨 왕들[後代金氏諸王]이 미추로써 시조를 삼는 것은 당연하다. (『삼국유사』 1, 기이1, 미추왕・죽엽군)[35)]

---

32) "春二月 謁始祖廟 別立太宗大王・文武大王二廟 以始祖大王及王高祖明德大王・曾祖元聖大王・皇祖惠忠大王・皇考昭聖大王爲五廟".

33) 『三國史節要』에는 '改五廟之制'로 나온다. 『三國史節要』 13, 辛巳(애장왕 2년), "春二月 改五廟之制 以始祖大王 高祖明德王 曾祖元聖王 皇祖惠忠王 皇考昭聖王爲五廟 別立太宗王文武王爲二廟".

34) 『東史綱目』에는 '更定五廟'로 풀이하고 있다. 『東史綱目』 5상, 辛巳(애장왕 2년), "春二月 更定五廟 遷太宗文武之室于別廟(王謁始祖廟 別立太宗文武二廟 以始祖及王高祖明德曾祖元聖皇祖惠忠皇考昭聖大王爲五廟)". 그리고 애장왕대 오묘제와 관련해서 채미하, 「신라 하대의 오묘제」, 『종교연구』 25, 130~141쪽 참고.

35) "今俗稱王之陵爲始祖堂 蓋以金氏始登王位故 後代金氏諸王 皆以未鄒爲始祖宜矣".

사료 B에 따르면 일연은 '後代金氏諸王'들이 미추왕을 시조로 삼았던 것은 올바른 것이었다고 평가하고 있다.[36] 여기서 '후대김씨제왕'은 김씨로서는 최초로 왕위에 오른 미추왕을 시조대왕으로 확정하여 오묘의 수위에 모시게 된 '혜공왕 이후의 김씨 모든 왕들'을 의미하는 것으로 여겨진다.[37] 이로 볼 때 경정된 오묘제에서도 오묘의 수위에는 시조대왕인 미추왕이 그 자리를 차지하였다고 헤아려진다.[38] 이를 통해 왕위에 즉위한 신왕들

---

36) 이문기, 「신라 혜공왕대 오묘제 개혁의 정치적 의미」, 『백산학보』 52, 1999a, 804~805쪽 ; 이문기, 「신라 김씨 왕실의 소호금천씨 출자 관념의 표방과 변화」, 『역사교육논집』 23 · 24, 1999b, 673~674쪽. 한편 이종태는 후대 諸王이 모두 미추로서 시조라 하였음은 마땅하다고 한 것은 일연의 생각을 밝힌데 불과하다고 하였다(「신라의 시조와 태조」, 『백산학보』 52, 1999, 12쪽).

37) 신종원, 「삼국사기 제사지 연구」, 『사학연구』 38, 1984 ; 「신라 사전의 성립과 의의」, 『신라초기불교사연구』, 민족사, 1992, 83쪽.

38) 그런데 다음이 주목된다. 한국고대사회연구소편, 「興德王陵碑碑片」, 『역주 한국고대금석문』 3(신라2 · 발해편), 1992, 421쪽, "太祖星漢 卄四代孫".
「흥덕왕릉비」는 872년 직후에 건립된 것으로(이기동, 「라말려초 근시기구와 문한기구의 확장–중세적 측근정치의 지향」, 『역사학보』 77, 1978/『신라 골품제사회와 화랑도』, 일조각, 1984, 240쪽), 신라의 태조가 星漢임을 보여주는 가장 분명한 자료이다. 흥덕왕은 태조 星漢을 자신의 24代祖로 인식하고 있다. 이것은 「문무왕릉비」의 세대수 기록과 현저한 차이가 있다(이기동, 「신라 태조 성한의 문제와 흥덕왕릉비의 발견」, 『대구사학』 15 · 16, 1978/위의 책, 1984, 374쪽). 태조 성한은 오묘제가 개정되기 전까지 중대의 오묘제에서 首位를 차지하였다. 그러하다면 오묘제가 개정된 이래 오묘의 首位에 시조대왕인 미추를 모시고 있음에도 불구하고 흥덕왕이 태조 성한을 인식하고 있었던 이유는 무엇일까. 이와 관련해서 다음의 견해가 관심을 끈다. 이종욱은 "신라인의 世系는 왕위계승의 계보와는 기본적으로 별계의 것으로 보아야 한다. 그것은 세계가 혈연 · 친족의 계승관계를 나타내 주는 것이고 왕위계승의 계보는 지위를 이어 나가는 관계를 보여주는 것이기 때문이다. 즉, 혈연 · 친족의 성원권 결정원리와 정치적 지위 계승은 별계의 것으로 다루어야 한다. 단지 왕위계승도 왕을 배출하던 친족집단의 지위계승원리를 따른 것이므로 친족성원권의 계승과 일치하는 면과 관계가 깊기는 하다. 그러나 왕위계승의 원리에는 권력구조 속에서 나타난 정치적인 변수 등 친족 계승과는 다른 주요한 측면이 있음을 상기할 필요가 있다"고 한다(「신라인의 세계인식」, 『동아연구』 17, 1989, 12쪽). 이로 볼 때 흥덕왕이 인식한 태조 성한은 혈연적인 계승관계를 표현한

종묘 영녕전 | 조선시대의 별묘로, 종묘 正殿에서 옮겨온 신위를 모셨다.

은 자신이 김씨왕실의 실질적인 왕위계승권자임을 내세웠을 것이다.

경정 오묘제에서는 개정 오묘제에서 '불훼지종'으로 삼았던 태종대왕과 문무대왕의 신위를 別廟로 두고 있다. 별묘는 종묘 외에 따로 세워진 묘라고 한다.[39] 당,[40] 그리고 고려[41]·조선[42]의 별묘 역시 종묘와는 별도의 묘로

것으로 짐작되어진다. 그러하다면 중대에 오묘의 首位에 모셔진 태조대왕은 왕위계승의 계보라는 측면이 아닌 혈연계승관계에서 파악되었다고 여길 수 있는 것이다. 이것은 「김인문비」에 태조 漢王이 나오고 있는 데서도 알 수 있을 것이다. 때문에 太祖 星漢은 오묘제가 개정되면서 김씨 왕위계승 계보가 강조되는 시조대왕인 미추로 바뀐 것으로 헤아려진다.

39) 羅竹風篇, 『漢語大詞典』 2, 漢語大詞典出版社, 1994, 632쪽.

40) 唐의 中宗과 睿宗은 모두 高宗의 아들로 형제지간이었다. 開元 4년(716 : 성덕왕 15) 예종이 죽자 중종이 후사가 없었다는 이유로 태묘의 서쪽에 別廟를 세우고 예종의 신위를 모셨다고 한다. 이와 관련해서 戶崎哲彦, 「唐代における太廟制度の變遷」, 『彦根論叢』 262·263, 1989, 384~388쪽 ; 나희라, 「신라의 종묘제 수용과 그 내용」, 『한국사연구』 98, 1997, 80쪽 주 76 참고.

종묘에서 옮겨진 신위를 봉안하는 곳이었다. 그렇다면 신라의 별묘 역시 시조와 왕의 직계 4조의 신위를 모신 오묘의 범주 외에 두어진 것으로 짐작해 볼 수 있을 것이다.[43] 그렇지만 신라의 별묘에는 당, 고려, 조선과는 달리 오묘에서 옮겨지는 신위들은 모셔지지 않았던 것으로 여겨진다.[44] 그러하다면 신라의 별묘는 삼국통일에 큰 공이 있었던 태종대왕과 문무대왕의 신위만을 모셨던 것으로 헤아려진다.

마지막으로 경정 오묘제에서는 직계 2조의 신위가 아닌 직계 4조의 신위를 모시고 있다. 이 중 고조인 명덕대왕의 신위는 소성왕대의 오묘[45]에서는

---

41) 『고려사』 61, 지15, 예3, 別廟, "毅宗時太廟太祖惠宗顯宗文宗順宗宣宗肅宗睿宗仁宗 別廟定宗光宗景宗成宗穆宗德宗靖宗".

42) 조선의 永寧殿은 종묘가 '태조를 시조로 하는 오묘제'의 시행을 확정하게 됨으로써 태조 이상의 追王 4祖에 대한 제사를 위해 별도로 건립된 祠廟였다(『세종실록』 11, 3년 4월 戊午). 이후 역대 왕들이 사망해 종묘에서 옮겨지면 그로 인해 영녕전에는 親盡된 신주들로 각 실이 채워졌다. 이러한 영녕전은 親盡된 전대의 왕을 봉안하는 국가적 차원의 별묘로 여길 수 있을 것이다.

43) 浜田耕策, 「新羅の神宮と百座講會と宗廟」, 『東アジア世界における日本古代史講座－東アジアにおける儀禮と國家』, 學生社, 1982, 248쪽. 그런데 나희라는 애장왕대 별묘의 존재는 천자 7묘와의 근접성을 잃지 않은 종묘 구성을 보여준다고 하였다. 곧 신라의 종묘 구성은 혜공왕대부터 천자 7묘의 구성원리를 참조하였고 애장왕대에 가면 아주 흡사하게 되었다고 한다. 애장왕대 종묘 구성 원칙의 변화는 廟數의 증가를 가져왔으며 신라에서는 당과의 관계를 고려하여 별묘라는 형태로 不毁之廟를 설정하여 제사 대상의 수를 늘리는 절충안을 생각한 것으로 파악하였으나(「한국 고대의 신관념과 왕권－신라왕실의 조상제사를 중심으로」, 『국사관논총』 69, 1996, 150쪽 ; 앞의 논문, 1997, 78~79쪽), 따르지 않는다.

44) 이와 관련해서 다음이 주목된다. 『세종실록』 11, 세종 3년 4月 26일(戊午)에 따르면 許稠가 "고려조에는 태조 이상은 祧遷된 신주를 간직한 곳이 없고, 다만 태조의 아버지만을 추존하여 世祖라 하고 陵所에서 제사를 지내고, 태조 이하의 祧遷된 신주는 모두 여러 능소에서 제사를 지냈습니다"라고 하였다. 이것은 고려초까지 종묘에서 옮겨지는 신위들은 그들의 능소에서 제사지냈다는 것을 알 수 있는 것이다. 이로 본다면 신라의 경우 오묘에서 옮겨지는 신위들은 별묘에 모셔지지 않고 능소에서 제사지내졌을 것으로 여겨진다.

옮겨졌을 것으로 여겨지는데 오묘제가 경정되면서 다시 모셔졌다.[46] 그리고 개정 오묘제의 원칙에 따른다면 원성대왕의 신위는 오묘에 모셔질 수 없었다. 그런데 오묘제가 경정되면서 원성대왕의 신위가 오묘에 모셔지게 되었다. 개정 오묘제에서 경정 오묘제까지의 오묘의 신위를 추정하여 제시하면 다음 <표 4-1>과 같다.

<표 4-1> 개정 오묘제~경정 오묘제까지의 오묘 신위

王代	王名	不毁之宗		親廟				別廟
				高祖	曾祖	祖	父	
36	혜공왕	미추왕	태종대왕 문무대왕			성덕대왕	경덕대왕	
37	선덕왕	시조대왕	태종대왕 문무대왕			(외조) 성덕대왕	개성대왕	
38	원성왕		태종대왕 문무대왕			흥평대왕	명덕대왕	
39	소성왕	시조대왕	태종대왕 문무대왕			원성대왕	혜충대왕	
40	애장왕	시조대왕		명덕대왕	원성대왕	혜충대왕	소성대왕	태종대왕 문무대왕

45) 원성왕의 뒤를 이은 소성왕은 父인 仁謙을 惠忠大王으로 추봉하고 있다(『삼국사기』 10, 신라본기10, 소성왕 원년). 아마도 소성왕대의 오묘에는 원성왕대 오묘에 모셔진 興平大王과 明德大王의 묘 대신 祖인 원성대왕의 묘와 父인 惠忠大王의 묘가 모셔졌을 것이다(나희라, 1997, 앞의 논문, 81~82쪽). 한편 米田雄介는 소성왕대의 5神主는 시조・태종・문무대왕과 증조인 明德大王, 조부인 원성대왕으로 이루어진 것으로 파악하고 있다(「三國史記に見える新羅の五廟制」, 『日本書紀研究』 15, 塙書房, 1987, 321쪽). 그러나 혜공왕대 2친묘의 원칙을 분명히 祖와 考로 밝히고, 그 외 신문왕이나 애장왕의 경우 4친묘도 고조, 증조, 祖, 考 등 4대 직계 존속으로 규정하고 있으므로 소성왕대 祖 원성왕, 考 惠忠大王이 종묘를 구성하였다고 볼 수 있다.

46) 나희라, 위의 논문, 1997, 81~82쪽. 그리고 혜공왕은 즉위하자마자 개편한 오묘에서 옮겼던 태종대왕의 廟를 왕 12년 오묘제 개정 때 '不毁之宗'으로 삼고 있다. 그리고 고려 문종대에 옮겨졌던 혜종의 신위가 의종대에 '不遷之主'로 모셔지기도 한다(『고려사』 예지 吉禮 太廟의 太廟禘祫儀와 太廟四孟月及親獵享儀).

2. 오묘제 경정의 의미

애장왕은 13세로 즉위하였는데, 당시 병부령이었던 김언승이 섭정하였다.[47] 그리고 왕은 18세가 되는 해인 왕 6년(805)에 친정을 시작한 것으로 여겨진다.[48] 애장왕대의 오묘제 경정은 김언승이 섭정하고 있었던 왕 2년(801)의 일이었다.

김언승은 원성왕 6년(790)에 대아찬이 되었고 왕 7년에 역신을 주살한 공로로 잡찬으로 승진했으며 그 후 왕 10년 2월 시중에 임명되었다가 왕 11년에 이찬으로 재상이 되고 곧 이어 왕 12년 4월에는 병부령에 올랐다.[49] 그리고 오묘제가 경정되고 얼마 있지 않아 애장왕 2년에 일종의 섭정부로 생각되는 御龍省의 장관인 私臣職을 장악하여[50] 자신의 권력기반으로 삼았다.[51] 이어 상대등에 올라 어룡성 사신·병부령 등 3개의 추요직을 겸직하면서 섭정의 자리를 유지하였다.[52] 이로 본다면 오묘제 경정은 당시 섭정을 한 김언승이 주도하였던 것으로 여길 수 있을 것이다.[53] 그러하다면 김언승이 오묘제를 경정한 이유는 무엇이었을까.

---

47) 『삼국사기』 10, 신라본기10, 애장왕 즉위년, "哀莊王立 諱淸明 昭聖王太子也……卽位時年十三歲 阿飡兵部令彦昇攝政".

48) 애장왕 6년 1월에 와서 비로소 왕모 김씨를 王大后, 왕비 박씨를 왕후로 봉하였던 것을 이때에 김언승의 섭정이 끝나고 애장왕이 친정한 것으로 보는 견해(최병헌, 「신라 하대 사회의 동요」, 『한국사』 3, 국사편찬위원회, 1981, 444쪽)가 있어 참고된다.

49) 『삼국사기』 10, 신라본기10, 헌덕왕 즉위년, "憲德王……元聖王六年 奉使大唐 受位大阿飡 七年 誅逆臣爲迊飡 十年爲侍中 十一年 以伊飡爲宰相 十二年爲兵部令".

50) 『삼국사기』 10, 신라본기10, 애장왕 2년, "春二月……以兵部令彦昇爲御龍省私臣未幾爲上大等"; 『삼국사기』 10, 신라본기10, 헌덕왕 즉위년, "憲德王……哀莊王元年爲角干 二年爲御龍省私臣 未幾爲上大等".

51) 三池賢一, 「新羅內廷官制考」(上), 『朝鮮學報』 61, 1977, 30쪽.

52) 이문기, 「신라시대의 겸직제」, 『대구사학』 26, 1984, 30~31쪽.

53) 이문기, 앞의 논문, 1999b, 676~677쪽.

헌덕왕(김언승)릉 | 경주시 북쪽을 가로지르는 북천의 북안 평지에 위치하고 있다. 무덤 하부에 병풍처럼 돌을 보완했고 보호석에 십이지신상을 새겼는데, 현재 5개만 남아 있다.

원성왕은 즉위와 동시에 왕자 인겸을 태자로 책봉하였으나, 원성왕 7년(791)에 죽었다.[54] 그리고 뒤이어 다음 왕자 義英을 태자로 봉하였으나 의영 역시 얼마 있지 않아 죽었다.[55] 이에 원성왕은 다시 인겸의 子, 즉 자기의 손자인 俊邕을 태자로 봉하였다.[56] 태자로 책봉된 준옹은 父 인겸태자의 재세시인 원성왕 5년 당에 奉使하여 대아찬이 되었고, 그 이듬해 파진찬으로 재상이 되었으며 父가 죽은 직후인 원성왕 7년에 시중이 되었다가, 그 이듬해 숙부인 의영의 태자 책봉과 동시에 병으로 물러나 병부령에 취임, 다시 의영태자의 뒤를 이어 태자에 책봉되었다가 왕위에 올랐다.[57]

---

54) 『삼국사기』 10, 신라본기10, 원성왕 즉위년, "二月……立子仁謙爲王太子" ; 『삼국사기』 10, 신라본기10, 원성왕 7년, "春正月 王太子卒 諡曰惠忠".

55) 『삼국사기』 10, 신라본기10, 원성왕 8년, "八月 封王子義英爲太子……侍中俊邕病免" ; 『삼국사기』 10, 신라본기10, 원성왕 10년, "春二月 地震 太子義英卒 諡曰憲平".

56) 『삼국사기』 10, 신라본기10, 원성왕 11년, "春正月 封惠忠太子之子俊邕爲太子".

이로 볼 때 그의 왕위 즉위는 지극히 정상적이었다고 여길 수 있는 것이다.[58] 그런데 다음이 주목된다.

C. 1) 여름 5월에 죽은 아버지 혜충태자를 혜충대왕으로 추봉하였다. 8월에 어머니 김씨를 성목태후로 추봉하였다. (『삼국사기』 10, 신라본기10, 소성왕 원년)[59]

2) 봄 정월에 왕비 김씨를 왕후로 봉하였다. 6월에 왕자를 태자로 봉하였다. (『삼국사기』 10, 신라본기10, 소성왕 2년)[60]

사료 C-1)에서 알 수 있듯이, 소성왕은 즉위하자마자 아버지 惠忠太子를 대왕으로 추봉하고 왕모는 원년 8월에 추봉하였다. 그리고 C-2)에 따르면 왕비는 2년 정월에 태자는 2년 6월에 각각 봉하였다고 한다. 이것은 하대의 왕들이 즉위하고 얼마 있지 않아 직계 조상을 추봉함과 동시에 왕모나 왕비를 책봉하고 있는 것과는 구별되는 것이다.[61]

---

57) 『삼국사기』 10, 신라본기10, 소성왕 즉위년, "昭聖王……元聖大王元年 封子仁謙爲太子 至七年卒 元聖養其子於宮中 五年 奉使大唐 受位大阿湌 六年 以波珍湌爲宰相 七年爲侍中 八年爲兵部令 十一年爲太子 及元聖薨繼位".

58) 숙부인 義英의 태자 책봉과 동시에 병으로 물러난 것이 의심스럽기는 하나, 당시 원성왕계 내부는 대립보다는 연합한 것으로 여겨지기 때문에 소성왕의 왕위 즉위는 지극히 정상적이었다고 헤아려진다.

59) "夏五月 追封考惠忠太子爲惠忠大王 八月 追封母金氏爲聖穆太后".

60) "春正月 封妃金氏爲王后 六月 封王子爲太子".

61) 이와 관련해서 다음의 것들이 참고된다.

① 追封父爲開聖大王 尊母金氏爲貞懿太后 妻爲王妃 (『삼국사기』 9, 신라본기9, 선덕왕 즉위년)

② 二月 追封高祖大阿湌法宣爲玄聖大王 曾祖伊湌義寬爲神英大王 祖伊湌魏文爲興平大王 考一吉湌孝讓爲明德大王 母朴氏爲昭文太后 立子仁謙爲王太子 毁聖德大王·開聖大王二廟 以始祖大王·太宗大王·文武大王及祖興平大王·考明德大王爲五廟 (『삼국사기』 10, 신라본기10, 원성왕 즉위년)

D. 여름 4월에 폭풍이 나무를 부러뜨리고 기와를 날려 보냈으며 瑞蘭殿에 쳤던 발[簾]이 날려 어디로 갔는지 알 수 없었다. 그리고 臨海門과 仁化門 두 문이 무너졌다.……왕이 죽어 시호를 소성이라 하였다. (『삼국사기』 10, 신라본기10, 소성왕 2년)[62]

위의 사료 D에 따르면 소성왕 2년(800)에 천변지이가 있었고 臨海・仁化 두 문이 무너지고 있음을 알 수 있다. 이것은 뒤이은 왕의 죽음을 예고하는 것으로 헤아려 볼 수 있을 것이다. 인화문에 대해서는 잘 알 수 없으나, 임해문은 임해전의 문이었을 것이다. 임해전은 문무왕 19년(679)에 세워진 듯하며,[63] 나라에 경사스런 일이 있을 때나 귀한 손님들이 왔을 때에 군신들의 연회 또는 회의장소 및 귀빈의 접대장소로 이용되었던 별궁으로 여겨진다.[64] 이러한 임해전의 문이 무너졌다는 것은 혹 소성왕대의 어떤 정변을 상징하는 것으로 짐작해 볼 수 있지 않을까 한다. 이와 같이 생각할 수 있다면 원성왕의 뒤를 이어 왕위에 오른 소성왕대의 정치적 불안을 예상할 수 있는 것이다. 게다가 소성왕은 재위 2년 만에 죽었고 어린 태자가 왕위에 오르게 된다.

이상에서 원성왕대의 잇따른 태자 사망, 소성왕대의 정치적 불안과 소성

---

③ 春正月 追封考爲翌成大王 母朴氏爲順成太后 (『삼국사기』 10, 신라본기10, 희강왕 2년)

④ 追謚考爲宣康大王 母朴氏 貴寶夫人爲宣懿太后 妻金氏爲允容王后 (『삼국사기』 10, 신라본기10, 민애왕 즉위년)

⑤ 追尊祖伊湌禮英(一云孝眞)爲惠康大王 考爲成德大王 母朴氏眞矯夫人爲憲穆太后 立子慶膺爲太子 (『삼국사기』 10, 신라본기10, 신무왕 즉위년)

62) "夏四月 暴風折木蜚瓦 瑞蘭殿簾 飛不知處 臨海・仁化二門壞……王薨 謚曰昭聖".

63) 전유태, 「안압지와 임해전복원」, 『문화재』 16, 1983, 151쪽.

64) 임해전은 月池宮이라고도 불려진 듯하며, 애장왕 7년 7월에 임해전을 중수하였고 문성왕 9년 2月에 評議殿과 임해전을 중수하였다고 한다. 그리고 경문왕 7년 정월에 임해전을 중수하였다.

왕의 早死, 뒤이은 어린 태자의 왕위 즉위는 왕실을 불안하게 하였을 것이다. 이에 애장왕이 즉위하면서 섭정을 하게 된 김언승은 무엇보다도 왕실을 안정시키는 것이 급선무였을 것으로 헤아려지는 것이다.

애장왕대에는 여러 가지 제도 정비가 이루어졌다. 동왕 2년(801) 오묘제 경정, 동왕 6년 8월 公式 20여 조의 반포, 동왕 7년 3월의 佛寺新創의 금지와 사치금지 조치 및 동왕 9년의 제군현 강역의 分定 등을 들 수 있다.[65] 그리고 『삼국사기』 잡지 직관(상)에 애장왕 6년에 位和府의 장관과 차관의 직명을 衿荷臣·上堂에서 令·卿으로 바꾸었다 하고, 여러 사찰 관련 관부의 장관·차관 역시 애장왕대에 영과 경으로 개명하였다고 한다.

이러한 애장왕대의 제도 정비는 왕 2년의 오묘제 경정을 제외하고는 왕 6년 이후의 것들이다. 이것들은 애장왕의 친정과 관련이 있으며,[66] 애장왕에게 권력을 집중시키기 위한 조처들이라고 한다.[67]

---

65) 『삼국사기』 10, 신라본기10, 애장왕 6년, "秋八月 頒示公式二十餘條" ; 『삼국사기』 10, 신라본기10, 애장왕 7년, "春三月……下敎 禁新創佛寺 唯許修葺 又禁以錦繡爲佛事 金銀爲器用 宜令所司 普告施行" ; 『삼국사기』 10, 신라본기10, 애장왕 9년, "春二月……發使十二道 分定諸郡邑疆境".

66) 최병헌, 앞의 논문, 1981, 444쪽.

67) 이기동, 앞의 책, 1984, 153~154쪽. 그런데 애장왕 6년 이후의 개혁을 김언승과 그의 동생인 秀宗이 주도한 것으로 파악하면서 그들의 권력을 강화하기 위한 작업이었다고 하기도 한다(김동수, 「신라 헌덕·흥덕왕대의 개혁정치-특히 흥덕왕 9년에 반포된 제규정의 정치적 배경에 대하여」, 『한국사연구』 39, 1982, 29~31쪽). 따라서 헌덕왕이 조카인 애장왕을 살해하고 즉위한 것은 김언승과 김수종의 專權에 대한 애장왕측의 어떤 반발이 있었던 데서 연유한 것으로 보고 있다(김동수, 위의 논문, 1982, 34~35쪽). 그리고 김창겸은 김언승 등이 개혁정치를 추진하여 세력을 강고화해 나가는 과정에서 애장왕의 친정문제가 대두되자, 취약한 애장왕 왕권에 대한 타가계로부터 위험을 예상하고 이를 계기로 양측의 갈등이 생겨 결국 원성왕계 왕권의 유지를 위하여 애장왕의 피살을 불러온 것이라고 하였다(「신라하대왕위계승연구」, 성균관대학교 박사학위논문, 1993, 106쪽 주 106/『신라 하대 왕위계승 연구』, 경인문화사, 2003). 또한 이명식은 애장왕이 시해되던 때에 王弟인 體明이 왕을 시위하다가 함께 해를 당했다는 기록을 통해서 당시 애장왕이 친정체제를

그렇다면 애장왕 2년 오묘제 경정은 원성왕 사후 불안했던 왕실과 애장왕 즉위 후의 불안정한 왕권을 공고히 하는 것과 관련있지 않았을까 한다. 오묘제가 경정되면서 왕의 직계 2조의 신위가 아닌 직계 4조의 신위가 오묘에 모셔지고 있다. 곧 근친왕족의 범위가 직계 2조에서 직계 4조로 확대되고 있는 것이다. 이러한 근친왕족의 확대를 통해 김언승은 왕실과 왕권을 안정시키려고 한 것으로 짐작되어진다.

그리고 그 구심점은 원성왕으로 여겨진다. 개정 오묘제의 원칙에 따르게 되면 원성대왕의 신위는 오묘에서 제외될 수밖에 없었으나, 오묘제가 경징되면서 오묘에 모셔질 수 있었다는 점에서 그것을 생각해 볼 수 있는 것이다. 원성왕은 무열왕계인 김주원을 물리치고 왕위에 즉위한 하대왕실의 실질적인 창시자이다. 이러한 원성대왕의 신위를 오묘에 모심으로써 김언승은 하대왕실의 권위를 내세우려고 하였을 것이다. 그리고 이를 통해 왕실을 안정시키고 애장왕의 입지를 공고히 하려고 한 것으로 헤아려진다. 이와 같이 생각할 수 있다면 김언승이 오묘제를 경정한 것은 원성대왕의 신위를 오묘에 모시기 위한 조처로도 파악된다.68)

구축할 목적으로 王弟 體明과 더불어 모의하고 김언승 세력을 타도할 목적으로 먼저 군대를 동원하였을 것이라는 생각을 배제할 수 없다고 하였다(「신라 원성왕계의 분지화와 왕권붕괴」, 『중재장충식박사화갑기념논총』, 1992, 86~87쪽). 한편 애장왕의 시해 원인을 애장왕이 김언승 세력의 견제를 위하여 김주원계의 김헌창을 시중으로 삼았다가 시해당하였다는 애장왕측의 반발을 들기도 하나(신형식, 「신라 병부령고」, 『역사학보』 61, 1974, 92쪽), 김헌창이 아니라 김헌정임이 밝혀졌고(이기백, 「신라 하대의 집사성」, 『신라정치사회사연구』, 일조각, 1974, 177쪽), 이는 상대등 세력의 왕위 부자상속제에 대한 반항의 일면이라고 보기도 한다(이기백, 「상대등고」, 『역사학보』 19, 1962/위의 책, 1974, 122쪽).

68) 기왕의 견해에 따르면 애장왕대 오묘제를 更定한 것은 개정 오묘제의 원칙을 따르게 되면 원성왕계의 시조라 할 수 있는 원성대왕의 묘가 오묘에서 옮겨질 위기에 당면하였기 때문이라고 한다(浜田耕策, 앞의 논문, 1982, 248쪽/「新羅の祀典と名山大川の祭祀」, 『呴沫集』 4, 1984, 152쪽 ; 나희라, 앞의 논문, 1997, 77~78쪽).

한편 경정 오묘제 이후 원성왕의 후손들은 원성왕계라는 범주 안에서 결집하였다. 이것은 김헌창의 난[69] 때 범원성왕계의 연합이 이루어져 이 난이 진압되었다는 데서 짐작된다. 그리고 원성대왕의 신위는 후술되겠지만, 경문왕 6년(866) 오묘가 개편될 때까지 오묘에 모셔진 것으로 여겨진다. 이로 볼 때 원성왕의 후손들은 적어도 이때까지는 원성왕계라는 연대의식을 가졌을 것이다. 또한 왕위에 즉위한 신왕들은 원성왕을 통해 그의 후손들을 회유·연합할 수 있었을 것이다. 그러하다면 경정 오묘제는 원성왕계라는 계보 의식이 성립되는 계기를 마련한 것으로 헤아려 볼 수 있다.

앞에서 살펴보았듯이, 원성왕이 직계 4조를 추봉한 것은 개정 오묘제를 바꾸려는 의도가 있었기 때문이었다. 그런데 원성왕은 김주원 세력과의 관계 속에서 직계 4조의 신위가 아닌 직계 2조의 신위만을 오묘에 모실 수밖에 없었다. 애장왕대 오묘제가 경정되면서 직계 4조의 신위가 오묘에 모셔졌다. 이것은 원성왕대 개정 오묘제를 변화시키려는 움직임이 애장왕대 오묘제 경정으로 실현되었다고 할 수 있는 것이다. 그리고 '불훼지종'이었던 태종대왕과 문무대왕의 신위를 오묘에서 분리시켰다는 것은 원성왕계가 김주원 세력을 일정 정도 극복하였음을 의미하는 것으로 여겨진다.[70] 곧 경정 오묘제는 김주원 세력에 대한 원성왕계의 강화라는 측면으로 이해할 수 있을 것이다.

그런데 원성왕이 즉위한 이후 헌덕왕대 김헌창 부자의 반란이 진압될 때까지 김주원 세력은 여전히 원성왕계에 대립되는 세력이었다.[71] 그리고

---

69) 『삼국사기』 10, 신라본기10, 헌덕왕 14년.

70) 최병헌은 애장왕 2년 김씨 왕족 전체의 공통시조 외에는 모두 원성왕의 직계로만 세움으로써 무열왕계 의식을 완전히 극복하게 되었다고 한다(앞의 논문, 1981, 436쪽).

71) 윤병희, 「신라 하대 균정계의 왕위계승과 김양」, 『역사학보』 96, 1982, 58~60쪽. 한편 윤병희는 김헌창의 난이 진압될 때까지 적어도 원성왕계 내부에서는 대립보다

오묘제를 경정하기에 앞서 애장왕은 시조묘에서 제사를 지내고 있다. 여기의 시조묘제사는 상고기의 시조묘제사가 아닌 오묘 중의 시조묘 곧 시조대왕의 묘로,[72] 이 제사의 목적은 시조대왕에게 오묘제의 경정 사실을 아뢰기 위한 것으로 헤아려진다. 특히 지금까지 '불훼지종'으로 모셔졌던 태종대왕과 문무대왕의 신위를 왕실의 오묘에서 분리시키는 것을 고하기 위한 제사로 여겨지는 것이다.

이로 본다면 오묘제를 경정하면서 태종대왕과 문무대왕의 신위를 별묘로 둔 것은 무열왕계인 김주원 세력과의 타협의 하나가 아니었을까 한다.

는 연합한 것으로 보고 있다. 그리고 김언승에 의한 애장왕 피살은 김언승이 왕위에 오름으로써 김주원계의 위협에 보다 성공적으로 대처할 수 있었을 것이라고 하였다(위의 논문, 1981, 61~64쪽). 김창겸 역시 김언승의 왕위 찬탈은 당시 왕과 밀접한 혈족이 정치적으로 너무 과대한 권력을 가져 왕을 능가하게 되자 본인이 직접 즉위함으로써 김주원계의 위협에 보다 성공적으로 대처할 수 있었을 것이므로 애장왕마저 살해하고 즉위하였다. 즉, 원성왕계 내부의 분열 대립에 의한 것만이 아니라 오히려 원성왕계 왕권의 유지 보존을 위하여 비정상적인 무력에 의한 찬탈이었다고 한다(앞의 논문, 1993, 106쪽). 이로 본다면 당시 원성왕계 내부의 분열이라기보다는 김주원계에 대항하기 위하여 애장왕을 피살한 것으로 보고 있는 것이다. 그리고 오성은 김언승의 애장왕 시해는 원성왕계 내부 곧 인겸계 내의 분열 대립이라고 보고는 있지만, 이 사건으로 말미암아 인겸계 내에서 연합전선 형성이 크게 깨뜨려져 버렸다고 할 수 없다고 하였다(「신라 원성왕계의 왕위 교체」, 『전해종박사화갑기념사학논총』, 1979, 616~617쪽). 최병헌은 김언승이 애장왕을 살해한 이유는 알 수 없으나 애장왕과 김언승 숙질 간에는 권력투쟁이 계속되었던 것을 짐작할 수 있다고 하였다(위의 논문, 1981, 444쪽).

72) 전자와 관련해서는 井上秀雄, 「新羅の始祖廟」, 『朝鮮朝鮮史序說－王者と宗教』, 寧樂社, 1978, 73쪽 ; 米田雄介, 「三國史記に見える新羅の五廟制」, 『日本書紀研究』 15, 塙書房, 1987, 330쪽 ; 최광식, 「삼국의 시조묘와 그 제사」, 『대구사학』 38, 1990/「시조묘제사」, 『고대한국의 국가와 제사』, 한길사, 1994, 167쪽이 참고된다. 후자와 관련해서는 浜田耕策, 앞의 논문, 1982, 248쪽 ; 강종훈, 「신궁의 설치를 통해 본 마립간시기의 신라」, 『한국고대사논총』 6, 1994, 223~224쪽 ; 박승범, 「신라 제의의 변천과정 연구－시조묘와 신궁을 중심으로」, 단국대학교 석사학위논문, 1995, 32~33쪽 ; 나희라, 앞의 논문, 1996, 143~144쪽과 채미하, 「신라의 시조묘제사」, 『민속학연구』 12, 2003, 289~290쪽 및 본서 제2장 제3절 참고.

그렇지만 무엇보다도 태종대왕과 문무대왕이 삼국통일에 큰 공이 있었다는 상징적인 의미가 보다 컸기 때문으로 짐작된다. 김헌창 부자의 반란 이후 김주원 세력은 원성왕계 안의 독립된 가계에 분산·흡수되어 독자적인 힘을 잃었으나,[73] 여전히 이들이 존숭되고 있는 것으로 여겨지는 데서[74] 그것을 헤아려 볼 수 있다.

이상에서 애장왕대 오묘제가 경정되면서 원성대왕의 신위가 오묘에 모셔질 수 있었다. 이를 통해 김언승은 원성왕 사후 불안정한 왕실을 안정시키고 애장왕의 입지를 공고히 하려고 하였다. 그리고 오묘제가 경정된 이후 근친왕족들은 원성왕의 후손이라는 범주 안에서 결집할 수 있었다. 이로 볼 때 경정 오묘제는 원성왕계라는 계보의식이 성립하는 하나의 계기가 되었다고 할 수 있을 것이다. 한편 오묘제가 경정되면서 '불훼지종'으로 모셔졌던 태종대왕과 문무대왕의 신위가 오묘에서 분리되었다. 이것은 김주원 세력에 대한 원성왕계의 강화라는 측면으로 이해할 수 있을 것이다.

---

73) 윤병희, 앞의 논문, 1982, 60쪽. 김헌창 난 이후 김주원계의 동향과 관련해서는 최병헌, 앞의 논문, 1981, 466쪽 ; 김정숙, 「김주원계의 성립과 변천」, 『백산학보』 28, 1984, 179쪽 ; 이명식, 「신라 하대 김주원계의 정치적 입장」, 『대구사학』 26, 1984, 61쪽 ; 김창겸, 「신라 원성왕의 즉위와 김주원의 동향」, 『부촌신연철교수정년퇴임기념 사학논총』, 1995, 464~470쪽 참고.

74) 이와 관련해서 다음이 관심을 끈다. 『삼국사기』 11, 신라본기11, 경문왕 4년, "春二月 王幸感恩寺望海". 이 사료에서 경문왕이 감은사에서 망해한 것은 혜공왕 12년 이후 처음 보인다. 감은사는 문무왕의 유언에 의하여 그를 화장하고 散骨한 곳에 그의 명복을 빌고 호국적인 의도에서 건립된 것이다. 이로 볼 때 '망해'는 단순한 '망해'가 아니라 문무왕을 위한 祈祭와 호국적인 행사를 행함을 뜻하는 것이었다고 보여진다. 문무왕은 삼국통일에 큰 공이 있었다. 그러하다면 경문왕대에도 태종대왕과 문무대왕에 대한 존숭의식은 여전하였다고 생각된다.

제3절 경문왕대의 오묘제와 그 의미

오묘제가 경정된 이후 애장왕의 숙부인 헌덕왕과 흥덕왕 역시 관례에 따라 왕위에 오르고 얼마 있지 않아 오묘의 신위를 개편하였을 것이다.[75] 그리고 희강왕, 민애왕, 신무왕은 즉위하고 얼마 있지 않아 자신의 조, 부를 대왕으로 추봉하였다.[76] 이로 볼 때 이들 역시 오묘의 신위를 바꾸었거나 바꾸려고 하였을 것이다. 또한 신무왕의 태자로 왕위에 오른 문성왕과 신무왕의 異母弟인 헌안왕 역시 오묘의 신위를 개편하였다고 헤아려진다.

그리고 헌안왕의 사위로 왕위에 오른 경문왕대의 오묘제와 관련해서는 다음이 관심을 끈다.

A. 봄 정월에 왕의 죽은 아버지를 懿恭大王으로 추봉하고 어머니 박씨 광화부인을 광의왕태후로 봉하였으며 부인 김씨를 문의왕비로 삼았고 왕의 아들 정을 왕태자로 삼았다. (『삼국사기』 11, 신라본기11, 경문왕 6년)[77]

---

75) 한편 다음도 참고된다. 『삼국사기』 10, 신라본기10, 헌덕왕 5년, "二月 謁始祖廟 玄德門火" ; 『삼국사기』 10, 신라본기10, 흥덕왕 8년, "春 國內大飢 夏四月 王謁始祖廟 冬十月 桃李再華 民多疫死". 여기의 시조묘 역시 오묘의 시조묘인 시조대왕의 묘일 것이다. 헌덕왕이 여기에 제사지낸 이유는 잘 알 수 없으나, 흥덕왕의 경우는 천재지변과 관련있는 것으로 생각되어진다.

76) 『삼국사기』 10, 신라본기10, 희강왕 2년, "春正月……追封考爲翌成大王" ; 『삼국사기』 10, 신라본기10, 민애왕 즉위년, "追謚考爲宣康大王" : 『삼국사기』 10, 신라본기10, 신무왕 즉위년, "追尊祖伊湌禮英(一云孝眞)爲惠康大王 考爲成德大王". 한편 경문왕대의 오묘제와 관련해서 채미하, 「신라 하대의 오묘제」, 『종교연구』 25, 141~149쪽 참고.

77) "春正月 封王考爲懿恭大王 母朴氏光和夫人爲光懿王太后 夫人金氏爲文懿王妃 立王子晸爲王太子" ; 『삼국유사』 1, 왕력1, 제48경문왕조에는 懿恭大王이 義恭大王으로 나온다.

사료 A에 따르면 경문왕 6년(866)에 왕의 아버지를 懿恭大王으로 추봉하고 있음을 알 수 있다. 경문왕의 아버지는 희강왕의 아들인 啓明으로,[78] 경문왕 5년에 사망하여[79] 왕 6년에 의공대왕으로 추봉되면서 오묘에 모셔졌을 것으로 여겨진다. 그런데 경문왕이 즉위하고 얼마 있지 않은 시기에 관례에 따라 오묘 개편이 이루어졌을 것이다. 그러하다면 여기에는 현조, 고조, 증조, 조의 신위가 모셔졌을 것으로 짐작되어진다. 그리고 경문왕 6년에 오묘가 개편되었다면 현조인 원성대왕의 신위 대신 부인 의공대왕의 신위가 오묘에 모셔진 것으로 헤아려진다. 헌덕왕대부터 경문왕대까지의 오묘의 신위를 추정하여 <표 4-2>로 제시하면 다음과 같다.

<표 4-2> 헌덕왕대~경문왕대까지의 오묘 신위

王代	王 名	不毁之宗	親廟				別廟
			高祖	曾祖	祖	父	
41	헌덕왕(인겸)	시조대왕	신영대왕	흥평대왕	명덕대왕	원성대왕	태종대왕 문무대왕
42	흥덕왕(인겸)	시조대왕	신영대왕	흥평대왕	명덕대왕	원성대왕	태종대왕 문무대왕
43	희강왕 (예영/헌정)	시조대왕	명덕대왕	원성대왕	혜충대왕	익성대왕	태종대왕 문무대왕
44	민애왕(인겸)	시조대왕	명덕대왕	원성대왕	혜충대왕	선강대왕	태종대왕 문무대왕
45	신무왕 (예영/균정)	시조대왕	명덕대왕	원성대왕	혜강대왕	성덕대왕	태종대왕 문무대왕
46	문성왕 (예영/균정)	시조대왕	원성대왕	혜강대왕	성덕대왕	신무대왕	태종대왕 문무대왕
47	헌안왕 (예영/균정)	시조대왕	명덕대왕	원성대왕	혜강대왕	성덕대왕	태종대왕 문무대왕

78) 『삼국사기』 11, 신라본기11, 경문왕 즉위년. 한편 『삼국사절요』 13, 辛巳(경문왕 즉위년)에는 金啓明을 희강왕의 孫이라고 하였다.

79) 이기동, 「신라 하대의 왕위계승과 정치과정」, 『역사학보』 85, 1980/『신라골품제사회와 화랑도』, 일조각, 1984, 169쪽 주 84.

48	경문왕 (예영/헌정)	시조대왕	(玄祖) 원성대왕	(高祖) 혜강대왕	(曾祖) 익성대왕	(祖) 희강대왕	태종대왕 문무대왕
			혜강대왕	익성대왕	희강대왕	의공대왕	

*( )는 신라 하대 왕실의 가계를 표시한 것임.

경문왕은 헌안왕의 사위로 유조에 힘입어 왕위에 올랐는데,[80] 이로써 왕위는 균정계에서 헌정계로 넘어갔다. 이 때문에 경문왕의 즉위는 순조롭지 않았을 것이다.[81] 이와 관련해서 다음이 주목된다.

B. 비록 逐鹿之原은 없었으나 集烏之原은 있었다. (「숭복사비」)[82]

사료 B에 따르면 경문왕 즉위 사정을 표현하고 있는 것이다. 이것은 秦나라 때와 같은 혼란은 아니라도 宋의 景文公 사후의 왕위계승경쟁에 비유될 만한 대립이 있었음을 짐작케 한다.[83]

경문왕은 즉위한 해에 원성왕의 원찰인 鵠寺의 이건과 원성왕릉의 조영을 발원하고 분황사 승려 崇昌을 청하여 곡사의 중창과 이건 사실을 부처에게 사뢰고 또한 金純行을 보내어 원성왕릉의 조영 사실을 묘에 고하였다.[84]

80) 『삼국사기』 11, 신라본기11, 헌안왕 5년, "春正月 王寢疾彌留 謂左右曰 寡人不幸無男子有女 吾邦故事 雖有善德·眞德二女主 然近於牝雞之晨 不可法也 甥膺廉年雖幼少 有老成之德 卿等立而事之 必不墜祖宗之令緖 則寡人死且不朽矣".

81) 이기동, 앞의 책, 1984, 171~174쪽 ; 김창겸, 「신라하대왕위계승연구」, 성균관대학교 박사학위논문, 1993, 91~93쪽 및 97~98쪽/『신라 하대 왕위계승 연구』, 경인문화사, 2003 ; 전기웅, 「신라 하대말의 정치사회와 경문왕가」, 『부산사학』 16, 1989, 4~11쪽 ; 이문기, 「신라 김씨 왕실의 소호금천씨 출자 관념의 표방과 변화」, 『역사교육논집』 23·24, 1999b, 679쪽.

82) 한국고대사회연구소편, 「崇福寺碑」, 『역주 한국고대금석문 제3권(신라2, 발해편)』, 1992, 255쪽, "雖非逐鹿之原 亦有集烏之苑".

83) 최병헌, 「신라 하대 사회의 동요」, 『한국사』 3, 국사편찬위원회, 1981, 491쪽.

84) 한국고대사회연구소편, 「崇福寺碑」, 앞의 책, 1992, 255쪽, "乃安身代邸 注意慈門

숭복사비 거북 받침과 비편 | 이 받침 위에 세웠던 비석은 최치원이 지은 숭복사비로, 비편만이 남아 있다.

또한 왕 3년에 원성왕의 夢感을 얻었다 하여 華嚴大德 決言으로 하여금 5일간 經을 강설케 하고는 절을 다시 크게 改建하여 陵域守護와 冥福追願을 행하게 하였다.85) 뿐만 아니라 왕 5년에는 아우인 魏弘을 보내어 종묘에서 致齋하고 능묘에 배알하도록 하였다.86)

慮致祖羞 願興佛事 因請芬皇寺僧崇昌 以修奉梵居之地 白于佛 復遣純行 以隆宣祖業之誠 告于墓".

85) 한국고대사회연구소편, 「崇福寺碑」, 위의 책, 1992, 257~258쪽, "於是 孝誠旁達 思夢相符 迺見聖祖大王……旣以韻耿銅壺 形開玉寢……遽命有司 虔修法會 華嚴大德釋決言 承旨於當寺 講經五日 所以申孝思而薦冥福也".

동화사 비로암 삼층석탑과 閔哀大王石塔舍利壺 | 1층 탑신 속의 사리공에서 閔哀大王石塔舍利壺가 발견되었는데, 몸통 바깥쪽에 민애왕의 업적을 기리기 위해 이 탑을 세운 사실과 민애왕의 생애 등을 기록하였다.

이처럼 경문왕은 흥덕왕 사후 직계손간의 왕위쟁탈전을 거치면서 방치되었을 원성왕에 대한 관심을 보이고 있다. 이것은 바로 자신의 즉위에 도전·반대하던 다른 왕족들을 원성왕의 후손이라는 큰 범주 안으로 끌어들여 회유·연합하기 위한 것이었다고 여겨진다.[87] 그리고 왕 3년에 민애왕을 추숭하기 위하여 桐華寺에 3층석탑을 건립하고 있는 사실도 참고된다.[88] 민애왕은 경문왕의 할아버지인 희강왕을 죽인 원수였다.[89] 이러한

86) 한국고대사회연구소편, 「崇福寺碑」, 위의 책, 1992, 256쪽, "遂命太弟相國(尊謚惠成大王)致齋清廟 代謁玄扃 懿乎".

87) 최병헌, 앞의 논문, 1981, 493쪽 ; 김창겸, 「신라 경문왕대 '修造役事'의 정치사적 고찰」, 『계촌민병하교수정년기념사학논총』, 1988, 53~58쪽 및 68쪽.

88) 한국고대사회연구소편, 「민애대왕석탑사리합기」, 앞의 책, 1992, 356~358쪽, "國王奉爲敏哀大王 追崇福業 造石塔記……欲崇蓮坮之業 於□桐藪願堂之前 創立石塔 冀効童子聚沙之義……時咸通四年 歲在癸未 無射之月 十日記".

89) 『삼국사기』 10, 신라본기10, 민애왕 즉위년, "閔哀王……累官爲上大等 與侍中利弘逼王(僖康－필자)殺之 自立爲王".

민애왕을 위해 경문왕이 석탑을 건립하였다는 것은 인겸계에 대한 회유책의 일환이었던 것이다.[90]

이로 본다면 하대의 실질적인 창시자인 원성대왕의 신위를 오묘에서 옮기기란 쉬운 일은 아니었을 것이다. 이와 관련해서 희강왕대 오묘의 신위 구성도 관심을 끈다. 희강왕은 즉위하자마자 아버지인 憲貞을 대왕으로 추봉하였다. 그런데 할아버지인 예영은 신무왕대에 추봉되었다.[91] 따라서 희강왕대의 오묘에는 祖인 예영 대신 인겸이 모셔졌을 것으로 헤아려진다.[92] 희강왕은 원성왕 사후 인겸계와 예영계의 대립 속에서 예영계로서는 처음으로 왕위에 오른 인물이었다. 때문에 희강왕은 인겸계 세력을 염두에 두었을 터이고[93] 이에 할아버지의 신위 대신 從祖의 신위를 오묘에 두었던

---

90) 이는 문성왕 이후 왕권의 회복을 기하기 위하여 자체내의 대립완화책으로서 각파 귀족간의 결합책의 일환에서 이루어진 것이다(황수영, 「신라 민애대왕 석탑기－동화사 비로암 삼층석탑의 조사」, 『사학지』 3, 1969/『한국의 불교미술』, 동화출판공사, 1974, 242~243쪽 ; 정원경, 「신라하대 원탑건립에 관한 연구－경문왕대를 중심으로」, 동아대학교 석사학위논문, 1982, 25쪽 ; 김창겸, 앞의 논문, 1993, 68~70쪽). 그런데 경문왕은 회유책을 통해 자신의 왕권을 안정시키기도 하였을 것이다. 그리고 다음도 주목된다. 『삼국사기』 11, 신라본기11, 경문왕 3년, "春二月 王幸國學 令博士已下 講論經義 賜物有差". 이 사료의 경문왕 3년의 國學行幸 기사는 혜공왕 12년 이후 처음 보인다. 경문왕이 국학에 관심을 기울인 것은 그에 앞서서 치루어졌던 극심한 왕위쟁탈전으로 실추된 國王의 권위를 회복하고자 시도된 노력이었다(이기동, 「나말려초 근시기구와 문한기구의 확장－중세적 측근정치의 지향」, 『역사학보』 77, 1978/앞의 책, 일조각, 1984, 230~236쪽 ; 전미희, 「신라 경문왕·헌강왕대의 '能官人' 등용정책과 국학」, 『동아연구』 17, 1989, 49~50쪽). 그리고 경문왕이 왕 4년에 감은사에서 '望海'한 것은 왕위쟁탈전의 종식을 문무왕에게 고하는 상징적인 절차를 통해 자신의 권위를 내세우기 위한 것이 아니었을까 한다.

91) 이와 관련하여 주 76 참고.

92) 나희라는 만일 추봉받지 않아도 祔廟가 가능했다면 희강왕대 祖 禮英을 대왕으로 추봉하지 않고 祔廟하였을 것이고, 추봉하지 않고는 祔廟하지 않는 나름대로의 원칙이 있었다면 전대부터 祔廟되고 있던 惠康을 그대로 두었을 것이라고 하였다(「신라의 종묘제 수용과 그 내용」, 『한국사연구』 98, 1997, 83~84쪽).

것으로 여겨지는 것이다.

그런데 경문왕 6년 왕의 父가 죽은 뒤 얼마 있지 않아 원성대왕의 신위는 오묘에서 옮겨지고 왕의 아버지인 의공대왕의 신위가 오묘에 모셔진 것으로 짐작된다. 그러하다면 이것이 가지는 의미는 무엇일까. 우선 다음이 주목된다.

C. 1) 겨울 10월에 이찬 윤흥이 동생 숙흥·계흥과 더불어 반역을 꾀하다가 일이 발각되어 대산군으로 달아났다. 왕이 명을 내려 뒤쫓아가서 붙잡아 목베어 죽이고 일족을 멸하였다. (『삼국사기』 11, 신라본기11, 경문왕 6년)[94]

2) 봄 정월에 이찬 김예와 김현 등이 반란을 꾀하다가 목베어 죽임을 당하였다. (『삼국사기』 11, 신라본기11, 경문왕 8년)[95]

3) 5월에 이찬 근종이 반역을 꾀하여 궁궐을 침범하였으므로 궁궐을 지키는 군사를 내어 그들을 공격하여 깨뜨렸다. 근종은 그 무리들과 함께 밤에 성을 나갔으나, 뒤쫓아가 그를 붙잡아 거열형에 처하였다. (『삼국사기』 11, 신라본기11, 경문왕 14년)[96]

경문왕 6년 이찬 允興 등의 모반은 균정계가 왕위를 다시 찾으려 한 것이고,[97] 왕 8년에 모반을 꾀한 이찬 金銳 역시 문성왕의 從弟로서 그의 행위도 동일한 맥락으로 보여진다.[98] 近宗의 반란도 경문왕에 대한 불만

---

93) 희강왕의 妃系는 원성왕계내에서 장자 인겸계이고 희강왕은 예영계의 후손이므로 결국 희강왕과 文穆夫人의 혼인은 인겸계와 예영계의 결합을 의미한다(김창겸, 앞의 논문, 1993, 34쪽 ; 권영오, 「신라하대 왕위계승분쟁과 민애왕」, 『한국고대사연구』 19, 2000, 262~268쪽도 참고).

94) "冬十月 伊湌允興與弟叔興·季興謀叛 事發覺 走岱山郡 王命追捕斬之 夷一族".

95) "春正月 伊湌金銳·金鉉等謀叛 伏誅".

96) "五月 伊湌近宗謀逆犯闕 出禁軍擊破之 近宗與其黨夜出城 追獲之車裂".

97) 강성원, 「신라시대 반역의 역사적 성격」, 『한국사연구』 43, 1983, 46쪽.

내지 균정계의 왕위 회복을 위한 것으로 여겨진다.[99] 이것은 당시 주요 정치세력 중의 하나였던 균정계가 경문왕의 정치 운영에서 소외되기 시작했음을 말하는 것으로 헤아려 볼 수 있다.

그리고 경문왕은 왕 6년 이후 종래 왕족의 연합이란 바탕 위에서 자신의 왕권을 유지하던 것을 버리고 관제의 개혁을 통하여 권력의 집중을 시도하였다. 즉, 근시기구와 문한기구의 대두·확장으로 측근정치를 지향해 나갔다. 이 관제의 개혁을 보필한 인물은 경문왕의 친제인 위홍일 것으로 생각된다.[100] 「숭복사비」에 따르면 위홍은 경문왕 5년에 이미 재상 태제로 불리며 왕을 대신하여 종묘에 齋를 올리고 있음을 볼 수 있다. 그리고 왕 12년에 만들어진 「황룡사구층목탑찰주본기」에서는 上宰相으로, 皇龍寺成典에는 守兵部令平章事 伊干으로 監修成塔事를 맡고 있다.[101]

또한 경문왕 이후 왕위계승은 경문왕의 직계손에 의해 이루어지고 있다. 곧 경문왕의 뒤를 이은 헌강왕은 왕의 태자로 즉위하였다. 헌강왕 사후에 왕위는 왕의 동생인 정강왕과 진성왕, 헌강왕의 아들인 효공왕으로 이어진다. 뿐만 아니라 다음도 관심을 끈다.

D. 1) 여름 5월에 왕이 병이 들어 시중 준흥에게 말하였다. "나의 병이 위중하니 틀림없이 다시는 일어나지 못할 것이다. 그런데 불행하게도 왕위를 이을 자식이 없다. 그러나 누이 曼은 천성이 총명하고 민첩하며 骨法이 남자와 비슷하니, 경들은 마땅히 선덕과 진덕의 옛 일을

98) 최병헌, 앞의 논문, 1981, 492쪽.

99) 강성원, 앞의 논문, 1983, 47쪽.

100) 이기동, 앞의 책, 1984, 241~243쪽.

101) 皇龍寺 九層木塔의 重修는 경문왕 11년에 시작하여 왕 13년 7월에 끝마쳤다. 또한 이때에 皇龍寺成典이 설치되었다고 전한다(채상식, 「신라 통일기의 성전사원의 구조와 기능」, 『부산사학』 8, 1984, 113쪽).

본받아 그를 왕위에 세우는 것이 좋겠다." (『삼국사기』 11, 신라본기 11, 정강왕 2년)[102)]

2) 겨울 10월에 헌강왕의 서자 요를 태자로 삼았다. 일찍이 헌강왕이 놀며 사냥하러 가는 길가에서 한 여자를 보았는데, 용모가 아름다워 왕이 마음으로 그를 사랑하였다. 이에 명을 내려 뒷수레에 태워 장막으로 만든 임시 궁전에 도착하여 야합하여 곧 임신하여 아들을 낳았다. 성장하자 체모가 우뚝 뛰어났으므로 이름을 요라 하였다. 진성왕이 듣고서 대궐로 불러들여 손으로 그의 등을 어루만지며 말하였다. "내 형제자매의 골법은 남들과 다르다. 이 아이의 등에 두 뼈가 불룩하게 솟아 있으니, 진실로 헌강왕의 아들이구나." 이에 담당 관청에 명을 내려 예를 갖추어 책봉하여 받들게 하였다. (『삼국사기』 11, 신라본기11, 진성왕 9년)[103)]

사료 D-1)에 따르면 정강왕은 유조로써 진성왕에게 嗣位하면서 骨法을 들고 있다. 이것은 앞서 헌안왕이 경문왕에게 왕위를 넘겨주며 "우리나라의 故事에 비록 선덕 · 진덕의 두 女主가 있으나, 이는 암탉이 새벽을 알리는 것에 가까운 것이라 法이라 할 수 없다"[104)]라고 한 것과는 대조적이다. 사료 D-2)에서는 진성왕도 嶢를 불러 그 등을 어루만져 보고는 태자로 삼고 곧 이어 양위하였던 것이다.

이처럼 진성왕과 효공왕의 왕위계승에는 중요한 요건으로 모두 골법이 거론되고 있음을 알 수 있다. 여기에서 골법이란 왕실 혈통을 의미하는

---

102) "夏五月 王疾病 謂侍中俊興曰 孤之病革矣 必不復起 不幸無嗣子 然妹曼天資明鋭 骨法似丈夫 卿等宜倣善德 · 眞德古事 立之可也".

103) "冬十月 立憲康王庶子嶢爲太子 初憲康王觀獵 行道傍見一女子 資質佳麗 王心愛之 命後車載 到帷宮野合 卽有娠而生子 及長體貌魁傑 名曰嶢 眞聖聞之 喚入內 以手撫其背曰 孤之兄弟姊妹 骨法異於人 此兒 背上兩骨隆起 眞憲康王之子也 仍命有司 備禮封崇".

104) 앞의 주 80 참고.

것으로 경문왕 가계의 왕실 혈통과 신성성이 강조된 것이라고 여길 수 있을 것이다.[105] 이러한 특이한 왕족의식은 여타 김씨들과 경문왕 직계 자손간의 차별성을 강조하기 위한 것으로 생각되어진다.

이상에서 경문왕 6년 오묘에서 왕의 현조인 원성대왕의 신위가 제외되고 아버지인 의공대왕의 신위가 모셔진 이후, 정국 운영에서는 균정계가 배제되었고 측근 정치가 지향되었으며 경문왕 직계손간의 왕위계승 및 여타 김씨들과 경문왕의 직계 자손간의 차별성이 강조되고 있음을 알 수 있다.

널리 알려진 바와 같이 원성왕계는 몇 개의 가계로 나누어졌다. 우선 원성왕의 두 아들인 인겸과 예영을 家祖로 하는 가계가 형성되었다. 그리고 왕통이 인겸계에서 예영계로 넘어간 뒤에는 다시 예영의 두 아들 김헌정, 김균정의 두 가계로 나뉘어졌다. 이들 가계들은 독립적인 가계의식을 가지고 있었다.

이러한 모습은 신라 하대 원찰 건립에서도 엿볼 수 있다. 김균정은 흥덕왕 3년(828) 法光寺에 3층석탑을 건립할 당시 이 절의 檀越, 즉 시주자였는데 이는 이 절이 그의 가계에 속한 원찰이었음을 암시하고 있다.[106] 또한 동화사 비로암에 헌덕왕의 아들로 알려진 心智[心地] 대덕이 경문왕 3년(863)에 민애왕의 공양탑을 세우고 있다.[107] 이로 미루어 보면 이 절은 민애왕의 부친인 충공의 집안 혹은 포괄적으로 인겸태자 계통과 깊은 인연을 맺고 있던 사람들의 원찰이었을 가능성이 크다고 생각된다.[108]

---

105) 전기웅, 「나말려초의 지방사회와 지주제군사」, 『경남사학』 4, 1987, 28~30쪽/앞의 논문, 1989, 34~35쪽.

106) 황수영, 「신라법광사석탑기」, 『백산학보』 8, 1970/앞의 책, 1974, 200~202쪽 및 210~211쪽.

107) 황수영, 위의 책, 1974, 216~229쪽.

108) 이기동, 「신라 하대의 사회변화」, 『한국사』 11, 국사편찬위원회, 1996, 47~48쪽.

법광사 삼층석탑과 石塔誌 | 「法光寺 石塔誌」에 따르면 이 탑을 건립할 당시 김균정이 법광사의 檀越이었다고 한다. 이는 법광사가 김균정 가계의 願堂이었음을 알 수 있다.

이러한 신라 하대 독립적인 가계의식은 애장왕대의 오묘제 경정이 그 조건을 마련해 주었을 것으로 여겨진다.[109] 왕위에 즉위한 왕들은 자신의 직계 4조를 오묘에 모심으로써 자신의 가계와 다른 가계를 구분하려고 하였던 것으로 짐작되어지기 때문이다. 그러하다면 경문왕이 왕 6년 오묘에서 현조인 원성대왕의 신위를 제외시키고 아버지인 의공대왕의 신위를 오묘에 모신 것은 기왕의 왕실 가계와 자신의 왕실 가계를 구분하기 위한 것으로 헤아려 볼 수 있을 것이다.

애장왕대 오묘제가 경정되면서 원성왕을 중심으로 하는 계보가 성립되

109) 신라 하대 혈족집단의 分家·新立 경향은 무엇보다도 오묘제가 更定되면서 직계와 傍系의 차이가 점차 顯示化함으로 해서 더욱 촉진되었다고 한다(이기동, 앞의 책, 1984, 154~155쪽).

었고, 이후 원성왕의 후손들은 원성왕계라는 계보의식 속에서 연합할 수 있었다. 그런데 경문왕 6년 오묘의 신위가 개편되면서 원성대왕의 신위는 오묘에서 제외된다. 이것은 이제까지의 원성왕계라는 계보의식을 약화시키는 데 일정정도 기여하였을 것으로 짐작된다. 뿐만 아니라 원성대왕의 신위 대신 왕의 父인 의공대왕의 신위가 오묘에 모셔짐으로써 경문왕계라는 계보의식이 성립되는 계기가 되었을 것으로도 헤아려진다.

한편 신라의 오묘제는 효공왕대까지는 지속되었을 것이다. 그리고 별묘 역시 그러했을 것으로 여겨진다.[110] 헌강왕대부터 효공왕대까지의 오묘의 신위를 추정하면, 다음 <표 4-3>과 같다.

<표 4-3> 헌강왕대~효공왕대까지의 오묘의 신위

王代	王名	不毁之宗	親廟				別廟
			高祖	曾祖	祖	父	
49	헌강왕	시조대왕	익성대왕	희강대왕	의공대왕	경문대왕	태종대왕 문무대왕
50	정강왕	시조대왕	익성대왕	희강대왕	의공대왕	경문대왕	태종대왕 문무대왕
51	진성왕	시조대왕	익성대왕	희강대왕	의공대왕	경문대왕	태종대왕 문무대왕
52	효공왕	시조대왕	희강대왕	의공대왕	경문대왕	헌강대왕	태종대왕 문무대왕

제4절 오묘제와 신궁제사

김춘추가 관심을 가진 종묘제는 문무왕대에 수용되었고,[111] 그것이 시정

110) 그런데 박씨왕 시기 大王으로 추봉되는 대상이 직계 조상뿐만 아니라 義父, 王母의 父, 王妃의 祖父로 다양해지고 있다. 아마도 박씨왕 시기에는 오묘제가 온전히 시행되었다고는 여겨지지 않는다. 그리고 別廟 역시 마찬가지였을 것으로 짐작되어진다.

된 것은 신문왕대였다.[112] 오묘제가 수용되고 시정된 이후에도 신궁제사는 국가의 중요한 제사였다.[113] 우선 중대의 신궁제사와 관련된 기사들은 다음 <표 4-4>와 같다.

<표 4-4> 신라 중대의 신궁제사

王代	王名(姓)	年.月	內容	備考
29	태종무열왕(김)			
30	문무왕(김)			
31	신문왕(김)	2.1	親祀神宮	
		7.4		遣大臣於祖廟
32	효소왕(김)	3.1	親祀神宮	
33	성덕왕(김)	2.1	親祀神宮	
34	효성왕(김)	3.1		拜祖考廟
35	경덕왕(김)	3.4	親祀神宮	
36	혜공왕(김)	2.2	王親祀神宮	

111) 이와 관련해서 채미하, 「신라 종묘제의 수용과 그 의미」, 『역사학보』 176, 2002 참고.

112) 채미하, 「신라의 오묘제 '시정'과 신문왕권」, 『백산학보』 70, 2004 및 본서 제3장 제2절 참고.

113) 대체로 신궁제사를 신라말까지의 최고의 제사로 파악하고 있다. 이와 관련해서 이종태, 「신라 지증왕대의 신궁설치와 김씨시조인식의 변화」, 『택와허선도선생정년기념한국학논총』, 일조각, 1992, 67~68쪽 ; 나희라, 「한국고대의 신관념과 왕권 -신라왕실의 조상제사를 중심으로」, 『국사관논총』 69, 1996, 138쪽/「신라의 국가 및 왕실 조상제사 연구」, 서울대학교 박사학위논문, 1999, 127쪽 참고. 특히 최광식은 비록 제후국의 제사인 오묘와 사직에 제사하였지만, 실제적으로는 신라에 있어 최고 상위의 제사는 통일 이후에도 시조묘와 신궁에 대한 제사로 보고 있다(『고대한국의 국가와 제사』, 한길사, 1994, 336~337쪽). 한편 박승범은 신라가 당과 동맹관계를 맺으면서 중국식 연호와 복식을 채용하고 중대의 여러 왕이 당의 책봉을 받고 난 후 신궁에서 친사를 하는 것을 볼 때, 신라는 중국적 세계질서 속에 편입되었다고 하면서, 이 시기 신궁에의 致祭는 祭天으로서의 성격이 아닌 것(「신라의 시조묘 제의」, 『사학지』 30, 1997, 61쪽)으로 파악하였다. 그리고 채미하는 신궁은 중대 이후 그 격에 변화가 있었다고 보았다(「신라의 신궁제사」, 『전통문화연구』 2, 한국전통문화학교, 2004a, 60~65쪽).

위의 <표 4-4>를 보면 무열왕과 문무왕, 그리고 효성왕은 신궁에서 친사하지 않았다. 이것을 기록의 누락이라고도 한다.[114] 신궁제사는 즉위의례의 일부로 중고기 왕들은 자신의 왕위계승의 정당성을 신궁제사를 통해 대내외적으로 인정받았다. 그러하다면 무열왕, 문무왕과 효성왕이 신궁에서 친사하지 않은 이유는 단순한 기록의 누락으로는 생각되어지지 않는다.

진평왕대 이후 신궁제사는 천사옥대를 띤 성골왕만이 지낼 수 있는 제사로 여겨졌다.[115] 그러하다면 진골로 왕위에 오른 무열왕계는 신궁에서 제사지낼 수 없었을 것이다. 이와 같이 생각할 수 있다면 무열왕과 문무왕은 진골로 왕위에 올랐기 때문에 신궁에 친사하지 못한 것이 아니었을까 한다. 그런데 문무왕의 뒤를 이은 신문왕은 신궁에서 친사하였다. 그 이유는 무엇일까. 이와 관련해서 다음이 관심을 끈다.

---

114) 井上秀雄은 29대 무열왕, 30대 문무왕은 그 치세 기간도 길고 삼국의 대립과 통일전쟁에서 대외적으로 多忙한 시기였기 때문에 친사 신궁은 행해졌지만, 누락된 것으로 보았다(「新羅の始祖廟」, 『古代朝鮮史序說－王者と宗敎』, 寧樂社, 1978, 59~60쪽). 그리고 浜田耕策은 태종무열왕과 문무왕은 신라본기가 삼한일통의 항쟁을 주체로 편찬되고 있으므로 신궁 친사는 편찬과정에서 누락된 것으로 보았고, 효성왕의 경우도 누락된 것으로 보고 있다(「新羅の祀典と名山大川の祭祀」, 『呴沫集』 4, 1984, 230~232쪽). 그러나 신궁에서 신왕의 즉위의례라는 점에서 이들 왕들의 것만 누락되었다고는 여겨지지 않는다. 그리고 최근영은 무열·문무왕이 신궁에서 친사하지 않은 이유는 삼국통일을 의식한 나머지 당의 비위를 거슬리지 않기 위한 것으로 파악하였다. 그리고 무열·문무왕은 『禮記』 王制篇에 "천자는 천지와 천하의 명산대천을 제사하되, 제후는 사직과 자기 영역내에 있는 명산대천을 제사한다"라고 쓰여 있는 관례를 이행한 것이고, 효성왕 역시 다른 군왕들에 비하여 친당정책을 추구하였기에 신궁에 치제하지 않은 것으로 파악하였다(「한국고대의 천신신앙에 대한 고찰－신라의 경우를 중심으로」, 『최영희선생화갑기념 한국사학논총』, 탐구당, 1987, 15~16쪽).

115) 채미하, 앞의 논문, 2004a, 54~59쪽/「천사옥대와 흑옥대－신라 국가제사와의 관련성을 중심으로」, 『경희사학』 24, 2006, 30~31쪽 ; 본서 제2장 제2절도 참고.

A. 1) 제31대 신문대왕의 이름은 정명이며 성은 김씨다. 개요 원년 신사(681) 7월 7일에 왕위에 올랐다.……이듬해 임오(682) 5월 초하루(어떤 책에는 천수 원년(690)이라고 했으나, 잘못이다)에 해관 파진찬 박숙청이 아뢰기를, "동해 중의 작은 산 하나가 물에 떠서 감은사를 향해 오는데, 물결을 따라서 왔다 갔다 합니다"라고 하였다. 왕은 이를 이상히 여겨 일관 김춘질(또는 춘일)에게 점을 치도록 하였다. 그가 아뢰기를, "돌아가신 부왕께서 지금 바다의 용이 되어 삼한을 수호하고 있습니다. 또 김유신공도 33천의 한 아들로서 지금 인간 세상에 내려와 대신이 되었습니다. 두 성인[二聖]이 덕을 같이 하여 나라를 지킬 보배를 내어주려 하시니, 만약 폐하께서 해변으로 나가시면 값으로 계산할 수 없는 큰 보배[無價大寶]를 반드시 얻게 될 것입니다"라고 하였다. 2) 왕이 기뻐하여 그 달 7일에 이견대로 행차하여 그 산을 바라보면서 사자를 보내 살펴보도록 했더니, 산의 형세는 거북의 머리 같고, 그 위에는 한 줄기 대나무가 있는데, 낮에는 둘이 되고 밤에는 합하여 하나가 되었다(일설에는 산도 역시 밤낮으로 합치고 갈라짐이 대나무와 같았다고 한다). 사자가 와서 그것을 아뢰니, 왕이 감은사로 가서 유숙하였다. 이튿날 오시에 대나무가 합하여 하나가 되고, 천지가 진동하며 비바람이 몰아쳐 7일 동안이나 어두웠다. 그 달 16일에 되어서야 바람이 잦아지고 물결도 평온해졌다. 왕이 배를 타고 그 산에 들어가니, 용이 검은 옥대를 가져다 바쳤다. 왕이 영접하여 함께 앉아서 묻기를, "이 산과 대나무가 혹은 갈라지기도 하고 혹은 합해지기도 하는 것은 무엇 때문인가?"라고 하였다. 용이 대답하기를 "이것은 비유하자면, 한 손으로 치면 소리가 나지 않고 두 손으로 치면 소리가 나는 것과 같아서, 이 대나무라는 물건은 합한 후에야 소리가 납니다. 성왕께서는 소리로써 천하를 다스릴 좋은 징조입니다. 왕께서 이 대나무를 가지고 피리를 만들어 불면 천하가 화평할 것입니다. 이제 왕의 아버님께서는 바다의 큰 용이 되셨고, 유신은 다시 천신이 되셨는데, 두 성인이 같은 마음으로, 이처럼 값으로 따질 수 없는 보배를 보내 저를 시켜 이를 바치게 한 것입니다"라고 하였다. 왕은 놀라고 기뻐하여 오색 비단과 금과 옥으로 보답하고 사자를

시켜 대나무를 베어서 바다에서 나오자, 산과 용은 갑자기 사라져 나타나지 않았다. 왕이 감은사에서 유숙하였다. 3) 17일에 기림사 서쪽 냇가에 이르러 수레를 멈추고 점심을 먹었다. 태자 이공(즉 효소대왕)이 대궐을 지키고 있다가 이 소식을 듣고는 말을 달려와서 하례하고 천천히 살펴보고 말하기를, "이 옥대의 여러 쪽[窠]들이 모두 진짜 용입니다"라고 하였다. 왕이 말하기를, "네가 어떻게 그것을 아는가"라고 하셨다. 태자가 아뢰기를, "쪽 하나를 떼어서 물에 넣어보면 아실 것입니다"라고 하였다. 이에 왼편의 둘째 쪽을 떼어 시냇물에 넣으니 곧 용이 되어 하늘로 올라가고, 그곳은 못이 되었다. 그로 인해 그 못을 용연으로 불렀다. 4) 왕이 행차에서 돌아와 그 대나무로 피리를 만들어 월성의 천존고에 간직하였다. 이 피리를 불면, 적병이 물러가고 병이 나으며, 가뭄에는 비가 오고 장마는 개며, 바람이 잦아지고 물결이 평온해졌다. 이를 만파식적으로 부르고 국보로 삼았다. 효소왕대에 이르러 천수 4년 계사(693)에 부례랑이 살아 돌아온 기이한 일로 해서 다시 만만파파식적이라고 하였다. 자세한 것은 그 전기에 보인다. (『삼국유사』 2, 기이2, 만파식적)[116]

---

116) "1) 第三十一 神文大王 諱政明 金氏 開耀元年辛巳七月七日卽位……明年壬午五月朔(一本云 天授元年 誤矣) 海官波珍湌朴夙淸奏曰 東海中有小山 浮來向感恩寺 隨波往來 王異之 命日官金春質(一作春日)占之曰 聖考今爲海龍 鎭護三韓 抑又金公庾信乃三十三天之一子 今降爲大臣 二聖同德 欲出守城之寶 若陛下行幸海邊 必得無價大寶 王喜 2) 以其月七日 駕幸利見臺 望其山 遣使審之 山勢如龜頭 上有一竿竹 晝爲二 夜合一(一云 山亦晝夜開合如竹) 使來奏之 王御感恩寺宿 明日午時竹合爲一 天地震動 風雨晦暗七日 至其月十六日 風霽波平 王泛海入其山 有龍奉黑玉帶來獻 迎接共坐 問曰 此山與竹 或判或合如何 龍曰 比如一手拍之無聲 二手拍則有聲 此竹之爲物 合之然後有聲 聖王以聲理天下之瑞也 王取此竹 作笛吹之 天下和平 今王考爲海中大龍 庾信復爲天神 二聖同心 出此無價大寶 令我獻之 王驚憙以五色錦彩金玉酬賽之 勅使斫出海時 山與龍忽隱不現 王宿感恩寺 3) 十七日 到祇林寺西溪邊 留駕晝饍 太子理恭(卽孝昭大王)守闕 聞此事 走馬來賀 徐察奏曰 此玉帶諸窠皆眞龍也 王曰 汝何知之 太子曰 摘一窠沈水示之 乃摘左邊第二窠沈溪 卽成龍上天 其地成淵 因號龍淵 4) 駕還 以其竹作笛 藏於月城天尊庫 吹此笛 則兵退病愈 旱雨雨晴 風定波平 號萬波息笛 稱爲國寶 至孝昭大王代 天授四年癸巳 因夫禮

이견대 | 만파식적과 흑옥대 설화의 무대가 되었던 곳으로, 멀리 대왕암이 희미하게 보인다.

위의 사료 A-1)에 따르면 일관이 신문왕에게 문무왕과 김유신의 二聖이 뜻을 같이하여 無價大寶를 줄 것이라는 예언을 하고 있고, A-2)에서 신문왕은 문무왕과 김유신이 보낸 使者龍[117]으로부터 흑옥대를 받고 있음을 알 수 있다. 그런데 신문왕은 용으로부터 흑옥대를 받고도 용에게 관심을 가지고 물어본 것은 흑옥대에 관한 것이 아니라 산과 대나무가 나누어지기도 하고 합해지기도 하는 이유였고, A-4)를 보면 만파식적을 천존고에 간직해 두고 국보로 삼았다고 한다.

만파식적은 사료 A-2)에 따르면 대나무를 피리로 만들어 불면 천하가 태평해질 것이라고 용이 가르쳐 주자, A-4)에서 신문왕이 그 대나무로 피리를 만든 것이라고 한다. 이처럼 만파식적은 만들어진 피리가 아니었고 대나무도 용이 신문왕에게 직접 전해 준 것이 아니었다. 용이 직접 전해준 것은 흑옥대이다. 이로 볼 때 흑옥대 설화는 만파식적 설화에 부수적으로 끼어든 느낌을 준다.[118] 기왕의 연구에서도 흑옥대 설화보다 만파식적

郎生還之異 更封號曰萬萬波波息笛 詳見彼傳".

117) 신문왕 앞에 나타난 용이 "今王考爲海中大龍 庾信復爲天神 二聖同心 出此無價大寶 令我獻之"라고 한 것에서 볼 때 문무왕의 화신이 아니라 문무왕과 김유신이 보낸 사자룡임을 알 수 있다고 한다(김상현, 「만파식적설화의 형성과 의의」, 『한국사연구』 34, 1981, 9쪽).

118) 김영숙은 만파식적 설화 속에 부분적으로 흑옥대 이야기가 삽입되어 있어 옥대는 문무왕이 신라를 돕는다는 信標로서 만파식적의 신이성을 더해 주는 보조물에

설화에 보다 많은 관심을 가졌다. 그렇지만 흑옥대 설화가 가지는 나름의 의미가 있다고 생각한다.119)

흑옥대는 만파식적과 함께 문무왕과 김유신이 보낸 것이었다. 다 아다시피 문무왕은 삼국통일의 영주로 태종무열왕과 함께 후대 왕들에게 존숭의 대상이었다. 신문왕은 문무왕을 위해 감은사를 완성하였고120) 그것을 관리하기 위해 성전을 설치하였다.121) 그리고 『삼국사기』 제사지에 따르면 혜공왕대 문무대왕의 신위가 태종대왕의 신위와 함께 '불훼지종'으로 모셔졌다.122) 김유신은 무열왕권의 성립 과정에서나 삼국통일 과정에서 적극적으로 무열왕계를 도왔다. 이와 관련해서 태종무열왕의 묘호인 태종이 聖臣 김유신을 얻어서 삼국을 통일하였으므로 태종이라 하였다123)고 한 것도 참고된다. 그리고 그의 위상은 김유신이 사망하자124) 문무왕이 부의로 彩帛 1천필과 租 2천석을 주었고 군악의 고취수 100인을 주었으며 관리에게 명하여 비를 세우게 하고 민호를 定置하여 묘소를 지키도록 하였다125)는 데서 알 수 있다.

이처럼 문무왕과 김유신은 무열왕권의 대표적인 군신이었다. 이들이 뜻을 같이하여 신문왕에게 흑옥대를 보낸 시기는 김흠돌의 난126)을 평정하

지나지 않는다고 하였다(「만파식적 설화의 전승과 시적변모양상」, 『신라문화제학술발표회 논문집』 11(삼국유사의 현장적 연구), 1990, 270쪽).

119) 이와 관련해서 채미하, 앞의 논문, 2006, 32~37쪽 참고.

120) 『삼국유사』 2, 기이2, 만파식적.

121) 『삼국사기』 38, 잡지7, 직관(상).

122) 『삼국사기』 32, 잡지1, 제사.

123) 『삼국사기』 8, 신라본기8, 신문왕 12년 ; 『삼국유사』 1, 기이1, 태종춘추공.

124) 『삼국사기』 7, 신라본기7, 문무왕 13년.

125) 『삼국사기』 43, 열전 3, 김유신(하).

126) 『삼국사기』 8, 신라본기8, 신문왕 원년.

고 나고 나서 얼마 있지 않은 때였다. 신문왕이 즉위하고 나서 얼마 있지 않아 일어난 김흠돌의 난은 김춘추와 김유신 세력의 정치 운영에 대한 귀족세력들의 도전이었다.127) 신문왕은 김흠돌의 난을 철저하게 진압하고 난 뒤,128) 정치적 안정을 위해 군신과의 조화와 합심을 강조하였을 것이다. 흑옥대 설화는 그 역할을 하지 않았을까 한다. 흑옥대 설화는 만파식적 설화와 마찬가지로 무열왕권의 정당성과 신문왕권의 강화에 일정한 영향을 주었을 것이다.129)

그리고 앞의 사료 A-3)에 따르면 신문왕이 흑옥대를 얻었을 때 태자였던 이홍이 직접 달려와 축하하면서 흑옥대를 천천히 살피고 옥대의 쪽[窠] 하나 하나가 모두 진룡임을 아는 신이한 능력을 전하고 있다. 태자 이홍은 김흠운의 딸의 소생으로130) 신문왕 7년(687)에 태어났고 왕 11년에 태자로 책봉되었다.131) 그런데 흑옥대 설화는 태자 이홍이 출생하기 5년 전인 신문왕 2년에 있었던 일로 기록되어 있다.132) 그러하다면 흑옥대 설화에

127) 주보돈, 「신라의 달구벌천도 기도와 김씨집단의 유래」, 『백산학보』 52, 1999, 571쪽.

128) 김흠돌의 난을 진압하는 과정에서 신문왕의 왕권은 공고화된 것으로 여겨진다. 이기백은 『한국사강좌』 I (고대편), 일조각, 1982, 309쪽에서 전제왕권 확립으로 보고 있으나, 이것을 신문왕권의 확립으로 보아도 무방하지 않을까 한다.

129) 만파식적 설화는 무열왕권의 정당화 및 신문왕권의 강화라는 당시의 정치적 목적과 무관하지 않다고 하였다(김상현, 앞의 논문, 1981, 12~16쪽). 그리고 만파식적의 기능은 사료 A-4)에서 보듯이, '吹此笛 則兵退病愈 旱雨雨晴 風定波平'이다.

130) 신문왕에게는 두 명의 왕비가 있었다. 첫째 왕비는 김흠돌의 딸로 오랫동안 아들이 없자 출궁되었다(『삼국사기』 8, 신라본기8, 신문왕 즉위년). 그런데 왕비의 출궁이 父의 난에 연루되었다는 견해도 있다. 이와 관련해서 김상현, 위의 논문, 1981, 14쪽 ; 신종원, 「신라오대산사적과 성덕왕의 즉위배경」, 『최영희선생화갑기념논총』, 1987, 103쪽 ; 주보돈, 「남북국시대의 지배체제와 정치」, 『한국사』 3, 한길사, 1994, 301쪽 ; 박해현, 「신라 중대 정치세력 연구」, 전남대학교 박사학위논문, 1996, 32~33쪽 참고). 둘째 왕비는 김흠운의 딸로 신문왕 3년 5월에 부인으로 맞아 들였다(『삼국사기』 8, 신라본기8, 신문왕 3년).

131) 『삼국사기』 8, 신라본기8, 신문왕 11년, "春三月一日 封王子理洪爲太子".

이홍의 이야기가 삽입되어 있는데, 그 이유는 무엇일까. 이와 관련해서 다음이 주목된다.

B. 1) 봄 2월에 맏아들이 태어났다. 이 날 날씨가 음침하고 어두컴컴하였으며 천둥과 번개가 심하게 쳤다. 2) 여름 4월에 대신을 조묘에 보내 제사를 올리고 아뢰었다. "왕 아무개는 머리 숙여 재배하고 삼가 태조대왕, 진지대왕, 문흥대왕, 태종대왕, 문무대왕 영전에 아룁니다." (『삼국사기』 8, 신라본기8, 신문왕 7년)

사료 B-1)에 따르면 신문왕 7년 원자가 탄생할 때 천변이 일어났다고 한다. 원자가 태어날 때 있었던 천변은 신문왕의 왕권강화에 대한 진골귀족 세력의 움직임의 하나로 원자가 태어나자 그 불만이 표출된 것이 아닐까 한다. 이에 신문왕은 갓 태어난 원자가 왕위를 계승하는 것뿐만 아니라 원자가 왕위에 오르고 난 이후의 정치적 안정을 바랬을 것이다. 그것이 바로 이어 나오는 오묘에 대한 제사로 여겨진다. 이러한 오묘제사를 통해 원자는 그 적통성을 직계 조상에게 인정받았을 것이다. 그리고 신문왕은 원자가 자신의 뒤를 이을 왕위계승권자임을 대내외에 천명한 것으로 보여진다.[133)]

이와 마찬가지로 흑옥대 설화에서는 신문왕을 신화적 질서 속으로 감싸

---

132) 일연이 작성한 주에 '天授 元年이라고 했으나, 잘못이다'라고 한 구절이 보인다. 말하자면 일연이 만파식적조를 작성할 때에 만파식적 설화와 관련된 기록 가운데 천수 원년의 것도 있었다고 여겨진다. 천수 원년은 신문왕 10년이므로 이때는 이홍이 태어난 후에 해당한다. 따라서 효소왕이 태자 시절에 신문왕을 마중나간 사실을 상기한다면 이 설화는 천수 원년에 형성되었다고 하기도 하고(박해현, 앞의 논문, 1996, 40쪽), 만파식적이 신문왕대 만들어졌다고 하더라도 그 설화의 형성은 효소왕대라고 하기도 한다(신종원, 앞의 논문, 1987, 105쪽).

133) 이상 채미하, 앞의 논문, 2004b, 279~280쪽.

는 과정에 이홍을 삽입시킴으로써 이홍의 탁월한 자질을 드러내려는 의도가 있지 않았을까 한다.[134] 다시 말하자면 흑옥대 설화를 통해서도 신문왕은 이홍을 신성화하고 그의 권위를 높이는데 이용하였다고 생각한다.

이상의 흑옥대 설화는 진평왕대의 천사옥대 설화가 변이되고 재편성된 것이라고 한다.[135] 그리고 천사옥대는 진평왕대 이후 성골왕만이 착용할 수 있는 것이었다. 이 점을 염두에 둔다면 흑옥대 설화는 진골왕으로 왕위를 계승한 신문왕이 천사옥대 설화를 진골왕에 맞게 변화시킨 것이 아닐까 한다.

아마도 진골로 왕위에 오른 신문왕은 천사옥대가 아닌 흑옥대를 통해 왕권의 신성함을 강조하고, 무열왕권의 정당성을 주장하였을 것이다. 이것은 사료 A-3)을 보면 흑옥대의 쪽[窠] 하나 하나가 모두 진룡이었다는 데서, 옥대의 신성함과 그것을 몸에 띤 왕 자신의 위엄은 강조될 수 있었을 것이다.[136] 그러하다면 신문왕은 신궁에서 천사옥대 대신 흑옥대를 착용함으로써 신궁에서 친사하지 않았을까 한다.[137] 그리고 이후 진골로 왕위에 오르는 중대 왕들뿐만 아니라 하대의 왕들 역시 그러하였을 것으로 짐작되어진다.[138]

종묘제가 수용되고 오묘제가 시정된 이후에도 신궁제사는 국가의 중요한 제사였다. 하지만 오묘제가 시정된 이후 신궁제사에 변화가 있지 않았을

---

134) 채미하, 앞의 논문, 2004a, 280~281쪽.

135) 김상현, 앞의 논문, 1981, 9~10쪽.

136) 김상현, 위의 논문, 1981, 10쪽.

137) 흑옥대를 받은 시기는 신문왕 2년 5월로 신궁제사는 2년 1월로 나온다. 진골왕으로 왕위에 오른 신문왕은 신궁에 제사지낼 수 없었다. 그렇지만 김흠돌의 난을 평정한 이후 신문왕은 신궁에 친사하였고 이 신궁제사를 진골왕도 지낼 수 있는 근거를 마련하였을 텐데, 그것이 흑옥대 설화가 아닐까 하는 것이다.

138) 채미하, 앞의 논문, 2004a, 60~61쪽/앞의 논문, 2006, 39~42쪽 참고.

까 한다. 천사옥대가 신라말까지 신라 삼보의 하나로 여겨진[139] 반면 흑옥대에 대해서는 신문왕대 이후 어디에도 기록이 보이지 않는다는 점을 염두에 둘 때 신문왕대 이후 신궁제사는 중고기의 신궁제사 보다 그 격이 떨어지지 않았을까 하는 것이다. 그리고 당의 경우 開元 25년(737 : 효성왕 1)부터 종묘에 대한 제사를 宗正寺에서 담당하였다고 하는데, 그 이전에는 太常寺의 장관인 太常卿이 종묘제사를 관장하였다고 한다.[140] 이로 볼 때 개원 25년부터 당에서는 종묘제사와 다른 제사들이 분리되고 있음을 알 수 있다. 개원 25년은 효성왕 1년이다. 당시 당과의 활발한 교류관계를 염두에 둔다면 신라에서도 이것을 알고 있었을 것이다. 그러하다면 효성왕 어느 시기에 오묘제사를 담당하는 관부가 설치된 것으로 짐작된다.[141] 그리고 효성왕 3년(739) 祖考廟에 배알하고 있는 기사는[142] 이와 관련 있는 것이 아닐까 한다. 오묘제사를 관장하는 관부가 설치되면서 오묘제사의 중요성은 부각

---

139) 이와 관련해서 본서 제2장 제3절 참고.

140) 『通志二十略』 職官略4, 宗正卿 太廟令, "舊屬太常 唐開元二十五年二月 勅 宗廟所奉 尊敬之極 因以名署 情所未安 宜令禮官祥擇所宜 奏聞 至五月 太常少卿韋縚奏曰 謹詳經典 兼尋令式 宗廟享薦 皆主奉常 別置署司 事非稽古 其太廟署請廢省本司專奉其事 許之 二十五年 勅 宗正設官 實司屬籍 而陵寢崇敬 宗廟惟嚴 割隷太常 殊乖本系奉先之旨 深所未委 自今以後 諸廟署並隷宗正寺也".

141) 오묘제사를 담당하는 관부와 관련하여 다음이 주목된다.
『삼국사기』 39, 잡지 8, 직관 중, "春典 舍知二人 史八人".
春典은 왕묘제사관계의 업무를 관장한 기구로, 오묘제사를 담당한 것으로 파악하면서 이것은 唐의 太廟署에 비교된다고 하였다(三池賢一, 「新羅內廷官制考(下)」, 『朝鮮學報』 62, 1977, 45쪽). 한편 이인철은 春典은 '春典'으로 읽고 '春'자에 술의 뜻이 있다는 것과 內廷 官制에 술 만드는 관청이 보이지 않는다는 사실 등에 의거하여 春典을 왕궁 내에서 양조의 업무를 담당한 관청으로 보고 있다(「신라 내정관부의 조직과 운영」, 『신라정치제도사연구』, 일지사, 1993, 78~79쪽).

142) 春正月 拜祖考廟(『삼국사기』 9, 신라본기9, 효성왕 3년). 신문왕 7년조에 보이는 '祖廟'는 말 그대로의 '祖廟'가 아니고 오묘였다. 그러므로 '祖考廟' 역시 '祖廟'와 '考廟'라기보다는 오묘로 보아도 무방하지 않을까 한다.

되었을 것이고 효성왕이 신궁에 친사하지 않은 것은 역시 이와 연관지어 생각해 볼 수 있다.

한편 혜공왕 15년(779) 개정 오묘제가 인정되면서[143] 신라의 오묘제에는 중대한 변화가 초래되었던 것으로 헤아려진다.[144]

C. 1) 미추의 영혼이 아니었던들 김공의 노여움을 막지 못했을 것이므로, 왕이 나라를 수호한 힘은 크다고 아니할 수 없다. 2) 그러므로 나라 사람들이 그 덕을 생각하여 3) 삼산과 동격으로 (미추왕을) 제사하고 (그 격을) 떨어뜨리지 않았고[與三山同祀而不墜] 4) (미추왕에 대한 제사의) 격을 오릉(제사)의 위에 놓았고[躋秩于五陵之上] 5) 미추왕릉을 대묘라고 불렀다. (『삼국유사』 1, 기이1, 미추왕・죽엽군)[145]

위의 사료 C-3)과 C-4) 가 주목된다. 우선 C-3)의 "與三山同祀而不墜"는, "삼산과 동격으로 (미추왕을) 제사하고 (그 격을) 떨어뜨리지 않았다"라고 해석된다. 그리고 C-4)의 "躋秩于五陵之上"은 "(미추왕에 대한 제사의) 격을 오릉(제사)의 위에 놓았다"로 해석할 수 있다. 미추왕에 대한 제사가 삼산에 대한 제사와 동격이고, 오릉에 대한 제사보다 상위에 두어졌다는 의미이다.

그런데 개정 오묘제에서 미추왕은 오묘의 시조가 되었다. 이 점에서 미추왕은 오묘를 대표한다고 할 수 있지 않을까 한다. 그리고 미추왕에

---

143) 채미하, 「신라 혜공왕대 오묘제의 개정」, 『한국사연구』 108, 2000 참고.

144) 그리고 국가제사체계에도 변화가 있었다고 여겨지는데, 이와 관련하여 채미하, 「『삼국사기』 제사지 신라조의 분석－신라 국가제사체계의 재검토와 관련하여」, 『한국고대사연구』 13, 1998, 224~228쪽 및 위의 논문, 2000, 55~56쪽 참고.

145) "1) 非未鄒之靈 無以遏金公之怒 王之護國 不爲不大矣 2) 是以邦人懷德 3) 與三山同祀而不墜 4) 躋秩于五陵之上 5) 稱大廟云".

대한 제사가 삼산에 대한 제사와 동격이고 오릉제사보다 위에 놓여졌다면 그를 대표하는 오묘제사가 삼산과 동격이고 오릉제사의 위에 두어졌다고 헤아려 볼 수 있는 것이다.

오릉은 혁거세왕이 묻혔다고 인식되었던 곳이다.146) 따라서 오릉에 대한 제사는 혁거세왕에 대한 제사로 볼 수 있다. 그러하다면 미추왕에 대한 제사, 곧 오묘제사가 혁거세왕에 대한 제사와 비교되었던 이유는 무엇일까.147)

오묘는 왕실의 직계 조상을 모시는 제사제도이다. 이러한 오묘제사가 혁거세왕에 대한 제사와 비교되고 있는 것은 혁거세왕을 제사지내는 신라의 국가제사 또는 왕실제사를 염두에 두었기 때문으로 생각된다. 그것으로는 시조묘제사와 신궁제사가 있었다. 시조묘제사는 혁거세왕이 묻혔다고 여겨지는 곳에서 행해진 것으로 보았다. 그렇다면 오릉에 대한 제사는 시조묘제사라고 할 수 있다. 그런데 시조묘는 신궁이 설치되면서 그 제사의 격에 변화가 있었다고 헤아려 보았다. 그리고 종묘제가 수용되고 오묘제가 시정되면서 시조묘제사는 형식적인 것으로 되어가다가, 혜공왕대 오묘의 수위가 태조대왕에서 시조대왕으로 바뀌면서 시조묘제사는 그 기능을 하지 못한 것으로 보았다.148) 그러하다면 혜공왕대 오묘제사와 비교될 수 있는

---

146) 『삼국사기』에 따르면 五陵은 혁거세가 묻혔다고 인식되던 곳이다(『삼국유사』 1, 기이1, 신라시조혁거세왕). 반면 『삼국사기』에는 혁거세의 妃인 알영, 2대 남해·3대 유리·4대 파사의 陵墓로 전하고 있다.

147) 나희라는 미추왕 제사의 차례를 혁거세 제사보다 높은 위치에 둔 것에 대해 "시조묘로서의 위치를 지켜왔던 혁거세릉의 지위가 격하되고 김씨의 시조왕인 미추왕의 능이 시조묘로서의 자리를 잡게 된 것"으로 파악하기도 한다(앞의 논문, 1996, 149쪽 및 앞의 책, 2003, 195~196쪽).

148) 채미하, 「신라의 시조묘제사」, 『민속학연구』 12, 2003, 286~290쪽. 한편 대부분의 연구자들은 시조묘제사가 신라 멸망 때까지 끊이지 않았다고 한다. 이 중 변태섭은 신궁 설치 이후에도 김씨왕조는 여전히 신라 최고의 시조인 혁거세 시조묘를 봉사하

신라의 국가제사 또는 왕실제사는 신궁제사이다. 비록 신궁제사가 혁거세왕이 탄생한 곳에서 행해졌지만, 당시 오릉=혁거세왕에 대한 제사는 신궁제사로 여기지 않았을까 한다. 이와 같이 생각할 수 있다면 미추왕에 대한 제사가 오릉에 대한 제사 위에 두어졌다는 것은 오묘제사가 혜공왕 15년 화백회의를 통해 신궁제사보다 우위를 점하게 되었음을 의미하는 것으로 볼 수 있을 것이다.[149)]

오묘제가 개정된 이후 신라 하대에는 새로운 왕이 즉위하고 얼마 있지 않아 신왕의 부, 더 나아가 조, 증조, 고조 등을 대왕으로 추봉하였다. 그리고 대왕 추봉이 있은 지 얼마 있지 않아 오묘의 신위 개편이 있었을 것이다. 이러한 오묘의 신위 개편은 대체로 신왕의 원년에 이루어졌을 것이다.[150)] 이것은 하대에 오묘제사가 중요하였음을 말해주는 것으로 여겨진다.

다음 <표 4-5>는 신라 하대의 신궁제사와 오묘가 개편된 내용을 제시한 것이다. <표 4-5>를 보면 선덕왕, 원성왕, 애장왕은 오묘의 신위 개편을 신궁제사 보다 앞서 행하고 있다. 이것은 오묘제가 개정된 이후 오묘제사의 격이 신궁제사보다 우위에 두어진 것을 반영하는 것으로 여겨진다. 그리고 혜공왕대 개정된 오묘제는 애장왕대 다시 개정된다. 이를 更定 오묘제라고

고 있는데, 애장왕 이후 3왕의 기록 중에 신궁을 제사함과 동시에 시조묘를 제사하였다는 것으로 증명된다고 하였다. 그리고 이 때의 시조묘는 형식적이고 전통적인 국조로서의 성격을 지니고 있음에 불과하다고 하였다(앞의 논문, 1964, 65쪽).

149) 그렇다면 혹 『삼국사기』 제사지에 오묘제가 혜공왕대 '始定'되었다고 한 것은 이와 관련지어 이해해 볼 수 있지 않을까. 한편 박승범은 남해차차웅대 세워진 시조묘는 김씨의 왕위세습이 이루어지면서 어느 시점에서 박씨계의 종묘 혹은 가묘의 형태로 존재하게 되었다고 하면서도, 여전히 혁거세는 신라의 국조신으로 인식되고 있었다고 한다. 그러다가 혜공왕 15년(779) 무렵에 오릉, 시조묘 의례는 국초 이래의 지위를 상실하여 대사의 지위보다 낮은 상태가 되었다고 한다(앞의 논문, 1997, 86쪽). 이것이 시사하는 바가 큰데, 채미하, 앞의 논문, 2000, 56~57쪽도 참고.

150) 채미하, 앞의 논문, 2004b, 267~269쪽.

<표 4-5> 신라 하대의 신궁제사와 오묘제사

王代	王名(姓)	年.月	內容	備考
37	선덕왕(김)	1.4		五廟개편
		2.2	親祀神宮	
		4		社稷壇설치
38	원성왕(김)	1.2		五廟개편
		3.2	親祀神宮	
39	소성왕(김)	1.5		五廟개편
40	애장왕(김)	2.2		謁始祖廟
		2.2		五廟개편
		3.1	王親祀神宮	
41	헌덕왕(김)	2.2	王親祀神宮	
		5.2		謁始祖廟
42	흥덕왕(김)	2.1	王親祀神宮	
		8.4		王謁始祖廟
43	희강왕(김)	2.1		五廟개편
44	민애왕(김)	1		五廟개편
45	신무왕(김)	1		五廟개편
46	문성왕(김)	5.7		五虎入神宮園
47	헌안왕(김)	2.1	親祀神宮	
48	경문왕(김)	2.2	王親祀神宮	
		6.1		五廟개편
		12.2	親祀神宮	
49	헌강왕(김)			
50	정강왕(김)			
51	진성왕(김)			
52	효공왕(김)			
53	신덕왕(김)	1.5		五廟개편
54	경명왕(김)			五廟개편
55	경애왕(김)	1.10	친사신궁(親祀神宮)	
56	경순왕(김)	1.11		五廟개편

할 수 있다.[151] 그것을 전후한 39대 소성왕, 43대 희강왕, 44대 민애왕, 45대 신무왕, 49대 헌강왕, 50대 정강왕, 51대 진성왕, 52대 효공왕, 53대

151) 채미하, 「신라 하대의 오묘제」, 『종교연구』 25, 2001 참고.

신덕왕, 54대 경명왕, 56대 경순왕이 신궁에서 친사하지 않고 있다.[152] 이것은 오묘제가 경정된 이후 신궁제사가 형식적인 것으로 변화하였음을 알려주는 것으로 헤아려진다.[153]

---

152) 이들 왕들이 神宮에서 친사하지 않은 이유에 대해 井上秀雄, 앞의 논문, 1978, 59~60쪽 ; 浜田耕策, 앞의 논문, 1984, 230~232쪽 ; 최재석, 앞의 책, 1987, 271쪽 ; 최근영, 앞의 논문, 1987, 15~16쪽 참고.

153) 박승범은 애장왕은 '시조묘', 곧 새로운 오묘에서 즉위의례를 하고 다음 해에 친사 신궁하는데, 신궁의 치제가 즉위의례의 성격마저 잃게 되는 것이라고 하였다. 한편 이후에도 왕의 신궁 치제가 즉위 2년에 이루어지고 있으나, 이는 하대 왕위계승이 비합법적인 방법 곧 전왕의 시해를 통한 경우 왕위계승의 정당성을 신궁 치제를 통해 확보하려 한 것으로 이해하고 있다(앞의 논문, 1997, 61쪽). 애장왕대 이후 오묘제사가 신궁제사보다 앞서 이루어졌다고 해서, 오묘제가 신궁제사를 대신하여 즉위의례의 성격을 지녔다고 생각되지 않는다. 그리고 하대 신궁제사를 지낸 왕이 모두 불법적인 방법에 의해 왕위에 오르지는 않았다. 신궁에 친사한 왕들은 자신들의 왕위계승의 한 방편으로 이것을 이용한 것으로 보아야 할 것이다(채미하, 앞의 논문, 2004a, 64쪽).

제5장 사직제사와 농경제사

제1절 사직단의 설치와 사전의 정비

1. 사직단 설치와 선덕왕

신라 사직단 설치와 관련하여서 다음이 관심을 끈다.

A. 1) 제37대 선덕왕 때에 이르러 사직단을 세웠다. (『삼국사기』 32, 잡지1, 제사)[1)]
2) 立社稷壇 又修祀典 (『삼국사절요』 12, 癸亥(선덕왕 4년))

사료 A-1)을 보면 제37대 선덕왕대 사직단을 설치하고 있음을 알 수 있다. 사료 A-2)에는 선덕왕 4년에 사직단을 설치하였고 "又修祀典"하였다고 한다. 『삼국사기』에는 『삼국사절요』의 선덕왕 4년이라든가 "우수사전"에 대한 기록은 찾아지지 않는다. 그렇지만 『삼국사절요』의 기록은 다른 전거에 의한 것으로 여겨진다.[2)]

---

1) "(新羅) 至第三十七代宣德王 立社稷壇".

2) 이병도, 『국역 삼국사기』, 을유문화사, 1977, 497쪽 ; 신종원, 「삼국사기 제사지 연구」, 『사학연구』 38, 1984/「신라 사전의 성립과 의의」, 『신라초기불교사연구』, 민족사, 1992, 84쪽. 이들은 『동국통감』 선덕왕 4년조를 주목하였다. 한편 浜田耕策은 선덕왕 2, 3년에는 신궁의 제사와 始林原에서 열병이라는 예제와 관련된 기사가

이와 관련해서 제사지 신라조에는 혜공왕대 오묘제가 시정되었다고 한 것[3])이 참고된다. 그런데 『삼국사절요』에는 그 기사가 혜공왕 12년(776)조에 실려 있다.[4]) 다 아다시피 혜공왕대에 오묘제는 시정되었던 것이 아니고 개정되었음을 전하는 것으로 파악되고 있다.[5]) 그리고 『삼국사절요』의 혜공왕 12년은 다른 전거에 의한 것으로 보고 있다.[6]) 또한 혜공왕이 왕 11년 모후의 섭정을 벗어나 친정을 시작하였으리라고 여겨진다는 점, 『삼국사절요』의 혜공왕 12년조에 오묘제 시정 기사가 전하는 점 등으로 미루어 보아 왕 12년에 오묘제가 개정되었으리라는 견해[7])가 있다. 이러한 점을 염두에 둔다면 선덕왕 4년(783)에 사직단이 설치되었고 "우수사전"했다는 『삼국사절요』의 기사는 다른 전거를 따른 것으로 보아도 무방할 것이다. 또한 "우수사전"의 '修'는 '고치다' '꾸미다'라는 뜻이 있다. 따라서 선덕왕 4년에 사직단이 설치되었고 사전도 정비되었다고 여길 수 있을 것이다.

있고, 5년에는 선덕왕이 양위를 한 기사가 있으므로 『동국통감』 찬자가 사직단의 설립을 4년에 연결시킨 것으로 보고 있다(「新羅の祀典と名山大川の祭祀」, 『呴沫集』 4, 1984, 151쪽). 선덕왕 4년 사직단 설치와 그 의미에 대해 채미하, 「신라 선덕왕대 사직단 설치와 사전의 정비」, 『한국고대사연구』 30, 2003 참고.

3) 『삼국사기』 32, 잡지1, 제사, "按新羅宗廟之制……至第三十六代惠恭王 始定五廟 以味鄒王爲金姓始祖 以太宗大王・文武大王 平百濟・高句麗 有大功德 並爲世世不毁之宗 兼親廟二爲五廟".

4) 『삼국사절요』 12, 丙辰(혜공왕 12년), "王始立五廟 以味鄒王・太宗王・文武王 弁祖禰爲五廟……盖味鄒王爲金氏始祖 太宗王・文武王 平麗濟有大功德 爲不遷之主" ; 『동사강목』 5상, 丙辰(혜공왕 12년), "始立五廟(初新羅宗廟之制 未詳……至是 始以味鄒王爲金姓始祖 太宗・文武 平麗濟有大功德不毁之宗 弁祖禰爲五廟)".

5) 변태섭, 「묘제의 변천을 통하여 본 신라사회의 발전과정」, 『역사교육』 8, 1964, 69쪽.

6) 이병도, 앞의 책, 1977, 496쪽.

7) 이문기, 「신라 혜공왕대 오묘제 개혁의 정치적 의미」, 『백산학보』 52, 1999, 799~807쪽 ; 채미하, 「신라 혜공왕대 오묘제의 개정」, 『한국사연구』 108, 2000, 36쪽.

일반적으로 종묘제사와 사직제사는 함께 갖추어졌다.[8] 그런데 신라는 신문왕대 오묘제가 시정되었지만,[9] 사직단은 선덕왕 4년에 설치된다. 이처럼 신라의 사직단 설치가 오묘제 시정에 비해 늦은 이유는 무엇일까.

중국 역대 오례의 근간이 되는 唐代의 「貞觀禮」와 「開元禮」에서 사직은 대사가 아닌 중사에 편제되어 있고, 『구당서』와 『신당서』에도 중사에 편제되어 있다. 물론 당대에 일시적으로 사직이 대사로 승격된 경우도 있지만, 당대에는 전반적으로 중사로 인식되었음을 알 수 있다.[10] 그리고 사직과 비슷한 성격을 가진 方澤은 대사로 채택되어 중시되고 있다. 이로 볼 때 중국에서 사직은 선농이나 風·雲·雷·雨師 등 농업과 관계가 있는 諸神 중 상위의 존재라는 개념이 강한 것이었다고 여겨진다.[11] 이것은 신라도 마찬가지가 아니었을까 한다.

사직은 농경사회에서 농사의 풍년을 주재하는 관념적 神主이다. 특히 稷神은 농경을 주관하는 곡신의 가장 명백한 형태이다.[12] 이러한 직신을 모시는 사직단이 설치되기 전 신라에는 여러 농경제사들이 있었다. 이들 농경제사 중 중농제사와 후농제사를 제외하고는 모두 중국 예전에 나오는 것이다. 그리고 이들 제사의 날짜는 당 「정관례」 및 「개원례」의 祠令의

---

8) 고구려는 고국양왕 8년에 '立國社修宗廟'하였다고 한다. 고려는 성종 7년 12월 오묘제에 의거한 종묘제 시행 방침이 정해지고 이듬해 4월에 태묘를 건설하기 시작하여 11년 11월에 이르러 완공하였다. 그리고 成宗 10년 윤2월에는 사직단을 건립하였다. 조선은 태조의 즉위교서에 의하면 궁성을 중심으로 하여 좌우에 종묘·사직을 세우되 사직의 경우 '古制'에 부합되게 고쳐 정한다는 원칙을 정하였다.

9) 채미하, 「신라의 오묘제 '시정'과 신문왕권」, 『백산학보』 70, 2004.

10) 唐 현종 天寶 3년(744 : 경덕왕 3)에 중사에서 대사로 승격했다는 기사가 있으나, 현종 말년에 편찬된 「開元禮」와 이를 반영한 『구당서』·『신당서』에도 중사로 편입됨을 보면 일반적인 것은 아니었다고 여겨진다.

11) 한형주, 「조선초기 국가제례 연구」, 고려대학교 박사학위논문, 2001, 70~71쪽.

12) 금장태, 『유교사상과 종교문화』, 서울대학교출판부, 1994, 191쪽.

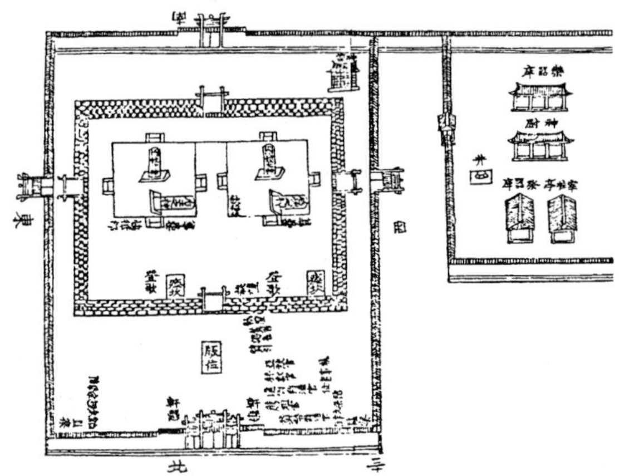

사직단 | '社'는 땅의 신을, '稷'은 곡식의 신을 의미하며, 사직제사는 종묘제사와 더불어 고대 이래로 가장 중요한 국가제사였다. 조선시대의 것으로, 아래 사진은 서울 사직단의 모습이다.

그것과 같다.[13] 이로 볼 때 제사지 신라조에 나오는 농경제사는 신라 중대 초에 중국 제사제도의 영향을 받았다고 짐작되어진다. 그런데 사직은 이 시기에 수용되지 않았다. 아마도 이것은 사직이 농업과 관계된 諸神 중 상위의 존재라는 관념이 강하였기 때문이 아닐까 한다. 이 중 팔자제사는

13) 이와 관련해서 채미하, 「신라의 농경제사와 '別祭'－『삼국사기』 제사지 신라조를 중심으로」, 『국사관논총』 108, 2006 및 본서 제5장 제2절 참고.

農作을 上帝에게 감사드리는 제사이면서 그 해의 12월에 드리는 歲祭도 된다.[14] 아마도 팔자제사는 당시 최고의 농경제사였을 것이다. 그리고 팔자제사의 희생은 사직의 그것과 같다.[15] 이러한 점들을 생각해 볼 때 당시 신라사회에서 사직제사는 반드시 필요한 것은 아니었다고 여겨진다.[16]

한편 사직은 종묘와 더불어 국가를 상징하는 것이기도 하였다. 전근대 동아시아 사회에서 국가를 종묘·사직이라고 하는 것은 이를 잘 말해준다. 이 중 종묘는 국왕과 왕실의 정통성을 확인하는 것이었다. 그리고 周制에 의하면 국가에서 大事를 일으켜 대중을 움직일 때는 반드시 사직에 고한다고 하였다.[17] 고려와 조선의 경우 사직제사의 가장 중요한 임무는 기우와 祈禜이었지만 국가적인 대사가 있으면 반드시 사직에 고하고 있다.[18] 따라서 종묘제사와 사직제사가 갖는 정치적 의의는 매우 크다고 할 수 있다. 이에 신라의 사직단은 선덕왕대의 정치적 상황과 밀접한 관련을 가지면서 설치되었다고 볼 수 있는 것이다.

---

14) 琴章泰, 앞의 책, 1994, 190~191쪽.

15) 『禮記』 王制, "天子社稷 皆太牢 諸侯社稷 皆少牢".

16) 이와 관련해서 다음도 참고된다. 중국에서 팔자제사의 제일은 「貞觀禮」에서는 季冬 寅日이었는데, 「開元禮」에서는 季冬蠟日로 바뀌었다. 이때 蠟日은 辰日이었다고 한다. 그런데 신라에서 팔자제사의 제일은 12월 寅日이다. 그러하다면 신라 팔자제사의 제일은 「貞觀禮」의 규정에 의한 것임을 알 수 있다. 이는 제사지 신라조에 보이는 祀典이 神文王代 唐에서부터 들여온 「吉凶要禮」의 규정을 적용하여 정비되었고, 뒤에 唐禮로 확정되고 동아시아 예제의 기본이 된 開元禮의 규정은 받아들이지 않았음을 보여주는 것이다. 결국 신라에서는 中代 초기 祀典을 정비한 이후에는 다시 唐禮를 수용하면서 그것을 祀典에 적용하는 대규모적인 祀典 정비 작업은 없었고 다만 약간의 수정이나 보충을 통해 그 때마다의 현실에 맞추어 나갔던 것으로 보인다(나희라, 앞의 논문, 1999, 45~46쪽).

17) 김해영, 「조선초기 사전에 관한 연구」, 한국정신문화연구원 박사학위논문, 1994, 170쪽에서 재인용.

18) 한형주, 앞의 논문, 2001, 70~77쪽.

선덕왕 김양상은 祖 元訓에 이어 경덕왕 23년(764) 1월 아찬으로 집사부 시중에 임명되어 혜공왕 4년(768) 10월까지 4년 9개월간 재임했다.[19] 시중 역임 후에도 계속 중앙의 요직에 있었는데, 혜공왕 7년 12월 4일에 주성된 성덕대왕신종 명문에 그가 肅政臺와 修城府의 장관직을 겸임함과 동시에 봉덕사 眞知大王寺成典의 장관을 겸하고 있다.[20] 그 후 혜공왕 10년 9월 이찬으로 상대등이 되어 실권을 장악하였고 13년 4월 상소를 하여 時政을 극론하였다.[21]

이처럼 선덕왕 김양상은 혜공왕대 정국의 전면에 등장하였다. 그런데 혜공왕대는 정치적으로 불안한 시기였다. 혜공왕 4년 7월 대공의 난[22]을 시작으로 하여, 6년 8월 김융의 난,[23] 11년 6월의 김은거의 난과 8월의 廉相·正門의 난,[24] 16년 2월의 김지정의 난[25]이 일어난다. 이 난들은 왕실세력과 진골귀족세력간의 대립으로,[26] 선덕왕이 혜공왕을 시해하고 신왕으로 즉위하면서 일단락된다.[27]

---

19) 『삼국사기』 9, 신라본기9, 경덕왕 23년, “春正月 伊湌萬宗爲上大等 阿湌良相爲侍中”; 『삼국사기』 9, 신라본기9, 혜공왕 4년, “冬十月 以伊湌神猷爲上大等 伊湌金隱居爲侍中”.

20) 혜공왕 7년(771)에 작성된 聖德大王神鍾銘에 따르면 김양상은 “檢校使 肅政臺令兼 修城府令 檢校感恩寺使 角干 臣 金良相”으로 나온다.

21) 『삼국사기』 9, 신라본기9, 혜공왕 10년, “秋九月 拜伊湌良相爲上大等”; 『삼국사기』 9, 신라본기9, 혜공왕 13년, “夏四月 又震 上大等良相上疏 極論時政”.

22) 『삼국사기』 9, 신라본기9, 혜공왕 4년, “秋七月 一吉湌大恭與弟阿湌大廉叛 集衆圍王宮三十三日 王軍討平之 誅九族”.

23) 『삼국사기』 9, 신라본기9, 혜공왕 6년, “秋八月 大阿湌金融叛 伏誅”.

24) 『삼국사기』 9, 신라본기9, 혜공왕 11년, “夏六月 伊湌金隱居叛 伏誅 秋八月 伊湌廉相與侍中正門謀反 伏誅”.

25) 『삼국사기』 9, 신라본기9, 혜공왕 16년, “二月……伊湌金志貞叛 聚衆圍犯宮闕”.

26) 김수태, 『신라중대정치사연구』, 일조각, 1996, 129~132쪽.

27) 『삼국사기』 9, 신라본기9, 혜공왕 16년, “夏四月 上大等金良相與伊湌敬信 擧兵誅志

주지하다시피, 신문왕대 오묘제가 시정된 이후 신왕들은 즉위하고 얼마 있지 않은 시기에 오묘의 신위를 개편하는 것이 관례였다. 이를 통해 신왕들은 즉위의 정당성뿐만 아니라 자신의 왕권을 유지·강화하려고 하였을 것이다. 혜공왕대 개정된 오묘제에서는 직계 2조의 신위를 모시는 것이 원칙이었다. 그런데 선덕왕은 父인 개성대왕의 신위만을 오묘에 모셨고 할아버지 元訓 대신 외조인 성덕대왕의 신위를 오묘에 모시고 있다. 그 이유는 선덕왕이 혜공왕을 시해하고 즉위하면서 무열왕계인 김주원 세력의 도움을 받았고, 무열왕의 후손이기도 하였기 때문이다.[28)]

이처럼 선덕왕은 오묘를 개편할 때 무열왕계를 의식하였다. 이것은 그가 정국을 운영하는데 있어 장애요소가 되었을 것이다. 이에 선덕왕은 오묘제사와 짝하는 사직단을 설치함으로써 이러한 상황을 극복하려고 하지 않았을까 한다. 이를 통해 즉위의 정당성뿐만 아니라 자신의 왕권을 유지 내지는 강화하려고도 한 것으로 짐작되어진다.

『예기』 제법에 의하면 천자는 太社·王社를, 제후는 國社·侯社를 세워 천자와 제후가 세우는 社를 구분하고 있고, 대부 이하는 置社를 세우고 있다.[29)] 이로 본다면 사직의 사는 천자, 제후, 대부 이하가 세우는 것으로, 이것들은 천자의 사를 정점으로 하여 운영되어 나갔을 것이다. 선덕왕은

貞等 王與后妃爲亂兵所害" ; 『삼국유사』 2, 기이2, 경덕왕·충담사·표훈대덕, "於是滿月王后生太子 王喜甚 至八歲王崩 太子卽位 是爲惠恭大王 幼沖故太后臨朝 政條不理 盜賊蜂起 不遑備禦 訓師之說驗矣 小帝旣女爲男故 自期晬至於登位 常爲婦女之戲 好佩錦囊 與道流爲戲 故國有大亂 終爲宣德與金敬信所弑". 이와 관련된 대표적인 견해는 이기백, 「신라 혜공왕대의 정치적 변혁」, 『사회과학』 2, 1958/『신라정치사회사연구』, 일조각, 1974, 237쪽 ; 이기백, 「신라 상대등고」, 『역사학보』 19, 1962/위의 책, 1974, 118쪽 참고.

28) 이와 관련해서 채미하, 「신라 하대의 오묘제」, 『종교연구』 25, 2001, 126~127쪽.

29) "王爲群姓立社曰太社 王自爲立社曰王社 諸侯爲百姓立社曰國社 諸侯自爲立社曰侯社 大夫以下成群立社曰置社".

혜공왕대 지배층의 분열을 경험하고 즉위하였다. 아마도 선덕왕은 사직단 설치를 통해 이들 세력을 결집하려고도 하였던 것으로 여겨진다.[30)]

한편 선덕왕은 대외관계에서 약세를 면치 못하였다. 나・당관계가 비교적 우호적이었던 신라 중대에 당으로부터의 책봉은 대부분 왕의 즉위년 아니면 그 다음해에 이루어진 것[31)]에 반하여 선덕왕의 책봉은 동왕 6년에 이루어지고 있다.[32)] 선덕왕이 설치한 사직단은 『예기』 제법의 규정에 맞는 제후국의 그것인 국사였을 것이다.[33)] 이것은 신문왕 7년(687)에 보이는

30) 한편 신라의 사직단 설치는 지방에서 독자적으로 행해지던 제사가 중앙정부에 의해 조직화되어 신라의 국가적 제의로 체계화됨을 의미하는 것으로 보기도 한다. 곧 그 이전까지 대사나 중사・소사 또는 四城門祭나 四大道祭 등에서 행해진 제사가 국가적 제사로 조직화되지 않은 채 지역별로 거의 독립적으로 행해졌을 법한데, 그러던 것이 선덕왕대가 되면서 사직단으로 체계화되었다는 것이다. 그리고 사직단 속에 체계화된 제의는 대체로 각 지역의 명산대천을 섬기는 地神族 信仰이라고 한다(김두진, 「신라의 종묘와 명산대천의 제사」, 『백산학보』 52, 1999/『한국고대의 건국신화와 제의』, 1999, 341~342쪽 및 359쪽).

31) 『삼국사기』 8, 신라본기8, 신문왕 즉위년, "唐高宗遣使冊立爲新羅王 仍襲先王官爵" ; 『삼국사기』 8, 신라본기8, 효소왕 즉위년, "唐則天遣使吊祭 仍冊王爲新羅王 輔國大將軍行左豹韜尉大將軍雞林州都督" ; 『삼국사기』 8, 신라본기8, 성덕왕 즉위년, "唐則天聞孝昭薨……遣使吊慰 冊王爲新羅王 仍襲兄將軍都督之號" ; 『삼국사기』 9, 신라본기9, 효성왕 2년, "唐玄宗聞聖德王薨……往吊祭 贈太子太保 且冊嗣王爲開府儀同三司新羅王" ; 『삼국사기』 9, 신라본기9, 경덕왕 2년, "唐玄宗……來吊祭 仍冊立王爲新羅王 襲先王官爵" ; 『삼국사기』 9, 신라본기9, 혜공왕 4년, "唐代宗……冊王爲開府儀同三司新羅王".

32) 『삼국사기』 9, 신라본기9, 선덕왕 6년, "春正月 唐德宗遣戶部郎中蓋塤 持節 冊命王爲檢校大尉雞林州刺史寧海軍使新羅王".

33) 浜田耕策은 선덕왕 4년 사직제사가 확실히 행해졌던 것은 아니나, 이것은 『禮記』 王制의 규정에 따른 제사의 확정이라고 하였다(앞의 논문, 1984, 151쪽). 신종원은 선덕왕이 세운 사직단은 천자의 地祭가 아닌 제후의 예를 행한 것이라고 하였고(앞의 책, 1992, 85쪽), 최광식은 제37대 선덕왕에 이르러 사직단을 세웠다는 것은 오묘와 함께 중국적 제사체계에 편성되었다는 것을 알 수 있다고 하면서 제37대 선덕왕대에 중국 제사제도의 규제를 받아 제후국의 제사제도로 재편되었다는 것을 알 수 있다고 하였다(「신라와 당의 대사・중사・소사 비교연구」, 『한국사연구』

'祖廟'의 구성[34]이 "제후의 오묘는 2昭 2穆과 태조의 廟와 다섯"이라고 한『예기』왕제의 규정에 맞는 것에서도 알 수 있다. 이로 볼 때 혜공왕을 시해하고 즉위한 선덕왕은 당과의 관계를 개선하기 위한 하나의 방편으로 제후국에 해당하는 사직단을 설치한 것으로 생각된다.[35]

그리고『삼국사기』신라본기 선덕왕 4년조에는 다음의 기사가 나온다.

B. 봄 정월에 아찬 체신을 대곡진 군주로 삼았다. (『삼국사기』9, 신라본기9, 선덕왕 4년)[36]

사료 B를 보면 대곡진 군주에 아찬 체신이 임명되었음을 알 수 있다. 여기에서 대곡진은 선덕왕 3년(782)에 설치된 패강진을 말한다. 이와 관련하여 다음이 주목된다.

C. 1) 가을 7월에 사자를 보내 패강 남쪽의 주와 군을 위로하였다. (『삼국사기』9, 신라본기9, 선덕왕 2년)[37]
2) 2월에 왕이 한산주를 두루 돌며 살펴보고 백성들을 패강진으로 옮겼다. (『삼국사기』9, 신라본기9, 선덕왕 3년)[38]

95, 1996, 5쪽).

34)『삼국사기』8, 신라본기8, 신문왕 7년, "夏四月 遣大臣於祖廟 致祭曰 王某 稽首再拜 謹言太祖大王・眞智大王・文興大王・太宗大王・文武大王之靈".

35) 신종원, 앞의 책, 1992, 86쪽. 그리고 신궁이 天(地)에 대한 제사를 지내는 곳이었다고 하면서 사직단이 설치되면서 이에 대한 제사가 폐지되었고 그와 더불어 선덕왕대의 祀典이 제후국의 그것으로 격하되었다고 하기도 한다.

36) "春正月 以阿湌體信爲大谷鎭軍主".

37) "秋七月 發使安撫浿江南州郡".

38) "二月 王巡幸漢山州 移民戶於浿江鎭".

사료 C-1)을 보면 선덕왕 2년에 使者를 보내 패강 남쪽의 주군을 위로하였고, C-2)에는 동왕 3년에 한산주 백성들을 패강진으로 옮겼다고 한다. 그리고 『삼국사기』 직관지에 의하면 동왕 3년에 패강진전의 두상대감이 설치되었다고 한다.[39] 이는 동왕 3년에 한산주의 주민을 패강진으로 이주시킨 것과 직접적인 관련이 있다. 또한 한산주 백성의 이주를 계기로 패강진은 영구적인 진이 되었다.[40]

통일 이후 신라는 국방상 중요한 지역에 진을 설치하였는데, 패강진은 그 중의 하나였다. 이 패강진은 선덕왕 3년에 설치되었고, 동왕 4년 여기에 군주를 파견하였다. 그리고 선덕왕 4년에 사직단이 설치되었다. 사직의 社는 대지신으로 后土와 더불어 국토의 수호신으로 숭배되었다. 국가적 의식으로 사직에 대한 제사를 통하여 사직은 군왕이나 제후의 영토에 대한 수호신의 성격을 갖는 것이었다.[41] 이로 볼 때 패강진 지역은 사직단이 설치되면서 그 지역의 중요성이 강조되기도 하였을 것으로 생각되어진다.

2. 祀典의 정비

『삼국사절요』 선덕왕 4년(783)조에는 "又修祀典"이 나온다. 이것은 선덕왕대 祀典이 정비되었음을 말하여 주는 것이다. 사전이란 무엇인가. 『예기』 祭義에 따르면 사전은 "祭祀之典籍"으로 나온다.[42] 그리고 『국어』 魯語

---

39) 『삼국사기』 40, 잡지9, 직관(하) 浿江鎭典, "頭上大監一人 宣德王三年 始置大谷城頭上 位自級飡至四重阿飡爲之".

40) 藤田亮策, 「新羅九州五京攷」, 『朝鮮學論考』, 1963, 363쪽 ; 이기동, 「신라 하대의 패강진」, 『신라 골품제사회와 화랑도』, 일조각, 1984, 216~220쪽.

41) 금장태, 앞의 책, 1994, 190~191쪽.

42) 羅竹風主編, 『漢語大詞典』 7, 漢語大詞典出版社, 1994, 836쪽. 祀典은 ① 記載祭祀儀禮的 典籍 ② 祭祀的 儀禮로 나온다.

상에는 "凡禘·郊·祖·宗·報 此五者 國之典祀也……非是 不在祀典"이라는 기록이 있다. 이것은 '禘·郊·祖·宗·報', 이 5가지가 국가의 典祀[43]로 이것이 아니면 제사의 典籍인 사전에 실리지 않는다는 것이다. 곧 사전에는 국가제사, 길례가 실린다는 것이다. 이러한 국가제사들은 『주례』 춘관 肆師에는 대사·차사·소사로,[44] 천관 酒正에는 대·중·소제로[45] 구분하여 편제되어 있다. 그리고 중국 정사에서 국가제사를 대·중·소사로 분류하기 시작한 것은 수대 이후부터이다.[46] 이로 본다면 사전은 국가제사를 적은 전적, 국가제사 그 자체, 그리고 국가제사 전반을 편제한 대·중·소사 체계를 가리키는 것으로 볼 수 있다.

『삼국사절요』의 세주에 사전의 내용이 수록되어 있는데, 그 내용은 제사지 신라조의 "十二月寅日 新城北門祭八禮" 이하부터 끝 부분까지 같다.[47] 『삼국사절요』의 기사 및 그 세주의 내용을 그대로 따른다면 이것은 선덕왕 4년에 정비된 사전의 내용이라고 할 수 있을 것이다.

그런데 제사지 신라조 내용과 『삼국사절요』의 내용을 비교하면 『삼국사절요』의 내용이 제사지 신라조의 내용과 여덟 자가 틀리고 세 자가 탈락되어 있다. 이것은 『삼국사절요』의 세주가 제사지 신라조의 후반부를 그대로 전재했을 가능성을 말하여 준다.[48] 그리고 중사에 포함된 청해진은 흥덕왕

---

43) 典祀의 사전적 뜻은 "按常禮擧行的祭祀"(羅竹風主編, 『漢語大詞典』 2, 漢語大詞典出版社, 1994, 113쪽)로 나오고 있다.

44) "立大祀 用玉帛牲牷 立次祀 用牲幣 立小祀用牲(鄭司農云 大祀天地 次祀日月星辰 小祀司命已下 玄謂大祀又有宗廟 次祀又有社稷五祀五嶽 小祀 又有司中風師雨師山川百物)".

45) "凡祭祀 以法共五齊三酒 以實八尊 大祭三貳 中祭再貳 小祭壹貳 皆有酌數 唯齊酒不貳 皆有器量".

46) 한국정신문화연구원편, 『역주 경국대전』(번역편), 大祀條, 1986, 412쪽.

47) 정구복 외 4인, 『역주 삼국사기』 4(주석편 하), 한국정신문화연구원, 1997c, 10~11쪽.

3년(828)에 설치되었다가 문성왕 13년(851) 이후에 혁파된다.[49] 따라서 『삼국사절요』 세주의 내용이 선덕왕대 정비된 사전이라고는 할 수 없을 것이다.

이에 제사지 신라조의 내용을 다시 한 번 살펴볼 필요가 있을 것이다. 제사지 신라조에는 "又見於祀典 皆境內山川 而不及天地者……三山·五岳已下 名山大川 分爲大·中·小祀"라고 되어 있다. 이것만을 본다면 제사지 신라조의 사전에 보이는 제사는 모두 경내산천에 대한 것임을 알 수 있다. 그리고 대부분의 연구자들 역시 신라에서 명산대천제사만을 대·중·소사로 편제하였다는 점에 대해서 의견을 같이 하고 있다.[50]

필자는 제사지 신라조를 서(Ⅰ)와 본문(Ⅱ)으로 나누어 파악하였고, 서 중에서 Ⅰ-1)·2)는 서의 전반부로, Ⅰ-3)은 서의 후반부이면서 본문의 도입부로 이해하였다. 서(Ⅰ)는 김부식이 쓴 것이다. 그는 『예기』 왕제의 규정을 들어 종묘제사, 사직제사, 경내산천제사 등 신라의 국가제사가 제후국의 그것에 합당한 것임을 밝히고 있다. 본문(Ⅱ)은 찬자가 서술한 것인데, 종묘제사, 농경제사(사직제사 제외), 명산대천제사, '별제'의 순으로 되어 있다. 이로 볼 때 찬자는 서에 나오는 『예기』 왕제를 의식하면서 본문을 서술하였음을 짐작할 수 있다. 이와 같이 제사지 신라조가 서와 본문으로 구성되었고 『예기』 왕제의 규정에 따라 서술되었다면, 신라의 국가제사를 체계적으로 정리해 놓은 것이 제사지 신라조이기는 하지만, 그것이 곧 신라의 대·중·

48) 정구복 외 4인, 위의 책, 1997c, 10~11쪽.

49) 채미하, 「청해진의 사전편제와 해양신앙」, 『진단학보』 99, 2005.

50) 신종원, 앞의 책, 1992, 96쪽 ; 최광식, 앞의 논문, 1996, 20쪽 ; 나희라, 「한국고대의 신관념과 왕권-신라왕실의 조상제사를 중심으로」, 『국사관논총』 69, 1996, 118쪽 및 137쪽 ; 이종태, 「삼국시대의 시조인식과 그 변천」, 국민대학교 박사학위논문, 1996, 167쪽. 이에 대해서 채미하, 「『삼국사기』 제사지 신라조의 분석-신라 국가제사체계의 재검토와 관련하여」, 『한국고대사연구』 13, 1998, 218쪽 참고.

소사체계를 반영하는 것으로 여기기는 어렵다고 생각한다.[51]

또한 제사지 신라조는 연대가 표시된 것(종묘제사와 사직제사)과 그렇지 않은 것(농경제사, 명산대천제사, '별제')으로 대별할 수 있으며, 이는 참고 자료가 달랐음을 시사하는 것이다. 연대가 표시되지 않은 기사 중 '별제', 농경제사(사직제사 제외)와 명산대천제사를 비교해 보면 전자에 비해 후자가 체계적으로 서술되어 있다. 이로 보아 '별제', 농경제사(사직제사 제외)와 명산대천제사는 서로 다른 자료에 근거하여 작성되었다고 할 수 있다. 제사지 신라조 찬자는 농경제사와 명산대천제사를 구별하였다. 전자에는 제일, 제장, 제사 대상이 기재되어 있고 후자에는 제사 대상만이 기재되어 있어 차이가 있다. 아마도 양자 역시 전거자료를 달리하는 것이 아니었을까 추측된다. 특히 명산대천제사의 경우에는 저본자료인 사전 외에 다른 자료도 참고하였음을 알 수 있다.[52] 이처럼 제사지 신라조가 여러 자료를 참고하여 작성된 것이었다면 이 점에서도 제사지 신라조가 신라의 대・중・소사체계를 온전히 반영한 것이라고 하기는 어려울 것으로 판단된다.[53]

이로 본다면 대・중・소사에 편제되어 있는 명산대천제사와 그 앞에 기재되어 있는 종묘제사, 사직제사, 농경제사를 구별하였던 기왕의 견해에는 재고의 여지가 있다고 생각한다. 왜냐하면 이는 제사지 신라조가 신라의 대・중・소사체계를 온전히 반영하고 있다는 것을 전제로 한 것이었기 때문이다.

비록 조선시대 기록이지만, 다음이 주목된다.

D. 예조에서 산천의 祀典제도를 올렸다. "삼가 당『예악지』를 보니, 嶽・

51) 채미하, 위의 논문, 1998, 186~204쪽 및 본서 제1장 제1절 참고.

52) 채미하, 위의 논문, 1998, 204~216쪽 및 본서 제1장 제2절 참고.

53) 이와 관련된 논의는 채미하, 위의 논문, 1998, 217~228쪽 참고.

鎭·海·瀆은 중사로 하였고, 산림천택은 소사로 하였고, 『문헌통고』의 宋나라 제도에서도 악·진·해·독은 중사로 하였습니다. 본조에서는 前朝의 제도를 이어받아 산천의 제사는 等第를 나누지 않았는데, 경내의 명산대천과 여러 산천을 빌건대 古制에 의하여 등제를 나누소서." 임금이 그대로 따라서 악·해·독은 중사로 삼고, 여러 산천은 소사로 삼았다. 경성 삼각산의 신·한강의 신, 경기의 송악산·덕진, 충청도의 웅진, 경기도의 가야진, 전라도의 지리산·남해, 강원도의 동해, 풍해도의 서해, 영길도의 비백산, 평안도의 압록강·평양강은 모두 중사이고, 경성의 목멱, 경기의 오관산·감악산·양진, 충청도의 계룡산·죽령산·양진명소, 경상도의 울불신·주흘산, 전라도의 전주 성황·금성산, 강원도의 치악산·의관령·덕진명소, 풍해도의 우이산·장산곶이[長山串]·아사진·송곶이[松串], 영길도의 영흥성황·함흥성황·비류수, 평안도의 청천강·구진닉수는 모두 소사이니, 전에는 所在官에서 행하던 것이다. 경기의 용호산·화악, 경상도의 진주성황, 영길도의 현덕진·백두산, 이것들은 모두 옛날 그대로 소재관에서 스스로 행하게 하고, 영안성·정주목감·구룡산·인달암은 모두 革去하였다. 또 아뢰었다. "개성의 대정·우봉의 박연은 이미 명산대천이 아니니, 빌건대, 화악산·용호산의 예에 의하여 소재관에서 제사를 행하게 하소서." 임금이 그대로 따랐다.(『태종실록』 28, 태종 14년 8월 21일(신유))[54]

---

54) "禮曹上山川祀典之制 謹按唐禮樂志 嶽鎭海瀆爲中祀 山林川澤爲小祀 文獻通考宋制 亦以嶽鎭海瀆爲中祀 本朝承前朝之制 山川之祀 未分等第 境內名山大川及諸山川 乞依古制 分等第 從之 嶽海瀆爲中祀 諸山川爲小祀 京城三角山之神 漢江之神 京畿松嶽山 德津 忠淸道熊津 慶尙道伽耶津 全羅道智異山 南海 江原道東海 豐海道西海 永吉道鼻白山 平安道鴨綠江 平壤江皆中祀 京城木覓 京畿五冠山 紺岳山 楊津 忠淸道雞龍山 竹嶺山 楊津溟所 慶尙道亐弗神館主屹山 全羅道全州城隍 錦城山 江原道雉嶽山 義館嶺 德津溟所 豊海道牛耳山 長山串 阿斯津 松串 永吉道永興城隍 咸興城隍 沸流水 平安道淸川江 九津·溺水 皆小祀 在前所在官行 京畿龍虎山 華嶽 慶尙道晋州城隍 永吉道顯德鎭 白頭山 此皆仍舊所在官自行 永安城 貞州牧監 九龍山 因達巖皆革去 又啓 開城大井 牛峰 朴淵旣非名山大川 乞依華嶽山龍虎山例 令所在官行祭 從之".

위의 사료 D는 '산천의 사전 제도'만을 전하고 있다. 이것이 조선의 국가제사 전반에 걸친 것이 아님은 물론이다. 그렇다면 제사지 신라조 찬자가 이러한 종류의 자료를 보고 명산대천제사의 대·중·소사를 정리하였거나 혹은 이러한 종류의 자료를 정리한 어떤 기록에 의거하였을 가능성이 있다. 다시 말하자면 제사지 신라조의 사전은 명산대천제사를 대·중·소사로 나누어 적은 자료이기는 하지만, 반드시 신라 국가제사 전반에 대한 상황을 전하는 자료는 아니라고 할 수 있을 것이다.

그리고 대·중·소사체계는 고정불변한 것은 아니었다. 신라의 대·중·소사체계는 수·당으로부터 영향을 받았고,[55] 고려와 조선 역시 대·중·소사체계로 되어 있다.[56] 또한 일본 양노령을 보면 당의 제사 내용과는 판이하게 다르지만, 모든 제사가 대·중·소사체계 안에 편제되어 있다.[57] 뿐만 아니라 신라의 농경제사, 오묘제사, 사직제사는 중국 제사제도의 영향을 받은 것이다.

이런 점들을 생각한다면 신라의 대·중·소사체계가 명산대천제사만을 대상으로 편제되었다고 여길 수는 없을 것이다. 비록 제사지 신라조에는 그것만이 전하지만, 반드시 그러했으리라는 보장은 없다고 헤아려지기 때문이다.

제사지 신라조에 나오는 명산대천제사는, 성덕왕 34년(735) 정식으로

---

55) 수·당의 대·중·소사 체계(『수서』 예의지와 개원령 7년조와 25년조 참고)

	大 祀	中 祀	小 祀
隋	昊天上帝, 五方上帝, 日月, 皇地祇, 神州, 社稷, 宗廟	星辰, 五祀, 四望	司中, 司命, 風師, 雨師, 諸星, 諸山川
唐	昊天上帝, 五方上帝, 皇地祇, 神州, 宗廟	日月, 星辰, 社稷, 先代帝王, 嶽, 鎭, 海, 瀆, 帝社, 先蠶, 孔宣父, 齊太公, 諸太子廟	司中, 司命, 風師, 雨師, 靈星, 山林, 川澤

56) 고려·조선의 대·중·소사 체계(『고려사』 예지 길례와 『경국대전』 예전 제례 참조)

당으로부터 영유를 인정받고, 경덕왕 7년(748)·동 21년에 군현을 설치한 대동강 이남, 북한강 이북 지역에는 중사도 소사도 설치되어 있지 않았던 것으로 보아, 구주의 창설이 끝난 신문왕 5년(685) 이후부터 성덕왕 34년 이전에 대·중·소사로 편제된 것[58]으로 보여진다. 이와 관련해서 신문왕 6년 당으로부터 수용한 '길흉요례'가 관심을 끄는데,[59] 이 중 길례에는 당의 국가제사 전반이 대·중·소사에 편제되어 있었을 것이다.[60] 그러나

	大 祀	中 祀	小 祀	雜 祀
고려	圜丘, 方澤, 社稷, 太廟, 別廟, 景靈殿, 諸陵	籍田, 先蠶, 文宣王	風師, 雨師, 雷神, 靈星, 馬祖, 先牧, 馬社, 馬步, 司寒, 諸州縣文宣王廟	厭兵祭, 紺岳神祠, 西京木覓祠, 醮祭, 南海神, 川上祭, 老人星, 城隍神祠, 天祥祭, 五瘟神, 名山大川, 箕子, 東明聖帝祠, 禖祭, 無等山神, 城山神, 纛祭
조선	宗廟, 永寧殿, 社稷	風, 雲, 雷, 雨, 嶽, 海, 瀆, 先農, 先蠶, 祀, 文宣王, 歷代始祖	馬祖, 先牧, 馬社, 馬步, 靈星, 老人星, 名山大川, 司寒, 禡祭, 纛祭, 厲祭	

57) 日本의 대·중·소사 체계(井上秀雄, 「祭祀儀禮の受容－新羅の律令制と祭祀制度」, 『古代東アジアの文化交流』, 溪水社, 1993, 86~88쪽)

大 祀	中 祀	小 祀
踐祚大嘗祭	祈年祭, 月次祭, 神嘗祭, 新嘗祭	大忌祭, 風神祭, 鎭花祭, 三枝祭, 相嘗祭, 鎭魂祭, 鎭火祭, 道饗祭

58) 井上秀雄, 「新羅の律令制の收容とその國家·社會との關係」, 『中國 律令制の展開と國家社會との關係』, 1984, 163~164쪽 ; 井上秀雄, 위의 책, 1993, 84쪽 ; 노중국, 「통일기 신라의 백제고지지배」, 『한국고대사연구』 1, 1988, 137쪽 ; 최광식, 『고대한국의 국가와 제사』, 한길사, 1994, 309쪽.

59) 『삼국사기』 8, 신라본기8, 신문왕 6년, "遣使入唐 奏請禮記幷文章 則天令所司寫吉凶要禮 幷於文館詞林 採其詞涉規誡者 勒成五十卷 賜之".

60) 나희라, 「신라의 국가 및 왕실 조상제사 연구」, 서울대학교 박사학위논문, 1999,

이것을 받아들인 신라는 당과는 달리 명산대천제사만으로 대·중·소사를 편제하였을 것으로 짐작된다.

중사에는 표제명이 없는 6곳의 산·성·진이 포함되어 있다. 이것은 중사의 원칙, 곧 중사가 신라의 동·서·남·북 4변을 원칙으로 하고, 때로는 거기에 中이 끼기도 한다는 것에서 벗어나는 것이다. 따라서 소사에 들어갈 것이 중사에 잘못 끼인 것으로 보는 견해가 있다.[61] 소사에 들어갈 것이 중사에 잘못 들어간 것이라고 한다면 당시 사전을 기록할 때의 잘못이라고 할 수 있는데, 그렇게 볼 여지는 없는 듯하다. 어느 시기에 추가·편입된 것[62]으로 보는 것이 보다 합리적일 것이다.

6곳의 산·성·진이 추가 편입된 시기에 대해서는 청해진의 연혁이 관건이 된다. 청해진은 흥덕왕 3년(828)에 설치되었다가 문성왕 13년(851)에 혁파된다. 대체로 청해진이 존속한 흥덕왕 3년에서 문성왕 13년 사이에는 이 6곳의 산·성·진이 모두 사전에 추가된 것으로 여겨진다. 찬자가 보았다는 사전에는 문성왕대까지의 사정이 반영되어 있다고 할 수 있다.

이것을 볼 때 우선 신라 하대에도 명산대천제사는 여전히 대·중·소사 체계에 편제되어 있었음을 보여준다. 그리고 이것은 대·중·소사체계의 내용이 항상 변화할 여지를 갖고 있었다는 것을 말해 주기도 한다.

요컨대 신라 중대에는 명산대천제사만이 대·중·소사체계에 편제되어 있고 다른 제사들은 별도의 제사체계에 편제되어 있었다고 하더라도,[63]

30쪽 ; 『신라의 국가제사』, 지식산업사, 2003. 한편 신문왕 6년 당에서 보낸 '길흉요례'는 길례뿐만 아니라 오례 전반에 대한 내용이 담겨 있다고 하였다(채미하, 앞의 논문, 2004, 273~274쪽 및 「신라 중대 오례와 왕권–오례 수용을 중심으로」, 『한국사상사학』 27, 2006, 127~133쪽 참고).

61) 이기백, 앞의 책, 1974, 195쪽.

62) 浜田耕策, 앞의 논문, 1984, 157쪽 ; 최광식, 앞의 책, 1994, 309쪽.

63) 이와 관련해서 신종원과 최광식이 신라 국가제사를 분류한 것이 참고된다.

적어도 선덕왕대에는 기왕의 대·중·소사체계에 대한 일대 정비가 이루어졌을 것으로 짐작되는 것이다.[64] 『삼국사절요』 선덕왕 4년조의 "우수사전"은 선덕왕대에 사직단이 설치되면서 신라의 대·중·소사체계에 대한 정비가 있었음을 알려주는 것으로 여겨진다.

3. 사전의 내용

『동사강목』 선덕왕 4년(783)조에 보이는 "立社稷壇 修祀典"에는 다음과 같은 細註가 기록되어 있다.

※신종원의 신라 제사 분류(앞의 책, 1992, 96쪽)

<table>
<tr><td rowspan="2">別祀</td><td>始祖廟(오묘), 신궁, 사직단</td></tr>
<tr><td>八褚, 先·中·後農, 風伯, 雨師, 靈星</td></tr>
<tr><td>大祀</td><td>三山, 大廟</td></tr>
<tr><td>中祀</td><td>五岳, 四鎭, 四海, 四瀆</td></tr>
<tr><td>小祀</td><td>俗離岳 이하 西述까지</td></tr>
<tr><td>雜祀</td><td>四城門祭, 部庭祭, 四川上祭, 日月祭, 五星祭, 祈雨祭, 四大道祭, 壓丘祭, 辟氣祭</td></tr>
</table>

※최광식의 신라 제사 분류(앞의 논문, 1996, 9쪽 및 20쪽)

<table>
<tr><td rowspan="2">特祀</td><td>始祖廟, 신궁, 오묘, 사직단</td></tr>
<tr><td>八褚, 先·中·後農, 風伯, 雨師, 靈星</td></tr>
<tr><td>大祀</td><td>三山</td></tr>
<tr><td>中祀</td><td>五岳, 四鎭, 四海, 四瀆, 표제명이 없는 6곳</td></tr>
<tr><td>小祀</td><td>俗離岳 이하 西述까지</td></tr>
<tr><td>別祀</td><td>四城門祭, 部庭祭, 四川上祭, 日月祭, 五星祭, 祈雨祭, 四大道祭, 壓丘祭, 辟氣祭</td></tr>
</table>

64) 신라의 대부분의 국가제사가 대·중·소사체계 안으로 편제된 시기에 대해 필자는 애장왕대라고 보았다(앞의 논문, 1998, 226~228쪽). 애장왕대 오묘제가 更定되면서 이때에도 신라 대·중·소사체계에 대한 정비는 이루어졌을 것이다. 그러나 이보다 앞서 선덕왕대 사직단이 설치되면서 신라의 국가제사 전반이 대·중·소사체계로 정비되었다고 보았다(앞의 논문, 2003).

『동사강목』 선덕왕 4년조 | 안정복은 선덕왕 4년에 사직단을 세웠고 사전도 정비된 것으로 보았다.

E. 壇堂之高下 壝門之內外 位次之尊卑 陳設登降之節 尊爵・籩豆・牲牢・冊祝之禮 史無所傳而其祀典 分大中小祀 有八禮・先農・中農・後農・風伯・雨師・靈星・三山・五嶽・四鎭・四海・四瀆・諸名山大川 而不及天地 盖不敢僭天子之禮也 又有四城門祭 部庭祭 四川上祭 日月五星祭 四大道祭 壓兵祭 辟氣祭 或因別祭 或因水旱而行 金氏曰 檢諸禮典 只祭先農 無中農後農 (『동사강목』 5(상), 선덕왕 癸亥(선덕왕 4년))

또한 사료 E에 이어 '按'이라 하여 안정복은 제사지 신라조의 본문 내용 중 Ⅱ-2) 이하의 내용을 거의 그대로 전재하고 있다. 곧 '안'에는 "十二月寅日 新城北門祭八禮" 이하부터 "上件或因別制 或因水旱 而行之者也"까지가 적혀 있다. 그러하다면 위의 사료 E는 안정복이 제사지 신라조 본문의 내용 중 Ⅱ-1)의 오묘 제일을 제외한 내용을 정리한 것으로 여길 수 있을 것이다.

위의 사료 E는 다음과 같이 나누어 이해할 수 있을 것이다.

E. 1)① 壇堂之高下 壝門之內外 位次之尊卑 陳設登降之節 尊爵・籩豆・牲牢・冊祝之禮 史無所傳 ② 而其祀典 分大中小祀 2)① 有八禮・先農・中農・後農・風伯・雨師・靈星・三山・五嶽・四鎭・四海・四瀆・諸名山大川 ② 而不及天地 盖不敢僭天子之禮也 3)① 又有四城門祭 部庭祭 四川上祭 日月五星祭 四大道祭 壓兵祭 辟氣祭 ② 或因別祭 或因水旱而行 4) 金氏曰 檢諸禮典 只祭先農 無中農後農

사료 E-1)①은 제사지 신라조의 Ⅰ-3)①에 해당하는 것으로, 이것은 서의 후반부이면서 본문의 도입부로 壇堂의 높고 낮음 등이 역사에 전하는 것이 없다는 것이다. E-1)②는 신라 사전이 대・중・소사로 나누어져 있음을 말하고 있는 부분이다. 그리고 그 사전의 내용은 E-2)와 E-3)으로, 문맥상 이들이 "有~"와 "又有~"로 연결되어 있는데서 알 수 있다. E-2)①은 제사지 신라조의 Ⅱ-2)・3)에 해당된다. E-2)②는 E-2)①제사에 대한 評이라 할 수 있는데, 제사지 신라조의 Ⅰ-1)③과 Ⅰ-2)와 비교할 수 있을 것이다. E-3)은 제사지 신라조의 Ⅱ-3)에 해당한다. E-4)는 제사지 신라조의 Ⅱ-2)④의 내용으로, 선농・중농・후농 제사에 대한 제사지 신라조 찬자의 주를 인용한 것으로 볼 수 있다.

여기에서 가장 주목되는 것은 E-1)②의 "其祀典 分大中小祀"와 그 사전의 내용인 E-2)①과 E-3)①, 곧 "八禮・先農・中農・後農・風伯・雨師・靈星・三山・五嶽・四鎭・四海・四瀆・諸名山大川"과 "四城門祭 部庭祭 四川上祭 日月五星祭 四大道祭 壓兵祭 辟氣祭"이다. 이것은 신라의 사전이 대・중・소사로 나누어져 있는데, 그 내용은 팔자 이하의 농경제사와 삼

산·오악 이하의 명산대천제사 그리고 사성문제 이하의 '별제'라는 것이다. 이와 같이 볼 수 있다면 안정복은 선덕왕 4년 사직단을 설치하고 사전을 정비하였는데, 그 사전에는 적어도 팔자 이하의 농경제사, 삼산·오악 이하의 명산대천제사, 사성문제 이하의 '별제'가 포함되어 있고 이들은 대·중·소사로 나누어져 있는 것으로 보았다고 할 수 있을 것이다.

그런데 여기에는 종묘제사와 사직제사가 포함되어 있지 않다. 앞에서도 살펴보았지만, 중국의 수·당뿐만 아니라 고려와 조선의 경우 종묘제사와 사직제사는 대사 혹은 중사에 포함되어 있다. 이러한 사실을 조선후기 실학자로 예제에 능통한 안정복이 몰랐을 리가 없다. 아마도 안정복은 종묘제사와 사직제사가 대·중·소사체계에 편제되어 있는 것이 너무나 당연하였기 때문에 이들 제사를 서술하지 않았던 것이 아닐까 한다. 그리고 안정복은 제사지 신라조에 명산대천제사만으로 대·중·소사체계에 편제되어 있는 것과 팔자 이하의 농경제사와 사성문제 이하의 '별제'가 대·중·소사체계에 포함되어 있지 않은 것을 이상하게 여겨 이들 제사를 특기한 것으로 짐작된다.

안정복은 『동사강목』 서문에서 말하기를, 종래의 한국사인 『삼국사기』·『고려사』·『동국통감』 등에는 史實이 소홀하고 잘못된 곳이 많으며 『동국사략』이나 『麗史提綱』·『東史會綱』 등이 있지만 여기에도 와전과 오류가 많아, 이를 바로 잡으면서 자기 나름의 역사관을 가지고 편찬하였는데 체제와 서술은 주자의 강목사관에 두었다고 했다.[65] 그리고 안정복의 史實考證은 합리주의적인 정신에 입각했다고 한다. 그 구체적인 표현 중 하나는 異說의 시비를 가리는 것이고 또 다른 하나는 인간의 상식을 초월하는 怪說을 배척하는 것이었다. 그것이 附卷의 考異, 雜說, 地理考 등과 怪說辨証

65) 황원구, 「안정복」, 『한국사시민강좌』 6, 1990, 143쪽.

이라고 한다.[66] 이와 같이 안정복은『동사강목』을 편찬하면서 사실을 바로 잡으려고 했으며 사실을 합리적으로 파악하려고 하였음을 알 수 있다. 이러한 모습은『동사강목』 선덕왕 4년조 기사도 마찬가지였을 것이다. 이상의 점들을 염두에 둔다면『동사강목』 선덕왕 4년조의 세주는 선덕왕대 대·중·소사체계의 내용을 살피는 데 시사하는 바가 크다고 생각된다.

신라 선덕왕 4년에 사전, 곧 신라의 대·중·소사체계가 정비된다. 이때 안정복이 보았던 것처럼 사성문제 이하 '별제'들도 대·중·소사체계 속에 포함되어 있었을까. 사성문제 이하 제사[67]는 별제 혹은 수재·한재로 인해 행해졌던 제사이다. 이것은 唐令 소사에 준하는 것으로,[68] 소사에 편제되었을 것으로 추정할 수도 있다. 그런데 고려시대에는 잡사가 있다. 여기에 속한 제사들은 유교적인 길례체계 속에는 없는 항목으로『고려사』 편찬자가 고려의 사전에서 대·중·소사 이외의 제사를 지칭하는 것이었다.[69]

---

66) 이기백,「순암 안정복의 합리주의적 사실 고증」,『한국실학연구』 창간호, 1999.

67) 김동욱(앞의 논문, 1983)·신종원(앞의 책, 1992, 92쪽)은 신라의 민속적인 제사로 보고 있다. 나희라는 四城門祭 이하의 제사는 '別制'나 '水旱'에 의해 거행되었다고 하였다. 이 중 別制는 유교적 의례 규정에서 벗어나 있고 전통적, 민속적 종교 전통에 기반한 비정기적인 제사들을 묶은 규정을 말하는 것이라고 하였다. 이로 볼 때 '別制'나 '水旱'에 의해 거행된 제사들은 신라의 전통적, 민속적 종교 전통에 기반한 제사, 기후 조절을 위한 비정기적 제사들로 보았다(앞의 논문, 1999, 34쪽).

68)『大唐開元禮』1, 序禮 上, "凡國有大祀中祀小祀 昊天上帝 五方上帝 皇地祇 神州 宗廟 皆爲大祀 日月星辰 社稷 先代帝王 嶽鎭海瀆 帝社 先蠶 孔宣父 齊太公 諸太子廟 竝爲中祀 司中 司命 風師 雨師 靈星 山林川澤 五龍祠等 竝爲小祀 州縣社稷 釋奠及諸神祠 竝同小祀".

69)『고려사』가 편찬되기 이전의『태종실록』,『세종실록』 등에는 고려의 국가제사에 대해 언급하면서 이른바『고려사』 예지 雜祀에 실린 제사를 '雜祀'라 하지 않고 '未分等第', '不分大中小祀'라고 언급하고 있다. 이런 점으로 보아 고려 국가제사의 辨祀는 대·중·소사와 '未分等第된 제사'로 나뉘어 있었음을 알 수 있다. 그리고 '雜祀'라는 용어는 '未分等第된 제사'를『고려사』의 편찬자들이 임의로 붙인 용어로 생각된다. 고려시대에 未分等第되어 있었던 잡사도 사전에 등재된 국가제사임이

이와 같이 고려시대 잡사가 '未分等第'된 국가제사로 대·중·소사와는 구별되었다는 점에서, 신라의 사성문제 이하 제사도 대·중·소사와는 구별되는 별도의 제사체계로 보아도 무방하지 않을까 한다.

선덕왕대의 대·중·소사체계에는 '중국적' 제사 내용이 포괄되었을 것이다. 농경제사는 중국 제사제도의 영향을 받아 '중국적'인 모습으로 변화되었을 것이다. 그리고 오묘제사와 사직제사는 중국의 제사제도이다. 특히 오묘제사의 경우에는 다음의 기사도 주목된다.

> F. 그러므로 나라 사람들이 그 덕을 생각하여 삼산과 동격으로 (미추왕을) 제사하고 (그 격을) 떨어뜨리지 않았고 (미추왕에 대한 제사의) 격을 오릉(제사)의 위에 놓았고 대묘라고 불렀다. (『삼국유사』 1, 기이1, 미추왕·죽엽군)[70]

사료 F에 따르면 혜공왕대에 미추왕릉을 대사인 삼산과 같은 격으로 제사지내고 오릉의 위에 놓으며 이를 대묘라 칭하였다고 한다. 그러니까 미추왕릉은 대묘로서 대사인 삼산과 같은 격이라는 것이다. 그리고 분명 미추왕릉은 혜공왕대부터 오묘의 시조로서 불훼지종으로 제향되었다. 미추왕릉=대묘가 삼산과 같은 격의 제사였다고 한다면 불훼지종으로 미추를 모시고 있는 오묘의 경우도 대사에 편제되었을 것으로 여겨진다.[71] 또한 선덕왕대는 사직단이 설치되면서 중국식의 종묘-사직제사가 갖추어지게 되었다. 이때 중국의 제사제도인 사직제사가 대·중·소사체계 외에 별도

분명하다. 『고려사』에는 잡사라고 하여 고려의 諸神들에 대한 제사 기록을 연대별로 모아 놓았다(김철웅, 「고려 국가제사의 체제와 그 특징」, 『한국사연구』 118, 2002, 140~147쪽).

70) "是以邦人懷德 與三山同祀而不墜 躋秩于五陵之上 稱大廟云".

71) 채미하, 앞의 논문, 2000, 55~56쪽.

의 제사체계에 편제되었으리라고는 생각되지 않는다.

이러한 점들을 고려하면 선덕왕대 대·중·소사체계의 방향이나 그 내용을 어느 정도 짐작할 수 있지 않을까 한다. 요컨대 선덕왕대에는 적어도 '중국적' 제사 내용은 별도의 제사체계가 아닌 대·중·소사체계로 편제되어 갔을 것이다.

선덕왕대 신라의 대·중·소사의 내용을 당과 고려의 그것과 비교해서 재구성하면 다음과 같다. 당과 고려에서 종묘는 대사에 편제되어 있다. 신라도 시조묘와 신궁은 유보하더라도 오묘는 대사에 포함되었을 것이다.[72] 그리고 당에서 方澤은 대사에, 사직은 중사에 들어 있다. 그런데 고려는 방택과 사직이 함께 대사에 속해 있다. 아마도 신라의 사직 역시 대사에 속하지 않았을까 한다.[73]

또한 당에서는 帝社[74]가, 고려에서는 籍田(先農)[75]이 중사에 들어가 있고, 당과 고려에서는 풍사·우사·영성이 소사에 편제되어 있다. 이에 신라의 선농·중농·후농은 중사에, 풍백·우사·영성은 소사에 편제되었을 것이다. 그리고 팔자는 농경제사 중 제일 앞에 나오는 것으로 보아 그 뒤에 이어져 나오는 농경제사들 보다는 그 격이 높았을 것으로 짐작된다. 최소한 팔자는 중사에 포함되었으리라 생각된다.[76]

---

72) 시조묘제사는 신궁 설치 후, 신궁제사는 오묘제사가 설치된 이후 그 위상에 변화가 생겼을 것이다(채미하, 「신라의 시조묘제사」, 『민속학연구』 12, 2003, 286~290쪽). 시조묘제사는 신궁 설치 이후 그 기록이 보이지 않으나, 신궁제사는 오묘제사가 시정된 이후에도 계속 기록이 나오고 있다. 이로 볼 때 시조묘제사에 비해 신궁제사는 신라에서 중요하게 여긴 제사인 것만은 틀림없으며, 전체적인 국가제사체계 안에서도 상당히 중요한 위치를 차지했던 것임은 분명할 것이다.

73) 채미하, 앞의 논문, 1998, 226쪽에서는 사직제사는 중사에 편제된 것으로 여기기도 하였으나, 앞의 논문, 2003에서는 대사에 속한 것으로 보았다.

74) 帝社는 神農을 말한다.

75) 『고려사』 예지 길례에서는 신농씨를 제사하는 제단을 '先農籍田壇'이라고 하였다.

당령의 악·진·해·독은 중사에, 소사에는 산림천택이 들어가 있다. 신라의 오악·사진·사해·사독은 악·진·해·독과, 신라의 24개의 諸山은 산림천택과 대응된다. 한편 신라의 삼산은 대사에 편제되어 있다.[77] 이것은 당의 대사에 편제된 神州와 대응하는 것으로 보여진다.[78]

사성문제 이하 제사는 앞에서 본 것처럼, 대·중·소사와는 별도의 제사 체계였다고 짐작되어진다. 이 중 수재·한재 때 이루어지는 제사와는 별도로 구분되는 別制에는 부정제, 일월제, 오성제, 사대도제, 압구제, 벽기제가 해당되지 않을까 한다.[79] 그리고 수재·한재 때 이루어지는 제사로는 사성문제, 사천상제, 기우제가 그것이었을 것이다. 선덕왕대 정비된 사전의 내용을 재구성하여 제시하면 다음의 <표 5-1>과 같다.

<표 5-1> 선덕왕대 사전의 내용

		내 용
大 祀		宗廟(오묘), 社稷, 三山(※始祖廟, 신궁)
中 祀		八禮, 先·中·後農, 五岳·四鎭·四海·四瀆 (※표제명이 없는 6곳의 山·城·鎭)
小 祀		風伯·雨師·靈星, 霜岳 이하
'別 祭'	別 制	部庭祭, 四大道祭, 壓丘祭, 辟氣祭, 日月祭, 五星祭
	水 旱	四城門祭, 四川上祭, 祈雨祭

76) 채미하, 앞의 논문, 1998, 226쪽에서 팔자제사는 농경제사와 함께 중사 혹은 소사에 편제되었거나 그렇게 되어 갔을 것이라고 하였으나, 앞의 논문, 2003에서는 중사에 편제되었다고 하였다.

77) 한편 중사에 들어있는 표제명이 없는 6곳의 山·城·鎭은 선덕왕대 사전에는 포함되지 않았지만, 이후 어느 시기의 사전 개정 때 중사에 편제되었을 것으로 여겨진다.

78) 나희라, 앞의 논문, 1999, 33쪽.

79) 한편 필자는 앞의 논문, 2003, 139~140쪽에서 일월제와 오성제를 수재, 한재 때 이루어진 제사로 파악하였으나, 앞의 논문, 2006, 35~38쪽에서 수정하였기에 본서에 반영한다.

제2절 농경제사와 '別祭'

1. 제사의 내용

널리 알려진 바와 같이 『삼국사기』 32, 잡지 1, 제사 신라조(이하 제사지 신라조라고 함)에는 종묘제를 비롯하여 사직제사, 농경제사, 명산대천제사 및 '別祭'[80]에 대한 기록이 실려 있다. 이 중 농경제사와 '별제'는 제사지 신라조의 본문 부분에 기술되어 있는데,[81] 농경제사는 오묘의 제일에 뒤따라 나온다. 이것은 다음과 같다.

A. 1) 12월 寅日에는 新城 북문에서 八䄍에 제사지냈는데, 풍년에는 大牢를 쓰고 흉년에는 小牢를 썼다. 2) 立春 후 亥日에는 명활성 남쪽 熊殺谷에서 先農에 제사지내고, 立夏 후 해일에는 신성 북문에서 中農에 제사지내고, 立秋 후 해일에는 菻園에서 後農에 제사지냈다. 3) 입춘 후 丑日에는 犬首谷門에서 風伯에 제사지내고, 입하 후 申日에는 卓渚에서 雨師에 제사지내고, 입추 후 辰日에는 本彼遊村에서 靈星에 제사지냈다. 4) (여러 예전[諸禮典]을 조사하여 보건대, 다만 선농에 제사지낼 뿐이고 중농·후농은 없었다.)[82]

---

80) '別祭'의 성격 규정에 대해서는 나희라, 「신라의 국가 및 왕실 조상제사 연구」, 서울대학교 박사학위논문, 1999/『신라의 국가제사』, 지식산업사, 2003, 49~50쪽이 참고된다. 그런데 나희라는 '別祭'를 別制로만 보고 있으나, 필자는 「신라 농경제사와 '별제'」(『국사관논총』 108, 2006)에서 別制 혹은 水災·旱災로 인해 행해졌던 제사를 '別祭'라고 보았다.

81) 『삼국사기』 신라조를 서와 본문으로 나누어 보았다(채미하, 「『삼국사기』 제사지 신라조의 분석-신라 국가제사체계의 재검토와 관련하여」, 『한국고대사연구』 13, 1998). 한편 나희라는 신라 국가제사에 대한 논평과 여러 제사의 사실적 기술로 나누어 보고 있다(위의 책, 2003, 38~43쪽).

82) 1) 十二月寅日 新城北門祭八䄍 豊年用大牢 凶年用小牢 2) 立春後亥日 明活城南熊殺谷祭先農 立夏後亥日 新城北門祭中農 立秋後亥日 菻園祭後農 3) 立春後丑日 犬首谷門祭風伯 立夏後申日 卓渚祭雨師 立秋後辰日 本彼遊村祭靈星 4) (檢諸禮

위의 사료 A에는 제일, 제장, 제사 대상이 나온다. 그 중 1)은 八禮에 관한 것으로 희생에 대한 규정이 첨부되어 있다. 2)는 선농, 중농, 후농, 3)은 풍백, 우사, 영성에 관한 것이다. 4)는 分註이다. 여러 제사 대상이 모두 농경과 관련이 있음을 염두에 둔다면 찬자가 팔자제사 등을 농경제사로 묶어 파악하였음을 짐작할 수 있다.[83)]

그리고 '별제'는 제사지 신라조 본문 중 명산대천제사 다음에 나오고 있다.

B. 1) 四城門祭는 첫째 大井門, 둘째 吐山良門, 셋째 習比門, 넷째 王后梯門에서 지냈다. 部庭祭는 梁部에서 지냈다. 四川上祭는 첫째 犬首, 둘째 文熱林, 셋째 靑淵, 넷째 樸樹에서 지냈다. 文熱林에서는 日月祭를 지냈고, 靈廟寺 남쪽에서는 五星祭를 지냈고, 惠樹에서는 祈雨祭를 지냈다. 四大道祭는 동쪽 古里, 남쪽 簷幷樹, 서쪽 渚樹, 북쪽 活併岐에서 지냈다. 壓丘祭, 辟氣祭 2) 위 건은 혹은 별도의 제도[別制]로 인하여, 혹은 수재·한재로 인하여 지냈던 것이다.[84)]

위의 사료 B를 보면 사성문제를 비롯한 여러 제사의 제장과 일월·오성과 같은 제사 대상 그리고 압구제·벽기제 등이 소개되어 있다(1). 그리고 이들 여러 제사는 別制 혹은 수재·한재로 인해 행해졌던 제사라고 밝히고 있다(2).[85)]

典 只祭先農 無中農·後農).

83) 채미하, 앞의 논문, 1998, 201쪽 및 208~209쪽.

84) 1) 四城門祭 一大井門 二吐山良門 三習比門 四王后梯門, 部庭祭 梁部, 四川上祭 一犬首 二文熱林 三靑淵 四樸樹, 文熱林行日月祭, 靈廟寺南行五星祭, 惠樹行祈雨祭, 四大道祭 東古里 南簷幷樹 西渚樹 北活併岐, 壓丘祭, 辟氣祭 2) 上件或因別制或因水旱而行之者也.

85) 채미하, 앞의 논문, 1998, 202쪽 및 208쪽.

사료 A를 보면 그 제명만으로 볼 때 농경제사와 밀접한 관련을 가지고 있음을 알 수 있다. 그리고 사료 B-2)에서 알 수 있듯이, 별제와 수재·한재 때 제사지내는 것이다. 그런데 사료 B와는 달리 사료 A에는 제일이 기록되어 있다.[86] 신라의 국가제사 중 제일을 알 수 있는 것은 오묘제사와 농경제사이다. 신라의 오묘제는 1년에 6번 지냈다고 하는데, 1월 2일, 1월 5일, 5월 5일, 7월 상순, 8월 1일, 8월 15일이라고 한다.[87] 비록 신라의 오묘제가 중국 종묘제의 영향을 받고는 있지만,[88] 그 제일은 중국과는 다르다.[89] 즉, 『예기』에는 1년 사시제와 3년마다 지내는 祫祭, 5년마다 지내는 禘祭를 지낸다고 되어 있다.[90] 당「개원례」에는 四時孟月과 臘月에 행하는 1년 5享과 3년마다 지내는 협제, 5년마다 체제를 지낸다고 한다.[91] 그리고 이때의 사시맹월제는 정해진 날짜가 없이 좋은 날을 골라 거행하였다고 한다.[92] 이로 볼 때 비록 신라가 중국식의 종묘제를 받아들였지만, 제사의

86) 이에 이들 제사들을 제일이 정해진 정기적 제사로 보고 있다(나희라, 앞의 책, 2003, 38~43쪽).

87) 『삼국사기』 32, 잡지1, 제사, "一年 六祭五廟 謂正月二日五日 五月五日 七月上旬 八月一日十五日".

88) 이와 관련해서 변태섭, 「묘제의 변천을 통하여 본 신라사회의 발전과정」, 『역사교육』 8, 1964 참고.

89) 이와 관련해서 『삼국유사』 가락국조에 수로왕묘의 제일이 정월 삼일과 칠일, 오월 오일과 팔월 오일, 팔월 십오일이라는 점과 『삼국유사』 사금갑조에 愼日로 정월 첫번째 子日이나 亥日, 午日로 삼았다는 기사도 참고된다.

90) 『예기』 왕제, "天子諸侯宗廟之制 春曰礿 夏曰禘 秋曰嘗 冬曰烝……天子犆(特)礿祫禘祫嘗祫烝".

91) 『대당개원례』 37, 皇帝時享於太廟, "凡一歲五享於太廟謂四孟月及臘" ; 『대당개원례』 39, 皇帝祫享於太廟, "宗廟三年一祫以孟冬" ; 『대당개원례』 41, 皇帝祫享於太廟, "宗廟五年一禘以孟夏".

92) 『통전』 49, 예9, 연혁 9, 길례8, 1364쪽, "先王制禮 依四時而祭者 時移節變 孝子感而思親 故奉薦味 以申孝敬之心 愼終追遠之意……皆以孟月 無常日 擇月中柔日卜得吉則祭之 敬之至也".

시기는 달리 선택하고 있음을 알 수 있다. 이것은 신라 고유의 시간관념과 자연현상에 대한 인식을 바탕으로 하였기 때문일 것이다.[93]

그렇다면 농경제사의 제일이 의미하는 것은 무엇인가. 제의의 구조 속에는 공간적 요건과 더불어 시간적 요소가 중요한 상징적 의미를 갖고 있다. 한국 고대사회의 생활과 제의는 고대 농경사회의 시간의식을 반영하였을 것이다. 1년은 사계절로 나뉘어지며 춘・하・추・동의 四時는 경작물의 생장, 성숙의 단계이다. 이러한 사시는 농경생활의 중요한 시간구조로서 제사도 사시에 따라 드려지고 있다.[94] 특히 농경제사의 경우는 이러한 시간구조와 밀접한 관련을 가졌을 것이다.

우선 신라에서는 12월 인일에 신성 북문에서 팔자제를 드렸다고 한다. 12월은 1년의 마지막 달이며 해가 바뀌는 달이다. 따라서 12월에 제사하는 것은 제사의 시간단위가 1년임을 말하는 것이다. 이 1년은 태양과 식물적 생명의 일주기이다. 곧 1년은 생명의 상징으로서 제기의 원형적 시간의 하나이다.[95] 중국 은대에는 年을 祀라고 하였는데,[96] 사는 곧 제사를 의미한다. 그리고 다음도 참고된다.

C. 은정월에 지내는 제천은 국중대회로 날마다 마시고 먹고 노래하고 춤추는데, 그 이름을 영고라 하였다. 이때에는 형옥을 판결하고 죄수를 풀어주었다. (『삼국지』 30, 위서30, 오환선비동이전30, 부여전)[97]

93) 나희라, 앞의 책, 2003, 211~212쪽.

94) 금장태, 『유교사상과 종교문화』, 서울대학교출판부, 1994, 87~88쪽 및 216~218쪽 참고.

95) 금장태, 위의 책, 1994, 87쪽.

96) 『爾雅』 釋天, "夏曰歲 商曰祀 周曰年 唐虞曰載".

97) "以殷正月祭天 國中大會 連日飮食歌舞 名曰迎鼓 於是時斷刑獄解囚徒".

위 사료 C에 따르면 부여의 제천행사인 영고의 제사 시기가 은정월로 되어 있다. 그리고 『후한서』에는 납월로 기록되어 있다.[98] 납월은 음력 12월의 이칭[99]이다. 이처럼 은정월과 납월은 음력 12월로 농산물의 수확기나 파종기도 아니다.[100] 그럼에도 불구하고 영고 제사를 12월에 지낸 것은 이것이 농경과 깊은 관련이 있었기 때문이 아닐까 한다.[101]

그리고 삼한의 10월제[102]와 고구려에서 10월에 제천하는 동맹제,[103] 예에서 10월에 제천하는 무천제[104]는 모두 추수를 마치고 드리는 제사로[105] 농경생활이 祭期의 근거가 되고 있음을 보여주는 것이다.[106] 신라에

---

98) 『후한서』 85, 동이열전75, 부여국, "以臘月祭天 大會連日 飮食歌舞 名曰迎鼓 是時斷刑獄 解囚徒".

99) 諸橋轍次, 『大漢和辭典』 9, 大修館書店, 1985, 381쪽(臘祭).

100) 그리고 臘은 제사명으로 짐승을 수렵하여 선조를 제사하는 데에서 비롯되었다고 한다(諸橋轍次, 위의 책, 1985, 381쪽 臘祭). 이에 부여의 제천의례인 영고를 수렵과 관련을 가진 것으로 보기도 한다(최광식, 「한국고대의 제천의례」, 『국사관논총』 13, 1990, 53쪽).

101) 부여의 영고는 농경의례로 파악(井上秀雄, 『古代朝鮮史序說－王者と宗教』, 寧樂社, 1979, 96쪽)하기도 한다. 한편 『후한서』에서 납월이라 한 것은 당시에 통용되던 賀正 曆法을 환산한 것으로, 영고는 12월을 새해 첫달로 삼는 정월의 신년의례로서 거행된 것이라고도 한다(김일권, 「한국고대인의 천문우주관」, 『강좌한국고대사8－고대인의 정신세계』, 가락국사적개발연구원, 2003, 48쪽).

102) 『삼국지』 30, 위서30, 오환선비동이전30, 한전, "常以五月下種訖 祭鬼神 群聚歌舞 飮酒晝夜無休 其舞 數十人俱起相隨 踏地低昂 手足相應 節奏有似鐸舞 十月農功畢 亦復如之".

103) 『삼국지』 30, 위서30, 오환선비동이전30, 고구려전, "以十月祭天 國中大會 名曰東盟".

104) 『삼국지』 30, 위서30, 오환선비동이전30, 예전, "常用十月節祭天 晝夜飮酒歌舞 名之爲舞天 又祭虎以爲神".

105) 최광식, 앞의 논문, 1990, 57~59쪽에서 고구려의 동맹과 예의 무천은 오곡의례로, 이것들이 10월에 행해졌다는 것은 종교현상적인 면에서 새해가 시작되는 것을 의미하는 것으로 볼 수 있다고 하였다. 그리고 62쪽에서 5월에 파종하고 10월에 농경을 마치고 제사한다고 하였으니, 농경의례임이 분명하다고 하였다. 김일권,

선농단 | 神農氏와 后稷氏를 모신 제단으로 한해의 풍년을 기원하였다. 조선시대의 것으로, 서울시 동대문구 제기동에 있다.

서는 입춘 후 해일에 선농제, 입하 후 해일에 중농제, 입추 후 해일에 후농제, 입춘 후 축일에 풍백제, 입하 후 신일에 우사제, 입추 후 진일에 영성제를 지내고 있다. 이것은 농경의 단계에 따르는 제사로 볼 수 있다.107)

이러한 신라 농경제사의 구체적인 내용은 무엇일까. 팔자는 천자가 연말의 납제 때 제사지내는 여덟 신으로,108) 농사와 밀접한 관련을 가지고

앞의 논문, 2003, 48~50쪽에서는 영고, 동맹, 무천 등의 제천의례를 각기의 새로운 시간 마디를 열어가는 紀元儀禮 성격으로 해석할 수 있다고 하였다.

106) 금장태, 앞의 책, 1994, 87~88쪽.

107) 한정수, 「고대사회의 '農時' 이해」, 『역사와 현실』 57, 2005, 232쪽 주 52 참고.

108) 中宗壬申刊本과 鑄字本에는 八棤라고 되어 있고 『삼국사절요』 12, 선덕왕 4년(783) 조에는 八蜡라고 되어 있다. 『集韻』 및 『禮記』로 보아 八棤의 棤은 褃자의 잘못이나, 褃는 흔히 蜡로 쓴다. 褃의 字義는 '찾아낸다'는 뜻이며, 褃를 臘祭 또는 臘享이라고도 한다. 팔자의 신체는 先嗇(=神農), 司嗇(=후직), 百種, 農(농사에 공이 있는 관리, 즉 田畯), 郵表畷(전준의 居所), 猫虎, 坊, 水庸이다(이병도, 『국역 삼국사기』, 을유문화사, 1977, 497쪽 주 8 및 鄭求福 외 4인, 『역주 삼국사기』 4(주석편 하), 한국정신문화연구원, 1997c, 14쪽).

있는 것들이다.[109] 이로 볼 때 팔자제사는 농경신을 중심으로 한 百神에 대한 감사의례라고 할 수 있다.[110]

선농은 田祖라고도 하며, 神農을 가리킨다.[111] 그리고 중농과 후농을 先蠶과 先炊로 추정한 견해[112]도 있으나, 신라에서 선잠과 선취의 명칭을 굳이 중농과 후농으로 바꿔 쓸 이유는 없다.[113] 아마도 중농은 삼한 이래 5월의 파종을 끝내고 나서 지내던 고유의 농경제사이고 후농은 추수를 끝내고 나서 지내던 제사가 아닐까 한다. 따라서 농사를 짓기 전에 선농제를, 파종을 하고 나서 중농제를, 농사를 마치고 나서 후농제를 지낸 것이라고 할 수 있다.[114] 한편 사료 A의 분주에 나오는 '諸禮典'은 중국 예전을

---

109) 蜡祭의 기원과 성격에 대해서는 池田末利, 「蜡・臘考－古代中國の農耕祭祀」, 『中國古代宗教史硏究－制度と思想』, 東海大學出版會, 1981.

110) 『통전』 44, 예4, 연혁4, 길례3, 1235쪽, "禙之義(禙字亦從虫昔 今取祭義 故從示) 自伊耆之代 而有其禮 古之君子 使之必報之 是報田之祭也 其神神農 初爲田事 故以報之" ; 나희라, 앞의 책, 2003, 39쪽 및 42쪽 참고.

111) 김동욱, 「신라의 제전」, 『신라 민속의 신연구』(신라문화제학술발표회논문집 4), 1983, 30쪽 ; 신종원, 「삼국사기 제사지 연구」, 『사학연구』 38, 1984/『신라초기불교사연구』, 민족사, 1992, 90쪽 참고. 중국 당에서 선농에 제사하는 절차는 齋戒－陳設－(鑾駕出宮)－饋享－(耕籍)－(鑾駕還宮)－(勞酒)이다(『大唐開元禮』 46, 皇帝孟春吉亥享先農 및 47, 孟春吉亥享先農於籍田有司攝事).

112) 이병도, 앞의 책, 1977, 497쪽 주 9와 주10.

113) 신종원, 앞의 책, 1992, 90쪽.

114) 최광식, 「신라와 당의 대사・중사・소사 비교연구」, 『한국사연구』 95, 1996, 7쪽. 중국에서 선농제는 祈穀儀禮로서 중요하게 거행되었던 제사이다. 일본의 경우도 대개 입춘, 입하, 입추, 입동의 시기에 預祝祭, 파종과 모내기 때의 祭, 생육과정제, 수확제를 거행하였을 것으로 보는 견해가 있다(寺澤薰, 「彌生人の心を描く」, 『心のなかの宇宙－日本の古代 13』(大林太良 篇), 中公文庫, 1996, 140쪽). 신라에서 그 제일은 입춘 후 해일이라 하여 그 기준점으로 두고 있다. 중농제의 제일인 입하는 3월과 4월 사이로 이 시기는 대체로 파종기에 해당하며 후농제의 제일인 입추는 농작물의 성장기이다(김택규, 「세시구조의 한문화복합」, 『한국민족의 기원과 형성(하)』, 소화, 1996, 109쪽). 그렇다면 선농은 기곡제, 중농은 파종제, 후농은 성장기원제였다고 할 수 있다(나희라, 앞의 책, 2003, 40쪽).

가리킨다고 할 수 있다.[115] 따라서 중농 및 후농에 대한 제사는 신라의 전통적인 농경제사로 생각되며,[116] 이러한 중농과 후농에 대한 제사는 고려시대까지 행해졌고, 조선 태종대 혁파된다.[117]

풍백은 바람을 관장하는 신, 飛廉 또는 箕星이다. 우사는 비를 관장하는 신, 畢星이다. 영성은 곡식의 파종과 수확을 관장하는 것으로 天田星이다. 이들은 모두 농사와 긴밀한 관계가 있다. 그리고 후술하겠지만, 이들 제사의 제일과 제장의 위치는 당령의 그것과 같다. 그런데 풍백, 우사는 단군신화에서 환웅이 수행하는 자연신의 하나로 나온다.[118] 영성은 『삼국지』 동이전 고구려조[119]에 나타나고 『삼국사기』 제사지에는 『후한서』와 『양서』·『당서』를 인용하여 언급하고 있다.[120] 이러한 고구려 영성제의 주된 성격은 농경의례이다.[121] 이로 볼 때 풍백·우사·영성제는 우리나라에 고대부터 존재한 풍신·우사·성신과의 결합이 가능하였을 것이다.[122]

---

115) 정구복 외 4인, 앞의 책, 1997c, 17쪽.

116) 浜田耕策, 「新羅の祀典と名山大川の祭祀」, 『呴沫集』 4, 1984, 153쪽 ; 신종원, 앞의 책, 1992, 91쪽 ; 나희라, 앞의 책, 2003, 41~42쪽 참고.

117) 『고려사』 6, 세가6, 靖宗 12년, "夏四月 辛亥 祭仲農" ; 『고려사』 7, 세가7, 文宗 2년, "六月 丁亥 祭後農" ; 『태종실록』 27, 14년 4월 14일(丁巳), "禮曹啓革仲農後農之祭 啓曰 謹稽古典 歷代只祭先農 無仲農後農之祭 乞革之 以正祀典 從之".

118) 『삼국유사』 1, 기이1, 고조선, "將風伯雨師雲師".

119) 『삼국지』 30, 위서30, 오환선비동이전30, 고구려전, "涓奴部本國主 今雖不爲王 嫡統大人 得稱古鄒加 亦得立宗廟 祠靈星社稷".

120) 『삼국사기』 32, 잡지1, 제사, "後漢書云 高句麗好祠鬼神社稷零星……梁書云 高句麗於所居之左 立大屋祭鬼神 又祠零星社稷……唐書云 高句麗俗多淫祠 祀靈星及日箕子可汗等神".

121) 김일권, 앞의 논문, 2003, 52~60쪽.

122) 김동욱, 앞의 논문, 1983, 30쪽. 이러한 豊·雨·靈星에 대한 제사는 국초부터 왕의 관심 아래에서 행하여 오던 것으로 지증왕대에 祀典이 성립될 즈음에 골격이 잡혔다고도 한다(신종원, 앞의 책, 1992, 89쪽).

이와 같이 농경제사 중 팔자제와 선농제는 그 제사 대상만으로 보아 중국 제사제도의 영향을 받은 것으로 여겨지며, 풍백제, 우사제, 영성제는 신라의 전통적인 제사가 중국 제사제도의 수용으로 그 영향을 받은 것으로 보인다. 그리고 중농제와 후농제는 신라의 전통적인 제사였다.

한편 '별제'는 농경제사와는 달리 비정기적인 제사였을 것이다.[123] 이에 그 제일이 보이지 않는 것이 아닐까 한다. 그리고 이들 제사는 별제와 수·한재 때 지내는 것으로 구분하여 생각해 볼 수 있다.

우선 사성문제는 대정문, 토산량문, 습비문, 왕후제문의 네 성문에서 행하던 제사이다. 「개원례」 길례에 '久雨禜國門', '諸縣禜城門'이 보인다.[124] 그리고 『고금상정례』에는 장마가 그치지 않으면 서울의 여러 문에서 禜祭를 올린다고 하였다.[125] 이것은 『고려사』 길례 소사 항목에 영제(입추 이후까지 장마가 질 때 날이 개기를 비는 제사)가 있는데서 알 수 있다. 그리고 『세종실록』 오례 길례 항목에 '久雨禜祭國門儀'가 있음도 참고된다.

---

123) 김동욱(위의 논문, 1983, 31~34쪽)·신종원(위의 책, 1992, 92쪽)은 신라의 민속적인 제사로 보고 있다. 나희라는 四城門祭 이하의 제사는 別制나 '水旱'에 의해 거행되었다고 하였다. 이 중 別制는 유교적 의례 규정에서 벗어나 있고 전통적, 민속적 종교 전통에 기반한 비정기적인 제사들을 묶은 규정을 말하는 것이라고 하였다. 이로 볼 때 別制나 '水旱'에 의해 거행된 제사들은 신라의 전통적, 민속적 종교 전통에 기반한 제사, 기후 조절을 위한 비정기적 제사들로 보았다(앞의 책, 2003, 49~50쪽).

124) 그리고 다음도 참고된다. 『통전』 55, 예15, 연혁15, 길례14, 1549쪽, "隋制 霖雨則禜京城諸門 三禜不止 則祈山川岳鎭海瀆社稷 又不止 則祈宗廟神州 報以太牢 州郡縣苦雨 亦各禜其城門 不止則祈界內山川及社稷 報用羊豕 大唐因之(禜門不止 乃祈山川岳鎭海瀆 三日不止 祈社稷宗廟 並用酒脯 國城門用少牢)".

125) 『세종실록』 12, 세종 3년 6월 14일(을사), "禮曹啓 高麗古今詳定禮云 凡霖雨不已禜京城諸門 門別三日 每日(一禜)不止 乃祈山川嶽鎭海瀆 三日不止 祈社稷宗廟若州縣(禜)城門 祈界內山川 今霖雨淹久 損傷禾穀 國門及州郡 霖雨過多處 請設(禜)祭". 김해영, 「詳定古今禮와 고려조의 祀典」, 『국사관논총』 55, 1994, 79쪽도 참조.

이로 볼 때 사성문제는 신라시대 수재와 관련된 제사로 금성의 사대정문에서 행해진 것으로 여겨진다.126)

부정제는 梁部에서 지낸다는 것으로 보아 원래부터 사로의 중핵을 차지해 온 喙部의 터줏대감신에 대한 제사로 보인다.127) 사천상제는 견수, 문열림, 청연, 박수의 네 물가에서 행하던 제사이다. 고려시대에 수재나 한재때 松嶽溪上에서 백신에게 기청·기우를 드리던 제사를 천상제라고 하였다.128) 이것은 신라 사천상제와 대응되는 것으로 볼 수 있다.129)

일월제는 해와 달에 대한 제사로, 문열림에서 행하였다.130) 『북사』, 『구당서』 등에 따르면 신라는 '拜日月神'했다고 하며,131) 이것을 왕이

---

126) 한편 김동욱은 사성문제는 신라의 원초적 도성인 月城의 네 성문에 대한 제전으로, 외방에서 침입하는 疫神을 좇기 위한 邪鬼塞地의 신을 궁성에서 祭饗하는 것으로 보기도 한다(앞의 논문, 1983, 31~32쪽). 나희라, 앞의 책, 2003, 53쪽에서 門祭는 문의 출입을 단속하면서 악한 기운을 막기 위한 주술적 제사로 중국 고대부터 그 모습을 보이고 있으며 수문신 신앙은 현재까지도 주요한 민속신앙의 하나라고 하였다.

127) 정구복 외 4인, 앞의 책, 1997c, 35쪽. 나희라는 부정제는 7월 15일부터 한달간 6부를 둘로 나누어 왕녀 2인이 부내 여자들을 이끌고 '大部之庭'에 모여 績麻大會를 하였다는 가배풍습과 관련이 있다고 한다(앞의 책, 2003, 50~51쪽). 김두진, 「신라 건국신화의 신성족 관념」, 『한국고대의 건국신화와 제의』, 일조각, 1999, 262쪽에서 부정제는 본래 6촌에서 행해지던 제의에서 유래하였다고 보고 있다.

128) 『고려사』 63, 지17, 예5, 잡사, "靖宗元年五月甲辰 祈晴于川上 每水旱 祭百神於松岳溪上 號曰川上祭……文宗五年十二月戊子 制 大雪之候 雪不盈尺 宜令諏日 祈雪於川上 禮部奏 仲冬以來 雖無盈尺之雪雨 復霈然 況今節近立春 不宜祈雪 從之……睿宗十一年四月丁卯 遣使祈雨 於上京川上松岳東神諸神廟朴淵及西京木覓東明祠道哲嵒梯淵".

129) 김동욱, 앞의 논문, 1983, 33쪽.

130) 정구복 외 4인, 앞의 책, 1997c, 36쪽.

131) 『북사』 94, 열전82, 신라, "每月旦相賀 王設宴會 班賚羣官 其日 拜日月神主" ; 『수서』 81, 열전46, 동이, 신라, "每正月旦相賀 王設宴會 班賚羣官 其日拜日月神" ; 『구당서』 199상, 열전149상, 동이, 신라, "重元日 相慶賀燕饗 每以其日拜日月神" ; 『신당서』 220, 열전145 동이, 신라, "元日相慶 是日拜日月神" ; 『구오대사』 138,

직접 주제한 것으로 보기도 한다.[132] 오성제는 영묘사 남쪽에서 행해졌는데, 五行의 精이라 일컫는 다섯 별, 즉 木星(歲星), 火星(熒惑星), 金星(太白星), 水星(辰星), 土星(鎭星)에 대한 제사이다.[133] 오성 가운데 태백·형혹은 삼국 공통으로 관찰기록이 있고, 토성 기사는『삼국사기』김유신전(상)에서, 세성에 관한 것은 효소왕 9년 6월 기사에서, 진성 기사는 원성왕 5년 4월에, 오성에 대한 기록은 고구려 차대왕 4년조에 보인다.[134] 그리고 중국에서 일월에 대한 제사는 단독으로 행해지기도 하였고,[135] 오성에 대한 제사는 일월과 함께 昊天上帝, 五天帝에 대한 제사 때 종사되었다.[136] 뿐만 아니라 오성의 운동에 따라 나타나는 징조는 별에 따라 차이가 있기는 하나, 공통적으로 국가나 왕실의 흥망, 군사행동의 승패 등을 예시하고 있어 유가의 五常이나 五事의 실천윤리와도 결부되어 있다.[137]

외국열전2, 신라, "新羅 其國俗重九日相慶賀 每以是月拜日月之神".

132) 최근영,「한국고대의 일월신앙에 대한 고찰」,『최영희선생화갑기념한국사학논총』, 탐구당, 1987, 9쪽.

133) 정구복 외 4인, 앞의 책, 1997c, 37쪽.

134) 이희덕,『한국고대자연관과 왕도정치』, 혜안, 1999, 28~33쪽.

135)『주례주소』20, 典瑞 注, "天子常春分朝日 秋分夕月" ;『한서』25상, 교사지(상) 1231쪽, "朝朝日 夕夕月" ;『한서』48, 賈誼傳, 2249쪽, "三代之禮 春朝朝日 秋暮夕月 所以明有敬也 師古曰 朝日以朝 夕月以暮 皆迎其初出也" ;『통전』44 예4, 연혁 4, 길례3, 1233쪽, "大唐二分朝日夕月於國城東西 各用方色犢 備開元禮".『대당개원례』길례 항목 중 "皇帝春分朝日朝日於東郊", "春分朝日於東郊有司攝事"와 "皇帝秋分夕月于西郊", "秋分夕月于西郊有司攝事"도 참고. 그 절차는 황제와 유사섭사로 나뉘는데 제사 주체에 따라 가감이 있다. 齋戒－陳設－(鑾駕出宮)－奠玉帛－進熟－(鑾駕還宮)의 순서로 진행된다.

136)『唐令拾遺』, 祠令 4조 甲(武), 乙(永), 丙(開7) 참고. 대표적인 당령으로는 武德令(고조 무덕 7년), 貞觀令(태종 정관 11년), 永徽令(고종 영휘 2년), 측천무후 때의 垂拱令(685), 중종 때의 神龍令(705), 현종 때의 개원 7년령(719)과 개원 25년령이 있다(仁井田陞,「唐令の復舊について」,『唐令拾遺補』, 東京大學出版會, 1997, 4~5쪽). 본고에서는『당령습유보』를 참고하면서 당 사령의 내용을 살펴볼 것이다. 여기에서 武는 무덕령, 永은 영휘령, 神은 신룡령, 開는 개원령을 말한다.

기우제는 하지가 지나도록 비가 오지 않을 때에 비오기를 비는 제사이다. 신라에서는 혜수에서 이를 행하였다.[138] 사대도제는 금성 4곳의 큰 길에서 지내는 제사로, 외방에서 침입하는 疫神을 쫓기 위한 邪鬼塞地의 신을 도로에서 祭饗하는 것으로 보이며 일본의 道饗祭와 비슷한 것으로 여겨진다.[139]

압구제는 고려 雜祀에 들어있는 壓兵祭와 관련 있는 것으로,[140] 길을 떠날 때 지내는 제사이다. 아마도 압구제는 고대 교통이 곤란했을 당시 唐이나 倭에 사신을 보낼 때 제사지낸 제전으로 생각된다.[141] 벽기제는

---

137) 이희덕, 앞의 책, 1999, 33~38쪽.

138) 정구복외 4인, 앞의 책, 1997c, 37쪽 ; 나희라, 앞의 책, 2003, 51쪽. 고려와 조선의 기우제에 대해서는 서영대, 「민속종교」, 『한국사』 16, 국사편찬위원회, 1994, 358~365쪽 ; 김해영, 앞의 논문, 1994, 144~147쪽 참고.

139) 김동욱, 앞의 논문, 1983, 32쪽. 사대도제와 비슷한 느낌을 주는 路祭는 곧 遣奠祭로서, 장례에서 發靷할 때 문 앞에서 지내는 祭式을 말한다. 신라의 道祭가 그러한 성격의 제사인지, 아니면 길 자체에 대한 제사인지는 알 수 없다(정구복 외 4인, 위의 책, 1997c, 37쪽). 나희라, 위의 책, 2003, 52쪽에서 鬼魅가 들어오는 것을 방지하기 위해 지냈던 일본의 도향제와 비슷한 것으로 보고 있다. 그리고 윤선태, 「부여 능산리 출토 백제목간의 재검토」, 『동국사학』 40, 2004, 69~70쪽에서 고대일본의 도향제로 볼 때 신라의 대도제도 왕경의 사방입구나 외곽도로에서 道神께 폐백을 올려 왕경으로 들어오는 역병 등 나쁜 기운을 막기 위해 거행한 국가의례였다고 한다. 일본의 도향제에 대해서는 和田萃, 『日本古代の儀禮と祭祀信仰』(中), 塙書房, 1995, 343~364쪽 참고.

140) 『고려사』 63, 지17, 예5 잡사, "穆宗 十一年十月 改軷祭爲壓兵祭……文宗二年二月 己丑 行壓兵祭于西京北郊".

141) 김승찬, 「신라의 諸祀試論」, 『우헌정중환박사환력기념논문집』, 1974, 501쪽 ; 김동욱, 앞의 논문, 1983, 33쪽. 「개원례」 군례 항목을 보면 "親征及巡狩郊祀有司軷于國門", 즉 국문을 나올 때 道祖神에게 제사를 지내고 있기도 한다. 한편 압구제는 구릉 귀신을 진압하는 제사(고전연구실 옮김, 『국역 삼국사기(하)』, 1959, 120쪽), '丘'가 무덤의 封墳을 뜻한다면 壓丘는 봉토를 누른다는 뜻이니 압구제는 墳丘築造儀式의 일종으로 보기도 한다(정구복외 4인, 앞의 책, 1997c, 37쪽). 한편 나희라, 앞의 책, 2003, 52쪽에서 삼월 계락일에 구릉에 올라가 흙을 파고 춤추며 노래하여

능산리사지 출토 남근형 목간 | "无奉義道緣立立立"이란 글귀가 쓰여 있는 이 목간은 사비도성 안으로 나쁜 기운이 들어오는 것을 막기 위해 나성의 동문 입구에서 道神에게 제사지내는 의례가 있었음을 알려준다.

나쁜 기운을 물리치는 제사이다.142) 즉, 벽기는 辟邪와 마찬가지로 邪鬼를 물리친다는 뜻으로, 벽기제는 벽사의식의 일종으로 볼 수 있다.143)

이와 같은 '별제'는 신라의 전통적인 제사로, 수재·한재 때 이루어지는 제사로는 사성문제, 사천상제, 기우제이고144) 수재·한재 때 이루어지는 제사와는 별도로 구분되는 별제에는 부정제, 일월제, 오성제, 사대도제, 압구제, 벽기제가 해당된다. 이 중 일월제와 오성제는 농경제사 중 풍백제, 우사제, 영성제와 마찬가지로 중국 제사제도의 영향을 받지 않았을까 한다. 이로 볼 때 별제는 신라의 전통적인 제사와 중국 제사제도의 영향을 받은 것으로 나누어 생각해 볼 수 있다.145)

신과 조우하였다는 구지봉에서의 행위(『삼국유사』 2, 기이2, 가락국기)와 비슷한 제사로 보고 있다.

142) 고전연구실 옮김, 위의 책, 1959, 120쪽.

143) 김승찬, 앞의 논문, 1974, 501쪽 ; 정구복 외 4인, 앞의 책, 1997c, 37쪽 ; 나희라, 앞의 책, 2003, 52쪽에서 수도의 4郊에서 각 계절의 五帝를 제사하며 계절의 기운을 맞이하는 迎氣祭가 있는데, 이것과 벽기제와의 관련성은 잘 알 수 없다고 하였다.

144) 나희라는 중국 門祭와 연관지어 사성문제를 別制로 보고 있는 듯하나(위의 책, 2003, 53쪽), 따르지 않는다. 한편 필자는 「신라 선덕왕대의 사직단 설치와 사전의 정비」, 『한국고대사연구』 30, 2003, 139~140쪽에서 일월제와 오성제를 수재, 한재 때 이루어진 제사로 파악하였으나, 앞의 논문, 2006에서는 別制로 수정하였다.

145) 나희라는 別制는 유교적 의례 규정에서 벗어나 있고 전통적, 민속적 종교 전통에 기반한 제사들을 묶은 규정이라고 하였다(위의 책, 2003, 49~50쪽). 그러나 이러한 별제 중에도 중국 제사제도의 영향을 받은 것이 있다는 점에서 이것은 나누어

2. 제장의 성격

신라 국가제사 중 그 제장이 나타나고 있는 것은 명산대천제사와 농경제사, '별제'이다. 명산대천제사의 제장은 주기되어 있는 소재지명에서 알 수 있으며, 여기에 나오는 소재지명은 삼국시대 신라 것으로부터 경덕왕 16년(757) 전국적인 주·군·현의 개명 이후의 것까지 다양하다.146) 이는 명산대천제사의 변천 과정을 일정하게 반영하는 것으로 여겨지고 있다.147) 한편 농경제사와 '별제'의 경우는 어떠한가. 신라의 농경제사와 별제의 제장을 제시하면 다음 <표 5-2>와 같다.

<표 5-2>를 보면 압구제와 벽기제를 제외하고, 나머지 제사들의 제장이 나온다. 그리고 이들 제장 중 그 위치를 추정할 수 있는 것은 팔자·선농·중농·영성·오성제 등을 지낸 곳 정도이다. 팔자제와 중농제를 지낸 신성 북문의 경우, 신성은 「남산신성비」 제1비와 제2비의 명문에 "辛亥年二月卄六日南山新城作節"이라고 되어 있어서 신성은 진평왕 13년(591)에 축조된

생각해 보아야 하지 않을까 한다.

146) 명산대천제사의 註를 그 제사를 주관하는 지방관청명으로 볼 수도 있을 것이다. 명산대천제사는 그 소재지 관청에서 제사지냈을 것이다. 따라서 명산대천제사와 관련된 註記를 소재지명으로 본다고 하더라도 별 무리는 없다고 생각된다. 그리고 경덕왕 16년 주·군·현의 개명을 기준으로 명산대천제사의 소재 지명을 개명 이전과 개명 이후로 나누어 볼 수 있다. 개명 이후의 명칭은 7개, 미상이 2개이다. 그리고 개명 이전의 명칭은 41개인데, 이 중에는 삼국시대부터 사용되었던 것도 있다. 이것은 저본자료에 있었던 내용으로 생각된다. 이와 관련해서 채미하, 앞의 논문, 1998, 213~216쪽 참고.

147) 浜田耕策은 명산대천 所在名은 삼국통일 이후부터 경덕왕 16년(757) 전국적 규모의 주·군·현의 개칭까지와 그 이후의 것으로 나누어지는데, 이것은 신라 祀典의 변천과정이 거기에 투영되어 있는 것이라고 하였다(앞의 논문, 1984, 157쪽). 그리고 정구복 외 4인, 앞의 책, 1997c, 29쪽과 32쪽에 따르면 霜岳과 冬老岳의 위치가 경덕왕대 이후의 지명으로 표기된 것으로 보아, 이들의 小祀 지정 시기는 경덕왕 16년 이후일 가능성이 있다고 한다.

<표 5-2> 농경제사와 '별제'의 제장

<table>
<tr><th></th><th>제 명</th><th>제 장</th></tr>
<tr><td rowspan="7">농경제사</td><td>八䄍</td><td>新城北門</td></tr>
<tr><td>先農</td><td>明活城南熊殺谷</td></tr>
<tr><td>中農</td><td>新城北門</td></tr>
<tr><td>後農</td><td>蒜園</td></tr>
<tr><td>風伯</td><td>犬首谷門</td></tr>
<tr><td>雨師</td><td>卓渚</td></tr>
<tr><td>靈星</td><td>本彼遊村</td></tr>
<tr><td rowspan="9">'別祭'</td><td>四城門祭</td><td>一大井門 二吐山良門 三習比門 四王后梯門</td></tr>
<tr><td>部庭祭</td><td>梁部</td></tr>
<tr><td>四川上祭</td><td>一犬首 二文熱林 三靑淵 四樸樹</td></tr>
<tr><td>日月祭</td><td>文熱林</td></tr>
<tr><td>五星祭</td><td>靈廟寺南</td></tr>
<tr><td>祈雨祭</td><td>惠樹</td></tr>
<tr><td>四大道祭</td><td>東古里 南簷幷樹 西渚樹 北活倂岐</td></tr>
<tr><td>壓丘祭</td><td></td></tr>
<tr><td>辟氣祭</td><td></td></tr>
</table>

남산성을 가리킨다.[148] 남산성은 『삼국사기』 지리지 서문의 기록[149]으로 보아 왕궁이 있던 월성의 남쪽으로 여겨진다. 이로 볼 때 신성 북문의 위치는 신성의 북쪽 문, 남산성의 북문으로 파악할 수 있다. 그리고 선농제를 지낸 곳은 명활성 남쪽의 웅살곡이라고 한다. 명활성은 『삼국사기』 지리지 서문의 기록에 의하면 월성의 동쪽에 있고 그 둘레가 1,906보라고 하였다.[150] 이로 볼 때 웅살곡은 명활성 남쪽 일대 어느 지점으로 추정된다. 또한 오성제를 제사지낸 곳은 영묘사 남쪽인데, 사료 D를 보면 영묘사는

148) 『삼국사기』 4, 신라본기4, 진평왕 13년, "秋七月 築南山城 周二千八百五十四步".

149) 『삼국사기』 34, 잡지3, 지리, 新羅疆界, "又新月城南有南山城 周二千八百四步".

150) 『삼국사기』 34, 잡지3, 지리, 新羅疆界, "又新月城東有明活城 周一千九百六步". 명활산성은 『삼국사기』 실성왕 4년(405)조에 처음 기록에 나타나고 그 후 자비왕 16년(473)에 성을 고쳐서 동왕 18년부터 소지왕 10년(488)까지 국왕의 居城으로 사용했고, 진흥왕 15년과 진평왕 15년에 수축, 개축하였다는 기록이 있다.

선덕왕 4년에 준성된 절로[151] 沙川尾에 세워졌다고 한다. 사천은 年川 또는 蚊川으로도 불렸으며[152] 지금의 남천이 그곳이다. 그렇다면 사천미는 '사천의 미', '남천이 끝나는 지점'에 해당한다[153]고 할 수 있다. 사천미에 세워진 영묘사는 현재 전흥륜사지로 비정되고 있다.[154] 그리고 영성제를 지낸 본피유촌은 낭산 남쪽의 神遊林으로,[155] 사천상제의 제장 중 하나인 습비문은 습비부와 관련된 성문으로 보고 있다.[156]

이와 같이 농경제사와 '별제'의 몇몇 제장의 위치에 대해서 추정해 볼 수 있다. 이러한 제사가 드려지는 장소는 공간적으로 타장소와는 달리 질적 차이를 내포하며 신성성을 갖는 것이다. 따라서 제장은 신성성이 내포될 수 있는 특수한 지역이 선택된다.[157] 고대인들은 산림, 천택, 구릉, 계곡이 모두 신적인 존재가 거주하는 곳으로 믿었고 그곳이 곧 제장으로서 가장 적합한 곳이라고 생각하였다.[158] 신라의 삼산 오악 이하 명산대천제사는 그것을 가장 잘 보여주는 것으로 생각한다.[159]

---

151) 『삼국사기』 5, 신라본기5, 선덕왕 4년, "靈廟寺成" ; 『삼국유사』 3, 흥법3, 阿道基羅 및 탑상, 靈妙寺丈六 ; 『삼국유사』 1, 기이1, 善德王知幾三事 참고.

152) 『삼국유사』 4, 의해5, 元曉不羈, "沙川 俗云年川 又蚊川 又橋名楡橋也".

153) 오영훈, 「신라왕경에 대한 고찰」, 동국대학교 석사학위논문, 1988, 23쪽 ; 최광식, 「신라 상대 왕경의 제장」, 『신라왕경연구』, 1995, 72~73쪽.

154) 신창수, 「중고기 왕경의 사찰과 도시계획」, 『신라왕경연구』, 1995, 122~123쪽.

155) 이병도, 앞의 책, 1977, 497쪽 주 11 및 신종원, 앞의 책, 1992, 91쪽.

156) 여호규, 「신라 도성의 공간구성과 왕경제의 성립과정」, 『서울학연구』 18, 2002, 72쪽.

157) 금장태, 앞의 책, 1994, 85~86쪽.

158) 금장태, 위의 책, 1994, 218~220쪽.

159) 이와 관련해서 다음의 논문들이 참고된다. 김영수, 「지리산 성모사에 就하여」, 『진단학보』 11, 1939 ; 손진태, 「조선 고대 산신의 성에 就하여」, 『조선민족문화의 연구』, 을유문화사, 1948 ; 이기백, 「신라오악의 성립과 그 의의」, 『진단학보』 33, 1972/『신라정치사회사연구』, 일조각, 1974 ; 홍순창, 「신라 삼산·오악에 대하여」,

그렇다면 농경제사와 '별제'의 경우는 어떠한가. 이들 제사 장소를 보면 숲(문열림), 나무(박수, 혜수, 첨병수)와 계곡(웅살곡, 견수곡문), 못(탁저, 대정문, 청연, 저수) 등과 밀접한 관련이 있다. 문열림은 일월제와 사천상제의 제장 중 하나이고 박수[160]는 사천상제의 제장 중 하나이며 혜수는 기우제의 제장이고 첨병수는 사대도제의 남쪽 제장이다. 이들 제장의 위치는 알 수 없다. 그런데 숲과 나무는 고대인들에게 신들이 하강하거나 거주하는 곳으로 생각되었으며 생명력의 상징으로 신성성을 나타내는 것이었다.[161] 이와 관련해서 단군신화에서 천제의 아들 환웅이 하늘로부터 신단수 아래에 하강하였다 하며,[162] 알지신화에서 始林 숲에 빛이 비치며 나뭇가지에 하늘에서 내려온 황금궤가 걸려 있고 그 나무 아래에서 백계가 울고 있다는 것[163]을 참고해 볼 수 있다. 특히 일월제를 지낸 문열림은 양부 四川의 하나로, 양부는 본래 양산부인데 이곳은 신라 시조인 혁거세가 출생한 곳이라는 견해[164]가 있어, 이곳에서 일월제를 지냈다는 것은 나름의 의미가

『신라민속의 신연구』(신라문화제학술발표회논문집 제4집), 1983 ; 浜田耕策, 앞의 논문, 1984 ; 노중국, 「통일기 신라의 백제고지지배」, 『한국고대사연구』 1, 지식산업사, 1988 ; 문경현, 「신라의 산악숭배와 산신」, 『신라사상의 재조명』(신라문화제학술발표회논문집 제12집), 1992 ; 井上秀雄, 「新羅の律令制と祭祀制度」, 『古代東アジアの文化交流』, 溪水社, 1993 ; 최광식, 「국가제사의 祭場」, 앞의 책, 1994 ; 최광식, 앞의 논문, 1996 ; 김두진, 「신라의 종묘와 명산대천의 제사」, 『백산학보』 52, 1999 ; 김두진, 앞의 책, 1999.

160) 박수를 혜수와 같은 것으로 보기도 한다(신동하, 「신라 불국토사상의 전개양상과 역사적 의의」, 서울대학교 박사학위논문, 2000, 27쪽).

161) 서영대, 「한국 고대 신관념의 사회적 고찰」, 서울대학교 박사학위논문, 1991, 271~273쪽 ; 금장태, 앞의 책, 1994, 77~78쪽 ; 나희라, 「고대 동북아 제민족의 신화, 의례, 군주관」, 『진단학보』 99, 2005, 3~4쪽 참고.

162) 『삼국유사』 1, 기이1, 고조선, "古記云 昔有桓因庶子桓雄 數意天下 貪求人世……雄率徒三千 降於太伯山頂神壇樹下 謂之神市".

163) 『삼국사기』 1, 신라본기1, 탈해이사금 9년, "春三月 王夜聞 金城西始林樹間 有鷄鳴聲 遲明遣瓠公視之 有金色小櫝 掛樹枝 白雞鳴於其下".

있다고 생각한다. 이로 볼 때 숲과 나무는 예로부터 신이 강림하는 신성지역이었던 곳으로, 이곳이 신라 국가제사의 제장으로 사용되었던 것이다.

탁저는 우사제의 제장이고 대정문은 사성문제의 제장 중 하나이며 청연[165]은 사천상제의 제장 중 하나이다. 이들 제장 역시 그 위치는 알 수 없다. 그런데 물은 인간의 생명을 유지하는 기본적인 것이고 생명 자체도 근원적으로 물에서 발생한 것이다. 따라서 江河, 淵, 泉의 물은 여성적 생명의 원리를 상징하는 것으로 나타나고 있다.[166] 주몽신화에서 하백의 딸이 웅심산 하 압록강에서 살며, 여기서 천제의 아들을 만났던 것이다.[167] 그리고 혁거세신화에서 나정 곁에 하늘로부터 빛이 비치어 혁거세가 나온 알을 발견하게 되고 혁거세의 부인도 알영정에서 나온 계룡으로부터 출생하였다.[168]

우사제를 지낸 탁저는 사대도제의 서쪽 제장인 저수와 관련된 명칭이기도 하다. '저'는 물가 가운데 물길이 갈라지는 곳이나 모래톱을 의미하는데, 이러한 지형은 서천에 많이 형성되어 있다.[169] 일본 고대에도 하천 중류의 합류점이나 河中島에서 곡령신을 제사지낸 사례가 많다고 한다.[170] 한편

---

164) 최근영, 앞의 논문, 1987, 9쪽.

165) 청연은 영묘사 남쪽에 있는 못으로, 오성제를 지냈다고도 한다(신동하, 앞의 논문, 2000, 27쪽). 그리고 28쪽에서 "청연은 영묘사가 이곳에 들어서기 전 원시적 제사지로서 중요시되던 전통을 유지하는 모습을 보여주는 것이라 할 수 있다. 이 청연의 중요성은 당연히 영묘사와 밀접히 관련될 것이며 영묘사는 신라의 국가적 제사터와 밀접히 연결되면서 그 성격을 유지했을 것으로 생각되는 것이다"고 하였다.

166) 금장태, 앞의 책, 1994, 76~77쪽.

167) 『삼국유사』 1, 기이1, 고구려, "我是河伯之女 名柳花 與諸弟出遊時有一男子 自言天帝子解慕漱 誘我於熊神山下鴨淥邊室中 私之而往不返 父母責我無媒而從人 遂謫居于此".

168) 『삼국유사』 1, 기이1, 신라시조 혁거세왕 ; 『삼국사기』 1, 신라본기1, 시조혁거세 즉위년 및 5년 참고.

169) 여호규, 앞의 논문, 2002, 63쪽.

웅살곡은 선농제의 제장, 견수곡문은 풍백제의 제장이다. 이들 중 웅살곡은 명활산 남쪽에 있었다는 정도만 알고 견수곡문의 위치는 알 수 없다. 그런데 물과 더불어 돌과 동굴 등은 자연물로서 신앙과 상징의 대상이 되고 있다.[171] 계곡 역시 마찬가지가 아니었나 한다. 특히 풍백제를 지낸 곳인 견수곡문의 견수는 사천상제의 제장 중 하나이기도 하다. 이곳은 지형상 '곡'이면서 '천'이 인접하고 있고, 성문이 위치한 지역으로 추정된다.[172]

이처럼 농경제사와 '별제'를 지낸 장소는 원시신앙과 밀접한 관련을 가진 곳이었던 것이다. 그렇다면 이것이 가지는 의미는 무엇일까. 이와 관련해서 다음이 관심을 끈다.

D. 이 나라는 아직까지 불법을 모르지만, 이후 3천여 월이 지나면 계림에 성왕이 나타나 크게 불교를 일으킬 것이다. 그 서울에는 일곱 곳에 옛 절터가 있다. 첫째는 금교 동쪽의 천경림(지금의 흥륜사이다. 금교는 서천의 다리를 말하는데, 세간에서는 송교로 잘못 부르고 있다. 이 절은 처음 아도로부터 터를 잡았으나 중간에 폐지되었다. 법흥왕 정미(527)에 이르러 처음 창건되었고 을묘(553)에 크게 공사를 벌여 진흥왕 때 마쳤다)이요, 둘째는 삼천기(지금의 영흥사이다. 흥륜사와 같은 시기에 창건되었다)요, 셋째는 용궁 남쪽(지금의 황룡사이다. 진흥왕 계유(553)에 처음 개창되었다)이요, 넷째는 용궁 북쪽(지금의 분황사이다. 선덕왕 갑오(634)에 처음 개창되었다)이요, 다섯째는 사천미(지금의 영묘사이

---

170) 和田萃, 「古代の祭祀空間」, 『祭祀空間儀禮空間』, 國學院大學日本文化硏究所, 1999, 170쪽.

171) 금장태, 앞의 책, 1994, 76~77쪽. 동굴과 관련해서는 나희라, 앞의 논문, 2005, 3쪽.

172) 여호규, 앞의 논문, 2002, 62쪽 ; 윤선태, 「신라 중대의 성전사원과 국가의례」, 『신라금석문의 현황과 과제』(신라문화제학술논문집 23), 2002, 113~114쪽. 견수곡을 알천계곡으로 추정하고 있다.

다. 선덕왕 을미(635)에 처음 개창되었다)요, 여섯째는 신유림(지금의 천왕사이다. 문무왕 기묘(679)에 개창되었다)이요, 일곱째는 서청전(지금의 담엄사)으로서 모두 전불시대의 절터이며, 불법의 물결이 길이 흐를 땅이다. (『삼국유사』 3, 흥법3, 아도기라)[173)]

위의 사료 D에 따르면 전불칠처가람터란 첫째는 천경림으로 흥륜사가 세워졌고, 둘째는 삼천기로 영흥사가 선 곳이고, 셋째는 용궁 남쪽으로 황룡사가 선 곳이고, 넷째는 용궁 북쪽으로 분황사가 선 곳이고, 다섯째는 사천미로 영묘사가 선 곳이고, 여섯째는 신유림으로 사천왕사가 선 곳이고, 일곱째는 서청전으로 담엄사가 선 곳이라고 한다. 이와 같이 이들 일곱 곳에는 모두 사찰이 세워지고 있다. 이들 전불칠처가람터는 신라에서 전통적으로 신성시되어 온 성역들로 보이며[174)] 林, 川 등을 붙인 곳은 더욱 그러하지 않았을까 한다.[175)]

이 중 신유림과 관련해서는 다음이 주목된다.

E. 가을 8월에 구름이 낭산에서 일어났는데, 바라보니 누각과 같았고 향기가

---

173) “此國于今不知佛法 爾後三千餘月 雞林有聖王出 大興佛敎 其京都內有七處伽藍之墟 一曰 金橋東天鏡林(今興輪寺 金橋謂西川之橋 俗訛呼云 松橋也 寺自我道始基而中廢 至法興王丁未草創 乙卯大開 眞興王畢成) 二曰 三川歧(今永興寺 與興輪開同代) 三曰 龍宮南(今黃龍寺 眞興王癸酉始開) 四曰 龍宮北(今芬皇寺 善德王甲午始開) 五曰 沙川尾(今靈妙寺 善德王乙未始開) 六曰 神遊林(今天王寺 文武王己卯開) 七曰 婿請田(今曇嚴寺) 皆前佛伽藍之墟 法水長流之地”.

174) 삼한시대 소도로 불렸을 것으로 파악하기도 한다(이기백, 「삼국시대의 불교수용과 그 사회적 의의」, 『신라사상사연구』, 일조각, 1986, 29쪽 및 「불교의 수용과 고유신앙」, 『한국고대사론(증보판)』, 일조각, 1995, 96~97쪽 참고). 그리고 전불칠처가람은 토착신앙의 제장이거나(최광식, 앞의 논문, 1995, 70~74쪽), 원시종교적 신성지역으로 보기도 한다(신동하, 앞의 논문, 2000, 9~41쪽).

175) 김택규, 「신라 및 고대 일본의 신불습합에 대하여」, 『한일고대문화교섭사연구』, 을유문화사, 1974, 260쪽.

낭산과 사천왕사지 | 사천왕사지는 낭산 기슭에 자리잡고 있는데, 산 정상부에 위치한 선덕여왕릉도 보인다.

> 가득 퍼져 오랫동안 없어지지 않았다. 왕이 말하기를 "이는 틀림없이 仙靈이 하늘에서 내려와 노는 것이니 마땅히 이곳은 복받은 땅이다"라 하였다. 이후부터 사람들이 나무베는 일을 금하였다. (『삼국사기』 3, 신라본기3, 실성이사금 12년)[176]

위의 사료 E에 따르면 狼山에서 일어난 구름이 누각과 같았고 그 향기가 오랫동안 없어지지 않자, 왕은 신선이 하늘에서 내려와 노는 것이라 하여, 이후부터 사람들이 그곳에서 나무베는 일을 금하였다고 한다. 이처럼 낭산을 성지로 한 전승을 볼 때 신유림은 신라 초기부터 성지로 숭상되었음을 알 수 있다. 그리고 사료 D에 보이듯, 이곳에 문무왕 19년(679) 사천왕사가 창건된다.[177] 이에 앞서 선덕왕은 자신이 죽으면 도리천에 묻어줄 것을

176) "秋八月 雲起狼山 望之如樓閣 香氣郁然 久而不歇 王謂是必仙靈降遊 應是福地 從此後 禁人斬伐樹木".

177) 『삼국사기』 7, 신라본기7, 문무왕 19년, "秋八月 四天王寺城".

당부하였고 그 아래에 사천왕사가 생겨날 것을 예견하였는데, 이곳이 낭산이다.[178] 이와 같이 낭산이 도리천으로 여겨지고 사천왕사가 두어졌다는 것은 고대 신성지역의 성격이 불교적 신성관념과 융합하였음을 말하여 주는 것이다. 즉 이 지역은 과거의 원시종교적 신성지역 관념에서 불교적 천계 관념이 적용되었던 것이다.[179]

그리고 사료 D를 보면 전불칠처가람터의 하나인 사천미와 삼천기에도 사찰이 건립되었다. 사천미에는 영묘사가 준성되었는데, 여기에는 玉門池라는 못이 있었다.[180] 이로 보아 사천미는 물에 가까운 습지였을 가능성을 말하여 준다.[181] 그리고 영흥사는 '세 물길이 모이는 곳'이라는 삼천기에 건립되고 있다. 경주분지에서 삼천기라고 지칭할 만한 곳으로는 서천과 여러 하천의 합류지점을 들 수 있다.[182] 또한 황룡사, 분황사가 용궁의 남쪽과 북쪽에 두어졌다는데서, 여기의 용궁은 연못을 말하는 것이라고 생각된다.[183] 이처럼 영묘사, 영흥사, 황룡사, 분황사는 원시신앙의 제사터로서 물과 관련하여 못이 있었거나 아직도 못을 남기고 있다.[184] 특히

---

178) 『삼국유사』 1, 기이1, 선덕왕지기삼사 ; 『삼국유사』 2, 기이2, 문호왕법민 참조.

179) 신동하, 앞의 논문, 2000, 38~39쪽.

180) 『삼국유사』 1, 기이1, 선덕왕지기삼사.

181) 신동하, 앞의 논문, 2000, 26~28쪽 ; 여호규, 앞의 논문, 2002, 50쪽 참고.

182) 村上四男, 『三國遺事考證』(下之一), 塙書房, 1994, 49쪽에서 옛날에는 북천이 남천 가까이에서 서천과 합류하였다면서 북천, 남천, 서천의 합류지점으로 설정하였다. 여호규, 앞의 논문, 2002, 50~51쪽도 참고.

183) 분황사 동쪽 지역이 본래 舊北川의 河床임이 확인되었다(국립경주문화재연구소, 「가스관 매설지발굴조사」, 『年報』 5, 1995, 41~56쪽 ; 국립경주문화재연구소, 『왕경지구내 가스관매설지 발굴조사보고서』, 1996). 그리고 황룡사지 역시 저습지였음이 확인되었다(문화재관리국 문화재연구소, 『황룡사유적발굴보고서』, 1984, 48~50쪽) 이와 관련해서 여호규, 앞의 논문, 2002, 52쪽 참고.

184) 신동하, 앞의 논문, 2000, 28쪽.

영묘사 남에서 오성제를 지내고 있는 것으로 볼 때 사천미에 세워진 영묘사는 신라의 못, 개울에서의 제사와 긴밀한 관계를 유지하는 사찰로 존속되고 있는 모습을 보여준다. 사대도제의 북쪽 제장인 활병기는 '기'로 보아 갈래길이었던 것으로 여겨지며, 이러한 지형적인 조건을 갖춘 곳이 신성시되었음을 알 수 있다.

한편 담엄사[185)]가 세워진 곳은 이전에 婿請田이었다고 하지만, 이 곳이 어떤 곳이었는지 알 수 없다. 혹 신라의 사령지 중의 하나로 皮田이 있는데, 여기에서 신라의 대신들이 모여 대사를 의논하였다고 한다.[186)] 그렇다면 피전은 국가의 중요한 일을 결정하기 위한 영험있는 장소였다고 추측된다.[187)] 그리고 '전'이라는 명칭으로 볼 때 피전은 넓은 들판이 아니었을까

---

185) 담엄사는 문무왕대 이후 통일신라시대에 창건되었던 것으로 추정된다. 그리고 『세종실록지리지』와 『신증동국여지승람』 등의 기록을 대조해 보면 담엄사는 15세기 후반에서 17세기 후반 사이에 廢寺되었던 것으로 보인다. 이 절의 위치는 현재의 경북 경주시 탑동에 소재하는 崇德殿 부근으로 추정된다. 한편 『삼국유사』 신라시조 혁거세왕조와 『삼국사기』 신라본기 혁거세거서간 61년 기사를 보면 혁거세의 능이 담엄사 북쪽에 있었다고 한다. 이로 볼 때 혁거세릉은 서청전과 관련있는 곳에 조영되었으며, 그 지역의 신성성과 연결지어 생각해 볼 수 있다.

186) 『삼국유사』 1, 기이1, 진덕왕, "新羅有四靈地 將議大事 則大臣必會其地謀之 則其事必成 一曰東靑松山 二曰南亐知山 三曰西皮田 四曰北金剛山".

187) 김두진, 「신라 중고시대의 미륵신앙」, 『한국학논총』 9, 1987, 8쪽 ; 신동하, 앞의 논문, 2000, 40쪽. 한편 일본의 「延喜式」에 의하면 宮中神 36座 중에 宮內省坐神三座라 해서 園神社와 韓神社二座의 기록이 있다. 園韓神은 원신과 한신으로, 원신은 大和시대에 궁정의 터 주변에 산재하는 식료 등을 생산하는 토지신이고, 한신은 山城宮 즉 平安宮이 자리하고 있는 基主神으로 해석하고 있다. 그러나 토지신이나 기주신은 모두 우리의 터주(基主)에 해당하는 가신으로 집터를 관장하는 토지의 신으로 가장 기본이 되는 신이다. 한편 園은 苑, 田과도 통하므로 菜菓의 풍요를 마련하는 곳, 즉 궁정의 御園의 신으로 추론하기도 한다. 韓神은 한국계의 토지신으로 도래계의 호족인 진씨에 의해서 奉齊되었다. 원한신의 11월 제사를 보면 제1일은 神祭, 제2일은 진혼제, 제3일은 新嘗祭가 이어진다. 이러한 과정은 먼저 토지신인 원한신에 제사를 올림을 고하고 다음 신령을 위로진혼하며, 마지막에 수확을 감사하는 순서인데, 마지막의 신상제는 왕권과 관계가 있다. 풍양은 만백성의 생과 왕권의

한다. 넓은 들판이나 마을의 중앙 및 집안의 일정한 장소도 제장이 되며, 이러한 제장은 신성성을 갖는 특수지역임을 나타내기 위하여 단을 쌓거나 울타리를 하여 경계를 짓고 사당을 세우게 된다고 한다.188) 아마도 피전은 이와 유사하지 않았을까 한다. 그러하다면 서청전 역시 이와 같았을 것으로 짐작되며, 후농제의 제장인 산원도 넓은 들판이었을 것으로 여겨진다.

이처럼 원시신앙의 성지에 사찰이 건립되고 있다. 이것은 불교가 기존 신앙체계를 가능한 한 포용하고 또 그것과 타협하였다는 것을 보여주는 것이다.189) 이에 불교는 성읍국가시대의 전통적인 체질을 유지하면서 신라가 고대국가로 발전할 수 있는 사회적, 정신적 기반이 될 수 있었던 것이라 할 수 있겠다.190) 그러하다면 국가제사의 제장이 원시신앙과 관련된 장소에 두어졌다는 것은 어떤 의미가 있는 것일까.

신라는 중대 이후 중국 제사제도를 적극적으로 수용하고 있다. 이 중 가장 대표적인 것이 오묘제이다. 그리고 명산대천제사가 대·중·소사로 편제된 것 역시 그것의 하나이다. 뿐만 아니라 후술되듯이, 신라의 전통적인 농경제사였던 풍백제, 우사제, 영성제 역시 중국 제일과 제장의 영향을 받고 있다. 이러한 중국 제사제도의 수용은 기존의 전통적인 제사제도와 상호충돌하였을 것이다. 그렇지만 신라는 오묘의 제일에서 보듯이, 전통적인 시간관념을 바탕으로 제일을 정하고 있다. 그리고 농경제사의 경우 그 제장을 원시신앙의 성지로 하고 있다. 이것은 중국 제사제도를 수용하고

영속을 보증하는 것이기에 궁중제의의 중요한 제의였다. 따라서 원한신제가 宮中地鎭祭로 國家王權儀의 상징적인 제의이며 그 중요성이 인식되어 원한신이 궁내에 있어야 할 당위성이 있었던 것이다(任東權, 『韓·日 宮中儀禮의 硏究』, 중앙대학교 출판부, 1995, 289~291쪽).

188) 금장태, 앞의 책, 1994, 86쪽.

189) 서영대, 앞의 논문, 1991, 266~291쪽.

190) 김철준, 「삼국시대의 예속과 유교사상」, 『한국고대사회연구』, 지식산업사, 1990.

는 있지만, 기존의 신앙체계와 타협하면서 그것을 받아들인 것으로 이해해 볼 여지가 있는 것이다. 또한 '별제'의 경우 신라의 전통적인 제사와 밀접한 관련을 가지고 있고 제장 역시 원시신앙의 성지와 불가분의 관계에 있다. 이에 이들 제사가 신라 국가제사에 편제되었다는 것은 신라가 중국 제사제도를 수용하면서도 전통적인 신앙체계에 바탕을 둔 제사제도를 포용한 것이라고 할 수 있는 것이다.

3. 제사의 위상

앞에서 살펴본 신라의 팔자제는 12월 인일 신성 북문에서 행해지고 있다. 당 정관령에 따르면 계동 인일에 남교에서 백신에게 납제를 지낸다고 나오고, 개원령에는 납일에 남교에서 백신에게 제사지낸다고 나온다.[191] 신라 팔자제의 제일이 정관령의 그것과 같은 것으로 볼 때 정관령을 수용한 것으로 보인다.[192] 그리고 신성 북문은 도성의 남쪽이다.[193] 그러하다면 신성 북문은 당령의 남교로 설정되었던 것[194]으로 제일과 마찬가지로 제장 역시 당령의 그것을 따랐음을 알 수 있다.

신라의 선농제는 입춘 후 해일에 명활성 남쪽 웅살곡에서 행해졌다. 신룡령에는 1월 길해일에 후토씨에 제사를 지내는데 구룡씨를 배향하는 것으로 되어 있고, 개원령에는 1월 길해일에 선농씨에 제사하며 후토씨를 배향하는 것으로 되어 있다.[195] 제사를 지내는 달이 당에서는 음력 1월

---

191) 『통전』 44, 예4, 연혁4, 길례3, 1239~1240쪽, "貞觀十一年季冬寅日 禮祭百神於南郊……開元中 制儀 季冬臘日 禮百神於南郊之壇" ; 『당령습유보』 사령 13조(開7), "臘日蜡百神於南郊".

192) 최광식, 앞의 논문, 1996, 6~7쪽.

193) 여호규, 앞의 논문, 2002, 62쪽.

194) 신종원, 앞의 책, 1992, 90쪽.

길해일인데 대하여 신라에서는 양력 입춘 후 해일로 되어 있다. 그리고 그 장소를 보면 원칙적으로 천자는 남교에서, 제후는 동교에서 거행하였다고 한다.[196] 그런데 당 태종은 공영달의 건의에도 불구하고 남교가 아니라 동교에 자전과 선농단을 설치하고 치제하였다.[197] 이후에도 당 황제들은 동교에서 선농제와 자전례를 거행하였다.[198] 신라 선농제의 제장인 명활성 남쪽 웅살곡은 도성 동쪽에 해당한다.[199] 그렇다면 웅살곡 역시 동교로 설정된 것으로 볼 수 있다.

중농제의 제장인 신성 북문은 도성 남쪽으로 팔자제사를 거행하기도 하였는데, 당령의 남교에 해당한다. 이처럼 선농제를 도성 동쪽, 중농제를 도성 남쪽에서 지냈다면 후농제의 제장인 산원은 도성 서쪽이지 않았을까 한다.[200]

신라의 풍백제는 입춘 후 견수곡문에서 행해졌다. 영휘령과 개원령에 따르면 입춘 후 축일에 국성의 동북에서 풍사에 대해 제사하는 것으로 되어 있다.[201] 당의 사령에서는 풍사로 되어 있는데 대하여 제사지 신라조

---

195) 『당령습유』 사령 25조 甲(神), "孟春吉亥 祀后土 以勾龍氏配" ; 『당령습유』 사령 25조 乙(開7, 開25), "孟春吉亥 享先農 后稷配" ; 『당령습유』 사령 25조 丙(永), "孟春吉亥 祭先農於籍田 用大牢".

196) 『통전』 46, 예6, 연혁6, 길례5, 1284쪽, "籍田 周制 天子孟春之月 乃擇元辰 親載耒耜 置之車右 帥公卿諸侯大夫 躬耕籍田千畝於南郊(籍 借也 謂借人力以理之 勸率天下使務農也)" ; 『당회요』 10하, 자전.

197) 『구당서』 24, 지4, 예의4, 태종 정관 3년 4월.

198) 『구당서』 5, 본기5, 고종 하 의봉 2년 춘정월 ; 『구당서』 24, 지4, 예의4 개원 23년 춘정월 및 乾元 2년 춘정월.

199) 여호규, 앞의 논문, 2002, 65~66쪽.

200) 여호규, 위의 논문, 2002, 66쪽.

201) 『당령습유』 사령 16조 甲(開7, 開25), "立春後丑日 祀風師於國城東北" ; 『당령습유』 사령 16조 乙(永), "立春後丑日 祀風師於國城東北".

에는 풍백으로 되어 있다. 당령과 제사지 신라조의 제일이 같은 것으로 보아 제장도 같은 방향이지 않았을까 한다. 아마도 견수곡문은 왕경의 동북쪽에 있었을 것으로 짐작된다.[202]

신라의 우사제는 입하 후 신일에 탁저에서 행해졌다. 영휘령과 개원령에 따르면 입하 후 신일에 국성의 서남에서 우사에 제사를 지내는 것으로 되어 있다.[203] 제일이 입하 후 신일로 같으므로 제장도 같은 방향으로 추정한다면 탁저도 왕경의 서남쪽으로 여겨진다.[204]

신라의 영성제는 입추 후 진일에 본피유촌에서 행해졌다. 영휘령과 개원령에 따르면 입추 후 진일에 국성의 동남에서 영성에 대한 제사를 지내는 것으로 되어 있다.[205] 제일이 입추 후 진일로 같으므로 제장인 본피유촌도 왕경의 동남쪽에 있었을 것으로 추정할 수 있다.[206]

이와 같이 풍백제를 제외한 나머지 농경제사의 경우 그 祭名에서, 그리고 팔자제의 제일은 정관령과 풍백·우사·영성제의 제일은 영휘령, 개원령과 같다. 뿐만 아니라 팔자제와 선농제, 풍백·우사·영성제의 경우는 그 제장의 위치도 당령의 그것과 같다. 이것을 제시하면 다음 <표 5-3>과 같다.

다음 <표 5-3>에서 알 수 있듯이, 신라의 농경제사는 당 사령의 영향을 받고 있다. 즉, 정관령(태종 정관 11년 : 637(선덕왕 6)), 영휘령(고종 영휘 2년 : 651(진덕왕 5)), 개원 7년령(현종 7 : 719(성덕왕 18))과 개원 25년령

202) 최광식, 앞의 논문, 1996, 7쪽 및 13쪽 ; 여호규, 앞의 논문, 2002, 62~63쪽 ; 윤선태, 앞의 논문, 2002, 114쪽.

203) 『당령습유』 사령 17조 甲(開7), "立夏後申日 祀雨師於國城西南" ; 『당령습유』 사령 17조 乙(永), "立夏後申日 祀雨師於國城西南".

204) 최광식, 앞의 논문, 1996, 8쪽 및 13~14쪽 ; 여호규, 앞의 논문, 2002, 63쪽.

205) 『당령습유』 사령 18조 甲(開7), "立秋後辰日 祀靈星於國城東南" ; 『당령습유』 사령 18조 乙(永), "立秋後辰日 祀靈星於國城東南 用羊一".

206) 최광식, 앞의 논문, 1996, 8쪽 및 14쪽 ; 여호규, 앞의 논문, 2002, 63쪽.

<표 5-3> 신라와 당의 농경제사 제일과 제장의 비교

제명	출처	제일	제장
八䄍	제사지 신라조	十二月寅日	新城北門
	정관령	季冬寅日	南郊
	개원령	季冬臘日(辰日)	南郊
先農	제사지 신라조	立春後亥日	明活城南熊殺谷
	영휘령	孟春吉亥	藉田
	신룡령	孟春吉亥	
	개원령	孟春吉亥	藉田
中農	제사지 신라조	立夏後亥日	新城北門
後農	제사지 신라조	立秋後亥日	菻園
風伯(風師)	제사지 신라조	立春後丑日	犬首谷門
	영휘령	立春後丑日	國城東北
	개원령	立春後丑日	國城東北
雨師	제사지 신라조	立夏後申日	卓渚
	영휘령	立夏後申日	國城西南
	개원령	立夏後申日	國城西南
靈星	제사지 신라조	立秋後辰日	本彼遊村
	영휘령	立秋後辰日	國城東南
	개원령	立秋後辰日	國城東南

(현종 25 : 737(성덕왕 36. 효성왕 1))의 그것과 같다. 이로 볼 때 신라의 농경제사가 중국 제사제도의 영향을 받은 그 상한선은 정관령 단계이고 그 하한선은 개원 25년령 단계라고 할 수 있다. 그리고 '별제' 중 일월제와 오성제 역시 이 시점 중 어느 시기에 중국 제사제도의 영향을 받지 않았을까 한다. 그렇다면 이들 제사들이 신라 국가제사체계에서 차지하는 위치는 어떠했을까.

지금까지 명산대천제사만이 대·중·소사체계에 편제되어 있고, 농경제사는 특사(별사)에, '별제'는 별사(특사)에 편제된 것으로 보고 있다.[207)]

207) 이와 관련해서 신종원과 최광식이 신라 국가제사를 분류한 것이 참고되는데, 그 자세한 내용은 채미하, 앞의 논문, 1998, 217~218쪽 및 앞의 논문, 2003, 132쪽 주 62 참고.

즉 명산대천제사를 제외한 나머지 다른 제사들은 대·중·소사체계와는 별도의 제사체계에 편제되어 있었다고 한다. 명산대천제사는 九州의 창설이 끝난 신문왕 5년(685) 이후부터 성덕왕 34년 이전에 대·중·소사로 편제된 것[208]으로 보인다. 이는 신문왕 6년 당에서 보내온 '길흉요례'의 길례, 당의 국가제사 전반이 대·중·소사에 편제된 내용을 참조하였을 것이다.[209]

그런데 명산대천만으로 이루어진 신라의 대·중·소사체계는 고정불변한 것은 아니었다. 그리고 신라의 대·중·소사체계는 당의 영향을 받았고, 고려와 조선 역시 대·중·소사체계로 되어 있다. 그리고 일본 養老令을 보면 당의 제사 내용과는 판이하게 다르지만, 모든 제사가 대·중·소사체계 안에 편제되어 있다.[210] 이로 볼 때 대·중·소사체계는 동아시아에서 일반적으로 인식되고 있던 국가제사 전반을 가리키는 것으로 볼 수 있다. 아마도 선덕왕 4년 사전이 정비되면서 농경제사와 '별제' 역시 신라의 대·중·소사체계에 편제되지 않았을까 한다.[211]

당에서는 帝社(先農)가 중사에 들어가 있고, 풍사·우사·영성제는 소사에 편제되어 있다. 이에 신라의 선농제는 중사에, 풍백·우사·영성제는 소사에 편제되었을 것이다. 그리고 팔자제는 농경제사 중 제일 앞에 나오는 것으로 보아 그 뒤에 이어져 나오는 농경제사들 보다는 그 격이 높았을 것으로 짐작된다. 최소한 팔자제는 중사에 포함되었으리라 생각된다. 그리

208) 井上秀雄, 「新羅の律令制の收容とその國家・社會との關係」, 『中國律令制の展開と國家社會との關係』, 1984, 163~164쪽 ; 井上秀雄, 앞의 책, 1993, 84쪽 ; 노중국, 「통일기 신라의 백제고지지배」, 『한국고대사연구』 1, 1988, 137쪽 ; 최광식, 앞의 책, 1994, 309쪽.

209) 나희라, 앞의 책, 2003, 44~45쪽.

210) 채미하, 앞의 논문, 1998, 217~223쪽/앞의 논문, 2003, 130~132쪽.

211) 이와 관련해서 채미하, 위의 논문, 2003, 136~138쪽.

고 중농제와 후농제 역시 다른 농경제사와 마찬가지로 국가제사체계에 편제되지 않았을까 한다. 아마도 중농·후농제는 선농제와 마찬가지로 중사에 편제되었을 것으로 여겨진다.

그리고 사성문제 이하 제사는 별제 혹은 수재·한재로 인해 행해졌던 제사이다. 고려시대에는 잡사가 있다. 여기에 속한 제사들은 유교적인 길례체계 속에는 없는 항목으로『고려사』편찬자가 고려의 사전에서 대·중·소사 이외의 제사를 지칭하는 것이었다.[212] 이와 같이 고려시대 잡사가 '未分等第'된 국가제사로 대·중·소사와는 구별되었다는 점에서, 신라의 사성문제 이하 제사도 대·중·소사체계와는 구별되는 별도의 제사체계로 보아도 무방할 것이다. 그런데 일월제와 오성제의 경우 중국 제사제도의 영향을 받고 있다. 이에 신라의 '별제'가 중국의 제사체계 안에 없는 것들로만 이루어진 것이 아니다. 이 점을 염두에 둔다면 '별제'는 당령 소사에 準하는 것으로,[213] 소사에 편제되었을 것으로 추정할 수도 있지 않을까 한다.

이상에서 신라의 농경제사 대부분은 중사와 소사에, '별제'의 경우는

---

212)『고려사』가 편찬되기 이전의『태종실록』,『세종실록』등에는 고려의 국가제사에 대해 언급하면서 이른바『고려사』예지 잡사에 실린 제사를 '잡사'라 하지 않고 '未分等第', '不分大中小祀'라고 언급하고 있다. 이런 점으로 보아 고려 국가제사의 辨祀는 大·中·小祀와 '未分等第된 제사'로 나뉘어 있었음을 알 수 있다. 그리고 '雜祀'라는 용어는 '未分等第된 제사'를『고려사』의 편찬자들이 임의로 붙인 용어로 생각된다. 고려시대에 未分等第되어 있었던 雜祀도 祀典에 등재된 국가제사임이 분명하다.『고려사』에는 잡사라고 하여 고려의 諸神들에 대한 제사 기록을 연대별로 모아 놓았다(김철웅,「고려 국가제사의 체제와 그 특징」,『한국사연구』118, 2002, 140~147쪽).

213)『大唐開元禮』1, 序禮 上, "凡國有大祀中祀小祀 昊天上帝 五方上帝 皇地祇 神州 宗廟 皆爲大祀 日月星辰 社稷 先代帝王 嶽鎭海瀆 帝社 先蠶 孔宣父 齊太公 諸太子廟 竝爲中祀 司中 司命 風師 雨師 靈星 山林川澤 五龍祠等 竝爲小祀 州縣社稷 釋奠及諸神祠 竝同小祀".

대·중·소사체계와는 별도의 제사체계 내지는 당령 소사에 준하는 것으로 볼 수도 있을 것이다. 이러한 대·중·소사의 편제 기준은 분명하지 않다.[214] 그렇지만 일반적으로 각 제사의 중요도에 따라 대·중·소사를 편제하였을 것이다. 그리고 그것에 따라 제사의 齋戒日數 등이 달라졌을 것이다.[215] 이와 같은 대·중·소사라는 제사의 등급성을 생각해 볼 때 농경제사와 '별제'가 신라 국가제사에서 차지하는 위치를 짐작해 볼 수 있을 것이다.

한편 신라 선농·중농·후농제의 제일은 입춘, 입하, 입추를 기준으로 설정되어 있다. 당 사령에 따르면 입춘, 입하, 입추, 입동에는 각각 동교, 남교, 서교, 북교에서 사방제신(청제, 적제, 백제, 흑제)을 치제하였다고 한다.[216] 춘·하·추·동이라는 계절의 변화를 방향상으로 동·남·서·북에 대응시켜 치제하였던 것이다. 따라서 신라 선농·중농·후농제의 제일은 당령의 사방제신제처럼 입춘, 입하, 입추라는 절기를 기준으로 설정되었다고 할 수 있다. 그런데 선농제의 제일이 당과 신라 모두 '해일'이지만, 기준 시점을 당에서는 월력(맹춘길해)에 의거하여 정한 반면 신라에서는 절기(입춘 후 해일)에 따라 설정되었다. 이는 신라가 당의 선농제를 수용하면서 전통 농경제례와 결합시켜 신라 나름의 농경력에 따라 제일을 정한

---

214) 이와 관련해서 池田末利, 「禮文獻に見える祭祀の等級性」, 앞의 책, 1981, 430~435쪽.

215) 이와 관련해서 중국의 경우 대사는 散齋 4일, 致齋 3일, 중사는 산재 3일 치재 2일 소사는 산재 2일 치재 1일이라고 하였다(『대당개원례』 3, 서례 하, 齋戒). 그리고 일본의 경우는 대사는 齋1월, 중사는 3일, 소사는 1일이라고 하였다(『律令』 3, 神祇令6, 12조).

216) 『당령습유』 사령 8조 甲(開7,開25), "立春祀青帝於東郊" ; 『당령습유』 사령 9조 甲(開7), "立夏祀赤帝於南郊" ; 『당령습유』 사령 10조 甲(開7), "季夏祀黃帝於南郊" ; 『당령습유』 사령 11조 甲(開7), "立秋祀白帝於西郊" ; 『당령습유』 사령 12조 甲(開7), "立冬祀黑帝於北郊".

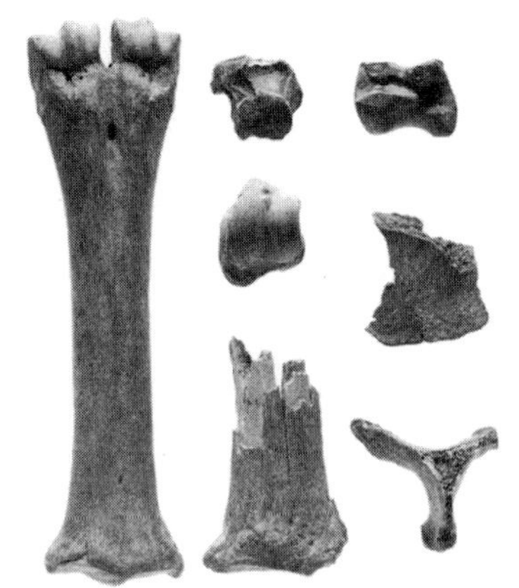

풍납토성 출토 소뼈 | 풍납토성을 발굴하는 과정에서 소뼈, 말뼈 등이 출토되었는데, 특히 소는 제사의 희생물로 사용되었던 대표적 동물이었다.

농경제사였음을 보여주는 것이다.[217)]

그리고 농경제사의 제장의 방위는 당령과 같지만, 동·서·남·북교로 표기하지 않고 있다.[218)] 그 이유를 신라에서 天에 대한 제사를 행하지 않은 것과 관련지어 이해하기도 한다.[219)] 실제적으로 팔자제 역시 천자만이 제사지내는 것이다. 그럼에도 불구하고 신라에서는 이 제사를 지내고 있다. 뿐만 아니라 신라의 국가제사 중 팔자제는 유일하게 희생의 내용이 있다.[220)] 중국에서 희생의 가장 대표적인 제물은 牛·豕·羊이다. 그리고 당 사령에 따르면 蜡祭神農伊祁星辰 이하는 방위별로 각기 小牢를 쓰고 흉년이 들면 뺀다고 한다.[221)] 그런데 앞의 사료 A-1)을 보면 신라의 경우 풍년에는 대뢰, 흉년에는 소뢰를 사용하였다

---

217) 나희라, 앞의 책, 2003, 40~42쪽 ; 여호규, 앞의 논문, 2002, 66쪽.

218) 여호규, 위의 논문, 2002, 66쪽 ; 윤선태, 앞의 논문, 2002.

219) 윤선태, 위의 논문, 2002, 112쪽.

220) 제사의 희생에 대해서 금장태, 앞의 책, 1994, 203쪽 참고.

221) 『당령습유』 사령 34조(武, 開25), "諸祀昊天上帝 皆用蒼犢一 配帝亦蒼犢一 五方上帝五人帝 各方色犢一 大明靑犢一 夜明白犢一 黃地祇黃犢一 配帝亦黃犢一 神州黝犢一 配帝亦黝犢一 宗廟社稷帝師先蠶先代帝王五嶽四鎭四海四瀆孔宣父齊太公諸太子廟 竝用太牢 若冬至祀圜丘 加羊九豕九 夏至祭方丘 加羊五豕五 蜡祭神農伊祁星辰以下 方別各用少牢 其方不熟則闕之 若行幸祭大山川 皆用太牢 祭中山川及州縣社稷釋奠 皆用少牢 其風師雨師靈星司中司命司人司祿 及行幸祭小山川 及馬祖馬社先牧馬步 各用羊一 軷祭用羝羊一".

고 한다. 이로 볼 때 팔자제가 중국 蜡祭의 영향을 받았지만, 희생의 내용을 볼 때 신라 전통의 희생제도와 관련있는 것이 아닐까 한다. 「영일냉수리신라비」와 「울진봉평신라비」의 제의과정에서 소를 희생하는 내용이 참고된다.[222] 이러한 것들은 신라의 국가제사가 중국 제사제도의 영향을 받고는 있지만, 신라의 전통적인 신앙체계에 바탕을 둔 제사제도를 함께 운용하였음을 보여주는 것으로 여겨진다.

---

222) 그리고 신라에서는 돼지도 사용하지 않았을까 한다. 선농제, 중농제, 후농제의 제일이 해일인 점에서 돼지를 희생으로 하여 풍요를 빌고 감사하였다는 것을 유추할 수 있다. 고구려의 酒通村설화와 신라의 사금갑설화에서도 제사에 있어 돼지의 존재의 중요성을 엿볼 수 있다(최광식, 앞의 논문, 1996, 7쪽). 이것은 고려의 국가제사의 희생으로 당과는 달리 모두 돼지를 쓰고 있는 점에서도 생각해 볼 수 있다(이범직, 『한국중세예사상연구-오례를 중심으로』, 일조각, 1991, 91쪽).

제6장 명산대천제사와 청해진

제1절 명산대천제사와 그 특징

1. 제사의 내용

다음 사료는 제사지 신라조의 명산대천제사에 대한 것이다.

A. 1) 三山·五岳已下名山大川 分爲大·中·小祀

2) ① 大祀 三山 一奈歷(習比部) 二骨火(切也火郡) 三穴禮(大城郡) ② 中祀 五岳 東吐含山(大城郡) 南地理山(菁州) 西雞龍山(熊川州) 北太伯山(奈已郡) 中父岳(一云公山 押督郡), 四鎭 東溫沫懃(牙谷停) 南海恥也里(一云悉帝 推火郡) 西加耶岬岳(馬尸山郡) 北熊谷岳(比烈忽郡), 四海 東阿等邊(一云斤烏兄邊 退火郡) 南兄邊(居柒山郡) 西未陵邊(屎山郡) 北非禮山(悉直郡), 四瀆 東吐只河(一云槧浦 退火郡) 南黃山河(歃良州) 西熊川河(熊川州) 北漢山河(漢山州), 俗離岳(三年山郡) 推心(大加耶郡) 上助音居西(西林郡) 烏西岳(結已郡) 北兄山城(大城郡) 淸海鎭(助音島) ③ 小祀 霜岳(高城郡) 雪岳(守城郡) 花岳(斤平郡) 鉗岳(七重城) 負兒岳(北漢山州) 月奈岳(月奈郡) 武珍岳(武珍州) 西多山(伯海郡 難知可縣) 月兄山(奈吐郡 沙熱伊縣) 道西城(萬弩郡) 冬老岳(進禮郡 丹川縣) 竹旨(及伐山郡) 熊只(屈自郡 熊只縣) 岳髮(一云髮岳 于珍也郡) 于火(生西良郡 于火縣) 三岐(大城郡) 卉黃(牟梁) 高墟(沙梁) 嘉阿岳(三年山郡) 波只谷原岳(阿支縣) 非藥岳(退火郡) 加林城

(加林縣 一本有靈嵒山・虞風山 無加林城) 加良岳(菁州) 西述(牟梁) (『삼국사기』 32, 잡지1, 제사)

위의 사료 A는 두 부분으로 나누어진다. 전자(사료 A-1))에서는 "三山・五岳 이하 명산대천은 대사・중사・소사로 나누었다"라고 하고, 후자(사료 A-2))에서는 그 구체적 대상이 대사・중사・소사로 나눠어져 나오며, 여기에는 각각의 소재지명이 註記되어 있다.[1] 이러한 명산대천제사에 주기되어 있는 소재지명을 『삼국사기』 지리지와 비교하여 그 사용 시기별로 나누어 정리하면 다음의 ＜표 6-1＞과 같다.

＜표 6-1＞은 경덕왕 16년(757) 주・군・현의 개명을 기준으로 명산대천제사에 주기되어 있는 소재지명을 개명 이전과 개명 이후로 나눈 것이다.[2]

전체 50개 중 개명 이전의 명칭은 38개이고 개명 이후의 명칭은 7개, 미상은 5개이다. 우선 개명 이후의 명칭은 대성군에 위치한 혈례(삼산 : 대사), 토함산(오악 : 중사), 북형산성(중사), 三歧(소사), 서림군에 위치한 상조음거서(중사), 고성군에 위치한 상악(소사), 진례군 단천현에 위치한 동로악

1) 『삼국사기』에 보이는 註는 대체로 찬자의 주였을 것으로 판단되고 있다(이강래, 「삼국사기 分註의 성격－신라본기를 중심으로」, 『전남사학』 3, 1989 ; 「삼국사기 분주의 유형적 검토－신라본기를 중심으로」, 『삼국사기전거론』, 민족사, 1996 ; 김태식, 「『삼국사기』 지리지 신라조의 사료적 검토」, 『삼국사기의 원전검토』, 한국정신문화연구원, 1995, 219쪽 참고). 하지만 명산대천제사에 보이는 소재지명은 저본자료에 따른 것이라고 본다(채미하, 「『삼국사기』 제사지 신라조의 분석－신라 국가제사체계의 재검토와 관련하여」, 『한국고대사연구』 13, 1998, 212~216쪽). 그리고 채미하, 「신라 명산대천의 사전 편제 이유와 특징」, 『민속학연구』 20, 2007도 참고.

2) 경덕왕 때 개명한 지명은 혜공왕 때 다시 복고된다. 이로 볼 때 경덕왕 16년 이전의 명칭은 혜공왕대 이후의 것으로 여길 수도 있다. 그렇지만 후술되듯이, 명산대천제사에 주기되어 있는 소재 지명을 보면 성덕왕 34년(735) 정식으로 唐으로부터 영유를 인정받고, 경덕왕 7년(748)・동 21년(762)에 군현을 설치한 대동강 이남, 북한강 이북 지역의 것은 없다. 그러하다면 경덕왕 16년 이전의 명칭은 혜공왕대 이후의 것으로 보기는 어려울 것이다.

<표 6-1> 신라 명산대천의 제사 대상 및 그 소재지명

		祭祀志		地理志		비고
		祭祀對象	所在地	改稱前	改稱後	
大祀	三山	奈歷	習比部			(왕도)
		骨火	切也火郡	切也火郡	臨皐郡	(양주)
		穴禮	大城郡	仇刀城 境內	大城郡	(왕도)
中祀	五岳	東 吐含山	大城郡	仇刀城 境內	大城郡	(왕도)
		南 地理山	菁州	菁州	康州	강주
		西 雞龍山	熊川州	熊川州	熊州	웅주
		北 太伯山	奈已郡	奈已郡	奈靈郡	(삭주)
		中 父岳 (一云 公山)	押督郡	押梁郡	獐山郡	(양주)
	四鎭	東 溫沫懃	牙谷停			(미상)
		南 海恥也里 (一云悉帝)	推火郡	推火郡	密城郡	(양주)
		西 加耶岬岳	馬尸山郡	馬尸山郡	伊山郡	(웅주)
		北 熊谷岳	比烈忽郡	比列忽郡	朔庭郡	(삭주)
	四海	東 阿等邊 (一云斤烏兄邊)	退火郡	退火郡	義昌郡	(양주)
		南 兄邊	居柒山郡	居柒山郡	東萊郡	(양주)
		西 未陵邊	屎山郡	屎山郡	臨陂郡	(전주)
		北 非禮山	悉直郡	悉直州(悉直郡)	三陟郡	(명주)
	四瀆	東 吐只河 (一云槧浦)	退火郡	退火郡	義昌郡	(양주)
		南 黃山河	歃良州	歃良州	良州	양주
		西 熊川河	熊川州	熊川州	熊州	웅주
		北 漢山河	漢山州	漢山州	漢州	한주
	其他	俗離岳	三年山郡	三年山郡	三年郡	(상주)
		推心	大加耶郡	大加耶郡	高靈郡	(강주)
		上助音居西	西林郡	舌林郡	西林郡	(웅주)
		烏西岳	結已郡	結已郡	潔城郡	(웅주)
		北兄山城	大城郡	仇刀城 境內	大城郡	(왕도)
		淸海鎭	助音島			(무주)

小祀	霜岳	高城郡	達忽	高城郡	(명주)
	雪岳	逬城郡	逬城郡	守城郡	(명주)
	花岳	斤平郡	斤平郡	嘉平郡	(삭주)
	鉗岳	七重城	七重縣	重城縣	(한주)
	負兒岳	北漢山州	北漢山郡	漢陽郡	(한주)
	月奈岳	月奈郡	月奈郡	靈巖郡	(무주)
	武珍岳	武珍州	武珍州	武州	무주
	西多山	伯海郡 難知可縣	伯伊(海)郡 難珍阿縣	壁谿郡 鎭安縣	(전주)
	月兄山	奈吐郡 沙熱伊縣	奈吐郡 沙熱伊縣	奈隄郡 淸風縣	(삭주)
	道西城	萬弩郡	今勿奴郡	黑壤郡(黃壤郡)	(한주)
	冬老岳	進禮郡 丹川縣	進仍乙郡 赤川縣	進禮郡 丹川縣	(전주)
	竹旨	及伐山郡	及伐山郡	岌山郡	(삭주)
	熊只	屈自郡 熊只縣	屈自郡 熊只縣	義安郡 熊神縣	(양주)
	岳髮 (一云髮岳)	于珍也郡	于珍也縣	蔚珍郡	(명주)
	于火	生西良郡 于火縣	生西良郡 于火縣	東安郡 虞風縣	(양주)
	三岐	大城郡	仇刀城 境內	大城郡	(양주)
	卉黃	牟梁			(왕도)
	高墟	沙梁			(왕도)
	嘉阿岳	三年山郡	三年山郡	三年郡	(상주)
	波只谷原岳	阿支縣			(미상)
	非藥岳	退火郡	退火郡	義昌郡	(양주)
	加林城	加林縣	加林郡	嘉林郡	(웅주)
	加良岳	菁州	菁州	康州	강주
	西述	牟梁			(왕도)

(소사)이 있다. 그런데 대성군은 여·제통합 이후부터 경덕왕 16년 이전에 이미 대성군으로 불렸다고 한다.[3] 이로 볼 때 대성군에 위치한 혈례, 토함산,

3) 『삼국사기』 34, 잡지3, 지리1, 양주조에 따르면 통일신라 당시 양주 관내에 있던 12개군과 그 영현의 명칭은 대성군을 제외하고는 모두 경덕왕 때 개명된 것으로 기록되어 있다. 다음은 대성군과 관련된 것이다. "大城郡 本仇刀城 境內 率伊山城·茄山縣(一云驚山城)·烏刀山城等三城 今合屬淸道郡". 위의 사료에 따르면 대성군

북형산성, 삼기는 개명 이전의 명칭으로 볼 수 있을 것이다. 그러하다면 개명 이후의 명칭은 상조음거서, 상악, 동로악임을 알 수 있다. 그리고 미상 중 조음도에 위치한 청해진(중사)을 제외한 아곡정에 위치한 온말근(중사 : 동독), 모량과 사량에 위치한 훼황, 고허, 서술(소사) 등은 그것을 잘 알 수는 없지만, 대체로 개명 이전의 명칭으로 보아도 큰 무리가 없지 않을까 한다.

이상에서 명산대천제사에 나오는 소재지명은 경덕왕 16년 주·군·현의 개명 이전의 명칭이 대부분이다. 그리고 개명 이전의 명칭은 삼국시대부터 사용되었던 명칭도 있을 것이다. 그러하다면 제사지 신라조의 명산대천들은 삼국시대부터 숭앙받았던 것으로 볼 수 있을 것이고, 이것들은 어느

은 본래 仇道城 경내의 率伊山城·驚山城(茄山縣)·烏刀山城 등 세 성이었는데, 고려 때 淸道郡에 합속되었다고 한다. 이와 관련해서 우선 다음이 관심을 끈다.
"淸道郡 本伊西小國 新羅儒理王伐取之 後合仇刀城境內率伊山(伊或作已)·驚山(一作茄山)·烏刀山等三城 置大城郡(仇刀一云仇道 一云烏也山 一云烏禮山 疑烏刀山是其地) 景德王時仇刀改稱烏岳縣 驚山改荊山縣 率伊山改蘇山縣 俱爲密城郡領縣 高麗初復合三城爲郡 改今名(一云道州) 仍屬密城"(『신증동국여지승람』 26, 청도군 건치연혁)
위의 사료에 의하면 仇刀城 경내의 3성 소재지역에는 경덕왕 이전에 이미 대성군이 설치되어 있었다고 한다. 그리고 경덕왕이 전국의 행정구역을 전면적으로 개편할 당시의 기록에는 대성군에 대해서는 언급이 없고, 그 이전의 仇道城 경내의 3성만이 개명된 것으로 되어 있다. 그리고 다음도 주목된다.
"大城 今本府治所 新羅統合麗濟後置大城郡 領縣一約章及六部·東畿停 如今之漢城府"(『大東地志』 7, 경상도 경주 고읍)
위의 사료에서 대성군의 설치시기를 '新羅統合麗濟 後置大城郡'이라 하고 있다. 이는 신라가 고구려와 백제를 통합한 이후 그리 멀지 않은 시기에 대성군을 신설하였다는 내용으로 보인다. 이러한 내용은 역대지리지 또는 諸史書에서 찾아볼 수 없는 내용으로 高山子의 추정적 견해가 아닌가 한다(김윤우, 「신라시대 대성군에 관한 고찰-신라왕도 주위의 소재 군현에 대한 일고찰」, 『신라문화』 3·4합집, 1987, 68쪽). 이로 볼 때 대성군은 경덕왕 16년 개명 이전의 명칭으로 보아도 큰 무리는 없을 것이다.

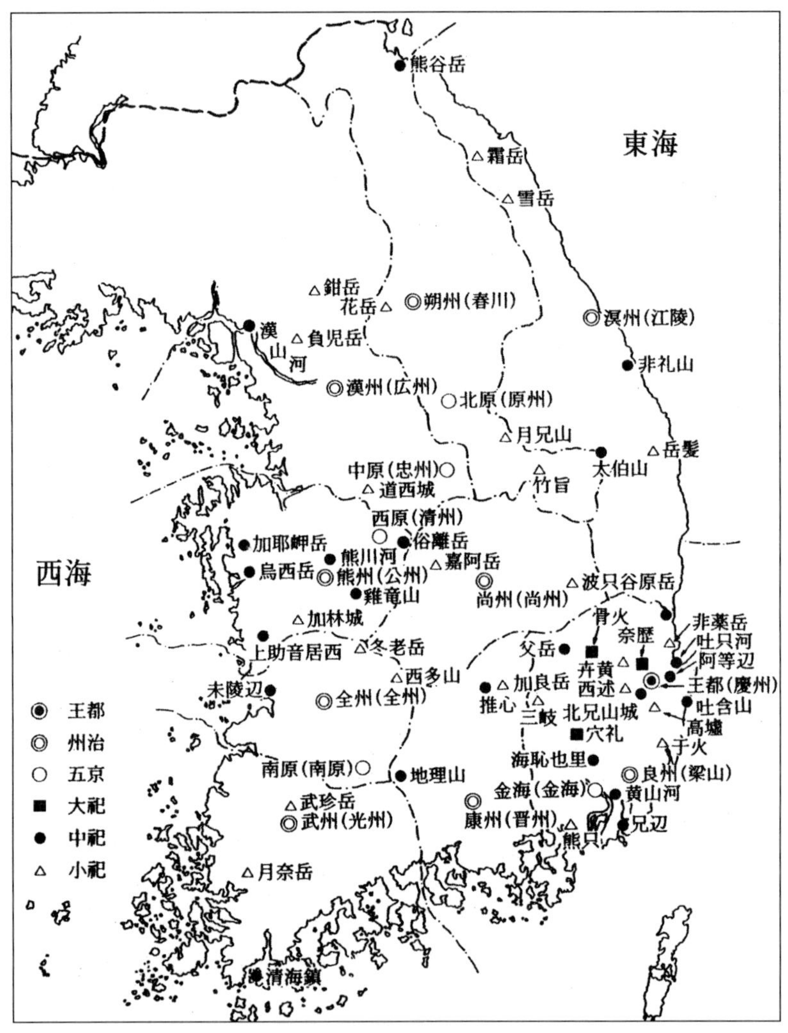

신라 대사·중사·소사 분포도 | 井上秀雄, 『古代東アジアの文化交流』, 溪水社, 1993, 89쪽에서 재인용.

시기에 대·중·소사 체계 안에 들어왔을 것으로 여겨진다. 그렇다면 그것은 언제였을까.

다 아다시피 주·군·현이 처음 갖추어진 것은 신문왕 5년(685)이었다.

이로 볼 때 제사지 신라조의 제사 대상들이 대·중·소사에 편제된 것은 신문왕대 새로 정비한 주·군·현제와 관련이 있을 것으로 생각된다.[4] 그리고 명산대천제사에 나오는 소재지명이 경덕왕 16년 주·군·현의 개명 이전과 개명 이후로 나누어지는 것은 명산대천제사의 변천 과정을 일정하게 반영하는 것이다.[5]

우선 명산대천제사에 주기되어 있는 소재지명을 보면 성덕왕 34년(735) 정식으로 唐으로부터 영유를 인정받고, 경덕왕 7년(748)·동 21년에 군현을 설치한 대동강 이남, 북한강 이북 지역의 것은 없다. 그러하다면 제사지 신라조에 나오는 명산대천제사는 九州의 창설이 끝난 신문왕 5년 이후부터 성덕왕 34년 이전에 대·중·소사로 편제되었다고 할 수 있다.[6] 그리고 중사의 속리악 이하 청해진 등 6곳은 그 후 중사에 편입되었던 것으로 여겨진다.[7] 이 중 상조음거서는 경덕왕 16년 이후,[8] 청해진은 흥덕왕 3년

---

4) 浜田耕策은 명산대천의 소재지의 표기가 주·군명인 것이 대부분이고 소사에는 縣名까지 표기되어 있는데 착안해서 대·중·소사의 편성은 군현제와 관련이 있을 것이라 하였다(「新羅の祀典と名山大川の祭祀」, 『呴沫集』 4, 1984, 155쪽).

5) 浜田耕策, 위의 논문, 1984, 157쪽.

6) 井上秀雄, 「新羅の律令制の收容とその國家·社會との關係」, 『中國律令制の展開と國家社會との關係』, 1984, 163~164쪽 ; 井上秀雄, 「祭祀儀禮の受容－新羅の律令制と祭祀制度」, 『古代東アジアの文化交流』, 溪水社, 1993, 84쪽 ; 노중국, 「통일기 신라의 백제고지지배」, 『한국고대사연구』 1, 1988, 137쪽 ; 최광식, 「국가제사의 제장」, 『고대 한국의 국가제와 제사』, 한길사, 1994, 309쪽 ; 이종태, 「삼국시대의 「시조」인식과 그 변천」, 국민대학교 박사학위논문, 1996, 148쪽 ; 이기동, 「신라인의 신앙과 종교」, 『경주사학』 16, 1997, 67~68쪽. 한편 신종원은 지증왕대에 중국의 제사제도를 받아들여 명산대천과 악·진·해·독을 중심으로 사전이 정비되었다고 보고, 이 시기의 사전 정비는 기존의 諸神들에게 등급을 부여하는 제도화 작업이었다고 파악하고 있다(「삼국사기 제사지 연구」, 『사학연구』 38, 1984 ; 「신라 사전의 성립과 의의」, 『신라초기 불교사연구』, 민족사, 1992, 94~95쪽).

7) 이와 관련해서 채미하, 앞의 논문, 1998, 201쪽 주 50 및 본서 제1장 제2절 참고.

8) 정구복 외 4인, 『역주 삼국사기』 4(주석편 하), 한국정신문화연구원, 1997c, 27~28

(828)에 설치되는 것으로 미루어[9] 흥덕왕 3년 이후에 중사에 편제되지 않았을까 한다. 또한 소사 중 상악과 동로악은 경덕왕 16년 이후에 신라 국가제사에 편제되는 것으로 여겨진다.[10]

이처럼 중사 중 속리악 이하 청해진 등 6곳과 소사 중 상악과 동로악을 제외하고는 신문왕 5년 이후부터 성덕왕 34년 이전에 제사지 신라조의 명산대천들은 대·중·소사에 편제되었다고 할 수 있다. 다 알다시피 국가제사는 『주례』 春官 肆師에서 大祀·次祀·小祀로, 天官 酒正에는 대·중·소제로 구분하여 편제되어 있다. 중국 역사에서 국가제사를 대·중·소사로 분류하기 시작한 것은 隋代 이후부터이다.

唐에서 대사는 유교의 최고신 및 왕조의 조상제사가 가장 중요한 것이다. 중사는 일월·성신 등 대륙 내부의 민간신앙을 기초로 한 것과 악·진·해·독 등 자연지세를 대상으로 한 지역신 제사, 유교관계의 釋奠, 태자묘 등의 제사를 행하였다. 소사에서는 중사의 계통을 이은 산림·천택 등을 신으로 제사한 외에도 풍사·우사·영성 등 특정 기능을 지닌 신들을 제사하고 있다.[11]

신라의 대사인 삼산은 경주를 중심으로 한 왕기에 위치하고 있다. 중사의 대상은 오악, 사진, 사해, 사독과 속리악 이하 6곳이 있다. 이 중 오악·사진·사해·사독은 신라의 동·서·남·북 사변을 원칙으로 하고, 때로는 거기에 中이 끼기도 한다. 여기의 동·서·남·북은 삼국시대의 신라가 아니라, 통일신라의 그것이다. 소사의 대상은 상악 이하 서술까지 24곳의

쪽.

9) 『삼국사기』 10, 신라본기10, 흥덕왕 3년, "夏四月 淸海大使弓福 姓張氏(一名 保皐) 入唐徐州爲軍中小將 後歸國謁王 以卒萬人鎭淸海(淸海 今之莞島)".

10) 정구복 외 4인, 앞의 책, 1997c, 29쪽, 32쪽.

11) 井上秀雄, 앞의 책, 1993, 82~84쪽.

산천으로, 소사의 諸山은 신라 영토 안의 각지에 흩어져 있다.12) 이와 같이 신라는 중국과는 달리 명산대천만으로 대·중·소사를 편제하고 있다.13) 그 이유는 무엇일까.

2. 제사의 목적

앞의 사료 A-2)②를 보면 제사지 신라조의 명산대천은 川[海](4해 중 북해 제외, 4독), 이외에도 城(북형산성, 도서성, 가림성),14) 진(청해진),

---

12) 이기백, 「신라 오악의 성립과 그 의의」, 『진단학보』 33/『신라정치사회사연구』, 일조각, 1974, 195쪽 ; 노중국, 앞의 논문, 1988, 133쪽, 136쪽 ; 최광식, 앞의 책, 1994, 319쪽.

13) 이를 <표>로 제시하면 다음과 같다.

	大 祀	中 (次) 祀	小 祀
『주례』	天地, 宗廟	日月星辰, 社稷, 五祀, 五岳	司命, 司中, 風師, 雨師, 山川, 百物
수	昊天上帝, 五方上帝, 日月, 皇地祇, 神州, 社稷, 宗廟	星辰, 五祀, 四望	司中, 司命, 風師, 雨師, 諸星, 諸山川
당	昊天上帝, 五方上帝, 皇地祇, 神州, 宗廟	日月, 星辰, 社稷, 先代帝王, 嶽, 鎭, 海, 瀆, 帝社, 先蠶, 孔宣父, 齊太公, 諸太子廟	司中, 司命, 風師, 雨師, 靈星, 山林, 川澤
신라	三山	五岳, 四鎭, 四海, 四瀆, 기타 6곳	霜岳 이하 西述까지

※『周禮』春官 肆師條 鄭司農의 주석에는 大祀는 天地, 次祀는 日月星辰, 小祀는 司命 이하라 하였고, 鄭玄은 大祀에 天地 외에 宗廟, 次祀는 日月星辰 외에 社稷, 五祀, 五岳이, 小祀에는 司命 외에 司中, 風師, 雨師, 山川, 百物을, 『周禮』天官 酒正조에서 정사농은 大祭에 天地, 中祭에 宗廟, 小祭에 五祀를 넣고 있다. 여기에서는 鄭玄說을 따랐다. 隋의 경우는『隋書』禮儀志를 참조하였다. 唐의 경우는 大唐開元禮 7년조와 25년조의 祠令를 참조하였다(仁井田陞, 『唐令拾遺』, 東京大學出版會, 1933).

14) 城名으로 기록한 것은 아마도 산에 위치한 산성 내에서 제사를 거행하였기 때문일

기타명(동진 온말근, 남진 해취야리, 중사의 표제명이 없는 기타 6곳 중 추심과 상조음거서) 등이 나온다. 이 중 산(악)이 35개, 천[해]이 7개, 성이 3개, 진이 1개, 기타명이 4개로, 대부분 산천이 제사 대상임을 알 수 있다. 이러한 산천에 대한 제사는 단순한 산천에 대한 숭배가 아니라 그 지역을 수호하는 산천신에 대한 숭배였다고 할 수 있다.[15)]

산천신에 대한 숭배는 수렵문화단계부터 안으로는 사회 내부의 결속과 규범을 유지하게 했고 밖으로는 사회 단위집단들의 독자성과 폐쇄성을 뒷받침했다. 그리고 금속문화가 유입되고 농업생산으로 전환이 이루어져 생산력이 증가되고 사회통합이 진전된 단계에 와서도 산천신 숭배는 여전히 읍락 중심의 사회질서를 뒷받침하는 기능을 발휘했다.[16)] 이와 같은

것이다(김윤우, 앞의 논문, 1987, 61쪽). 한편 성황신앙은 원래 城과 그에 부속된 방어시설에 대한 신앙에서 비롯된 것으로 우리나라는 산성이 많고 그 신의 기능이 우리 고유의 산신과 같은 수호신이었기 때문에 정치적으로 혼합된 것이라고 한다(김갑동, 「고려시대의 성황신앙과 지방통치」, 『한국사연구』 74, 1991 ; 김갑동, 「고려시대의 산악신앙」, 『진산한기두박사화갑기념 한국종교사상의 재조명(상)』, 1993, 53쪽). 최광식, 앞의 책, 1994, 320쪽도 참고.

15) 명산대천제사의 대상은 자연적인 산악 자체이기 보다는 산악의 주재자라고 믿고 있는 산신에 대한 제사였다(이기백, 앞의 책, 1974, 207쪽 ; 문경현, 「신라의 산악숭배와 산신」, 『신라사상의 재조명』(신라문화제학술발표회논문집 제12집), 1992, 21~26쪽). 산신은 기본적으로 어느 특정 지역의 수호신으로 신앙되고 있었다. 그리고 산신의 수호신적 기능은 동시에 외적의 침입과 같은 국가적인 위기에는 지역신적 속성에서 벗어나 국가전체의 수호를 위한 호국신으로 나타나고 있다. 산신의 호국적 기능은 주로 戰亂과 관련하여 나타나고 있을 뿐 아니라 내전의 경우도 똑같이 적용되고 있다(박호원, 「고려의 산신신앙」, 『민속학연구』 2, 1995, 196~197쪽). 신라의 경우도 三山(『삼국유사』 1, 기이1, 김유신)이 호국적인 성격을 가지고 있는 것은 널리 알려진 사실이고 선도산성모는 '鎭祐邦國' 하였다(『삼국유사』 5, 감통7, 선도성모수희불사)고 한다. 이들 역시 각각 그 지역의 수호신이었다.

16) 서영대, 「한국고대 신관념의 사회적 의미」, 서울대학교 박사학위논문, 1991, 89쪽, 91쪽. 동예사회에서 호랑이 산신의 기능은 내부적으로 사회규범과 질서를 수호하고 읍락구성원의 응집력을 뒷받침했으며 읍락 외부적으로는 읍락의 생활권을 지켜주었다. 그러나 그것은 한국 고대사회 전체로 볼 때는 결국 사회통합과 사회발전을

산천신에 대한 숭배는 이를 거행하는 여러 방식에 의해 그것을 매개로 지역민들을 하나의 단위로 묶을 수 있었을 것이다.[17] 그리고 각 지역의 산천신은 특정인물과도 관련되어 있다.[18]

이로 볼 때 제사지 신라조의 명산대천에 대한 제사는 각 지역에서 숭배되었던 산천신을 제사한 것으로 여길 수 있을 것이다. 그리고 대・중・소사가 명산대천만으로 구성되어 있는 것은 신라의 국가 구성에 지역세력이 강고

저해하는 역기능적인 역할을 했다는 것이다.

17) 고려 왕실의 시조인 虎景은 산신으로서 平那郡人들에 의해 제사되었다는 설화가 전하고 있는데(『고려사』 1, 세기1, 고려세계), 이는 실제의 사실이 아니더라도 평나산 산신이 평나군 전체를 하나의 단위로서 관할하였던 사정을 말해주는 것이라고 한다(박호원, 앞의 논문, 1995, 177~179쪽).

18) "한국 巫에서 산신은 정확히 말하여 本鄕 산신을 가리킨다. 집안의 조상들이 죽어 묻힌 본향산의 신령이 곧 산신인 것이다. 따라서 산신은 집안의 조상신의 성격을 갖는다"(조흥윤, 「한민족의 기원과 샤머니즘(巫)」, 『한국 민족의 기원과 형성(하)』, 소화, 1996, 46쪽)고 한다. 이로 볼 때 산신은 대체로 각 지역의 조상신이라 할 수 있다(문경현, 앞의 논문, 1992, 26~28쪽). 이것은 이들 산신이 인격신으로 존재하고 있는데서, 그것을 알 수 있다. 그 대표적인 것으로 동악 토함산신이 있는데, 상고기 대표적인 정치세력이었던 석씨집단의 시조인 탈해와 관련이 있다. 그리고 경덕왕을 시위한 오악・삼산신(『삼국유사』 2, 기이2, 경덕왕・충담사・표훈대덕), 헌강왕 앞에 나타난 남산신과 북악신(『삼국유사』 2, 기이2, 처용가・망해사), 설인귀와 관련있는 소사의 감악산, 소사의 推心(김태식, 「대가야의 세계와 道設智」, 『진단학보』 81, 1996, 17쪽)과 加良岳(김태식, 위의 논문, 1996, 16쪽)은 대가야와 관련된 인물이다. 그러하다면 신라의 대・중・소사의 모든 제사가 일정한 씨족 혹은 세력의 연고지와 관련되어 있다든가(신종원, 앞의 책, 1992, 95쪽), 대・중・소사로 체계화된 명산대천제사는 대체로 각 지역의 조상신을 섬기는 것이었다(김두진, 「신라 김알지신화의 형성과 신궁」, 『이기백선생고희기념 한국사학논총(상)-고대편・고려시대편』, 일조각, 1994, 78쪽/「신라 알지신화의 형성과 신궁」, 『한국고대의 건국신화와 제의』, 일조각, 1999)고 할 수 있다. 그리고 『삼국사기』 제사지에 보이는 신라의 대・중・소사는 성읍국가 이래로 차례로 신라에 편입된 지역의 지배세력이 받들던 조상신에 대한 제의가 연맹단계를 거치면서 왕족 중심의 귀족국가단계에 이르러 국가적 제의체계에 편입된 것이라 할 수 있다(이종태, 앞의 논문, 1996, 148~149쪽).

하게 잔존하고 있는 것을 반영하는 것으로 보여진다.[19] 그러하다면 각 지역민에 의해 행해지던 산천신에 대한 제사는 신라 중대왕실이 추구하였던 중앙집권적 지배체제와는 대치되는 것이었다. 따라서 신라 중대왕실은 무엇보다 각 지역에서 행해지던 명산대천제사를 정비하는 것이 시급한 문제가 아니었을까 한다.

다 알다시피 신라는 진덕왕대 이후 唐制를 적극적으로 수용하고 있다. 진덕왕 3년(649) 당 장복제 시행, 진덕왕 4년 당 연호 채용 및 당홀 사용, 진덕왕 5년 하정식의 거행 등[20]이 그것이다.[21] 그리고 무열왕 즉위년(654)에 율령을 詳酌하여 이방부격 60여 조를 수정하고[22] 문무왕은 유조에서 율령격식에 불편한 것이 있으면 즉시 고치라고 당부하고 있다.[23] 또한 문무왕 4년(664)에 星川, 丘日 등 28인을 熊津府城에 보내어 당악을 배우게 하였다고 한다.[24] 이외 문무왕 4년 부인의 의복도 중국의 의복을 입게 하였다.[25] 뿐만 아니라 문무왕 14년 덕복이 역술을 배워서 돌아와 새 역법으로 고쳐 사용하였다고 한다.[26] 덕복이 배워왔다는 신역법은 麟德曆으로,

---

19) 井上秀雄은 신라에서 산악신 제사가 대사라는 가장 중요한 제사로 편제된 것은 신라의 국가 구성에서 지역세력이 강고히 남아 있다는 것을 보여주는 것이라고 하였다(앞의 책, 1993, 82~85쪽).

20) 『삼국사기』 5, 신라본기5, 진덕왕 3년, "春正月 始服中朝衣冠" ; 『삼국사기』 5, 신라본기5, 진덕왕 4년, "夏四月 下敎 以眞骨在位者 執牙笏……是歲 始行中國永徽年號" ; 『삼국사기』 5, 신라본기5, 진덕왕 5년, "春正月朔 王御朝元殿 受百官正賀 賀正之禮 始於此".

21) 이와 관련하여 권덕영, 『고대한중외교사연구』, 일조각, 1997, 269~274쪽 참고.

22) 『삼국사기』 5, 신라본기5, 태종무열왕 원년, "五月 命理方府令良首等 詳酌律令".

23) 『삼국사기』 7, 신라본기7, 문무왕 21년, "律令格式 有不便者 卽便改張".

24) 『삼국사기』 6, 신라본기6, 문무왕 4년, "三月 遣星川・丘日等二十八人於府城 學唐樂".

25) 『삼국사기』 6, 신라본기6, 문무왕 4년, "春正月 下敎 婦人亦服中朝衣裳".

26) 『삼국사기』 7, 신라본기7, 문무왕 14년, "春正月 入唐宿衛大奈麻德福 傳學曆術還

인덕 3년 李淳風이 수의 皇極曆을 계승, 수정하여 만든 달력이다.27) 그리고 중국의 제사제도인 오묘제는 무열왕대,28) 문무왕대,29) 신문왕대30)에 신라에 수용되었다고 한다.31) 이와 같은 중국제도의 적극적인 수용을 통해 신라 중대왕실은 중앙집권적 지배체제를 확립하려고 하였을 것이다.

그렇다면 중국의 제사제도인 대·중·소사를 받아들여 각 지역에서 행해졌던 명산대천제사를 신라 국가제사로 편제한 것 역시 이와 마찬가지로 볼 수 있지 않을까 한다. 신라 중대왕실은 각 지역의 지역신을 대·중·소사라는 국가제사체계에 편제시켜 국가제사 대상으로 하였던 것이다.

改用新曆法".

27) 정구복 외 4인, 『역주 삼국사기』 3(주석편 상), 1997b, 235쪽.

28) 이병도, 『국역 삼국사기』, 1977, 495~496쪽 ; 박순교, 「신라 중대 시조존숭 관념의 형성」, 『한국 고대의 고고와 역사』, 학연문화사, 1997, 387~388쪽 및 392~393쪽 ; 이문기, 「신라 오묘제의 성립과 그 배경」, 『한국고대사와 고고학』(김정학박사미수기념고고학·고대사논총), 2000.

29) 노명호, 「백제의 동명신화와 동명묘」, 『역사학연구』 10, 전남대학교 사학회, 1981, 81쪽 주 41 ; 황운용, 「신라 태종 묘호의 분규시말」, 『동국사학』 17, 1982, 11~13쪽 ; 채미하, 「신라 종묘제의 수용과 그 의미」, 『역사학보』 176, 2002 ; 채미하, 「신라의 오묘제 '시정'과 신문왕권」, 『백산학보』 70, 2004, 267~275쪽.

30) 변태섭, 「묘제의 변천을 통하여 본 신라사회의 발전과정」, 『역사교육』 8, 1964, 68~69쪽 ; 浜田耕策, 「新羅の神宮と百座講會と宗廟」, 『東アジア世界における日本古代史講座－東アジアにおける儀禮と國家』, 學生社, 1982, 241~242쪽 ; 신종원, 앞의 책, 1992, 87쪽 ; 米田雄介, 「三國史記に見える新羅の五廟制」, 『日本書紀研究』 15, 塙書房, 1987, 317쪽 ; 황선영, 「신라의 묘제와 묘호」, 『동의사학』 5, 1989, 1989, 6~7쪽 ; 강종훈, 「신궁의 설치를 통해 본 마립간시기의 신라」, 『한국고대사논총』 6, 1994, 190~191쪽 ; 나희라, 『신라의 국가제사』, 지식산업사, 2003, 173~175쪽. 그런데 신문왕 7년 4월 기사가 신라 오묘제 시정의 하한을 알려줄 뿐이라는 견해도 있다(이문기, 앞의 논문, 2000, 893쪽). 그리고 신라에서 오묘제가 시정된 것은 신문왕대가 처음이며, 제도화된 것은 혜공왕대로 보기도 한다(최광식, 앞의 책, 1994, 336쪽).

31) 채미하, 「신라 중대 오례와 왕권－오례 수용을 중심으로」, 『한국사상사학』 27, 2006, 132쪽.

오악은 신라에 새로 편입되는 어떤 세력을 상징하는 것으로, 신라가 주위의 여러 국가들을 흡수 정복해 가는 과정의 산물이었다고 한다.32) 동악인 토함산은 석탈해가 그 산신으로 모셔진 점으로 미루어 석씨세력의 상징적 산이었고 경주에 原住하던 부족과 연합하면서 신성시된 곳이다. 중악인 부악은 본래 압독국이 있었던 지역으로 신라가 가야연맹의 기반이었던 낙동강 유역으로 진출하는 길목에 있는 산이었다. 북악인 태백산은 신라가 죽령을 넘어 고구려의 옛 영토를 점유한 뒤에 이 지역의 세력을 효과적으로 통제하기 위해 숭배된 곳이라 한다. 또 서악인 지리산은 가야세력을, 남악인 계룡산은 백제세력을 염두에 두고 신성시하게 된 것이 아닌가 한다.33) 청해진은 장보고 세력과 관련을 갖고 있어 중사에 편제된 것으로 여겨진다.34)

이와 같이 생각할 수 있다면 신라 중대왕실은 명산대천제사를 매개로 하여 지역세력을 편제하였다고 여길 수 있을 것이다.35) 대사는 원신라 지역으로만, 중사·소사는 원신라 지역뿐만 아니라 통일 후 신라지역까지를 편제한 것이다. 특히 중사 중 오악은 서악인 계룡산 하나를 제외하고는 나머지 모두가 소백산맥 일대와 그 동남쪽에 있는 산악들이고,36) 사진,

---

32) 이기백, 앞의 책, 1974, 204~205쪽.

33) 이기백, 위의 책, 1974, 195~204쪽.

34) 채미하, 「청해진의 사전편제와 해양신앙」, 『진단학보』 99, 2005, 49~52쪽 참고.

35) 신라 대·중·소사의 모든 제사는 일정한 씨족 혹은 세력의 연고지와 관련되어 있는데, 이것은 국가의 필요에 따라서 단순한 제사상의 문제를 넘어서 신라 사회의 중앙집권화를 수반하는 것이며, 다시 말하여 종교의 정치화 현상이라고 할 수 있다고 한다(신종원, 앞의 책, 1992, 95쪽). 그리고 浜田耕策은 신라의 명산대천제사는 왕경과 지방의 지배조직을 근거로 편제되었는데, 그것은 고정적인 것이 아니었고 지역집단의 정치적 힘의 성장을 제사편제를 통해 인정하였다고 한다. 즉 대·중·소사제는 군현을 단위로 한 제사집단과 중앙과의 정치적 관계를 반영하고 있다고 한다(앞의 논문, 1984, 157쪽).

사해, 사독은 신라 외곽지대로 국토의 주위를 둘러가며 국경을 이루고 있는 형상이다.[37] 그리고 소사는 대·중사에 들어가지 못한 산천을 특별한 구분없이 배정한 것으로 보여지나, 이것들은 각 지역의 진산이었다.[38] 그렇다면 대사는 경주를 중심으로 한 지역세력을, 오악은 소백산맥 일대의 세력을, 사진·사해·사독은 신라 국경 지대의 세력을, 소사는 나머지 세력을 편제하였다고 할 수 있다.[39]

이와 같이 대·중·소사에 편제된 명산대천제사들은 상황에 따라 혁파되기도 하였을 것이고 강등되기도 하였을 것이다. 사료 A-2)③에 보이는 가림성 대신 영암산·우풍산이 소사에 포함되었다는 '一本'의 기록은 시기에 따라 제사 대상이 변하였음을 말하여 주는 것이 아닐까 한다. 그리고 중사에 속한 기타 6곳 중 하나인 청해진은 흥덕왕 3년(828)에 설치되었다가 문성왕 13년(851)에 혁파되는 점[40]으로 미루어 흥덕왕 3년 이후 어느 시점에 중사에 편입되었다가 문성왕 13년 이후에 혁파되는 것으로 짐작되어진다. 뿐만 아니라 선도산(서술)은 "有國已來 常爲三祀之一"[41]로 삼국시대 신라에서는 최고의 신성산악으로 숭앙받았는데, 통일 이후에는 소사에 편

---

36) 이기동, 「신라의 풍토와 그 역사적 특성」, 『천관우선생환력기념한국사학논총』, 1985/『신라사회사연구』, 일조각, 1997, 18쪽.

37) 최광식, 앞의 책, 1994, 318~319쪽.

38) 최광식, 위의 책, 1994, 319쪽 ; 김두진, 「신라의 종묘와 명산대천의 제사」, 『백산학보』 52, 1999/앞의 책, 1999, 357쪽.

39) 최광식, 위의 책, 1994, 318~319쪽에서 대사의 제장은 왕실을, 중사의 제장은 국토방위를, 소사의 제장은 지역방호를 위한 목적으로 배치하였다고 한다. 김두진은 위의 책, 1999, 352~357쪽에서 대사는 사로국 및 신라의 핵심이었던 서울지역(왕도지역)의 지신이었고 중사는 통일신라의 영토개념을 상징화하여 중요한 국방 거점에 위치한 지신으로 구성되었으며, 소사는 성읍국가의 조상신이 거의 그대로 신라의 사전 속에 편입되었다고 한다.

40) 『삼국사기』 11, 신라본기11, 문성왕 13년, "春二月 罷淸海鎭 徙其人於碧骨郡".

41) 『삼국유사』 5, 감통7, 선도성모수희불사.

선도산　마애삼존불 | 선도산 정상에 있는 것으로, 여기에서 북쪽으로 500m 떨어진 곳에 선도산 성모사 유허지가 있다. 『삼국유사』에 의하면 선도산 성모는 본래 중국 황실의 딸이었는데, 우리나라로 건너와 시조 혁거세를 낳았다고 한다. 성모가 웅거하였다는 선도산은 신라시대 최고의 신성산악이었지만, 삼국통일 이후에는 소사에 편제되었다.

제되어 있다. 이로 보아 당시의 사정에 따라 제사의 격이 떨어지기도 하였음을 알 수 있다. 한편 선도산 성모는 경명왕이 잃어버린 매를 찾아주어 봉작받기도 하는데,[42] 이 시기를 즈음해서 선도산의 격에 변화가 있지 않았을까 한다.

이상에서 신라 중대왕실은 명산대천제사를 매개로 하여 각 지역 세력을 신라에 편입하였다고 할 수 있다. 이것은 신라 중대왕실이 그 지역에 대한 지배권을 행사하였다는 의미로 파악할 수 있을 것이다. 그리고 그 지배권 확보의 표현으로 국가의 수장인 왕은 명산대천에 제사를 지냈을 것이다.

42) 『삼국유사』 5, 감통7, 선도성모수희불사, “第五十四景明王好使鷹 嘗登此放鷹而失之 禱於神母曰 若得鷹 當封爵 俄而鷹飛來止机上 因封爵大王焉”.

당의 경우 대사·중사는 왕이 친제하고, 소사의 경우 有司가 섭행하는 것이 원칙이었다. 그런데 중사의 악·진·해·독의 경우 유사가 섭행하였는데, 이것은 이들 제사가 지방에 분산되어 있었기 때문이다.[43] 신라 왕은 대사인 삼산에 친제하였을 것이다. 중사 역시 원칙적으로 왕이 친제하는 것이었겠지만, 유사가 섭행하지 않았을까 한다. 하지만 일성이사금 5년(138) 겨울 10월에 북쪽으로 순행하여 몸소 태백산에 제사지냈다고 하며[44] 기림이사금 3년(300)에 牛頭州(춘천)에 이르러 태백산을 望祭했다는 기사[45]를 염두에 둔다면 중사 중 오악은 왕이 친제하였을 것으로 짐작된다. 이와 관련하여 다음도 주목된다.

> B. 왕이 나라를 다스린 지 24년에 오악과 삼산의 신들이 때로는 혹 殿庭에 나타나 왕을 모셨다.[46] (『삼국유사』 2, 기이2, 경덕왕·충담사·표훈대덕)

위의 사료 B에 따르면 경덕왕대 오악·삼산의 신들이 殿庭에 간혹 나타나 왕을 모셨다고 한다.[47] 오악과 삼산은 신라 명산대천 중 가장 중요한 제사 대상이었다. 이러한 산신들이 왕을 모셨다는 것은 이들 산천에 대한 제사가 왕과 밀접한 관련을 가지고 있었음을 말해 주는 것이다.[48] 이로

---

43) 金子修一, 「唐代の大祀·中祀·小祀について」, 『高知大學學術研究會報』 25, 1976, 14~15쪽.

44) 『삼국사기』 1, 신라본기1, 일성이사금 5년, "冬十月 北巡 親祀太白山".

45) 『삼국사기』 2, 신라본기2, 기림이사금 3년, "三月 至牛頭州 望祭太白山".

46) "王御國二十四年 五岳三山神等 時或現侍於殿庭".

47) 이 기사를 경덕왕대 오악·삼산으로 대표되는 대·중·소사제가 운영되었고, 그것이 성행하여 奉祀된 것으로 파악하기도 한다(浜田耕策, 앞의 논문, 1984, 157쪽).

48) 사료 B에서 三山보다 五岳이 먼저 나오고 있는 것으로 보아, 경덕왕대 삼산과 오악의 격에 변화가 있었다고도 생각해 볼 수 있지만, 오악은 불교와 밀접한 관련을 가지고 있기 때문에 승려인 일연이 삼산보다 오악을 먼저 내세운 것이 아닌가

볼 때 왕은 삼산과 오악에 친히 제사지냈을 것이다. 그리고 『삼국사기』 직관(중)의 내성관부의 하나인 악전에서 이들 제사를 담당하지 않았을까 한다.[49]

한편 제사지 신라조에 보이는 명산대천의 소재지명을 그 제사를 주관하는 지방관청명으로 볼 수 있다면 오악을 제외한 중사와 소사는 그 소재지 관청에서 제사지냈을 것으로 짐작된다. 이와 같이 생각할 수 있다면 왕이 친제하는 삼산과 오악을 제외한 나머지 산천에 대한 제사는 지방관이 주제하였을 것으로 여겨진다.[50] 주의 장관은 군주였다가 태종무열왕 때 도독이라 불렀고 신문왕 때에는 총관이라 칭하였다. 그리고 군의 장관에는 군태수가 임명되었으며 현에는 少守 혹은 현령이 임명되기도 하였다.[51] 이러한

한다. 한편 박호원은 3산 5악의 산악신앙은 일반 민보다 주로 왕실에서 신앙되었던 것으로 3산 5악신이 왕에게 출현하는 것도 바로 이 점을 반영한다고 하였다. 즉 3산 5악의 신이 나타나 왕을 모셨다는 것은 그만큼 이들 산악신과 왕실과의 밀착된 모습을 보여주는 것이자, 경덕왕의 재위 기간 동안 3산 5악에 대한 치제가 중요시되었다는 점을 의미하는 것이기도 하다고 하였다(「한국 공동체 신앙의 역사적 연구－동제의 형성 및 전승과 관련하여」, 한국정신문화연구원 박사학위논문, 1997, 74쪽).

49) 嶽典은 그 관부명으로 보아 산천제사를 관장한 관부로서 제사지 신라조에 '三山五岳已下名山大川 分爲大・中・小祀'라 한 것과 관련이 있으며 당의 郊社署에 비교된다고 한다(三池賢一, 「新羅內廷官制考(下)」, 『朝鮮學報』 62, 1977, 45쪽 ; 이인철, 『신라정치제도사연구』, 일지사, 1993, 71쪽). 그러나 악전은 내성 관부이다. 따라서 왕이 제사지내는 산악, 곧 삼산에 대한 실무를 담당한 것으로 여겨진다. 그리고 唐의 郊社署의 장관인 郊社令의 경우 '五郊社稷明堂之位 祠祀祈禱之禮'를 관장한다. 이로 볼 때 악전과 교사서는 비교 대상이 될 수 없다고 생각한다.

50) 浜田耕策은 소사 諸山岳의 산신을 지방관이 주제하는 것으로 추측하였다(앞의 논문, 1984, 159~160쪽). 한편 중국 또는 고려나 조선의 경우를 보면, 명산대천에 대해서 황제나 국왕의 친제는 거의 이루어지지 않았다. 이로 본다면 신라의 경우도 실제 왕이 친제하는 경우는 드물었을 것이다. 하지만 왕의 대리자로 有司가 그것을 섭행하였을 것이다. 그리고 지방관이 행한 명산대천제사의 경우 역시 왕의 대리자로서 지방관이 제사지내는 것이었다.

51) 이기백, 「통일신라와 발해의 사회」, 『한국사강좌』 I (고대편), 일조각, 1982,

지방관들은 왕의 대리자로 각 지역의 산천에 대한 제사를 행하였을 것이다. 이와 같이 기존의 지역세력이 아닌 지방관이 제사를 지냈다는 것은 이 시기 지방에 대한 통제가 강화되었음을 말해주는 것으로 볼 수 있을 것이다. 그러하다면 명산대천제사는 신라 중대왕실의 지방지배와 밀접한 관련을 가지고 있었음을 알 수 있다. 그리고 지방에서 자체적으로 거행되던 제사가 왕을 정점으로 하는 제사체계 내로 편입됨으로써 그 지역을 효과적으로 통치할 수 있는 상징적인 기반을 마련하였다고 여길 수 있는 것이다. 그렇지만 여기에는 한계가 있었다. 이것은 9주에 분포되어 있는 명산대천의 모습을 통해 알 수 있지 않을까 한다. 이에 대해서는 다음 장에서 살펴보도록 한다.

3. 제사의 특징

제사지 신라조의 명산대천에 주기되어 있는 소재지명은 주·군·현명으로 되어 있다. 주·군·현은 통일신라 지방조직의 기본으로, 지증왕 6년(505)에 실직주를 설치함으로써 시작되었다.[52] 그 이후 신라의 영토팽창에 따라 법흥왕 12년(525) 사벌주, 진흥왕 14년(553) 신주 등이 증설되어갔다.[53] 그리고 삼국통일 후 신문왕 5년(685)에서 7년에 걸쳐 완산주를 신설하고 거열주, 사비주, 발라주, 일선주 등의 주치를 이동함으로써 9주의 지방제도가 완성되었고[54] 경덕왕 16년(757)에 9주의 명칭은 중국식으로

336~337쪽.

52) 『삼국사기』 4, 신라본기4, 지증마립간 6년, "春二月 王親定國內州郡縣 置悉直州 以異斯夫爲軍主 軍主之名 始於此".

53) 『삼국사기』 4, 신라본기4, 법흥왕 12년, "春二月 以大阿湌伊登爲沙伐州軍主" ; 『삼국사기』 4, 신라본기4, 진흥왕 14년, "秋七月 取百濟東北鄙 置新州 以阿湌武力爲軍主".

변경되었다. 이러한 9주는 신라·백제·고구려 3국을 기준으로 각각 그 옛 땅에 3개의 주를 설치하였는데, 상주·양주·강주는 구신라·구가야 지역이고(이하에서는 구신라 지역으로 한다), 웅주·전주·무주는 구백제 지역이며 한주·삭주·명주는 구고구려 지역이다.[55] 9주 지역에 분포되어 있는 명산대천을 <표 6-2>로 나타내면 다음과 같다.

<표 6-2>[56]에 따르면 대사에는 구신라 지역의 명산대천만이 분포되어 있다. 중사의 오악·사진·사해·사독에는 구신라 지역이 8곳, 구고구려 지역과 구백제 지역이 각각 4곳, 미상이 1곳이다. 소사에는 구신라 지역과

---

54) 『삼국사기』 8, 신라본기8, 신문왕 5년, "春 復置完山州 以龍元爲摠管 挺居列州 以置菁州 始備九州 以大阿湌福世爲摠管" ; 『삼국사기』 8, 신라본기8, 신문왕 6년, "二月 置石山馬山孤山沙平四縣 以泗沘州爲郡 熊川郡爲州 發羅州爲郡 武珍郡爲州" ; 『삼국사기』 8, 신라본기8, 신문왕 7년, "三月 罷一善州 復置沙伐州 以波珍湌官長爲摠管".

55) 『삼국사기』 34, 잡지3, 지리1, "始祖已來處金城 至後世多處兩月城 始與高句麗·百濟 地錯犬牙 或相和親 或相寇鈔 後與大唐侵滅二邦 平其土地 遂置九州 本國界內置三州 王城東北當唐恩浦路曰尙州 王城南曰良州 西曰康州 於故百濟國界 置三州 百濟故城北熊津口曰熊州 次西南曰全州 次南曰武州 於故高句麗南界 置三州 從西第一曰漢州 次東曰朔州 又次東曰溟州 九州所管郡縣 無慮四百五十(方言所謂鄕·部曲等雜所 不復具錄) 新羅地理之廣袤 斯爲極矣 及其衰也 政荒民散 疆土日蹙 末王金傅 以國歸我太祖 以其國爲慶州".

56) <표 6-2>와 관련해서 노중국, 앞의 논문, 1988, 134쪽 참고. 한편 신라 중고기에 6부가 존재하였던 경주 분지 외곽지역이 통일신라시기에 대성군과 상성군으로 편제되었다고 한다. 『삼국사기』 지리지 분석 결과 대성군과 상성군은 양주조에 기록되어 있지만, 실제로는 양주에 속해 있지 않았으며 일반 군현과 그 성격이 다른 존재이다. 특히 6기정, 곧 '왕기에 주둔하는 군단'이 존재하였다는 점에서 2군은 왕경에 대비되는 왕기지역으로 이해된다(여호규, 「신라 도성의 공간구성과 왕경제의 성립과정」, 『서울학연구』 18, 2002, 72~73쪽). 이로 볼 때 대성군의 경우는 『삼국사기』 지리지에 양주에 편제되어 있으나, 왕도로 볼 수 있다. 노중국 역시 대성군을 국도, 왕도로 보았다. 하지만 사진의 남독을 강주에, 북독을 명주에, 사해의 서독을 웅주에, 소사의 우화를 국도로 보고 있다. 그러나 필자는 <표 6-1>과 같이 본다.

구고구려 지역이 각각 9곳, 구백제 지역은 5곳이다. 그렇다면 이와 같이 분포되어 있는 명산대천에서 무엇을 알 수 있을까.

<표 6-2> 신라 명산대천제사의 9주 분포도

		新羅					高句麗				百濟				未詳	
		王都	尙州	良州	康州	합계	漢州	朔州	溟州	합계	熊州	武州	全州	합계		총계
大祀	三山	2		1		3				0				0		3
中祀	五岳	1		1	1	3		1		1	1			1		5
	四鎭			1		1		1		1	1			1	1	4
	四海			2		2			1	1			1	1		4
	四瀆			2		2	1			1	1			1		4
	기타	(1)	(1)		(1)	(3)				(0)	(2)	(1)		(3)		(6)
小祀		4	1	3	1	9	3	3	3	9	1	2	2	5	1	24
총계		7(8)	1(2)	10	2(3)	20(23)	4	5	4	13	4(6)	2(3)	3	9(12)	2	44(50)

우선 대사인 삼산은 원래의 성읍국가 사로가 중앙집권적 귀족국가 신라로 발전하는 과정에서 발생한 것으로, 왕경 중심의 지배집단의 제사 대상이었다. 이러한 삼산은 통일 후에도 최고의 신성 산악으로 대사의 대우를 받았다.[57] 삼산이 대사의 치제 대상이 되었다는 것은 신라가 고대국가를 성립시켜 가는 과정에서 신성시된 산이 통일 이후에도 그 지위를 그대로 유지해 간 것을 의미한다. 이러한 점에서 대사에 삼산이 편제된 것은 당시 신라 지배층의 경주, 원신라 중심적 의식이 기본 바탕으로 깔려 있었다고

57) 이기백, 「신라 삼산의 의의」, 『한국고대사론』(증보판), 일조각, 1995, 147쪽.

할 수 있겠다.[58] 이것은 위의 <표 6-2>에서 알 수 있듯이, 구신라 지역의 명산대천이 왕도와 양주에 집중적으로 배치되어 있는 데서도 생각된다. 그리고 다음도 관심을 끈다.

C. 또 군 안에는 3개의 산이 있어 일산, 오산, 부산이라고 한다. 국가가 전성했을 때에는 각각 神人이 그 위에 살면서 날아서 서로 왕래함이 아침 저녁으로 끊이지 않았다.[59] (『삼국유사』 2, 기이2, 남부여 · 전백제 · 북부여)

사료 C에 의하면 백제 왕도였던 부여군에 3산이 존재하였음을 알려준다. 이러한 3산은 사비천도 이후에 설정되었을 것이고[60] 사비도읍기에도 천지 · 산천에 대한 숭배가 계속되었다는 것을 알게 해주는 것이다.[61] 그런데 백제의 삼산은 신라의 대 · 중 · 소사 어디에도 보이지 않는다. 이것은 신라가 백제의 산천제사를 그대로 받아들인 것이 아니라 신라적 기준에 입각하여 가감하였다는 것을 보여주는 것이라 할 수 있다.[62]

그리고 중사에 속한 산천을 보면 왕도나 구신라 지역에 편중되어 있는 것이 아니라 구백제 지역과 구고구려 지역에 안배되어 있다. 이는 중사의 기본이 오악 · 사진 · 사해 · 사독에서 동 · 서 · 남 · 북이라는 방위관념이

---

58) 노중국, 앞의 논문, 1988, 133쪽, 136쪽 ; 이기동, 「신라 중고기 청도 산서지방의 전략적 중요성」, 『윤용진교수정년퇴임기념논총』, 1996/앞의 책, 1997, 55~57쪽 참고.

59) "又郡中有三山 曰日山吳山浮山 國家全盛之時 各有神人居其上 飛相往來 朝夕不絶".

60) 이도학, 「사비시대 백제의 4方界山과 호국사찰의 성립—法王의 불교이념 확대시책과 관련하여」, 『백제연구』 20, 1989, 124쪽.

61) 유원재, 「사비시대의 삼산숭배」, 『백제의 종교와 사상』, 충청남도, 1994, 85쪽.

62) 노중국, 앞의 논문, 1988, 137쪽 ; 최광식, 앞의 책, 1994, 320쪽.

전제되어 있고 또 신라가 구백제 지역을 3주로, 구고구려 지역을 3주로 고루 편제한 데서 나온 조처로 볼 수 있다.[63] 그런데 중사에 속한 명산대천 중 오악에는 구신라 지역이 3곳, 구고구려·구백제 지역은 각각 1곳, 사진·사해·사독의 경우 구신라 지역에는 2곳,[64] 구고구려·구백제 지역은 각각 1곳이 포함되어 있다. 즉, 중사에는 구신라 지역이 9곳, 구고구려 지역과 구백제 지역은 각각 4곳으로, 구신라 지역의 명산대천이 구고구려·구백제 지역의 것에 비해 배가 된다. 이로 볼 때 중사의 경우도 실제적으로는 원신라 중심적 인식이 내재되어 있었다고 볼 수 있지 않을까 한다.

원래 오악은 신라 중심부인 경주평야를 둘러싸고 있었는데,[65] 신라 영토가 확대되고 통일을 성취한 뒤인 문무왕 말년 혹은 신문왕대에 국토의 사방과 중앙에 있는 산악들로 변화하였다.[66] 그런데 오악 중 서악 계룡산 하나를 제외하고는 나머지 모두가 소백산맥 일대와 그 동남쪽에 있는 산악들이다. 그리고 북악 태백산은 앞의 사료 A-2)②에서 볼 수 있듯이, 현재의 위치와는 달리 태백산에서 서남쪽으로 떨어져 있는 내기군으로 되어 있다. 이로 보아 여기에도 신라인의 인식이 반영되어 있는 것으로 여겨진다.[67] 뿐만 아니라 북악 태백산은 고구려 고토를 진호하는 主山으로는 적당치 않은 것으로 보인다. 삼국통일 직후 신라가 그 지배권을 확립한 지역은 임진강 이북으로부터 예성강 이남에 이르는 일대였다. 그렇다면 북방을

63) 노중국, 위의 논문, 1988, 133쪽, 136쪽.

64) 4진 중 東鎭 溫沫懃은 牙谷停에 있다고 하는데, 정확한 위치는 알 수 없다. 그렇지만 이곳은 구신라 지역이 아닐까 생각된다.

65) 『신증동국여지승람』 21, 경주부 산천조에는 토함산을 동악, 금강산을 북악, 함월산을 남악, 선도산을 서악이라고 하고 있다. 그리고 『삼국사기』 41, 열전 1, 김유신(상)에는 중악 단석산이 보인다.

66) 이기백, 앞의 책, 1974, 207쪽.

67) 이기백, 위의 책, 1974, 203쪽.

수호하는 진산으로 북악은 북한산 정도로 지정해야 되지 않았을까 한다. 즉, 서북방으로 영토가 확대된 삼국통일 후에도 태백산을 북방의 진산으로 삼은 것은 신라 지배층의 성향을 반영하는 것으로 생각되는 것이다.[68]

그리고 『한원』에 인용된 『괄지지』에 의하면 백제의 북계에는 烏山, 국동에는 鷄藍山, 계남산 남쪽에는 祖粗山, 남계에는 霧五山, 서계에는 旦那山, 그 밖에 山旦山, 禮母山이 국남에 있다고 한다.[69] 이와 같이 무오산, 곧 지리산이 백제의 명산으로 나오고 있다. 그럼에도 불구하고 앞의 사료 A-2)②에는 남악 지리산의 소재지명이 구신라 지역의 하나인 菁州로 되어 있다. 제사지 신라조에서 지리산을 청주 소속이라 한 것은 신라에서 지리산을 백제쪽 보다는 가야와 연결시켜 생각한 결과라고 할 수 있을 것이다.[70]

또한 중사에 편제되어 있는 구백제 지역의 명산대천을 보면 웅주에 편중되어 있다. 반면 사비지역의 명산대천은 대·중·소사 어디에도 보이지 않는다. 이것은 문무왕대 사비에 소부리주를 두었으나, 신문왕 6년 9주를 정비할 때 소부리주를 군으로 격하하고 웅천군을 군으로 승격시킨 것[71]과 궤도를 같이하는 것[72]으로 여길 수 있다. 이처럼 구백제 지역의 명산대천이

68) 이기동, 앞의 책, 1997, 19쪽.

69) 『翰苑』 백제, "雞山東峙 貫四序以同華(括地志曰 烏山在國北界 大山也 草木鳥獸與中夏同 又國東有鷄藍山 山南又有祖粗山 又國南界有霧五山 其山草木 冬夏常榮 又有旦那山在國西界 又有山旦山 禮母山 並石山在國南之也".
『翰苑』에 인용된 괄지지에서 말하는 백제의 四方界인 東界 鷄藍山(계룡산), 서계 단나산(월내악), 남계 무오산(지리산), 북계 오산(오서악)과 山旦山(서다산)은 모두 통일신라 때 국가적 제사 대상이 되고 있다(이도학, 앞의 논문, 1989, 122~123쪽) ; 노중국, 「백제의 산천제의 체계와 백제금동향로」, 『계명사학』 14, 2003/「백제의 제의체계 정비와 그 변화」, 『계명사학』 15, 2004, 161~166쪽도 참고.

70) 이기백, 앞의 책, 1974, 202~203쪽.

71) 『삼국사기』 7, 신라본기7, 문무왕 11년, "置所夫里州 以阿湌眞王爲都督" ; 『삼국사기』 8, 신라본기8, 신문왕 6년, "二月以泗沘州爲郡 熊川郡爲州 發羅州爲郡 武珍郡爲州".

웅주지역에 편중된 이유는 백제부흥군의 활동이 가장 심하였기 때문에[73] 이 지역에 대한 지배를 확고하게 하기 위한 신라 중대왕실의 조처가 아니었을까 한다. 그리고 사비지역의 명산대천이 대·중·소사 어디에도 보이지 않는 것은 사비가 경주와 같은 왕도였기 때문에 이 지역의 명산대천이 배제된 것으로 짐작되어진다.[74]

한편 소사는 대사와 중사에 비해 각 지역에 골고루 분포된 것으로 보인다.[75] 그런데 구신라 지역과 구고구려 지역은 각각 9곳, 구백제 지역은 5곳이다.[76] 구신라·구고구려 지역은 같으나, 구백제 지역이 구고구려 지역에 비해 그 수가 적다. 그리고 구고구려 지역은 3주에 골고루 분포되어 있다. 이처럼 구고구려 지역이 구백제 지역보다 그 수가 많고 또한 명산대천이 골고루 분포되어 있는 것은 이미 고구려 멸망 이전에 이 지역이 신라에

72) 노중국, 앞의 논문, 1988, 138쪽.

73) 노중국은 이 지역 주민들의 反신라적 감정을 완화 내지 위무하기 위해 祀典 편제시 많은 산천을 배치하였다고 한다. 이 같은 사실은 중사에 속한 산천이 공주, 예산, 옥구, 서천, 홍천 등 충청도 일원에 두루 분포되어 있다는 점에서 입증이 된다고 하였다(위의 논문, 1988, 137~138쪽).

74) 노중국은 위의 논문, 1988, 138쪽에서 사비지역의 산천을 제외한 것은 사비가 더 이상 백제인의 정신적 지주가 되지 못하도록 하기 위해 의도적으로 사비의 위치를 격하시키려고 한 조처로 보았다.

75) 소사에 속한 산천을 보면 구신라 지역의 산천은 국도를 제외하면 4개소, 구백제 지역이 5개소, 구고구려 지역이 9개소로 소사에 속한 산천의 수는 구고구려 지역이 타지역에 비해 배 정도 되며 구신라 지역과 구백제 지역은 비슷하지만, 중사에 속한 것으로 되어 있는 표제없는 6개의 산·성·진 가운데 3개는 구백제 지역에, 나머지 3개는 구신라 지역에 위치하고 있어 구백제 지역은 8개소, 구신라 지역은 7개소가 되므로 소사에 편입된 산천의 수는 세 지역이 모두 비슷하다고 한다(노중국, 위의 논문, 1988, 133쪽, 136쪽). 그러나 필자는 소사의 우화는 양주에, 그리고 중사에 포함되어 있는 표제없는 6곳은 중사에 편제된 것으로 보았다. 그리고 왕도 역시 구신라 지역에 포함시켜, 위에서 말한 바와 같이 구백제 지역이 구신라·구고구려 지역의 산천 수 보다 적다고 하였다.

76) 아지현에 있는 파지곡원악은 그 위치를 알 수 없어 미상으로 두었다.

영암 월출산 유적 전경 | 馬形 토제품과 마형 철제품이 출토되어 제사유적의 특징을 잘 보여준다. 통일신라시대 월출산은 소사에 편제되어 있었으며 月奈岳이라 하였다.

편입되었기 때문일 것이다. 그러하다면 소사 또한 신라 중심적 인식이 반영되었다고 생각되어진다.

이상에서 중국의 제사제도인 대·중·소사가 전국의 명산대천을 대상으로 하고 있지만, 신라 지배층의 경주, 원신라 중심적 의식이 강하게 반영되어 있었음을 알 수 있었다. 이러한 모습은 다음에서도 엿볼 수 있다.

D. 가을 윤 9월 26일에 (왕이) 장산군에 거둥하였다. 서원경에 성을 쌓았다. 왕이 달구벌로 도읍을 옮기려[移都] 하다가 실행하지 못하였다.[77] (『삼국사기』 8, 신라본기8, 신문왕 9년)

위의 사료 D에 따르면 신문왕 9년(689)에 왕은 달구벌로 移都할 뜻을

---

77) "秋閏九月二十六日 幸獐山城 築西原京城 王欲移都達句伐 未果".

비쳤지만, 실현되지 못하였다고 한다.[78] 이것은 신라 영토가 소백산맥 너머까지 확대되었음에도 불구하고 종전의 수도를 고수하고 있다는 것이다. 그리고 『삼국사기』 37, 지리4의 '三國有名未詳地分' 중에 (1) 北海通 (2) 鹽池通 (3) 東海通 (4) 海南通 (5) 北傜通 등이 보인다. 5통은 5道 내지는 5街道의 의미로, 수도에서 각 지역, 특히 9주의 주치와 5소경으로 통하는 중요한 군사·행정 도로였던 것으로 생각된다. 이 중 동해안을 따라서 북상하는 북해통을 제외한 나머지 4통은 모두 소경을 거쳐 남해안과 서해안의 국경지대까지 이르렀던 것으로 짐작되고 있다.[79] 다 알다시피 오소경은 신라가 소백산맥 이서 지역으로 진출하는 모든 교통로의 결절지이다.[80] 그렇지만 금관경(김해) 하나를 제외하고는 북원경(원주), 중원경(충주), 서원경(청주), 남원경(남원) 모두가 경주를 기준으로 해서 소백산맥 바로 너머에 위치하고 있다. 이것은 신라가 소백산맥 너머의 신편입지를 견제하기 위한 전초기지로서의 역할을 소경에 부여한 것으로 여겨지며, 이러한 사실은 경주에 대한 주방어선이 소백산맥 일대였음을 시사하는 것으로 볼 수 있다.[81]

이상에서 통일 후에도 경주는 여전히 신라의 핵심 부분으로 의식되었고 그 선상에서 전국적인 지배체제가 작동되도록 하였음을 알 수 있다.[82]

---

78) 이와 관련된 제견해는 채미하, 「신라의 오묘제 '시정'과 신문왕권」, 『백산학보』 70, 2004, 278쪽 주 45 참고. 그리고 왕 9년의 달구벌 천도 계획이 그대로 이루어지지 않은 것을 신문왕의 왕권강화책에 대한 진골귀족세력의 반발로 보는 견해와 관련하여 신종원, 「신라 오대산사적과 성덕왕의 즉위배경」, 『최영희선생화갑기념논총』, 1987, 102~105쪽 및 박해현, 「신라중대정치세력연구」, 전남대학교 박사학위논문, 1996, 41~44쪽도 참고.

79) 井上秀雄, 『新羅史基礎研究』, 東出版, 1974, 399~405쪽 및 서영일, 「신라 오통고」, 『백산학보』 52, 1999도 참고.

80) 서영일, 위의 논문, 1999, 605~606쪽.

81) 이기동, 앞의 책, 1997, 17~18쪽.

이로 볼 때 비록 신라 중대왕실이 중국 제사제도를 받아들여 각 지역의 명산대천을 국가제사로 편제하여 그 지역에 대한 지배권을 확보하였지만, 경주 중심적 인식을 벗어나지 못한 것은 당시 신라 지배층의 한계였다고 할 수 있는 것이다. 그렇다면 신라 중대 중앙집권적 지배체제가 붕괴되고 신라 하대 귀족연립체제가 진행되면서 명산대천제사는 어떻게 되었을까. 국가제사였던 명산대천제사는 각 지역의 지역민들과 연결되어 그 지역의 수호신에게 제사지내는 것으로 변해 갔을 것이고[83] 각 지역 세력이 그것에 대한 제사를 행하였을 것이다.[84]

제2절 청해진의 사전편제와 해양신앙

1. 신라 중사와 청해진

명산대천제사는 대사·중사·소사로 나누어져 있는데, 중사를 제시하면

---

82) 이와 관련해서 이기동, 위의 책, 1997, 19~21쪽도 참고. 신라는 통일 후에 경주 중심의 폐쇄성을 탈피하지 못하고 있음을 알 수 있다. 이것은 신라의 지리적 요인과 관련이 있다고 생각된다. 경주평야는 사면이 산으로 둘러싸여 중국의 경우처럼 수도 외곽에 별도의 羅城을 쌓을 필요가 없을 만큼 천연적인 성곽을 이루고 있는 요새지였다. 이상의 지리적 여건은 대내외적으로 이점이 있었으나, 일면으로는 신라지배층의 보수성, 지역적인 폐쇄성을 양성하게 된 요인이 되었다고 여겨진다 (이기동, 위의 책, 1997, 15쪽).

83) 井上秀雄, 앞의 책, 1993, 88~89쪽.

84) 이와 관련해서 다음이 관심을 끈다.
『신증동국여지승람』 40, 순천도호부 산천, "海龍山(在府南十里)" ; 『신증동국여지승람』 40, 순천도호부 인물, "朴英規(後百濟王甄萱之女壻也……死爲海龍山神)". 위 사료에 따르면 해룡산은 부의 남쪽 10리에 있으며, 박영규가 죽어 해룡산신이 되었다고 한다. 따라서 해룡산 지역은 박영규의 근거지였으며 그의 사후 해룡산 지역을 수호하는 신으로 모셔졌음을 알 수 있다(채미하, 앞의 논문, 2005, 63쪽 참고).

다음과 같다.

> A. 中祀 五岳 東吐含山(大城郡) 南地理山(菁州) 西雞龍山(熊川州) 北太伯山(奈已郡) 中父岳(一云公山 押督郡), 四鎭 東溫沫懃(牙谷停) 南海恥也里(一云悉帝 推火郡) 西加耶岬岳(馬尸山郡) 北熊谷岳(比烈忽郡), 四海 東阿等邊(一云斤烏兄邊 退火郡) 南兄邊(居柒山郡) 西未陵邊(屎山郡) 北非禮山(悉直郡), 四瀆 東吐只河(一云槧浦 退火郡) 南黃山河(歃良州) 西熊川河(熊川州) 北漢山河(漢山州), 俗離岳(三年山郡) 推心(大加耶郡) 上助音居西(西林郡) 烏西岳(結已郡) 北兄山城(大城郡) 淸海鎭(助音島) (『삼국사기』 32, 잡지1, 제사)

사료 A를 보면 중사는 五嶽, 四鎭, 四海, 四瀆과 俗離岳 이하 표제명이 없는 6곳의 제장으로 구성되어 있다. 청해진은 표제명이 없는 6곳의 제장 중 하나이다. 『삼국사기』 제사지 명산대천제사에 註記되어 있는 소재지명 중 신라 성덕왕 34년(735) 정식으로 당으로부터 영유를 인정받고, 경덕왕 7년(748)·동 21년(762)에 군현을 설치한 대동강 이남, 북한강 이북 지역의 것은 없다. 이로 볼 때 명산대천제사가 대·중·소사에 편제된 것은 9주의 창설이 끝난 신문왕 5년(685) 이후부터 성덕왕 34년 이전일 것으로 여겨진다.[85] 그런데 중사 중 속리악 이하 기타 6곳은 그 후 중사에 편입되었다고 한다.[86] 이 중 청해진이 신라 국가제사에 편제된 시기는 다음에서 알 수

85) 井上秀雄, 「新羅の律令制の收容とその國家・社會との關係」, 『中國 律令制の展開と國家社會との關係』, 1984, 163~164쪽 ; 井上秀雄, 「祭祀儀禮の受容－新羅の律令制と祭祀制度」, 『古代東アジアの文化交流』, 溪水社, 1993, 84쪽 ; 노중국, 「통일기 신라의 백제고지지배」, 『한국고대사연구』 1, 1988, 137쪽 ; 최광식, 「국가제사의 제장」, 『고대한국의 국가와 제사』, 한길사, 1994, 309쪽.

86) 이와 관련된 제견해는 채미하, 「삼국사기 제사지 신라조의 분석」, 『한국고대사연구』 13, 1998, 210쪽 주 50 및 본서 제1장 제2절 주 56 참고. 그리고 청해진이 국가제사에 편제된 것과 관련해서는 채미하, 「청해진의 사전 편제와 해양신앙」, 『진단학보』

장도 청해진유적 | 장보고는 이 곳에 청해진을 설치하여 해적을 소탕하는 한편, 서남해안의 해상권을 장악함으로써 당시의 국제무역에 영향력을 행사하였다.

있다.

B. 1) 여름 4월에 청해대사 궁복은 성이 장씨인데(일명 보고라고도 하였다), 당나라 서주에 들어가 軍中小將이 되었다가 후에 본국으로 돌아와 왕을 찾아 뵙고 군사 1만 명으로 청해를 지켰다(청해는 지금의 완도이다). (『삼국사기』 10, 신라본기10, 흥덕왕 3년)[87]

2) 후에 장보고가 귀국하여 대왕을 뵙고 아뢰었다. "중국을 두루 돌아보니 우리나라 사람들을 노비로 삼고 있습니다. 바라건대, 청해를 지켜 도적들이 우리나라 사람을 붙잡아 서쪽으로 데려가지 못하도록 하기 바랍니다." 청해는 신라 해로의 요충지[新羅海路之要]로서, 지금은 완도라 부른다. 대왕이 장보고에게 군사 만명을 주었다. 그 후 해상에

99, 2005 참고.

87) "夏四月 淸海大使弓福 姓張氏(一名 保皐) 入唐徐州爲軍中小將 後歸國謁王 以卒萬人鎭淸海(淸海 今之莞島)".

서 우리나라 사람을 파는 자가 없었다. (『삼국사기』 44, 열전4, 장보고·정년)[88)]

위의 사료 B-1)에서 보듯이, 청해진은 흥덕왕 3년(828)에 설치되었다고 한다. 이로 보아 청해진이 신라 국가제사에 편제된 것은 흥덕왕 3년 이후 어느 시기일 것으로 여길 수 있을 것이다.

청해진 장도[89)]에서 발굴된 매납유구는 청해진 조음도에서 중사를 지냈다는 기록과 밀접한 관련이 있다. 매납유구는 단의 성격으로 생각되는 건물지와 함께 확인되었는데, 건물지 동편에 직경 1m, 깊이 70cm 정도의 원형구덩이를 파고 인위적으로 유물을 매납하였다. 수혈 안에는 대옹을 똑바로 안치하고 대옹과 수혈벽 사이에 편병 2점, 발이 셋달린 철제 솥 2점, 1/2로 쪼개 넣은 鐵製 盤 1점, 靑銅甁 1점, 철기 2점을 매납하였다. 이러한 유물 중 철제 솥, 철제 반, 청동병 등은 일상용기와는 다른 유물로 국가가 주관하는 제사유적의 양상을 보여주는 것으로 생각된다.[90)]

---

88) "後保皐還國 謁大王曰 遍中國以吾人爲奴婢 願得鎭淸海 使賊不得掠人西去 淸海新羅海路之要 今謂之莞島 大王與保皐萬人 此後海上無鬻鄕人者". 『樊川文集』 장보고·정년전에는 "보고가 귀국하여 왕을 뵙고 말하기를 '중국을 돌아다녀 보건대 우리나라 사람들을 노비로 삼고 있습니다. 바라옵건대, 저에게 청해를 지키는 일을 맡기시면 적들로 하여금 사람을 서쪽으로 끌어가지 못하도록 하겠습니다'하였다. 왕이 1만명을 주어 그의 청대로 하니, 태화(827~835) 이후 해상에서는 신라인을 파는 자가 없었다"라고 나온다.

89) 청해진의 위치에 대해 『삼국사기』 제사지에는 조음도로, 『삼국사기』 흥덕왕조와 장보고 열전에는 완도로 기록되었고 『신증동국여지승람』에는 완도로, 『대동지지』는 『삼국사기』와 같이 완도·조음도라 서술해 놓았다. 이러한 기록을 통해 청해진은 완도에 위치하며 완도에서도 '조음도'·'조금도'·'장군섬'으로 불리는 장도에 위치하는 것으로 이해되고 있다(국립문화재연구소, 『장도청해진 유적발굴조사보고서 Ⅰ』, 2001, 619~620쪽).

90) 국립문화재연구소, 위의 책, 2001, 75쪽 ; 홍형우, 「장도 청해진 유적의 고고학적 고찰-토기, 기와, 성벽축조기법을 중심으로」, 서울대학교 석사학위논문, 1999 참

통일신라기의 진은 주로 변경지대의 방어를 목적으로 설치된 것으로 북진(현재의 강원도 삼척)[91]이나 패강진(현재의 황해도 평산)[92]이 그것이다. 그리고 해상에서 해적들의 활동이 심해지자 이에 대비하기 위하여 해상의 요충지에 청해진, 당성진(경기도 화성군 남양만),[93] 혈구진(강화도),[94] 장구진(황해도 장연군 장산곶 근처)[95] 등이 차례로 설치되었다. 그런데 다른 진들과는 달리 청해진만이 신라 국가제사, 중사에 편제되어 있다. 그렇다면 청해진이 신라 국가제사에 편제된 이유는 무엇일까.

앞의 사료 A에 보이는 바와 같이 중사는 오악, 사진, 사해, 사독, 속리악 이하 기타 6곳으로 이루어져 있다. 오악은 통일 전과 통일 후의 오악으로 나누어진다.[96] 통일 전의 오악은 경주를 둘러싼 요충지이고, 통일 후의 오악 역시 군사적으로 중요한 의미가 있다. 사진은 변방에 위치하여 전략적 위치에 자리잡고 있다. 사해도 변경 지역에 위치하고 외적의 침입을 경계하

고. 지금도 매년 정월 대보름 때는 장도의 중앙에 있는 장보고의 사당에 장좌리 주민들이 堂主를 선발하여 청해제를 올리고 있다(나경수, 「완도읍 장좌리 당제의 제의구조」, 『호남문화연구』 19, 1990).

91) 『삼국사기』 5, 신라본기5, 태종무열왕 5년, "三月 王以何瑟羅地連靺鞨 人不能安 罷京爲州 置都督以鎭之 又以悉直爲北鎭".

92) 『삼국사기』 9, 신라본기9, 선덕왕 3년, "二月 王巡幸漢山州 移民戶於浿江鎭".

93) 『삼국사기』 10, 신라본기10, 흥덕왕 4년, "春二月 以唐恩郡爲唐城鎭 以沙飡極正往守之".

94) 『삼국사기』 11, 신라본기11, 문성왕 6년, "秋八月 置穴口鎭 以阿飡啓弘爲鎭頭".

95) 『신당서』 43하, 지33하, 지리, 기미주·하북도 등주조에 보인다. 그 위치에 대해서는 今西龍, 「慈覺大師入唐求法巡禮行記を讀みて」, 『新羅史研究』, 國書刊行會, 1933 참조.

96) 『신증동국여지승람』 21, 경주부 산천조에는 토함산을 동악, 금강산을 북악, 함월산을 남악, 선도산을 서악이라고 하고 있다. 『삼국사기』 41, 열전1, 김유신(상)에는 중악 단석산이 보인다. 반면 『삼국사기』 제사지에는 토함산, 지리산, 계룡산, 태백산, 부악이 오악으로 나오고 있다.

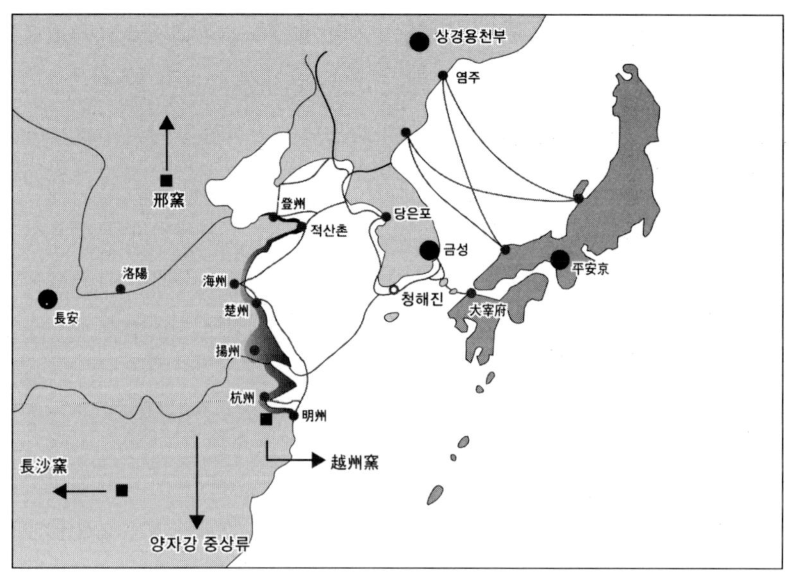

9세기 동아시아의 무역항로 | 청해진이 위치한 완도는 서남해안 해상교통의 요충지였다.

는 의미가 있다. 사독도 전략적으로 적을 방어하기 위해 좋은 곳에 위치하고 있다. 표제명이 없는 여섯 곳의 제장도 전략적으로 요충지에 위치하고 있다고 한다.97)

사료 B-2)에 따르면 청해진은 '新羅海路之要'라고 한다. 이것은 청해진이 신라 해로의 요충지대98)라는 것이다. 청해진은 서쪽으로는 황해를 횡단해서 중국과 연결되고 동쪽으로는 남해를 통해 일본으로 통하는 곳에 자리잡고 있었다.99) 이와 같이 청해진이 지리적으로 해상 교통의 길목에 위치하였

97) 최광식, 앞의 책, 1994, 318~321쪽.

98) 『삼국사기』 44, 열전4, 장보고 · 정년에 "淸海 新羅海路之要 今謂之莞島"라고 기록된 점으로 보아, 당시 신라 서남해안 해로의 요충이었음이 분명하다. 그러나 청해진이 폐쇄된 사실과 당에서 求法을 마치고 귀국한 엔닌의 歸航 일지에 완도가 기록되어 있지 않은 사실을 들어 해상활동의 요충지가 아니었다는 견해(남한호, 「9세기 후반 신라상인의 동향」, 『청람사학』 1, 1997, 133쪽)도 있다.

다는 점은 그곳이 전략적으로 중요했음을 말해준다. 그리고 674~675년경 신라 문무왕이 해안을 봉쇄하자, 왜는 멀리 양자강 이남의 明州(지금의 절강성 영파시)·越州(지금의 절강성 소흥시)를 경유하여 당나라에 조공을 왔다고 기록하고 있다.[100] 이와 같이 왜가 신라의 허락 없이 신라의 서남해안 연안을 항로로 이용할 수 없었던 것은 이 지역이 군사적으로 중요한 지역이었기 때문일 것이다.[101] 이로 볼 때 청해진이 국가제사에 편제된 것은 그곳이 해상의 요충지로 군사적으로 중요한 지역이었기 때문이다.

이와 관련해서 부안 죽막동 제사유적과 일본의 오키노시마(沖ノ島) 유적이 참고된다. 부안 죽막동 제사유적은 해상의 요충지에 위치하고 있으며, 여기에서 나온 土製馬와 鐵製馬는 이 제사유적이 군사적 성격을 지니고 있음을 반증한다.[102] 또한 일본 大和 정권은 정치적·군사적 목적에서 대내

99) 고경석, 「신라말기의 해상방위와 청해진」, 『STRATEGY 21』 8호(가을·겨울호), 2001, 155~157쪽.

100) 『신당서』 220, 열전145, 동이전 일본, "上元中……新羅梗海道 更繇明越州朝貢".

101) 방동인, 「청해진의 전략상 위치」, 『장보고 신연구』, 1985, 214~219쪽. 또 비록 후대의 사실이지만 조선 정부는 중종 16년(1521)에 완도항에 水軍萬戶를 배치하였다. 그 이후 완도의 만호는 부근 진도의 金甲鎭, 해남의 達梁鎭·於蘭鎭, 강진의 馬島鎭, 완도의 薪智鎭 등 5개 萬戶鎭을 관할하도록 되었다. 이처럼 청해진 주변에 많은 수군 기지가 설치되었다는 것은 이 지역이 군사적으로 그만큼 중요한 곳이라는 것을 말해주고 있다(최광식 외 3인, 『해상왕 장보고 그는 누구인가』, (재)해상왕장보고기념사업회, 2002, 65~66쪽). 그리고 『고려도경』 44, 해도조에 따르면 "해도는 옛날도 지금과 같았다. 예부터 전하는 것을 알아보면 지금은 혹 보이지 않는 것도 있고 지금 기재한 것은 혹 옛사람이 말하지 않는 것도 있으나, 그것이 본래부터 달랐던 것은 아니다. 대체로 항해하는 선박이 통하는 곳은 언제나 비바람의 향배를 조정하는 것으로"라고 되어 있다. 이로 볼 때 한번 생성된 교통로의 이용이 시대에 따라 쉽게 변하지 않음을 방증하는 것으로 보아도 좋을 것이다(방동인, 위의 논문, 1985, 213쪽).

102) 최광식, 「백제의 국가제사와 죽막동 제사유적의 성격」, 『부안죽막동제사유적연구』, 국립전주박물관, 1998, 139쪽.

적으로는 出雲大社, 대외적으로는 오키노시마를 가장 중요한 제사로 받들었다고 한다. 이 중 오키노시마 제사유적은 해상의 안전과 호국신을 제사하는 성격을 지닌 것으로 이곳 역시 전략적 요충지에 위치하고 있다.[103]

그리고 청해진은 해로의 요충지대이기 때문에 신라・당・일본간 삼각무역을 수행하기에 유리한 지점에 위치하여 경제적인 측면에서도 중요시되었다. 뿐만 아니라 왕도의 관문으로 향하는 선박을 통제하고 보호할 수 있는 이점도 갖추고 있었다.[104]

한편 명산대천의 대・중・소사 편제는 제사집단으로 상징되는 정치세력의 편제와 관련이 있다고도 한다. 신라의 중심부인 경주평야를 둘러싼 본래의 오악은 신라 영토가 확대되고 통일 뒤인 문무왕 말년 혹은 신문왕대에 국토의 사방과 중앙에 있는 산악들로 변화하였다.[105] 이 오악은 신라에 새로 편입되는 어떤 세력을 상징하는 것으로, 신라가 주위의 여러 국가들을 흡수 정복해 가는 과정의 산물이었다고 한다.[106] 이 점을 염두에 둔다면 오악뿐만이 아니라, 사진・사해・사독도 마찬가지였을 것이다. 오악은 계

---

103) 井上光貞, 「古代沖の島の祭祀」, 『日本古代の王權と祭祀』, 東京大學出版會, 1984 ; 和田萃, 「沖の島と大和政權」, 『沖の島と古代祭祀』, 吉川弘文館, 1988 ; 高橋裕, 「沖の島祭祀遺蹟」, 『부안죽막동제사유적연구』, 국립전주박물관, 1998.

104) 이기동, 「9~10세기에 있어서 황해를 무대로 한 韓・中・日 삼국의 해상활동」, 『진단학보』 71・72, 1991, 293쪽.

105) 이기백, 「신라 오악의 성립과 그 의의」, 『진단학보』 33, 1972/『신라정치사회사연구』, 일조각, 1974, 207쪽.

106) 이기백, 위의 책, 1974, 204~205쪽. 토함산은 석탈해가 그 산신으로 모셔진 점으로 미루어 석씨세력의 상징적 산이고 경주에 원주하던 부족과 연합하면서 신성시된 것이다. 부악은 본래 압독국이 있었던 지역으로 신라가 가야연맹의 기반이 되어 있던 낙동강 유역으로 진출하는 길목에 있는 산이었다. 태백산은 신라가 죽령을 넘어 고구려의 옛 영토를 점유한 뒤에 이 지역의 세력을 효과적으로 통제하기 위해 숭배된 것이라 생각한다. 또 지리산은 가야세력을, 계룡산은 백제세력을 염두에 두고 신성시하게 된 것이 아닌가 한다.

룡산(서악) 하나를 제외하고는 모두 소백산맥 일대와 그 동남쪽에 있는 산악들이다.[107] 사진·사해·사독은 신라 외곽지대로 국토의 주위를 둘러 가며 국경을 이루고 있는 형상이다.[108] 그렇다면 오악은 소백산맥 일대 세력을, 사진·사해·사독은 신라 국경지대 세력을 편제하였다고 할 수 있다.

특히 오악의 확대 변화는 신라에 새로 편입된 일정한 정치적 세력을 진압한다는 상징적 의미를 지니는 것으로 추측하기도 한다.[109] 청해진 설치는 장보고 세력이라는 또 하나의 지방세력이 대두해 오던 상황 속에서 진행된 것이었다. 이로 볼 때 청해진이 신라 국가제사에 편제된 것은 장보고 세력을 진압한다는 상징적인 의미가 있었다고 생각한다.

이처럼 청해진이 신라의 국가제사에 편제되어 있다는 사실에서 장보고 청해진 세력은 신라의 권위하에 있었다고 할 수 있다. 그러나 다음의 사실들에서 장보고는 상당히 독자적인 세력이었다고 여겨진다.[110] 우선 앞의 사료 B-1)에 따르면 장보고는 '淸海大使'로 나오고 있다. 신라 '진'의 최고 지휘관은 頭上大監,[111] 都護[112] 또는 鎭頭라 하였다. 그런데 장보고만이

---

107) 이기동, 「신라의 풍토와 그 역사적 특성」, 『천관우선생환력기념한국사학논총』, 1985/『신라사회사연구』, 일조각, 1997, 18쪽.

108) 최광식, 앞의 책, 1994, 318~319쪽.

109) 이기백, 앞의 책, 1974, 194~215쪽. 신라의 대·중·소사의 모든 제사는 일정한 씨족 혹은 세력의 연고지와 관련되어 있다. 이들은 국가의 필요에 따라 단순한 제사상의 문제를 넘어서 신라 사회의 중앙집권화를 수반하는데, 다시 말하면 종교의 정치화 현상이라고 할 수 있다(신종원, 「삼국사기 제사지 연구—신라사전의 연혁·내용·의의를 중심으로」, 『사학연구』 38, 1984/『신라초기불교사연구』, 민족사, 1992, 40쪽). 신라의 명산대천제사는 왕경과 지방의 지배조직을 근거로 편제되었는데, 그것은 고정적인 것이 아니었고 지역집단의 정치적 힘의 성장을 제사편제를 통해 인정하였던 것이다(浜田耕策, 「新羅の祭祀と名山大川の祭祀」, 『呴沫集』 4, 1984, 157쪽).

110) 김광수, 「장보고의 정치사적 위치」, 『장보고 신연구』, 1985, 102~103쪽.

'대사'[113]로 나오고 있는 것이다. 이것은 장보고의 청해진이 다른 진들과는 다르다는 것을 신라 정부에서 인정한 것으로 여겨진다. 장보고 세력이 무시할 수 없을 정도로 성장한 상황 속에서 중앙정부는 장보고를 대사로 임명하여 적절한 선에서 그를 인정한 것으로 파악되는 것이다.

그리고 다음 사실도 관심을 끈다.

C. 청해진 대사 궁복을 感義軍使로 봉하고 식읍 2천호를 봉해 주었다.
(『삼국사기』 10, 신라본기10, 신무왕 즉위년)[114]

사료 C를 보면 신무왕은 즉위 직후 자신의 즉위에 가장 결정적인 역할을 한 장보고를 '感義軍使'로 삼고 있다. '감의군사'는 중앙의 관등이나 관직에 실질적으로 임명된 것은 아니지만, 이것이 당나라 군제의 '절도사'나 '감군사' 등을 연상케 하는 직함인 것으로 미루어 이때의 분봉은 정치적 혹은 군사적인 독자성을 지니는 것으로 볼 수 있을 것이다.[115]

---

111) 『삼국사기』 40, 잡지9, 직관 하, "浿江鎭典 頭上大監 一人 宣德王三年 始置大谷城頭上 位自級湌至四重阿湌爲之".

112) 이기동, 「신라하대의 패강진」, 『한국학보』 4, 1976/『신라골품제사회와 화랑도』, 일조각, 1984, 214~219쪽.

113) 대사에 대한 해석은 특수직으로 보는 견해(Edwin O.Reischauer, 『Ennin's Tavel in T'ang China』, The Ronald Press Co, New York, 1955/조성을 역, 『중국 중세사회로의 여행』, 한울, 1991, 14쪽)와 당의 절도사에서 유래하였다는 견해(浦生京子, 「新羅末期の張保皐の擡頭と反亂」, 『朝鮮史硏究會論文集』 16, 1979, 52~53쪽 ; 김광수, 앞의 논문, 1985, 108~109쪽), 중앙정부의 행정적 통제를 벗어난 특수한 자격으로 장보고 개인에 의해 사용되었다는 견해(이기동, 「장보고와 그의 해상왕국」, 『장보고 신연구』, 1985, 139~140쪽), 변방을 지키는 특별한 위치의 절도사였다는 견해(김덕수, 「장보고의 국제해상무역에 관한 일고찰」, 『한국해운학회지』 7, 한국해운학회, 1988, 74쪽), 신라 조공무역의 대표자라는 견해(서윤희, 「청해진대사 장보고에 대한 연구-신라 왕실과의 관계를 중심으로」, 『진단학보』 92, 2001, 11~14쪽)가 있다.

114) "封清海鎭大使弓福爲感義軍使 食實封二千戶".

또한 다음도 주목된다.

D. 8월에 죄수들을 크게 사면하였다. 교를 내려 말하였다. "청해진대사 궁복은 일찍이 군사로 돌아가신 나의 아버지를 도와 앞의 조정의 큰 적을 없앴으니, 그 공적을 잊을 수 있겠는가." 이에 (궁복을) 鎭海將軍으로 삼고 아울러 장복을 내려 주었다. (『삼국사기』 11, 신라본기11, 문성왕 즉위년)[116)]

위의 사료 D에 따르면 문성왕은 신무왕의 즉위를 도운 장보고의 공로를 높이 평가하여 장보고에게 '鎭海將軍'이라는 직함을 주고 있다. 본래 장군은 진골귀족만이 가질 수 있는 지위이지만, '진해장군'이라는 호칭은 매우 중국적이다. 게다가 '장군'이란 호칭은 뒤에 가서 독립된 호족이나 성주가 자칭하던 호칭이기도 했다. 그렇다면 문성왕이 장보고에게 '진해장군'이란 직책을 내린 것은 실제적으로 서남해 해상권을 장악하고 있던 장보고 청해진 세력의 실체를 인정한 것으로 여길 수 있는 것이다.

이와 같이 장보고 청해진 세력은 독자적인 성격을 지닌 지방세력이었다. 그럼에도 불구하고 장보고 청해진 세력이 신라의 권위하에 있었던 이유는 무엇일까. 장보고가 당나라에 머물고 있을 때 55년간 산동반도 일대와 황해를 아울러 관장하던 이정기 가문이 몰락하였다. 그 결과 황해는 주인

---

115) 김광수는 형식적이나마 분봉의 의미를 담은 것으로, 감의군사란 마치 당의 武寧軍 절도사와 같이 감의군 대사를 의미하는 것이라고 하였고(앞의 논문, 1985, 109쪽), 이기동은 완도를 중심으로 한 주변 지역의 주민에 대한 장보고의 실제적인 지배를 인정해 준 것(앞의 논문, 1985, 155쪽)이라고 하였다. 서윤희는 장보고가 청해진에 대한 사적인 지배력을 신라 사회에서 왕으로부터 정식으로 인정받는 것이라고 하였다(앞의 논문, 2001, 28쪽).

116) "八月 大赦 敎曰 淸海鎭大使弓福 嘗以兵助神考 滅先朝之巨賊 其功烈可忘耶 乃拜爲鎭海將軍 兼賜章服".

없는 바다가 되었고 여러 군소 무역업자들은 황해 해상권을 둘러싸고 각축을 벌였다. 신라 백성들을 붙잡아 중국에 노비로 팔던 해적 역시 군소 무역업자들 가운데 일부였을 것이다. 이러한 혼란 상황에서 황해무역의 발전 가능성을 간파한 장보고는 군소 무역업자들을 아우를 군사적 혹은 상업적 기지가 필요했던 것이 아닐까 한다.117)

그리고 보다 궁극적인 목적은 중앙정치에 진출하려고 한 것이 아니었을까 한다.118) 신라 왕경에서의 왕위 쟁탈전은 장보고가 중앙정계에 진출할 수 있는 직접적인 계기를 제공하였고119) 딸의 납비를 통하여 왕과 밀착되어 권력을 장악하려 하였을 것이다.120)

E. 1) 봄 3월에 청해진대사 궁복의 딸을 아내로 맞이하여 둘째 왕비로 삼으

---

117) 권덕영, 「장보고 약전」, 『경북사학』 25, 2002, 15~16쪽 ; 방동인, 앞의 논문, 1985, 220쪽.

118) 청해진 설치시 장보고의 자원을 정치적으로 인정받기 위한 행동으로 보고 이미 변방에 대한 통제력을 상실한 신라의 입장에서 받아들일 수밖에 없었다는 김광수의 해석(앞의 논문, 1985, 101쪽)은 충분한 설득력이 있다.

119) 흥덕왕이 죽자 균정과 제융(후의 희강왕) 간의 왕위쟁탈전이 벌어져 그 싸움에서 패한 균정의 아들 김우징이 처자와 함께 청해진으로 피신하여 장보고에게 의지하였다(『삼국사기』 10, 신라본기10, 희강왕 2년). 그리고 상대등 김명(후의 민애왕)이 시중 이홍과 함께 희강왕을 핍박하여 죽이고 스스로 왕위에 오르자, 김양은 군사를 모집하여 청해진으로 도망갔다. 김우징과 김양은 민애왕 타도를 결심한 후 장보고로부터 병력 5천명의 지원을 받아 궁궐에 난입해 민애왕을 살해하고 김우징은 신무왕으로 즉위하였다(『삼국사기』 10, 신라본기10, 민애왕 즉위년, 2년).

120) 장보고가 자신의 딸을 왕비로 들이려고 했다는 사실은 장보고가 왕실과의 결탁을 의도했으며 바로 국가의 권위를 필요로 했다는 것을 의미한다(김주성, 「장보고세력의 흥망과 그 배경」, 『한국상고사학보』 24, 1997, 173쪽). 장보고가 자신의 딸을 왕비로 들이려고 했다는 사실에 대해 장보고가 불안정한 자신의 위치를 굳히기 위하여 외척의 지위를 얻으려고 하였다는 해석(蒲生京子, 앞의 논문, 1979, 63쪽), 혹은 오히려 신라정부와 대등한 권한을 요구하기 위해서였다는 해석(김광수, 앞의 논문, 1985, 114쪽)도 있다.

려 했으나, 朝臣들이 간하여 말하였다. "부부의 도리는 사람의 큰 윤리입니다. 그러므로 夏나라는 도산씨로 인하여 흥하였고 은나라는 신씨로 인하여 번창하였으며, 주나라는 포사 때문에 망하였고 진나라는 여희 때문에 어지러워졌습니다. 그러한 즉 나라의 존망은 여기에 있는 것이니, 신중해야 할 일이 아니겠습니까. 지금 궁복은 海島人인데, 그의 딸이 어찌 왕실의 배우자가 될 수 있겠습니까." 왕이 그 말에 따랐다. (『삼국사기』 11, 신라본기11, 문성왕 7년)[121]

2) 제45대 신무대왕이 아직 왕이 되기 전에 왕은 협사 궁파에게 말했다. "내겐 이 세상에서 같이 살 수 없는 원수가 있소. 그대가 나를 위해 그를 없애주고, 내가 왕위에 오르게 되면 그대의 딸을 왕비로 삼겠소." 궁파는 이를 허락하고 마음과 힘을 같이 하여 군사를 일으켜 서울에 쳐들어가서 그 일을 성공시켰다. 왕은 이미 왕위를 빼앗았으므로 궁파의 딸을 왕비로 삼으려 하니, 여러 신하가 극력으로 간했다. "궁파는 미천한 사람[側微]이니, 임금께서 그의 딸로써 왕비로 삼는 것은 옳지 못합니다." 왕은 그 말을 따랐다. (『삼국유사』 2, 기이2, 신무대왕·염장·궁파)[122]

그러나 위의 사료에서 알 수 있듯이, 장보고 딸의 납비문제가 제기되었을 때 朝臣, 진골귀족들이 반대하고 있다. 그 이유는 그가 본디 '海島人'이라는 점(사료 E-1), '側微'했다는 점(사료 E-2) 때문으로 그는 아마도 평인·백성 이하의 하층계급 출신인 것으로 여겨진다.[123] '국왕의 배필은 반드시 眞骨

121) "春三月 欲娶淸海鎭大使弓福女爲次妃 朝臣諫曰 夫婦之道 人之大倫也 故夏以塗山興 殷以㜪氏昌 周以褒姒滅 晉以驪姬亂 則國之存亡 於是乎在 其可不愼乎 今弓福海島人也 其女 豈可以配王室乎 王從之".

122) "第四十五 神武大王潛邸時 謂俠士弓巴曰 我有不同天之讎 汝能爲我除之 獲居大位 則娶爾女爲妃 弓巴許之 協心同力 擧兵犯京師 能成其事 旣簒位 欲以巴之女爲妃 羣臣極諫曰 巴側微 上以其女爲妃則不可 王從之".

123) 이기동, 앞의 논문, 1985, 127쪽. 한편 해도인이란 표현은 평인백성과 구별되는 특별한 의미를 가진 것으로 천민이란 추측(蒲生京子, 앞의 논문, 1979)과 장보고를

女야 한다'[124]는 것이 신라의 관례였고, 진골귀족들은 문성왕이 장보고의 딸과 결혼하는 것에는 강한 반대를 하였던 것이다. 이로 볼 때 장보고는 비록 독자적인 지방세력으로 그 지위를 누렸으나, 골품제의 폐쇄성으로 말미암아 중앙으로의 진출은 실패했다고 여길 수 있다.[125]

2. 청해진과 해양신앙

장보고는 해상무역을 통하여 부와 권력을 얻었다. 그런데 장보고 해상무역의 일차적인 성패요인은 항해의 안전 여부에 달려 있었다. 장보고 청해진 세력이 아무리 뛰어난 항해술과 조선술, 조직력을 갖추었다 하더라도 대자연의 힘 앞에서는 무력할 수밖에 없었다. 그들은 안전 항해를 위한 기도처가 있었을 것이다. 이와 관련해서 가장 주목되는 것이 장보고가 지금의 山東省, 즉 登州 文登縣 淸寧鄕 赤山村에 세운 法花院이다.[126]

엔닌의 『入唐求法巡禮行記』(이하 『행기』)[127]에 따르면 법화원에서는 겨

완도지역의 토호 출신으로 추정한 견해도 있다(김광수, 앞의 논문, 1985, 93~96쪽).

124) 『신당서』 220, 신라전.

125) 장학근, 「장보고 해상세력과 고려 건국의 연계성」, 『STRATEGY 21』 8호(가을·겨울호), 2001, 174~175쪽 ; 노덕호, 「나말 신라인의 해상무역에 관한 연구」, 『사총』 27, 1983, 27~29쪽 ; 김창겸, 「8~9세기 신라 정치사회의 변화와 장보고」, 『대외문물교류』 1, 2002, 185~186쪽.

126) 『행기』 2, 개성 4년(839) 6월 7일, "其赤山 純是巖石高秀處 卽文登縣淸寧鄕赤山村 山裏有寺 名赤山法花院 本張寶高初所建也". 적산 법화원의 창건시기를 '820년대초' 혹은 '820년 전후'라는 견해, 청해진 설치 이전에 창건, 청해진 설치를 전후한 시기에 창건, 청해진 설치 이후에 창건되었다는 견해가 있다. 이에 대해서 조범환, 「장보고와 적산 법화원」, 『대외문물교류연구』 1, 2002, 144쪽 주 4 참고. 그리고 법화원의 운영에 대해서는 권덕영, 「재당 신라인 사회와 적산 법화원」, 『사학연구』 62, 2001, 67~77쪽 참고.

127) 『행기』의 해석은 김문경 역, 『엔닌의 입당구법순례행기』, 도서출판 중심, 2001 참조.

법화원 | 장보고가 세운 사찰로 재당신라인의 신앙거점이자 항해의 안전을 기원하는 기도처였다.

울에는 『법화경』을, 여름에는 『금광명경』을 강설하였다고 한다.[128] 여름 강설인 『금광명경』은 국태민안과 현세이익을 구하고자 하는 염원에서 행해진 것이었으나, 엔닌 일행은 경험하지 못하였다. 그렇지만 엔닌은 그가 경험한 『법화경』의 강설에 대해서 상세히 기술하고 있다.[129] 그리고 법화원의 '송경의식'을 보면 현세의 이익을 구하고 서방정토세계에 왕생하고자 하는 염원으로 약사여래의 명호와 대자대비를 근본염원으로 하는 관세음보살의 명호가 찬탄되고 있다.[130]

128) 『행기』 2, 개성 4년 6월 7일, "(法花院) 冬夏講說 冬講法花經 夏講八卷金光明經 長年講之".

129) 『행기』 2, 개성 4년 11월 16일, "山院起首講法花經 限來年正月十五日 爲其期…… 男女道俗 同集院裏 白日聽講 夜頭禮懺聽經及次第".

130) 『행기』 2, 개성 4년 11월 22일, "念經了 導師獨唱歸依佛 歸依法 歸依僧 次稱佛菩薩號 導師唱云 南無十二大願 大衆云藥師瑠璃光佛 導師云南無藥師也 大衆同音云 瑠璃光佛 導師云南無大慈悲也 大衆同音云 觀世音菩薩 餘皆如此".

법화원에서 『법화경』을 강설한 이유와 '송경의식'에서 관세음보살을 칭탄하고 있는 이유는 무엇인가. 법화원이란 명칭은 『법화경』에서 유래한 것으로, 『법화경』은 일찍부터 관음신앙의 소의경전으로 주목받았다. 특히 『법화경』에 설해진 관음신앙은 항해와 관련이 깊다. 『법화경』 觀世音菩薩普門品(이하 보문품)에 따르면 보물을 얻기 위하여 큰 바다에 들어갔다가 폭풍을 만나 배가 뒤집힐 지경에 이르렀을 때, 그 배에 타고 있던 사람 가운데 한 사람이라도 관세음보살의 이름을 부르면 동승한 여러 사람들이 위험으로부터 벗어날 수 있다고 하였다.[131] 이로 보면 『법화경』 보문품의 내용은 해상활동을 하는 이들과 아주 밀접한 관계가 있었음을 짐작할 수 있다.[132] 그러하다면 법화원은 창건 동기부터 항해의 안전을 기원하기 위해 건립된 사찰로,[133] 관음신앙과 밀접한 관계가 있지 않았을까 한다.[134]

그리고 다음 기록도 주목된다.

F. 1) 범화암(완도 안에 있다. 이 절이 있는 골짜기에 全石溪・天然臺・象王峰이 있다). (『신증동국여지승람』 37, 강진현 古跡)[135]
2) 월남사 무위사 백련사 금곡사 백운사 수암사 운제사(『신증동국여지승람』 37, 강진현 佛宇)[136]

---

131) 『법화경』, 觀世音菩薩普門品 제25, "若有百千萬億衆生 爲求金銀琉璃硨磲瑪瑙珊瑚琥珀眞珠等寶 入於大海 假使黑風吹其船舫 飄墮羅刹鬼國 其中若有乃至一人 稱觀世音菩薩名者 是諸人等 皆得解脫羅刹之難 以是因緣名觀世音".

132) 조범환, 앞의 논문, 2002, 155쪽. 그리고 『법화경』 관세음보살보문품에 대해서는 송석구, 「법화경 관세음보살보문품 연구」, 『한국불교학』 3, 1977, 187~202쪽 참고.

133) 권덕영은 적산 법화원의 사회적 역할에 대하여 ① 재당 신라인의 교화처 ② 항해를 위한 기도처 ③ 교민사회 결속의 매개처라 하고 있다(앞의 논문, 2001 참고). 조범환, 위의 논문, 2002, 144쪽 주 5도 참고.

134) 김문경, 「신라 무역선단과 관세음신앙」, 『장보고와 21세기』, 혜안, 1999, 125~147쪽 참고.

135) "法華菴(在莞島 中寺之洞 有全石溪天然臺象王峯)".

위의 사료 F-1)에 따르면 법화암은 완도에 있으며 절이 있는 골짜기에는 전석계·천연대·상왕봉이 있다고 한다. F-2)는 고려 때 건립하거나 중수한 강진현의 절들이다. 반면 법화암은 고적조에 기록되어 있다. 법화암도 장보고 당시에 창건되어 청해진의 안녕과 뱃길의 무사함을 기원하기 위한 기도처였다고 할 수 있다.[137)]

이로 볼 때 장보고 청해진 세력은 관음신앙을 통해 항해의 안전을 기원한 것으로 여겨진다. 이와 관련해서 엔닌 등이 편승하였던 일본 견당사 일행이 출항할 때 관음보살을 그려 놓고 무사 항해를 빌었으며,[138)] 몇 일 후 바람이 세차게 불고 파도가 사나워 배가 침몰하려 하자 모두들 관음보살과 묘현보살을 칭송하며 마음 속으로 살 길을 구하기도 하고,[139)] 그들이 양주에서 운하를 따라 초주로 가던 길목인 寶應縣 白田市 橋南에 법화원이 있었다[140)]는 기록도 참고된다.[141)]

그런데 엔닌 일행은 佛뿐만이 아니라 神에 의지하여 기도하기도 하였다.[142)] 여기에서 말하는 신은 무엇일까. 엔닌의 『행기』에 따르면 엔닌 일행은 항해 중 그들의 스미요시 대신(住吉大神)·하치만 신(八幡神), 천신과 지신, 해룡왕, 그곳의 山島神, 오대용왕, 그곳의 토지신과 대인신·소인신

136) "月南寺 無爲寺 白蓮社 金谷寺 白雲寺 秀巖寺 雲際寺".

137) 노덕호, 앞의 논문, 1983, 43쪽 ; 조범환, 「신라 하대 장보고와 선종」, 『STRATEGY21』 8호(가을·겨울호), 2001, 111쪽.

138) 『행기』 1, 승화 5년 6월 24일, "大使(考藤原常嗣)始畫觀音菩薩 請益儒學法師等相共讀經誓祈".

139) 『행기』 1, 승화 5년 7월 2일, "聞大使以六月廿九日未時 離船 以後漂流之間 風强濤猛 怕船將沈 捨矴擲物 口稱觀音妙見 意求活路 猛風時止".

140) 『행기』 1, 개성 4년 2월 24일, "廿四日卯時 到寶應縣白田市 市橋南邊有法花院".

141) 이와 관련해서 조영록, 「장보고 선단과 9세기 동아시아의 불교교류」, 『대외문물교류연구』 1, 2002, 125쪽.

142) 『행기』 1, 승화 5년 6월 28일, "船上一衆憑歸佛神 莫不誓祈".

등에게 봉제를 올리고 있다.[143] 아마도 장보고 청해진 세력도 다양한 신들에게 제사지냈을 것이다. 그렇다고 하더라도 그들이 가장 중요시 한 대상은 무엇이었을까.

해상활동에는 각종 위험이 도사리고 있어서 항상 초자연적인 존재의 무서움을 체감하게 된다. 그 경우에 인간은 바다에 존재할 것으로 믿는 신에게 제사라는 행위를 통하여 공포를 해소하거나 자위를 얻게 마련이다. 따라서 해상에서 활동 중인 사람들은 바다의 신을 숭배하고 해신에 대한 제의를 올렸을 것이다. 최근 한국 고대 해신 숭배와 관련된 고고학 자료가 축적되고 있는데, 완도 청해진 유적, 부안 죽막동 유적과 제주 용담동 유적[144]이 대표적이다.

이 중 죽막동 유적은 연안 항해나 근해 항해가 일반적이었던 삼국시대 전기부터 서해안의 남북을 잇는 해로상의 요충지이고, 중요한 해상기점이었다. 이 죽막동 유적은 가야의 해상교섭 창구나 기점으로 작용할 수 있었기

---

143) 『행기』 1, 개성 4년 4월 1일, "未時 節下已下登陸岸 祀祠天神地祇" ; 『행기』 1, 개성 4년 4월 14일, "戌時 爲得順風 依灌頂經設五穀供 祠五方龍王 誦經及陀羅尼" ; 『행기』 2, 개성 4년 5월 2일, "日沒之時 於舶上 祭天神地祇 亦官私絹 纈鏡等奉上於船上住吉大神" ; 『행기』 2, 개성 4년 5월 6일, "晩頭祭五方龍王 戒明法師勾當其事" ; 『행기』 2, 개성 4년 5월 11일, "祭大唐天神地祇" ; 『행기』 2, 개성 4년 6월 5일, "祈祠船上霹靂神 又祭船上住吉大神 又爲本國八幡等大神 及海龍王 并登州諸山嶋神等 各發誓願" ; 『행기』 4, 회창 7년 9월 8일, "僧等燒香 爲當嶋土地及大人小人神等念誦 祈願平等得到本國 卽在彼處 爲此土地及大人小人神等 轉金剛經百卷".

144) 제주 용담동 유적은 국가에서 주관한 제사는 아니지만 해상항로상의 요충지에서 해신제사를 지내던 곳이다(제주대학교박물관 · 제주시, 『제주시 용담동 유적』, 제주대학교박물관조사보고 11집, 1993 ; 이청규, 『제주도 고고학연구』, 학연문화사, 1994, 309~316쪽). 여기에서는 越州窯系 청자가 출토되어 북구주－제주－청해진－남중국을 잇는 해상국제교역이 제사의 배경이 되고 있음을 보여준다(유병하, 「부안 죽막동유적에서 진행된 삼국시대의 해신제사」, 『부안죽막동제사유적연구』, 국립전주박물관, 1998, 194쪽).

부안 죽막동 유적 출토 제사토기 | 죽막동 유적은 3세기 후반부터 항해의 안전을 위해 海神에게 제사를 지냈던 곳으로, 제사 때 사용한 다량의 토기들이 출토되었다.

때문에 이곳에서 국가형 제사를 지냈을 것으로 보인다. 국가형 제사는 국가가 제사에 관여할 필요에 의해서 발생한 제사유형으로, 해상교섭의 필요성이 증대되는 시점에서 해상교류의 길목이나 중요한 기점에 원거리 항해의 안전이나 해상교통로의 안전을 기원하면서 형성된 제사이다.[145] 그리고 죽막동 유적에 붙어 있는 海蝕 동굴에는 해신과 관련된 전설이 남아 있는데, 이곳에서 유적 앞바다를 지키는 해신인 수성할미(혹은 개양할미)가 나왔다고 한다.[146]

이로 볼 때 청해진 조음도에서의 제사는 원거리 항해의 안전이나 해상교

145) 유병하, 「부안 죽막동유적의 해신과 제사-제사양상의 비교 검토를 중심으로」, 서울대 석사학위논문, 1997, 37~38쪽.

146) 유병하, 앞의 논문, 1998, 197쪽.

통로의 안전과 같은 구체적인 것이었을 것이다. 그리고 그 대상은 해신이었을 것으로 여겨진다.147) 이것은 신라 중사의 하나인 사해도 마찬가지였을 것으로 생각된다. 앞의 사료 A의 사해 부분을 다시 제시하면 다음과 같다.

G. 四海 東阿等邊(一云斤烏兄邊 退火郡) 南兄邊(居柒山郡) 西未陵邊(屎山郡) 北非禮山(悉直郡) (『삼국사기』 32, 잡지1, 제사)

위의 사료 G에 따르면 사해는 동해 阿等邊(지금의 흥해), 남해 兄邊(지금의 동래), 서해 未陵邊(지금의 옥구), 북해 非禮山(지금의 양양 혹은 삼척)으로, 이곳에서는 동해신, 남해신, 서해신 등에게 제사를 지냈을 것이다.148)

이와 같은 해신에 대한 제사가 신라 국가제사에 편제될 수 있었던 이유는 무엇일까. 『예기』 곡례에 따르면 천자는 천지, 사방[사망],149) 산천, 五祀에 대한 제사를 지내고 제후는 산천과 오사에 대한 제사를 지낸다고 한다.150) 사방[사망]은 『주례』 小宗伯 '兆五帝於四郊四望四類亦如之'의 鄭玄의 註에 '五嶽·四鎭·四瀆'이라고 되어 있다. 이러한 사방[사망]제도가 성립할 때 海 역시 종교의례의 대상이었다는 점에서 사방[사망]에는 사해도 포함된다고 할 수 있다.151) 이러한 사방[사망]제사는 隋代에는 중사에, 唐代에는

---

147) 유병하는 당시의 청해진이 국제해상항로상의 요충지이고 섬의 점거집단이 해상세력이었음을 감안하면 해신에게 제사를 지낸 것은 분명해 보인다고 하였다(위의 논문, 1998, 194~195쪽).

148) 노중국, 앞의 논문, 1988 ; 최광식, 앞의 책, 1994, 205~306쪽.

149) 사방은 문맥상 천지 아래에 있고 산천 위에 위치하고 있으므로, 구체적인 제사대상을 가리키는 것으로 여겨지는데, 사망이 아닐까 한다(池田末利, 「四方百物考」, 『中國古代宗教史硏究－制度と思想』, 東海大學出版會, 1981, 124~127쪽).

150) 『禮記』 曲禮 下, "天子祭天地·祭四方·祭山川·祭五祀 歲徧 諸侯方祀祭山川·祭五祀 歲徧".

151) 池田末利, 「四望·山川考」, 앞의 책, 1981, 142~143쪽.

악, 진, 해, 독으로 중사에 편제되어 있다. 신라는 통일 이전 진덕왕대부터 중국의 제사제도에 관심을 가졌고, 통일 후 그것을 수용하고 있다.[152] 그러하다면 통일신라시기 해신에 대한 제사가 국가제사에 편제될 수 있었던 것은 이러한 중국 제사제도의 영향도 있었을 것이다.

그리고 신라는 일찍부터 바다에 대한 관심을 갖고 있었다. 이것은 선박과 항해에 관한 업무를 전담하는 관서인 선부서의 설치 및 그것의 개편[153]에서 잘 알 수 있다.[154] 또한 당은 성덕왕에게 '영해군사'라는 관작을 내리고 있다.[155] 이것은 당이 발해와의 관계 속에서 신라 왕에게 황해 지배권을 위탁한 것으로,[156] 이러한 '영해군사'라는 관작은 경덕왕, 선덕왕, 헌덕왕, 흥덕왕대로 이어지고 있다.[157] 뿐만 아니라 청해진 설치 이후 해상요충지에

---

152) 이와 관련해서 채미하,「신라 종묘제의 수용과 그 의미」,『역사학보』176, 2002 참고.

153)『삼국사기』4, 신라본기4, 진평왕 5년, "春正月 始置船府署 大監·弟監 各一員";『삼국사기』38, 잡지7, 직관 상, "船府 舊以兵部大監·弟監 掌舟楫之事 文武王十八年別置 景德王改爲利濟府 惠恭王復故 令一人 位自大阿湌至角干爲之 卿二人 文武王三年置 神文王八年加一人 位與調府卿同 大舍二人 景德王改爲主簿 惠恭王復稱大舍 位與調府大舍同 舍知一人 景德王改爲司舟 惠恭王復稱舍知 位與調府舍知同 史八人 神文王元年加二人 哀莊王六年省二人".

154) 이상 허일 등 6인,「8~9세기 한·중간의 해상활동과 무역에 관한 연구-장보고의 해상활동을 중심으로」,『한국항해학회지』24권 2호, 2000, 109~110쪽.

155)『삼국사기』8, 신라본기8, 성덕왕 32년, "秋七月 唐玄宗以渤海靺鞨 越海入寇登州 遣太僕員外卿金思蘭歸國 仍加授王爲開府儀同三司寧海軍使 發兵擊靺鞨南鄙".

156) 浜田耕策,「新羅王權と海上勢力」,『新羅國史の研究』, 吉川弘文館, 1998, 454~455쪽.

157)『삼국사기』9, 신라본기9, 경덕왕 2년, "新羅王開府儀同三司使持節大都督鷄林州諸軍事兼充持節寧海軍使";『삼국사기』9, 신라본기9, 선덕왕 6년, "王爲檢校太尉雞林州刺史寧海軍使新羅王";『삼국사기』10, 신라본기10, 헌덕왕 즉위년, "冊立王爲開府儀同三司檢校太尉持節大都督雞林州諸軍事兼持節充寧海軍使上柱國新羅王";『삼국사기』10, 신라본기10, 흥덕왕 2년, "冊立王嗣王爲開府儀同三司檢校太尉持節大都督雞林州諸軍事兼持節充寧海軍使新羅王". 이상 허일 등 6인, 앞의 논문, 2000, 112~113쪽 참고.

당성진, 혈구진, 장구진 등이 설치된 것에서도 알 수 있다. 이처럼 신라가 일찍부터 바다를 중요시 하였다는 점을 염두에 둔다면 통일기 해신에 대한 제사는 중요한 국가제사의 하나였을 것이다.

그러하다면 해신의 구체적인 모습은 어떠했을까. 중국 산동성 연해 어민들이 해신으로 신봉하는 신은 용왕, 天后(海神娘娘), 民間仙姑와 바다에 사는 동물인 고래와 자라 등이 있다.158) 이 중 용왕은 중국 북방 어민들이 보편적으로 숭배하는 신이다. 『管子』 刑勢解에 "용은 물에 사는 동물의 신이니 물이 있은 즉 신의 능력이 생기고 물이 없은 즉 신의 능력이 사라진다" 하였다. 『淮南子』 天文訓에는 "이무기와 용은 물에서 살고 호랑이와 표범은 산에 사는 것이 자연의 이법이다" 하였다.159) 이와 같이 용은 비를 가져오는 雨師이고 물을 관장하고 지배하는 신임을 알 수 있다. 그리고 동·서·남·북에 모두 용왕이 있다는 사해용왕의 관념은 당·송 이래 점점 각지로 퍼지게 되었다.160) 당에서는 일찍부터 동해신을 光德王, 남해신을 廣利王, 서해신을 廣潤王, 북해신을 光澤王이라 하여 사해신으로 삼아 봉사하고 제관으로 그곳의 도독이나 자사를 임명하고 있다.161) 그리고

158) 葉濤, 「山東沿海漁民的海神信仰與祭祀儀式」, 『제3회국제학술회의논문집』(한국민속학회), 1999, 279쪽 ; 周星, 「海洋民俗與中國的民俗硏究」, 『제3회국제학술회의논문집』(한국민속학회), 1999, 232쪽 참고. 한편 일본의 경우 해신에 대한 제사의 성격과 그 특징에 대해 연구가 진행되어 왔는데(龜井正道, 「海路の祭祀」, 『講座日本の古代信仰』 3, 學生社, 1980, 70~80쪽 ; 龜井正道, 「祭祀遺蹟-山と海」, 『呪法と祭祀·信仰-日本考古學論集 3』, 吉川弘文館, 1986, 291~317쪽 ; 謙木義昌, 「海の信仰」, 『季刊考古學』 2, 1983), 대표적으로 沖ノ島 제사유적은 고분시대의 지방호족인 宗像氏가 宗像三女神을 모시던 곳 중의 하나로(高橋裕, 앞의 논문, 1998, 315쪽), 현재도 이들을 제사하는 沖津宮이라는 신사가 남아 있다(유병하, 앞의 논문, 1997, 77쪽).

159) 김선풍, 「용띠의 민속과 상징」, 『중앙민속학』 6, 1995, 152쪽.

160) 葉濤, 앞의 논문, 1999, 279쪽.

161) 『文苑英華』 879, 『韓昌黎集』 권31, 「南海神廟碑」/김문경, 앞의 논문, 1999,

『보경사명지』의 정해현 신묘조에 보면 명주의 定海·昌國현 간에 사우를 지어 동해신인 광덕왕을 봉사하고 안전한 항해를 마치게 한 신령에게 극진히 감사를 표하고 있다.[162] 그리고 죽막동 유적의 해식동굴은 堂窟 혹은 용굴이라고 부르며, 지금도 이곳을 지나는 선박들이 잠시 들러 기원을 하거나 이 일대 주민들이 용왕제를 지내고 있다고 한다.[163]

신라시대에는 다음 사실이 관심을 끈다.

H. 봄 정월에 교서를 내려 관직의 이름을 모두 옛 것으로 회복시켰다. 왕이 감은사에 거둥하여 바다에 望祭를 지냈다. (『삼국사기』 9, 신라본기 9, 혜공왕 12년)[164]

사료 H에 따르면 혜공왕은 왕 12년(776) 정월 감은사에 거둥하여 바다에 望祭를 지냈다고 한다. 감은사는 문무왕의 원당이다. 감은사 앞의 바다에는 문무왕의 수중릉이 있다. 그렇다면 혜공왕이 감은사에 거둥하여 바다에 지냈다는 망제는 문무왕을 추모하기 위한 것으로 여길 수 있을 것이다.[165]

I. 제31대 신문대왕의 이름은 정명이며, 성은 김씨다. 개요 원년 신사(681) 7월 7일에 왕위에 올랐다. 부왕인 문무대왕을 위해 동해 가에 감은사를 세웠다(절에 있는 기록에는 이런 말이 있다. 문무왕이 왜병을 진압하고자 이 절을 처음으로 짓다가 다 끝마치지 못하고 죽어 바다의 용[海龍]이 되었다. 그 아들 신문왕이 왕위에 올라 개요 2년(682)에 끝마쳤다. 금당

127~128쪽에서 재인용.

162) 『寶慶四明志』 19, 定海縣 神廟/김문경, 위의 논문, 1999, 128쪽에서 재인용.

163) 유병하, 앞의 논문, 1998, 197쪽.

164) "春正月 下教 百官之號 盡合復舊 幸感恩寺望海".

165) 채미하, 「신라 혜공왕대 오묘제의 개정」, 『한국사연구』 108, 2000, 48쪽.

망해사 벽화 | 울산시 울주군 청량면 망해사 소재. 망해사 설화를 토대로 그렸다. 안개와 구름이 자욱해지면서 동해 용이 일곱 아들을 데리고 나타난다. 동해 용의 일곱 아들 중 하나인 처용은 헌강왕을 따라가 국정을 보좌하였다고 한다.

섬돌 아래에 동쪽을 향해 구멍 하나를 뚫어 두었는데, 이는 용이 들어와서 서리고 있게 하기 위해서였다. 대개 유언으로 유골을 간직한 곳은 대왕암이라고 하고, 절을 감은사라고 이름했으며, 뒤에 용이 나타난 곳을 이견대라고 하였다). (『삼국유사』 2, 기이 2, 만파식적)166)

위의 사료 I에서는 문무왕은 죽어서 해룡이 되었다고 한다. 이 점을 염두에 둔다면 혜공왕이 바다에 지냈다는 망제는 해룡이 된 문무왕에 대한 제사로, 이 제사는 해신, 용에 대한 제사로도 여길 수 있을 것이다.

그리고 『삼국유사』 진성여대왕 거타지조에 따르면

166) "第三十一 神文大王 諱政明 金氏 開耀元年辛巳七月七日卽位 爲聖考文武大王創感恩寺於東海邊(寺中記云 文武王欲鎭倭兵 故始創此寺 未畢而崩 爲海龍 其子神文立 開耀二年畢 排金堂砌下 東向開一穴 乃龍之入寺 旋繞之備 蓋遺詔之葬骨處名大王岩 寺名感恩寺 後見龍現形處 明利見臺)".

아찬 양패가 당에 봉사하러 가는 도중에 鵠島(백령도) 앞바다에서 풍랑을 만나게 되자 점을 친 후 섬에 상륙하여 神池에서 나온 신에게 제전을 차려놓고 제사를 지내고 있으며, 신의 당부로 섬에 남겨진 군사 거타지에게 다시 신이 나타나 자신을 '西海若'이라고 자칭하고 자신의 가족을 해치는 중을 없애달라고 부탁하고 있다.[167] 여기에서 제사를 지낸 대상인 용은 스스로를 '서해약'이라고 칭하였다는 점에서 해신임을 알 수 있다.[168] 곧 '서해약'은 서해용왕으로 볼 수 있을 것이다.[169] 이 기록을 통해 항해 중 풍랑을 만났을 때 당시인들은 용신에게 제사를 지냈던 사실을 알 수 있다.

이로 볼 때 청해진 조음도에서 제사지낸 해신은 용신이지 않았을까 한다. 이와 관련해서 엔닌의 『행기』에서 항해 중 엔닌 일행이 그들의 신과 해룡왕에게,[170] 순풍을 얻기 위하여 오방의 용왕에게 제사지내고,[171] 戒名法師로 하여금 오방용왕을 제사하게 하고 있는 점[172]도 참고된다.

이처럼 장보고 청해진 세력은 불교뿐만이 아니라 여러 신들에게 제사지냈을 것이다. 이 중 해신에 대한 제사도 이루어졌을 것이고, 용신은 대표적

---

167) 『삼국유사』 2, 기이 2, 진성여대왕 거타지.

168) '若'은 바다귀신(海神)이란 뜻이다(권오영, 「죽막동제사의 목적과 주체」, 『부안죽막동제사유적연구』, 국립전주박물관, 1998, 275쪽).

169) 이용범, 「처용설화의 일고찰」, 『진단학보』 32, 1969/『장보고관계연구논문선집(한국편)』, (재)해상왕장보고기념사업회, 2002, 505쪽. 작제건이 용녀와 결혼한 것과 거의 내용이 동일한 거타지 설화는 나말 강화·예성강 하류 일대가 국제무역항으로 성장되는 시기에 이 지역 주민들 사이에 먼저 있던 항해설화이며, 여기에 보이는 곡도(백령도)의 서해용은 이 항로에서 선박을 배경삼은 유력자였을 것이다.

170) 『행기』 2, 개성 4년 6월 5일, "祈祠船上霹靂神 又祭船上住吉大神 又爲本國八幡等大神 及海龍王 并登州諸山嶋神等 各發誓願".

171) 『행기』 1, 개성 4년 4월 14일, "戌時 爲得順風 依灌頂經設五穀供 祠五方龍王 誦經及陀羅尼".

172) 『행기』 2, 개성 4년 5월 6일, "晩頭祭五方龍王 戒明法師 勾當其事". 이것은 용왕신앙이 불교와 습합하고 포섭된 예를 보여주는 것이다.

인 제사 대상 중 하나였을 것이다. 한국 전통사회에서 용은 왕권의 상징으로 일반적으로 생각되어 왔다. 그러나 삼국시대 조각에서 용이 최고지배자의 상징으로 적극적으로 채택되지는 않았다.[173] 이와 관련해서 중국의 경우 진・한시대부터 수・당에 이르기까지 龍鳳은 황실이 전유하지 않았고 그 사용 규격도 엄격하게 제한받지 않았다[174]는 점이 참고된다. 그리고 황가 전용으로 민간의 사용을 제한한 것은 7세기 이후 부터이다.[175] 우리나라에서는 용문을 왕가 전용으로 상용한 시기가 고려시대이고[176] 용이 왕권을 상징하는 장식문양으로 적극적으로 채택되는 시기는 조선시대로 여겨진다.[177]

한국 고대사회에서 용은 井龍・池龍・海龍으로 분류할 수 있다. 정룡은 생명수를 주관하는 능력과 위용을 지닌 井水圈域의 재지세력가이고, 지룡은 池 治水의 능력과 위용을 지닌 池水圈域의 재지세력가, 해룡은 보다 넓은 권역에서 풍부한 경제적 능력과 위용을 지닌 세습적인 재지세력가이다. 지방분권적인 사회에서는 용이 독자적인 능력과 위용을 지닌 재지세력가이지만 중앙집권적인 사회에서는 상대적으로 일정한 정치적 한계를 지니는 것으로 나타나 있다. 그리고 용은 경제적으로 풍요로운 의・식・주 생활

173) 김성태, 「삼국시대 용봉문환두대도에 대하여」, 『용, 그 신화와 문화(한국편)』, 2002, 63쪽.

174) 王大有 著, 林東錫 譯, 『용봉문화원류 : 신화와 전설, 예술과 토템』, 동문선, 1994, 49쪽.

175) 장정해, 「五瓜龍의 專用에 대한 일고찰」, 『한국의 용신앙과 전라문화』, 2000, 11쪽.

176) 허균, 『전통미술의 소재와 상징』, 교보문고, 1999, 18쪽.

177) 이러한 사실은 고려시대 와당에서 용문은 거의 확인되지 않고 경복궁과 회암사지와 같은 왕실건축에서만 확인되는 사실에서 단적으로 알 수 있다. 즉 고려시대 미술에서도 용은 왕권의 상징이 아니라 호법신으로 여전히 나타나고 있으며 용문이 왕실을 상징하는 의장으로 보편화되는 시기는 조선시대로 생각된다(김성태, 앞의 논문, 2002, 63~64쪽).

을 하였으며 세습적으로 축적된 사유재산을 지니며, 중앙귀족보다도 풍부한 경제적 능력을 지니기도 하였다.[178)]

이로 볼 때 장보고 청해진 세력은 해룡의 범주에 해당하는 것으로 여겨진다. 그리고 앞에서 살펴보았듯이, 장보고는 당시 해상무역권을 독점하고 독자적인 성격을 지니고 있었으나 골품제라는 폐쇄구조 안에서는 정치적으로 열세일 수밖에 없었다. 이것은 용이 일정한 권역 내에서는 최고의 세력가이지만, 지방세력이기 때문에 정치적 한계를 지닐 수밖에 없었던 것과 서로 통한다고 할 수 있을 것이다.

3. 청해진 혁파 이후의 해양신앙

장보고가 암살[179)]된 후 청해진은 어떻게 되었을까. 장보고 사후에도

178) 강영경, 「한국 고대사회에서의 용의 의미」, 『용, 그 신화와 문화(한국편)』, 민속원, 2002, 118~138쪽.

179) 이와 관련해서 다음 사료가 주목된다. 『삼국사기』 11, 신라본기11, 문성왕 8년, "春 淸海弓福 怨王不納女 據鎭叛 朝廷將討之 則恐有不測之患 將置之 則罪不可赦 憂慮不知所圖 武州人閻長者 以勇壯聞於時 來告曰 朝廷幸聽臣 臣不煩一卒 持空拳以斬弓福以獻 王從之 閻長佯叛國 投淸海 弓福愛壯士 無所猜疑 引爲上客 與之飮極歡 及其醉 奪弓福劒斬訖 召其衆說之 伏不敢動". 『삼국사기』 문성왕 8년(846) 봄 장보고가 신라 조정에서 자신의 딸을 왕비로 받아들이지 않은 것을 원망하여 청해진을 근거지로 반란을 일으키려 하자 왕실에서 염장을 보내 장보고를 암살하도록 했다고 한다. 반면 『속일본후기』 승화 9년(842) 봄 정월 을사조에 부하 이소정이 일본에 가서 "장보고가 죽고 그의 부장 이창진 등이 반란을 일으키고자 함에 무진주 별가 염장이 군사를 일으켜 토벌하여 평정시켰다"고 하였고 또 완도 백성 於呂系 등이 일본에 귀화하여 말하기를 "우리들은 장보고가 다스리던 섬의 백성입니다. 장보고가 지난해(841) 11월 중에 죽었으므로 평안하게 살 수가 없어 당신 나라에 왔습니다"라 하였다. 한편 엔닌의 『행기』에는 지난 날 장보고의 대당매물사로 중국에 가서 교역활동에 종사한 전 청해진병마사 崔暈 十二郞이 '국난'을 당해서 會昌 5년(845) 7월 현재 중국 연수의 신라방에서 망명생활을 하고 있었음을 기록하고 있는데(『행기』 4, 회창 5년(845) 7월 9일), 이 국난은 바로 장보고 암살사건을 가리키는 것으로 생각된다. 이와 같이 장보고의 암살사건은 846년 봄 이전 시기, 아마도

청해진 세력은 여전히 무역활동에 종사하고 있었다.[180] 그리고 장보고의 부장 이창진 등이 염장에 의해 토평되고 장보고의 부하로 활약했던 이소정 등이 염장의 부하로 기록되어 있는 점으로 보아 청해진은 염장이 장악한 것으로 보인다.[181]

이처럼 청해진은 장보고 사후 또 다른 지방세력에 의해 일시적으로 운영되었지만, 결국 중앙정부에 의해 폐쇄되기에 이른다.

J. 봄 2월에 청해진을 폐지하고 그 사람들을 벽골군으로 옮겼다. (『삼국사기』 11, 신라본기11, 문성왕 13년)[182]

위의 사료 J에 따르면 청해진은 장보고 사후 10년이 되던 문성왕 13년(851)에 폐지되었고 그곳에 살던 청해진 백성들은 지금의 김제지방인 벽골

841년 11월 중의 일로 볼 수 있다(岡田正之, 「慈覺大師の入唐紀行に就て」, 『東洋學報』 13-1, 1924, 27쪽 ; 今西龍, 앞의 논문, 1933, 321쪽 ; 이영택, 「장보고 해상세력에 관한 고찰」, 『한국해양대학논문집』 14, 1979, 89쪽 ; 권덕영, 앞의 논문, 2002, 21~22쪽). 이와 관련해서 『신당서』 신라전에는 회창 1년(841) 이후 장보고의 조공이 끊겼다고 한다. 그리고 『삼국사기』에 의하면 김양은 문성왕 4년(842) 3월에 그의 딸을 왕비(차비일 것으로 짐작됨)로 들였다고 하는데(『삼국사기』 11, 신라본기 11, 문성왕 4년), 이는 장보고 딸의 납비문제를 결렬시키는데 성공한 김양이 장보고를 암살한 뒤 서둘러 성사시킨 것으로 여겨진다(이기동, 앞의 논문, 1985, 157~158쪽 ; 최근영 · 민덕식, 「청해진의 역사적 고찰과 그 성의 분석」, 『장보고 신연구』, 1985, 279~280쪽).

180) 장보고 암살 후 이소정 등 30명이 일본 筑前의 大津에 와서 대재부에 대하여 이충 · 양원 등이 맡겨 놓은 화물을 신라 쪽에 되돌려 줄 것을 요청하고 있는 사실(『속일본후기』 11, 仁明王 承和 9년 정월 병신삭 을사)에서 알 수 있다.

181) 장보고를 암살한 염장이 지방인으로서는 최고의 관등인 아간에 임명된 사실과 이후 염장이 청해진의 책임자가 된 사실 속에서(『삼국사기』 2, 기이 2, 신무대왕 · 염장 · 궁파) 그의 암살은 중앙의 실권자와 무주지방 호족의 연합에 의한 것으로 추정된다(김광수, 앞의 논문, 1985, 115쪽).

182) "春二月 罷淸海鎭 徙其人於碧骨郡".

군으로 집단 이주되고 있음을 알 수 있다. 이는 염장에 의해 장악된 청해진 역시 이전과 같은 독자성을 어느 정도 유지하고 있었기 때문에 취해진 조처로 이를 불안하게 여긴 중앙정부는 결국 청해진 자체를 폐쇄한 것으로 여겨진다.[183]

이와 더불어 국가제사에 편제되어 있었던 청해진은 문성왕 13년 어느 시기에 혁파되었을 것이다. 청해진이 폐진된 후 장도가 성 및 제사 유적으로 기능하지 않았다는 점은 그것을 알려준다고 할 수 있다.[184] 그리고 통일 전의 오악과 통일 후의 오악이 다르다는 점은 정치적 상황에 따라 국가제사에 변화가 있었음을 말해주는 것이다. 또한 고려와 조선의 국가제사가 혁파되는 경우가 있는데서도 그것을 알 수 있을 것이다. 이것을 다음과 같이 <표 6-3>으로 제시할 수 있다.

<표 6-3> 고려시대의 국가제사

	대 사	중 사	소 사
『상정고금례』	社稷, 宗廟, 別廟	先農, 先蠶, 文宣王	風師, 雨師, 雷師, 靈星, 司寒, 馬祖, 先牧, 馬步, 馬社, 禜祭, 七祀, 縣文宣王
『고려사』 예지 길례	圜丘, 方澤, 사직, 太廟, 별묘, 景靈殿, 諸陵	적전, 선잠, 문선왕묘	풍사, 우사, 뇌사, 영성, 영제, 사한, 마조, 선목, 마사, 마보, 주현문묘

183) 『삼국사기』 11, 신라본기11, 문성왕 13년. 청해진 폐쇄는 염장세력을 제거하기 위한 조처로 이해된다(최근영, 『통일신라시대의 지방세력연구』, 신서원, 1990, 145쪽).

184) 최근영·민덕식, 앞의 논문, 1985, 358~364쪽 ; 홍형우, 앞의 논문, 1999, 7~10쪽. 완도와 관련된 역사기록은 통일신라 말의 청해진 설진으로 시작되며 후삼국·고려 초의 견훤, 왕건의 해상세력과, 고려시대에는 삼별초와 관련되며, 조선시대에는 가리포진과 관련이 있다.

위의 <표 6-3>에 따르면 『상정고금례』[185]의 소사에 등재되어 있는 칠사가 『고려사』 예지 길례에는 보이지 않는다. 다음 <표 6-4>는 조선시대의 국가제사이다.

<표 6-4> 조선시대의 국가제사

	대 사	중 사	소 사
태종대	종묘, 사직	풍・운・뢰・우, 성황, 악・해・선농, 선잠, 문선왕, 선대시조	영성, 사한, 칠사, 영제, 산천, 마조, 선목, 마보, 마사
세종대	종묘(능제. 문소전, 광효전), 사직	풍・운・뢰・우, 성황, 악・해・독, 선농, 선잠, 우사, 문선왕, 조선단군, 조선기자, 고려시조	영성, 사한, 마조, 마사, 마보, 명산대천, 칠사, 영제, 선목
성종대	종묘, 영녕전, 사직	풍・운・뢰・우, 악・해・독(성황), 선농, 선잠, 우사, 문선왕, 역대시조	영성, 노인성, 사한, 명산대천, 마조, 선목, 마사, 마보, 禡祭, 酺祭, 厲祭
18세기말~19세기	종묘, 영녕전, 사직	풍・운・뢰・우, 尾箕星, 성황, 악・해・선농, 선잠, 우사, 문선왕, 역대시조, 경모궁	사한, 명산대천, 영제, 마조, 酺祭, 厲祭

※태종대의 국가제사는 이범직, 『한국중세예사상연구』, 일조각, 1991, 246쪽에서 재인용. 세종대의 국가제사는 『세종실록』 오례 서례, 성종대의 국가제사는 『경국대전』 예전 제례조, 18세기말~19세기 국가제사는 『대전회통』 예전 제례조 참조.

위의 <표 6-4>에서 소사의 경우만을 볼 때 칠사는 성종대 이후 국가제사에, 영성은 18세기말~19세기 국가제사에 보이지 않는다. 영제는 성종대 국가제사에서 혁파되었다가 18세기말~19세기 국가제사에 다시 등재되고

185) 『詳定古今禮』의 찬정시기에 대해서 『고려사』 예지 서문에는 의종조로 나오고 있으나, 이규보의 「新序詳定禮文跋尾」에는 "至仁廟朝 始勅平章事崔允儀等十七臣 集古今同異 詳酌折中 成書五十卷 命之曰詳定禮文"이라고 하여, 인종조로 나온다.

있다. 선목은 18~19세기 국가제사에서, 성종대 마제는 18세기말~19세기 국가제사에서 혁파되고 있음을 알 수 있다.

그러나 청해진이 국가제사에서 혁파되었어도 해양신앙은 여전하였을 것으로 짐작된다. 청해진 폐진으로 장보고에 의한 무역독점이 해소되었고 전국 각지에서는 해상세력이 대두되는 계기가 되었다. 이들 해상세력들은 해양신앙을 통해 그들의 안위를 보장받으려고 하였을 것이다. 이와 관련해서 다음이 관심을 끈다.

K. 1) 해룡산(부의 남쪽 10리에 있다). (『신증동국여지승람』 40, 순천도호부 산천)[186]

2) 박영규(후백제의 임금 견훤의 사위이다.……죽어서 해룡산신이 되었다). (『신증동국여지승람』 40, 순천도호부 인물)[187]

위의 사료에 따르면 해룡산은 부의 남쪽 10리에 있으며(K-1), 박영규가 죽어 해룡산신이 되었다(K-2)고 한다. 여기에서 박영규는 해룡산 지역의 수호신으로 받들어졌던 사실을 짐작해 볼 수 있다. 그리고 해룡산과 해룡산 지방의 명칭에서 살필 수 있듯이, 후삼국시기 순천지방의 박영규는 해상활동을 하던 무리들에 의해 숭앙되었던 인물이었던 것으로 여겨진다. 왜냐하면 해룡은 뱃사람들이나 해안지역 주민이 주로 신앙하던 신이었기 때문이다. 따라서 해룡산 지역은 박영규의 근거지였으며 그의 사후 해룡산 지역을 수호하는 신으로 모셔지게 되었던 사실을 알 수 있다.[188]

한편 고려 태조 왕건의 조부 작제건이 서해용왕을 도와서 老狐를 물리치

186) "海龍山(在府南十里)".

187) "朴英規(後百濟王甄萱之女壻也……死爲海龍山神)".

188) 최규성, 「신라하대 서남해 호족과 왕건과의 관계」, 『대외문물교류』 1, 2002, 109~110쪽.

고 용녀와 결혼했다는 설화가 있다. 즉 고려 태조 왕건의 세계를 서술한 김관의의 『편년통록』을 보면, 왕건의 7대조 호경의 증손녀인 辰美가 잠저시에 동래한 당의 숙종과 동침하여 탄생한 작제건이 그의 부친인 당의 숙종을 찾으려고 당 상선에 편승하여 당으로 가다가 해도에서 서해용의 조화로 '雲霧晦瞑 舟不行三日'하기에 부득이 홀로 하선하여 여래상으로 변신출몰하며 서해용을 괴롭히던 노호를 사살하고 용녀를 취하여 예성강구로 돌아왔다고 한다.[189]

이것은 고려 역시 해양신앙, 용신과 밀접한 관련을 가지고 있음을 생각해 볼 수 있는 것이다. 고려의 대표적인 용신제장인 開城大井은 태조의 할머니인 용녀가 팠으며 친정인 용궁을 드나들 때 이용했다고 전해지는 곳이다.[190] 그래서 고려시대에는 개성대정에서 기우제와 別祈恩祭가 빈번히 거행되었다.[191]

그리고 문종 당시 고려는 문화와 예악이 융성하고 상선들이 끊임없이 출입하여 날마다 귀중한 보배들이 들어오고 있다고 한다.[192] 이처럼 고려의

---

189) 『고려사』 권두, 고려세계 ; 이용범, 앞의 논문, 1969/앞의 책, 2002, 502~503쪽. 거타지 설화와 작제건 설화가 거의 유사하다. 박한호, 「라말려초의 서해안교섭사연구」, 『국사관논총』 7, 1989/『장보고관계연구논문선집(한국편)』, (재)해상왕장보고연구회편, 2002, 346쪽. 작제건 설화와 거타지 설화는 같은 근원에서 나온 것이다. 즉 『편년통록』에 대한 부록으로 민지의 『편년강목』에는 '或云新羅金良貞'이라 하였는데, 이것이 거타지 설화에서 '此王代阿飡良貝'라 한 양구와 동일인으로 볼 수 있다.

190) 『고려사』 1, 세가1.

191) 이혜구, 「별기은고」, 『한국음악서설』, 1972, 307~308쪽. 참고로 『고려사』 지리지에 보이는 제장을 열거해 보면 南京留守官 楊津, 燕岐縣 雄鎭, 瓮津縣 長山串, 交州 德津溟所, 安岳郡 阿斯津 省草串과 挑串, 黃州牧 阿斯津 松串, 靜邊鎭 沸流水, 翼陽縣 東海神祠가 있다(서영대, 「민속종교」, 『한국사 16-고려 전기의 종교와 사상』, 1994, 349쪽).

192) 『고려사』 8, 세가8, 문종 12년 8월.

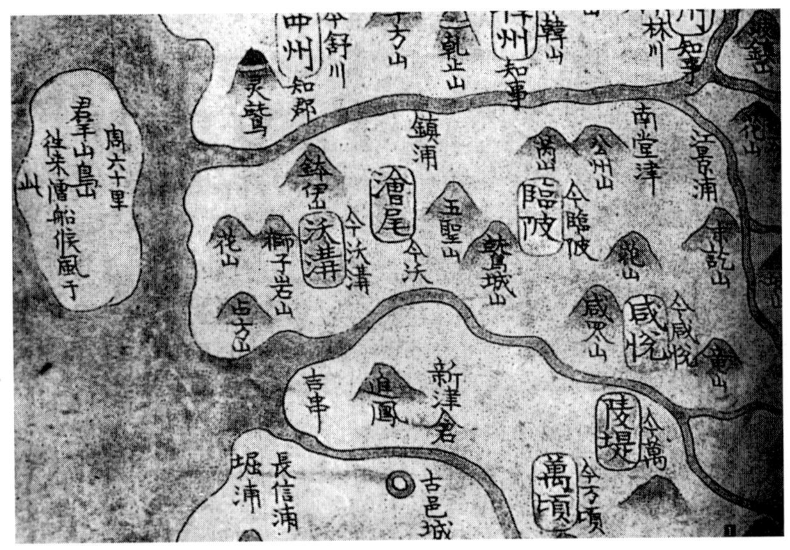

『東輿備考』(1682년)에 보이는 군산도 | 고려시대 군산도 객관 서쪽 봉우리에 오룡묘가 있었다고 한다.

해상무역은 중국뿐만 아니라 남양의 여러 나라와도 활발했음을 알 수 있다. 당시 예성항에서의 선박 내왕의 모습은 이규보의 시[193]에 잘 나타나 있다.[194] 『고려도경』에 따르면 急水門 위쪽 공지에 있었다고 하는 蛤窟龍祠나 群山島 객관 서쪽 봉우리에 五龍廟가 있었다[195]고 한다. 이로 볼 때 고려 역시 항로에는 용을 제사하는 신사가 있어 뱃사람들의 항해의 안전을 빌었음을 알 수 있다.

---

193) 조수가 들고 나메, 오고 가는 배는 머리와 꼬리가 잇대었구나. 아침에 이 다락 밑을 떠나면, 한낮이 채 못되어 돛대는 남만 하늘에 들어가누나. 사람들은 배를 가리켜 물위의 驛馬라 하지만, 나는 바람 쫓는 駿馬의 굽도 이에 비하면 오히려 더디라 하리.……어찌 區區히 남만의 지경뿐이랴. 이 본도(배를 말함)를 빌리면 어느 곳이고 가지 못할 곳이 있으랴(『동국이상국집』 16, 又樓上觀潮贈同僚金君).

194) 라종우, 「일본 및 아라비아와의 관계」, 『한국사 15－고려 전기의 사회와 대외관계』, 국사편찬위원회, 1995, 377쪽.

195) 『고려도경』 17, 사우, 합굴신사, 오룡묘 및 36, 해도 6, 급수문, 합굴.

항해무늬동경[航海圖文銅鏡] | 고려시대 해상교역의 모습을 짐작케 해주는 것으로, 바다를 항해하는 배의 그림이 새겨진 동경이다. '밝게 빛나고 창성한 하늘(세상)'이라는 '煌丕昌天'의 네 글자가 양각되어 있다.

그러하다면 이러한 고려의 해양신앙, 용신은 고려 왕실 및 국가제사에 어떤 모습으로 반영되어 있을까. 앞의 작제건 설화는 왕건에게 신성성과 권위를 부여하고 고려 건국의 정당성을 입증하고 있다.[196] 그리고 혜종은 용의 후손이기 때문에 늘 잠자리에 물을 뿌렸고 병에 물을 담아놓고 팔꿈치를 씻었다고 전해진다.[197] 이처럼 고려 왕실은 왕실의 계보를 용신과 연결시키면서 자신들의 계보를 초월적 존재와 연결시킴으로써 왕의 권위를 높이고 지배의 정당성을 확보하려 하였다.

그리고 고려의 국가 제전인 팔관회나 각종 국가제사에서 용신은 숭배 내지 치제의 대상이 되었다. 우선 다음 기록이 주목된다.

---

196) 신월균, 「한국설화에 나타난 용의 이미지」, 『용, 그 신화와 문화(한국편)』, 2002, 253~254쪽.

197) 『고려사』 88, 열전1, 후비1, 장화왕후 오씨. 그리고 『동국여지승람』 35, 나주목 불우조에는 "興龍寺는 錦江鎭 북쪽에 있다. 고려 태조 장화왕후 오씨의 조부는 富伅이요 아버지는 다린군인데 대대로 주의 목포에서 살았다"고 한다. 여기에서 흥룡사는 용을 흥융하게 한 절이란 의미로 해석할 수 있어 혜종의 즉위와 관련이 있던 절이 분명하여 혜종의 원찰이었을 가능성도 있다(최규성, 앞의 논문, 2002, 91쪽). 한편 왕씨는 용종이기 때문에 좌협 밑에 급린이 3개 있다는 전승도 있다(『연려실기술』 1, 所引 閑骨董 참조).

L. 친히 훈요를 전하니……그 6조는 연등은 부처님을 섬기는 것이고 팔관은 천령과 오악·명산, 대천과 용신을 섬기는 것이다. (『고려사절요』 1, 태조 26년 4월)[198]

위의 사료 L에서 팔관회가 "천령과 오악·명산대천·용신 등을 섬기는 것"이라는 표현은 주요 신격의 순서에 따라 기록한 것이고, 용신은 아마도 수신 혹은 해신으로 생각된다.[199] 또한 고려시대는 다른 시대의 국가제사와는 달리 악·해·독 및 산천에 대한 제사가 중·소사에 등재되어 있지 않고 잡사에 등재되어 있다. 고려의 악과 독은 확인되지 않고 있으나 해신은 제사되었던 것으로 보인다.

M. 1) (현종 16년 5월) 해양도 정안현에서 두 번이나 산호수를 진상하였으므로 남해신을 사전에 승격시켰다. (『고려사』 63, 지17, 예5, 잡사)[200]
2) 벼 까끄라기[稻芒]를 동해신에게 이제 보냈으니(게는 8월에 벼 까끄라기를 동해신에게 보내야만 먹을 수 있다) (『동국이상국집』 7, 食烝蟹)[201]

사료 M-1)을 보면 남해신은 海陽道 定安縣에서 산호수를 바친 것이 계기가 되어 현종 16년(1025)에 사전에 등재되었다고 한다. 그리고 M-2)에서는 "게는 8월에 벼 까끄라기[稻芒]를 동해신에게 보내야만 먹을 수 있다"고 하였다. 어부들은 게의 풍작을 위해 8월에 동해신에게 제사지냈음을 알 수 있다.

198) "親授訓要……其六曰 燃燈 所以事佛 八關 所以事天靈及五嶽名山大川龍神也".
199) 김철웅, 「고려시대 「잡사」연구」, 고려대학교 박사학위논문, 2001, 42~43쪽.
200) "以海陽道定安縣 再進珊瑚樹 陞南海神祀典".
201) "東海輸芒今已了(蟹 八月輸稻芒於東海神 然後可食)".

이러한 고려의 해제는 각 방위별로 제사되었던 것으로 보인다.[202] 이와 관련해서는 다음이 관심을 끈다.

N. 1) 집현전 직제학 梁誠之가 상소하기를, "……본조의 嶽鎭海瀆, 명산대천의 제사는 모두 삼국과 前朝의 舊制를 依倣한 것이므로 의논할 만한 것이 많이 있습니다.……동해·남해·서해의 神祠는 모두 개성을 기준하여 정하였기 때문에 또한 방위가 어긋납니다.……동해신을 강릉에, 서해는 인천에, 남해는 순천에, 북해는 갑산에 移祭하고" (『세조실록』 3, 세조 2년 3월 28일(정유))[203]

2) 중사 악·해·독(동해는 강원도 양주의 동쪽에 있고 남해는 전라도 나주의 남쪽에 있고 서해는 풍해도 풍천의 서쪽에 있다). (『세종실록』 128, 오례 길례 辨祀)[204]

위의 사료 N-1)에 따르면 양성지는 동·남·서해의 신사가 모두 개성부를 기준으로 정한 것이어서 방위가 다르다고 지적하고 있다. 그리고 동해신을 강릉으로, 서해신을 인천으로, 남해신을 순천으로, 북해신을 갑산에 옮겨서 제사하기를 청하였다. 이로 볼 때 사료 N-2)의 『세종실록』 오례에 정해진 동·남·서해는 고려의 전례를 따른 것으로, 고려의 해제가 동·남·서해에서 이루어졌음을 알 수 있다.[205] 고려의 해신 역시 용신이 아니었을까 한다.

한편 媽祖[206]는 중국의 해신으로 최고의 위치를 차지하고 있다.[207] 마조

202) 김철웅, 앞의 논문, 2001, 30쪽.

203) "集賢殿直提學梁誠之上疏曰……本朝 嶽鎭海瀆名山大川之祀 皆倣三國及前朝之舊 而爲之 多有可議者焉……東南西海神祠 皆自開城而定之 亦乖方位……移祭東海神於江陵 西海於仁川 南海於順天 北海[鴨綠江上流]於甲山".

204) "中祀 嶽海瀆(東海江原道襄州東 南海全羅道羅州南 西海豊海道豊川西)".

205) 김철웅, 앞의 논문, 2001, 28~29쪽.

신앙은 처음에는 福建省의 湄州에서 시작되었으나, 현재는 중국의 遼寧省에서부터 동·남연해에 퍼져 있다. 이것은 송대 이후 해운업의 발달에 따른 것이었다.[208] 『고려도경』에 의하면 明州 또는 泉州에서 고려에 가는데, 여름철 순풍을 타면 5일이면 도착할 수 있었다고 한다.[209] 이처럼 고려로 가는 해상이나 사신의 배가 마조신앙이 가장 활발하게 전승되는 지역인 복건성의 천주나 浙江의 명주에서 출발한 것으로 보아 고려시대 서해안 지역에 마조신앙이 전달되지 않았을까 한다.[210]

---

206) 마조는 宋 建隆 원년(960)음력 3월 23일에 태어나 宋 雍熙 4년(987) 9월 9일에 세상을 떠났는데, 마조는 林氏女, 神女, 默, 婆祖, 媽祖婆, 靈女, 林夫人, 天妃, 天后 등의 다양한 이름을 가지고 있다(김인희, 「한·중 해신신앙의 성격과 전파-마조신을 중심으로」, 『한국민속학』 33, 2001, 70쪽).

207) 이러한 마조는 무녀, 해신, 도교 여신으로서의 성격을 띠고 있다(김인희, 위의 논문, 2001, 73~80쪽). 본 논문에서는 마조의 해신적 성격에 주목한 것이다.

208) 김인희, 위의 논문, 2001, 67쪽.

209) 『고려도경』 3, 봉경, "若海道則河北·京東·淮南·兩浙·廣南·福建 皆可往 今所建國 正與登萊濱棣相望 自元豊以後 每朝廷遣使 皆由明州定海 放洋絶海而北舟行皆乘夏至後南風 風便 不過五日 卽抵岸焉".

210) 현재 일본이나 동남아시아에는 다수의 마조를 모시는 사묘가 있다. 그러나 한국에는 마조라는 이름으로 신봉되는 여신은 존재하지 않는다(김인희, 앞의 논문, 2001, 69쪽). 한편 우리나라에는 麻姑가 신봉되고 있는데, 이것이 문헌에 가장 먼저 등장하는 것은 최치원의 『桂苑筆耕集』으로 "留別女道士 數年深喜識麻姑"라고 기록되어 있다.

맺음말

본서에서는 신라의 국가제사 또는 왕실제사인 시조묘제사, 신궁제사, 오묘제사를 신라 왕권의 추이와 관련지어 검토하였다. 그리고 명산대천제사, 농경제사와 '別祭', 사직제사를 살펴보면서 국가제사체계에 대해서도 생각해 보았다.

제1장에서는 본서의 기초적 작업으로 신라의 국가제사 또는 왕실제사에 대해 종합적으로 서술한『삼국사기』제사지 신라조를 분석하여, 그 구성과 그것의 작성에 저본이 되었던 자료에 대해서 검토하였다. 제1절에서는 제사지 신라조를 서와 본문으로 나누어 파악할 수 있다고 하였다. 찬자는『예기』왕제편의 규정을 들어 종묘제사, 사직제사, 경내산천제사 등 신라의 국가제사가 제후국의 그것에 합당한 것이었음을 밝혔다. 본문은 종묘제사, 농경제사(사직제사 제외), 명산대천제사, '별제'의 순으로 되어 있다. 찬자는 서에 나오는『예기』왕제편을 의식하였음을 짐작할 수 있었다.

제2절에서는『삼국사기』제사지 신라조는 연대기적 기사와 무편년 기사로 대별할 수 있으며, 이는 참고자료가 달랐음을 시사하는 것으로 헤아려 보았다. 무편년 기사 중 '별제'와 농경제사(사직제사 제외)와 명산대천제사를 비교해 보면 전자에 비해 후자가 체계적으로 서술되어 있음을 알 수 있다. 이로 보아 '별제'와 농경제사(사직제사 제외), 명산대천제사는 서로

다른 자료에 근거하여 작성되었던 것으로 생각되었다. 찬자는 농경제사와 명산대천제사를 구별하였다. 전자에는 제일, 제장, 제사 대상이 기재되어 있는 반면 후자에는 제사 대상만이 기재되어 있어 차이가 있다. 아마 양자도 전거 자료를 달리하는 것이 아니었을까 추측하였다. 특히 명산대천제사의 경우에는 저본자료인 사전 외에 다른 자료도 참고하였음을 알 수 있었다.

제2장에서는 시조묘제사와 신궁제사에 대해 검토하였다. 제1절에서는 신라 상고기 시조묘제사에 대해 살펴 보았다. 시조묘의 '시조'인 혁거세왕은 처음에는 박씨집단의 족조이자 사로국의 건국조로 시조묘에 모셔졌지만, 아달라왕대 각 소국들의 제천이 신라연맹체의 맹주국인 사로국의 제천에 통합되는 과정에서 신라의 국조로 자리잡게 되었다고 하였다. 따라서 비록 신라 상고기 왕실 교체가 이루어졌지만, 혁거세왕은 시조묘의 '시조'로 계속해서 모셔질 수 있었다.

신라 상고기 시조묘제사는 왕실뿐만이 아니라 여타 정치세력집단들의 장들이 함께 지내는 것이었다. 이러한 모습은 이사금시기와 마립간시기가 마찬가지였다. 그런데 마립간시기 김씨왕실이 정국을 주도해 나가는 과정에서 시조묘제사를 독점하려고 하였다. 눌지왕이 역대왕릉을 정비하면서 혁거세왕을 김씨왕실과 연결시키려고 한 것은 이와 관련있을 것으로 보았다. 그렇지만 마립간시기 말 혁거세왕을 모시는 신궁이 설치되고 있는 것을 볼 때 그것은 여의치 않았던 것으로 파악하였다.

제2절에서는 신라 중고기 신궁제사에 대해 살펴보았다. 신궁의 시조 역시 시조묘와 마찬가지로 혁거세왕을 모셨다. 따라서 김씨왕실은 신궁을 설치하여 혁거세왕을 독점하였다고 보았다. 그리고 신궁을 시조가 출현한 곳에 둠으로써 시조묘제사 보다 시조의 신성성을 부각시켰다. 또한 마립간시기 김씨왕실은 시조로부터 시작하는 역대 왕의 계보를 정리하였다. 지증

왕이 신궁을 시조가 탄강한 곳에 창립하였다는 것은 시조 혁거세왕으로부터 시작되는 신라 역대 왕의 계보가 확립되는 것과 관련있는 것으로 보았으며, 소지왕대 보다 시조의 신성성이 더욱 부각된 것이라고 하였다. 또한 신궁제사는 진평왕대부터 上皇, 천이 내린 옥대를 착용하였고 신라 사람들은 옥대를 성제대라고도 불렀다. 이로 볼 때 진평왕대 이후 신궁제사는 성골왕만이 지낼 수 있는 제사로 여겨졌다고 하였다.

제3절에서는 신궁이 설치된 이후의 시조묘제사에 대해 생각해 보았다. 시조묘는 혁거세왕이 죽은 곳과 관련된 곳에, 신궁은 혁거세왕이 '초생'·'탄강'한 곳에 설치되었다는 점에서 시조묘제사는 신궁 설치 이후에도 존속하였다고 하였다. 그러나 시조묘제사와 신궁제사가 그 대상 및 성격이 같다는 점에서 시조묘제사는 상당히 형식적인 국가제사로 존재하다가, 혜공왕대 오묘제사의 首位에 시조대왕묘가 모셔지는 시점을 전후하여 그 기능을 다하지 못한 것으로 보았다.

제3장에서는 종묘제의 수용, 오묘제의 시정과 개정에 대해 검토하였다. 제1절에서는 신라 종묘제의 수용과 그것이 가지는 의미를 살펴보았다. 진덕왕대 중국제도의 수용으로 제사와 관련된 관부인 전사서와 음성서가 처음 설치되었다. 이것은 진덕왕대 김춘추의 재당경험에서 비롯된 것이었다. 이 과정에서 김춘추는 중국식의 제사제도인 종묘제에 대해서도 관심을 가졌다. 김춘추는 즉위하자마자 아버지인 용춘을 문흥대왕으로 추봉하였는데, 이것은 중국식 종묘제의 시원으로 볼 수는 있으나, 그것의 수용이라고는 할 수 없다. 김춘추의 왕위 즉위는 순탄하지 않았고 백제와의 전쟁은 그가 왕권을 행사하는데 제약이 있었다. 무열왕대 지배체제의 정비가 적극적이지 못하였고 전사서와 음성서 역시 그 기능을 발휘하지 못하였다. 따라서 신라에서 중국식의 제사제도인 종묘제에 대한 관심과 그것의 시행

에는 시기적인 차이가 있었다고 이해하였다.

문무왕대는 종묘의 수위에 모셔지는 태조를 인식하고 있었고 무열왕에게 태종이라는 묘호를 올렸다. 그리고 종묘에 대한 기사가 처음 나오며 지배체제의 정비도 이루어졌다. 따라서 문무왕이 즉위하고 얼마 있지 않은 시기에 종묘제는 수용되었다고 하였다. 이러한 문무왕대의 종묘에는 태조대왕, 문무왕의 증조인 진지대왕, 조인 문흥대왕, 父인 태종대왕, 가락국의 건국시조인 수로왕의 신위가 모셔졌다고 보았다.

종묘의 수위에 모셔진 태조대왕은 김씨왕실의 실제적인 조상인 성한=세한이었다. 이를 통해 진골로 왕위에 오른 무열왕계는 김씨왕실의 실제적인 왕위계승권자임을 내세울 수 있었다고 하였다. 그리고 진지대왕의 신위가 종묘에 모셔짐으로써 정란황음으로 폐위된 진지왕은 복권되었다고 보았다. 또한 직계 조상들을 종묘에 모심으로써 진지왕-무열왕으로 이어지는 무열왕계라는 계보 의식이 성립되는 것으로 파악하였다. 한편 문무왕대 김유신 세력과의 일정한 관계 속에서 가락국의 건국시조인 수로왕의 신위가 신라의 종묘에 모셔졌다고 하였다. 이것은 중국의 제사제도인 종묘제가 당시의 정치적 상황 속에서 변용된 모습이라고 이해하였다.

제2절에서는 신문왕대의 오묘제 시정과 왕 7년 4월의 오묘제사가 신문왕의 왕권강화와 밀접한 관련이 있음을 생각해 보았다. 신문왕이 즉위하고 나서 얼마있지 않아 '제후오묘'에 입각한 오묘제가 이루어졌는데, 이것을 오묘제 시정이라고 하였다. 이러한 오묘제 시정은 신문왕의 즉위식이나 왕 2년 국학의 정비와 왕 3년 왕의 혼인에서 그것을 추론해 볼 수 있었다. 이처럼 신문왕 즉위 초 오묘제가 시정되면서 수로왕의 신위가 천훼되었다. 이것은 신문왕이 즉위하자마자 일어난 김흠돌 난의 결과 신문왕권이 확립되는 과정 속에서 이루어진 것이라고 하였다. 이로 보아 오묘제 시정은

신문왕권이 확립되는 하나의 징표라고 하였다.

그리고 왕 6년 신라에는 '길흉요례'와 '사섭규계'가 수용되었다. 이 중 '길흉요례'에 의거해 오묘제 시정은 확정되었다고 파악하였다. 오묘제 시정이 확정된 이후에 행해진 왕 7년 4월의 오묘제사는 '길흉요례' 수용 이전의 오묘제사 보다 왕실의 조상제사로 더욱 권위 있는 제사가 되었을 것으로 이해하였다.

이러한 신문왕 7년 4월의 오묘제사는 원자 탄생일에 발생한 천변과 밀접한 관련을 가졌다고 하였다. 원자는 김흠운의 딸의 소생으로, 김흠운은 신문왕과 가까운 혈연관계였다. 이처럼 신문왕이 족내혼을 한 것은 자신의 왕권을 안정시키기 위한 것이었다. 그리고 천변은 단순한 자연현상이 아닌 왕의 실정에 대한 하늘의 견책이라는 점에서, 원자 탄생 때의 천변은 신문왕의 왕권강화책에 대한 진골귀족세력들의 불만 움직임의 하나라고 파악하였다. 또한 신문왕은 아들을 얻고자 하는 노력이 강하였다. 이로 볼 때 원자 탄생 때 일어난 천변과 관련하여 오묘에서 제사지낸 것은 신문왕이 태어난 원자의 적통성을 직계 조상에게 인정받음으로써 자신을 이을 왕위계승권자를 확정짓기 위한 행위라고 이해하였다. 그리고 신문왕은 원자 탄생 때 천변이 일어나자 대신들을 오묘에 보내 제사지내게 하였다. 당시 진골귀족세력들 역시 왕이 될 수 있었다. 그리고 대신들은 이들을 대표하는 자들이었다. 그러하다면 신문왕이 대신을 보내 왕의 직계 조상에게 제사지내게 한 것은 왕실 집단과 여타 지배자 집단이 구별된다는 점을 내세우기 위한 것으로 파악하였다.

제3절에서는 혜공왕대 개정된 오묘제에 대해서 검토하였다. 신문왕대 오묘제가 시정된 이래 중대 왕실에서는 신왕이 즉위하고 얼마 있지 않은 시기에 오묘의 신위를 개편하였다. 혜공왕 역시 즉위하자마자 관례대로

오묘의 신위를 개편하였으나, 왕 12년 친정을 시작하면서 오묘제를 개정하였다. 여기에는 태조대왕 대신 미추왕을, 태종대왕과 문무대왕의 신위를 '불훼지종'으로 하고, 직계 2조의 신위를 모셨다.

혜공왕 12년 오묘제 개정에서 미추왕이 수위를 차지할 수 있었던 것은 김씨로서 처음으로 왕위에 올랐기 때문이었다. 혜공왕은 미추왕을 통해 자신이 김씨왕실의 실질적인 왕위계승권자임을 내세우려고 하였다. 그리고 태종대왕과 문무대왕의 신위를 '불훼지종'으로 모신 것은 이들이 삼국통일에 큰 공덕이 있었기 때문이었지만, 무엇보다도 중대왕실의 상징적 존재인 두 왕을 내세움으로써 자신의 왕권을 유지하고 그 입지를 공고히 하기 위한 것이었다. 따라서 혜공왕이 오묘제를 개정한 것은, 친정 이후 시행된 혜공왕의 왕권강화책의 하나였다고 이해할 수 있었다.

이러한 혜공왕의 왕권강화책에 대해 김양상을 중심으로 하는 진골귀족세력간에는 갈등이 있었다고 하였다. 혜공왕 13년 김양상이 극론한 時政에는 오묘제의 개정도 포함되었다. 그렇지만 김양상을 중심으로 하는 진골귀족세력들은 혜공왕 15년 화백회의를 통해 개정 오묘제를 인정하였다. 김씨로서 처음으로 왕위에 오른 미추왕을 인정한 것은 나물왕계도 왕위계승에서 권리를 행사할 수 있음을 인정받은 선언적 의미가 있었기 때문이었다. 그리고 태종대왕과 문무대왕의 신위를 '불훼지종'으로 인정한 것은, 무열왕계면서 나물왕계에 협조적이었던 김주원 세력을 포섭하거나 그들과의 연계를 유지하기 위한 것이었다고 이해하였다.

제4장에서는 신라 하대의 오묘제에 대해 검토하였다. 제1절에서는 선덕왕과 원성왕대의 오묘제에 대해 생각하였다. 선덕왕과 원성왕은 개정 오묘제의 원칙에 따라 오묘에 시조대왕, 태종대왕과 문무대왕의 신위를 '불훼지종'으로 모셨다. 이들은 김씨로서는 처음으로 왕위에 오른 미추왕, 곧 시조

대왕을 통해 김씨왕실의 실질적인 왕위계승권자임을 내세울 수 있었다. 그리고 태종대왕과 문무대왕의 신위를 '불훼지종'으로 한 것은 무엇보다도 김주원 세력을 무시할 수 없었기 때문이었다.

선덕왕은 김주원의 도움을 받아 왕위에 즉위하였고 그 자신도 무열왕계의 후손이었다. 때문에 친조가 아닌 외조의 신위를 오묘에 모실 수밖에 없었다. 그런데 원성왕은 선덕왕과는 달리 김주원을 물리치고 왕위에 올랐고 직계 4조를 추봉하여 개정 오묘제를 변화시키려고도 하였다. 그러나 여전히 김주원 세력을 무시할 수 없었기 때문에 직계 2조의 신위만을 오묘에 모셨다고 보았다.

제2절에서는 애장왕대의 오묘제 경정에 대해 살펴보았다. 애장왕대의 오묘제는 혜공왕대에 개정된 오묘제가 다시 개정된 것으로, 경정 오묘제라고 하였다. 오묘의 수위에는 개정 오묘제와 마찬가지로 미추왕, 곧 시조대왕의 신위를 모셨고 '불훼지종'으로 모셔진 태종대왕과 문무대왕의 신위를 오묘에서 분리시켜 별묘로 두고 왕의 직계 4조의 신위를 오묘에 모셨다.

오묘제 경정은 당시 섭정을 하고 있었던 김언승에 의해 이루어졌다. 이것은 원성왕대의 잇따른 왕위계승권자의 죽음, 소성왕대의 정치적 불안과 소성왕의 早死, 나이 어린 태자의 즉위로 말미암은 것이었다. 따라서 오묘제 경정은 즉위 초 불안했던 애장왕의 왕권과 왕실을 안정시키기 위해 이루어진 것으로 보았다. 이것은 직계 2조의 신위가 아닌 직계 4조의 신위를 오묘에 모신데서 알 수 있었다. 그런데 무엇보다도 하대의 실질적인 창시자인 원성왕이 오묘에 모셔짐으로써 가능하였다. 그리고 이후 근친왕족들은 원성왕의 후손이라는 연대의식을 가질 수 있었다. 따라서 경정 오묘제는 원성왕계라는 계보의식이 성립하는 계기가 되었다고 하였다.

오묘제가 경정되면서 '불훼지종'이었던 태종대왕과 문무대왕의 신위는 오묘에서 제외되었다. 이것은 원성왕대 개정 오묘제를 변화시키려는 움직임이 경정 오묘제에서 실현된 것으로 김주원 세력에 대한 원성왕계의 강화라는 측면으로 이해하였다. 그러나 김헌창의 난이 일어나기 전까지는 김주원 세력을 무시할 수는 없었다. 따라서 태종대왕과 문무대왕의 신위를 별묘로 둔 것은 김주원 세력과의 타협으로도 여길 수 있지만, 이들이 삼국통일에 큰 공이 있었다는 상징적인 의미가 더욱 컸기 때문이었다고 보았다.

제3절에서는 경문왕대의 오묘제에 대해 생각해 보았다. 원성대왕의 신위는 경문왕 초까지 오묘에 모셔졌을 뿐만 아니라 경문왕은 즉위하면서부터 원성왕에 대한 관심을 가졌다. 때문에 오묘에서 원성대왕의 신위를 제외시키기는 어려웠을 것이다. 그런데 경문왕은 왕 6년 원성대왕의 신위를 제외시키고 父인 의공대왕의 신위를 오묘에 모셨다. 이것은 원성왕계라는 계보의식을 약화시켰을 뿐만 아니라 경문왕계라는 계보의식이 성립하는 계기가 되었던 것으로 이해하였다. 경문왕 6년 이후의 정국 운영은 측근 정치가 지향되었으며, 경문왕 직계손간의 왕위계승 및 여타 김씨들과 경문왕의 직계 자손간의 차별성이 강조되고 있는데서 알 수 있었다.

제4절에서는 종묘제 수용 이후의 신궁제사에 대해 살펴보았다. 신궁제사는 중국식의 종묘제가 수용되고 오묘제가 시정된 이후에도 여전히 국가의 중요한 제사의 하나였으나, 그 격에 변화가 있었을 것으로 보았다. 특히 신문왕대 이후 신궁제사에서 왕은 천사옥대가 아닌 흑옥대를 착용하였다. 이로써 신궁제사는 진골왕도 제사지낼 수 있게 되었으며 신궁제사는 중고기 보다 그 격이 떨어진 것으로 보았다. 특히 혜공왕 15년 화백회의를 통해 미추왕에 대한 제사, 곧 오묘제사가 오릉에 대한 제사 곧 신궁제사보다 우위를 차지하게 되었다. 이것은 하대 오묘의 신위 개편이 원년에 이루어지고 그것이 신궁제사 보다 앞서 이루어지는 것에서도 알 수 있었다. 그리고

오묘제가 경정된 이후 신궁제사는 더욱 형식적인 것으로 변하였다고 보았다.

제5장에서는 사직제사와 농경제사와 '別祭'에 대해 검토하였다. 제1절에서는 선덕왕대 사직단의 설치와 사전의 정비에 대해 살펴보았다. 대체로 종묘제사와 사직제사는 함께 갖추어졌으나, 신라의 경우 그러하지 못하였다. 당시 사직은 다른 농업과 관계된 諸神 중 상위의 존재라는 개념이 강하였다. 때문에 신라 중대 중국 제사제도의 영향을 받은 농경제사들이 상당 정도 그 기능을 하고 있는 상황 속에서 사직제사는 신라 사회에 반드시 필요한 것은 아니었다고 보았다.

그리고 사직의 社는 천자, 제후, 대부 이하가 설치할 수 있는 것이었다. 선덕왕은 이러한 사직단 설치를 통해 혜공왕대 분열된 지배층을 결집하려고 하였다. 뿐만 아니라 혜공왕을 시해하고 왕위에 즉위한 선덕왕은 자신의 즉위의 정당성을 오묘제사를 통해 실현하지 못하자, 그와 짝하는 사직단을 설치하여 자신의 즉위를 정당화하려고 하였고 동시에 자신의 왕권을 유지·강화하려고 하였다. 또한 선덕왕은 제후국에 해당하는 사직단을 설치하여 즉위 후 원만하지 않았던 중국과의 관계를 개선하려고도 하였다. 이로 볼 때 사직단은 선덕왕대 정치적 상황 속에서 설치되었던 것이다.

한편 신라 중대에는 명산대천제사만을 대·중·소사체계 안에 편제하고 나머지 제사들은 별도의 제사체계로 운영되었다. 그렇지만 선덕왕대 사직단이 설치되면서 사전도 정비되었는데, 이때 중국의 제사제도인 농경제사와 오묘제사, 사직제사는 대·중·소사체계 안에 편제되었다고 하였다. 요컨대 선덕왕대는 대부분의 국가제사가 대·중·소사체계 안으로 편제되었다고 본 것이다. 이것은 신라가 중국에서 개별적인 제사만이 아니라 대·중·소사체계도 받아들인 것으로, 선덕왕대 신라가 중국적인 세계질서에 맞추려고 한 노력의 하나라고 하였다.

제2절에서는 신라의 농경제사와 '別祭'에 대해 살펴보았다. 농경제사는 그 제사 대상만으로도 농경제사임을 알 수 있었다. 그리고 농경제사의 제일이 農期와 밀접한 관련을 가지고 있는데서도, 그것을 생각할 수 있었다. 이러한 농경제사 중 팔자제와 선농제의 경우 중국 제사제도의 영향을 받았으며, 중농제와 후농제는 신라의 전통적인 제사이고, 신라의 전통적인 제사였던 풍백제, 우사제, 영성제는 중국 제사제도의 영향을 받았다고 하였다. 그리고 '별제'는 신라의 전통적인 제사로 수재, 한재 때 제사지내지는 것과 이것과는 별도로 구분되었던 別制로 나누어 볼 수 있었다. 전자에 해당하는 것은 사성문제, 사천상제, 기우제이다. 후자는 신라의 전통적인 제사인 부정제, 사대도제, 압구제, 벽기제와 중국 제사제도의 영향을 받은 일월제, 오성제로 나누어 생각해 보았다.

이러한 농경제사와 '별제'의 제장 위치는 정확히 알 수 없으나, 그 제장들은 숲(문열림)과 나무(박수, 혜수, 첨병수), 못(탁저, 대정문, 청연, 저수)과 계곡(웅살곡, 견수곡문) 등과 밀접한 관련을 가진 곳이었다. 고대인들은 이들 지역을 신성시하였고 신들이 하강하는 장소로 인식하고 있었다. 그리고 이러한 장소에 사찰이 건립되기도 하였다. 전불칠처가람터인 신유림, 사천미, 삼천기 등에서 그것을 알 수 있었다. 이와 같이 원시신앙의 성지로 여겨지는 곳에 사찰이 건립된 것은 불교가 수용될 때 기존의 신앙체계를 포용하였음을 말하여 주는 것이었다. 이처럼 원시신앙의 성지가 농경제사와 '별제'의 제장이었다는 것은 신라가 중국 제사제도를 수용하면서 신라의 전통적인 신앙체계를 포용하고 그것과 타협한 것이었다고 하였다.

그리고 농경제사 중 풍백제를 제외한 나머지 농경제사의 제명이, 팔자제와 풍백제, 우사제, 영성제는 제일과 제장이, 선농제의 제장 역시 唐令의 그것과 같다. 뿐만 아니라 '별제' 중 일월제와 오월제의 경우 중국 제사제도의 영향을 받았다고 보았다. 이로 볼 때 이들 농경제사들은 신라의 국가제사체계인 중사와 소사에, '별제'의 경우는 소사에 準하여 편제되었을 것으로 파악하였다. 한편 농경제사와 '별제'가 중국 제사제도의 영향을 받았지만, 선농제의 제일이 신라의 전통적인 농경제사와 관련있었다는 점 등에서, 신라의 전통적인 제사제도와 밀접한 관련을 맺으면서 신라국가제사체계가 운용되었음을 알 수 있었다.

제6장에서는 명산대천제사와 청해진에 대해 검토하였다. 제1절에서는 신라 명산대천제사와 그 특징에 대해 생각해 보았다.『삼국사기』제사지 신라조에 따르면 대사에는 삼산이, 중사에는 오악·사진·사해·사독과 속리악 이하 6곳의 명산대천이, 소사에는 상악 이하 서술까지 24곳의 산천이 포함되어 있다. 그리고 여기에는 소재지명이 註記되어 있다. 주기되어 있는 소재지명을 통해 제사지 신라조의 명산대천이 대·중·소사에 편제된 시기는 신문왕 5년 이후부터 성덕왕 34년 이전이고, 중사의 상조음거서 등은 그 이후에 편제되었음을 알 수 있었다.

그런데 신라의 대·중·소사의 내용은 당의 국가제사와 그 내용이 다르다. 신라 중대왕실이 명산대천만으로 대·중·소사를 편제한 이유는 신라에 강고하게 자리잡고 있었던 지역세력을 편제하기 위한 것이 아니었을까 한다. 각 지역에서 행해졌던 명산대천제사는 그 지역의 수호신에 대한 제사였고 또한 그 지역세력과도 밀접한 관련을 가지고 있었다. 이에 신라 중대왕실은 중앙집권적 지배체제를 확립하기 위해 각 지역에서 행하였던 명산대천제사를 당의 국가제사체계를 받아들여 정비하였던 것이다. 이를 통해 신라 중대왕실은 각 지역에 대한 지배권을 행사하였다고 보았다.

한편 9주에 분포되어 있는 명산대천을 보면 대사에는 왕도만이, 중사와 소사에는 왕도와 구신라 지역의 명산대천이 구고구려·구백제 지역 보다 많이 분포되어 있다. 그리고 백제 왕도였던 사비지역의 명산대천은 대·중·소사 어디에도 보이지 않는다. 또한 오악 중 서악 계룡산을 제외하고는 소백산맥 일대와 그 동남쪽에 있는 산악들이다. 이러한 모습은 당시 신라 지배층의 원신라 중심적 인식이 강하게 반영되었음을 보여준다. 이상에서 신라 중대왕실은 명산대천제사를 매개로 하여 각 지역에 대한 지배권을 행사하였지만, 원신라 중심적 인식을 벗어나지 못한 것은 그 한계로 지적할 수 있었다.

제2절에서는 청해진의 사전편제와 해양신앙에 대해 살펴보았다. 청해진은 신라 중사의 하나이다. 신라 중사인 오악, 사진, 사해, 사독 등은 군사적인 요충지에 자리잡고 있었다. 청해진은 해로의 요충지였다. 이로 볼 때 청해진이 중사에 편제될 수 있었던 것은 해로의 요충지로 군사적으로 중요한 지역이었기 때문이었다. 그리고 신라가 명산대천을 대·중·소사로 편제한 것은 각 지역세력을 편제한다는 의미도 있었다. 이에 청해진이 신라 국가제사에 편제된 것은 새로 대두한 장보고라는 지방세력을 편제하기 위한 것으로도 볼 수 있다고 하였다.

그리고 장보고 청해진 세력은 항해의 안전을 기원하였을 것이다. 이것은 장보고가 산동성에 세운 법화원이 『법화경』에서 연원한 점, 그곳에서 『법화경』을 강설하고 송경의식에서 관세음보살의 명호를 찬탄하고 있는데서 잘 알 수 있었다. 특히 『법화경』 관세음보살보문품의 내용은 해상활동을 하는 이들과 밀접한 관련을 가진 것이었다. 장보고 청해진 세력이 해상세력이라는 점에서 해양신앙은 그들과 불가분의 관계가 있었다. 청해진 조음도에서의 제사는 해신에 대한 국가제사로, 이것은 부안 죽막동 유적과 비교되는 것이었다. 해신의 구체적인 모습은 용신이라고 하였다. 한국 고대의 용은 독자적인 능력을 가진 재지세력가로 나타나고 있지만, 정치적으로는 일정한 한계를 가지고 있었다. 이것은 장보고 청해진 세력이 독자적인 세력이었지만, 신라 골품제의 폐쇄성으로 중앙정치로의 진출에 실패하는 것과 통하는 것이었다고 보았다.

한편 청해진은 장보고 사후 10년 후에 폐진되었고, 이후 국가제사에서도 혁파되었다. 그러나 해상세력들은 여전히 해양신앙을 가지고 있었다. 이것은 후삼국시기 박영규가 죽어 해룡산신이 되었다는 데서 알 수 있었고, 왕건의 조부인 작제건 설화를 통해서는 고려 왕실의 계보가 용신과 연결되어 왕의 권위를 높이고 지배의 정당성을 확보하였다고 보았다. 그리고 고려의 국가제전인 팔관회나 동해, 남해, 서해의 제사에서 용신은 숭배 내지 치제되었다고 하였다.

이상에서 본서는 정치사적 관점에서 신라 종묘제를 검토하였는데, 이를 통해 신라의 국가제사 혹은 왕실제사를 체계적으로 이해하는 것은 물론이고 신라 정치사에 대한 이해를 깊게 할 수 있었다. 그리고 종묘제 외의 다른 국가제사를 통해 신라 국가제사의 전체상을 조망할 수 있었고 신라의 대·중·소사체계, 국가제사체계에 대해서도 새로운 인식을 할 수 있었다.

참고문헌

Ⅰ. 資 料

『三國史記』 『三國遺事』 『譯註 韓國古代金石文』
『高麗史』 『高麗史節要』 『東國李相國集』
『三國史節要』 『東國通鑑』 『太宗實錄』
『世宗實錄』 『世祖實錄』 『東史綱目』
『練藜室記述』 『新增東國輿地勝覽』 『大東地志』
『後漢書』 『漢書』 『三國志』
『北史』 『梁書』 『宋書』
『隋書』 『舊唐書』 『新唐書』
『舊五代史』 『冊府元龜』 『高麗圖經』
『樊川文集』 『入唐求法巡禮行記』 『法華經』
『文苑英華』 『寶慶四明志』 『日本書紀』
『續日本後紀』 『律令』
『周禮』 『國語』 『左傳』
『禮記』 『禮記注疏』 『儀禮』
『儀禮注疏』 『尙書』 『尙書注疏』
『詩經』 『通典』 『通志二十略』
『大唐開元禮』 『大唐六典』 『唐會要』
『資治通鑑』

II. 著 書

1) 國內

과학원 고전연구실 옮김, 『삼국사기』 상·하, 1958.
국립경주문화재연구소, 『왕경지구내 가스관매설지 발굴조사보고서』, 1996.
국립문화재연구소, 『장도청해진 유적발굴조사보고서 I』, 2001.
국사편찬위원회, 『한국사』 3－고대, 민족의 통일, 탐구당, 1981.
국사편찬위원회, 『한국사』 11－신라의 쇠퇴와 후삼국, 1996.
국사편찬위원회, 『한국사』 7－삼국의 정치와 사회Ⅲ(신라·가야), 1997.
국사편찬위원회, 『한국사』 9－통일신라, 1998.
권덕영, 『고대한중외교사－견당사연구』, 일조각, 1997.
권덕영, 『고대한중외교사연구』, 일조각, 1997.
금장태, 『유교사상과 종교문화』, 서울대출판부, 1994.
김두진, 『한국고대의 건국신화와 제의』, 일조각, 1999.
김병곤, 『신라 왕권 성장사 연구』, 학연문화사, 2003.
김수태, 『신라 중대정치사연구』, 일조각, 1996.
김재원·윤무병, 『감은사지발굴조사보고서』, 국립박물관특별조사보고, 을유문화사, 1961.
김창겸, 『신라 하대 왕위계승 연구』, 경인문화사, 2003.
김택민 주편, 『역주 당육전(상)』, 신서원, 2003.
나희라, 『신라의 국가제사』, 지식산업사, 2003
노태돈, 『고구려사 연구』, 사계절, 1999.
리상호 옮김, 『삼국사기』, 1960.
문화재관리국 문화재연구소, 『황룡사유적발굴보고서』, 1984.
손보기 엮음, 『장보고와 청해진』, 혜안, 1996.
손보기·김문경·김성훈 엮음, 『장보고와 21세기』, 혜안, 1999.
손진태, 『조선민족문화의 연구』, 을유문화사, 1948.
신종원, 『신라 초기불교사연구』, 민족사, 1992.
신형식, 『한국고대사의 신연구』, 일조각, 1984.
신형식, 『통일신라사연구』, 삼지원, 1990.
와타나베 신이치로 지음, 문정희·임대희 옮김, 『천공의 옥좌』, 신서원, 2002.
완도문화원, 『장보고 신연구』, 완도문화원, 1985.
王大有 著, 林東錫 譯, 『용봉문화원류 ; 신화와 전설, 예술과 토템』, 동문선, 1994.
이강래, 『삼국사기 전거론』, 민족사, 1996.

이기동, 『신라골품제사회와 화랑도』, 일조각, 1984.
이기동, 『신라사회사연구』, 일조각, 1997.
이기백, 『신라정치사회사연구』, 일조각, 1974.
이기백, 『신라사상사연구』, 일조각, 1986.
이기백, 『한국고대사론(증보판)』, 일조각, 1995.
이기백, 『한국고대정치사회사연구』, 일조각, 1996.
이기백·이기동 공저, 『한국사강좌 I (고대편)』, 일조각, 1982.
이동환 옮김, 『삼국사기』, 장락, 1994.
이범직, 『한국중세예사상연구－오례를 중심으로』, 일조각, 1991.
이범직, 『조선시대 예학연구』, 국학자료원, 2004.
이병도, 『국역 삼국사기』, 을유문화사, 1977.
이병도, 『삼국사기』(수정판), 을유문화사, 1992.
이인철, 『신라정치제도사연구』, 일지사, 1993.
이재호, 『삼국사기』 상·중·하, 명지대학교출판부, 1974·1975.
이종욱, 『신라상대왕위계승연구』, 영남대학교출판사, 1980.
이종욱, 『신라국가형성사연구』, 일조각, 1982.
이청규, 『제주도 고고학연구』, 학연문화사, 1994.
이희덕, 『한국고대 자연관과 왕도정치』, 일지사, 1999.
任東權, 『韓·日 宮中儀禮의 硏究』, 중앙대학교출판부, 1995.
전덕재, 『신라육부체제연구』, 일조각, 1996.
정구복 외 4인, 『역주 삼국사기』 1·2·3·4, 한국정신문화연구원, 1997.
정구복 외 7인, 『삼국사기의 원전 검토』, 한국정신문화연구원, 1995.
제주대학교박물관·제주시, 『제주시 용담동유적』, 제주대학교박물관조사보고 11집, 1993.
주보돈 외 4인, 『한국사회발전론』, 일조각, 1992.
지두환, 『조선전기 의례연구－성리학 정통론을 중심으로』, 일조각, 1994.
천관우, 『고조선사·삼한사연구』, 일지사, 1989.
최광식 외 3인, 『해상왕 장보고 그는 누구인가』, (재)해상왕장보고기념사업회, 2002.
최광식, 『고대한국의 국가와 제사』, 한길사, 1994.
최근영, 『통일신라시대의 지방세력연구』, 신서원, 1990.
최병현, 『신라고분연구』, 일지사, 1992.
최재석, 『한국고대사회사연구』, 일지사, 1987.

한국불교연구원, 『한국의 폐사』 I, 일지사, 1974.
한국정신문화연구원 편, 『역주 경국대전－번역편』, 1986.
한길사, 『한국사』 3－고대사회에서 중세사회로 1, 한길사, 1994.
한영우, 『조선전기의 사회사상』, 춘추문고(017), 1976.
해상왕장보고연구회 편, 『7~10세기 한·중·일 교역연구문헌목록·자료집』, (재)해상왕장보고기념사업회, 2001.
해상왕장보고연구회 편, 『장보고관계연구논문선집(중국편·일본편)』, (재)해상왕장보고기념사업회, 2002.
해상왕장보고연구회 편, 『장보고관계연구논문선집(한국편)』, (재)해상왕장보고기념사업회, 2002.
허균, 『전통미술의 소재와 상징』, 교보문고, 1999.

2) 國外

Edwin O.Reischauer, 『Ennin's Tavel in T'ang China』, The Ronald Press Co, New York, 1955/조성을 역, 1991, 『중국 중세사회로의 여행』, 한울.
溝口雄三·丸山松幸·池田知久 편저, 김석근·김용천·박규태 옮김, 『中國思想文化事典』, 민족문화문고, 2003.
今西龍, 『新羅史硏究』, 國書刊行會, 1933.
金子修一, 『古代中國と皇帝祭祀』, 汲古書院, 2000.
羅竹風 主編, 『漢語大詞典』, 漢語大詞典出版社, 1990.
羅竹風 主編, 『漢語大詞典』 2, 漢語大詞典出版社, 1994.
羅竹風 主編, 『漢語大詞典』 7, 漢語大詞典出版社, 1994.
唐代史硏究會, 『中國律令制の展開と國家社會との關係』, 1984.
唐代史硏究會, 『律令制－中國·朝鮮の法と國家』, 1986.
末松保和, 『新羅史の諸問題』, 東洋文庫, 1954.
三品彰英, 『古代祭政と穀靈信仰』, 平凡社, 1973.
三品彰英, 『三國遺事考証』, 塙書房, 1975.
鈴木靖民, 『古代對外關係史の硏究』, 吉川弘文館刊行, 1985.
仁井田陞, 『唐令拾遺』, 東京大學出版會, 1933.
仁井田陞·池田溫, 『唐令拾遺補』, 東京大學出版會, 1997.
一中民族科學硏究所, 『中國歷代職官辭典』, 國書刊行會, 1980.
錢玄, 錢興奇, 『三禮辭典』, 江蘇古籍出版社, 1998.
井上光貞, 『日本古代の王權と祭祀』, 東京大學出版會, 1984.

井上秀雄,『新羅史基礎研究』, 東出版, 1974.
井上秀雄,『古代朝鮮史序說－王者と宗教』, 寧樂社, 1978.
井上秀雄,『古代東アジアの文化交流』, 溪水社, 1993.
諸橋轍次,『大漢和辭典』, 大修館書店, 1984～1986.
諸橋轍次,『大漢和辭典』 3, 大修館書店, 1984.
諸橋轍次,『大漢和辭典』 9, 大修館書店, 1985.
諸橋轍次,『大漢和辭典』 11, 大修館書店, 1985.
池田末利,『中國古代宗敎史硏究』, 東海大學出版會, 1982.
村上四男,『三國遺事考證(下之一)』, 塙書房, 1994.
皮錫瑞 著, 李鴻鎭 譯,『中國經學史』, 형설출판사, 1995.
胡戟 撰,『中華文化通志－禮儀志』, 上海人民出版社, 1998.
和田萃,『日本古代の儀禮と祭祀信仰』(中), 塙書房, 1995.

Ⅲ. 論 文

1) 國內

Edward J. Shultz,「김부식과 삼국사기」,『한국사연구』 73, 1991.
강성원,「신라시대 반역의 역사적 성격」,『한국사연구』 43, 1983.
강영경,「신라 전통신앙의 정치·사회적 기능 연구」, 숙명여자대학교 박사학위논문, 1991.
강영경,「신라 용왕신앙의 기능과 의의」,『한국문화의 원본사고』, 민속원, 1997.
강영경,「한국 고대사회에서의 용의 의미」,『용, 그 신화와 문화(한국편)』, 민속원, 2002.
강종훈,「신궁의 설치를 통해 본 마립간시기의 신라」,『한국고대사논총』 6, 1994.
강종훈,「신라 삼성 족단과 상고기의 정치체제」, 서울대학교 박사학위논문, 1997.
고경석,「비담의 난의 성격문제」,『한국고대사논총』 7, 1995.
고경석,「신라말기의 해상방위와 청해진」,『STRATEGY 21』 8호(가을·겨울호), 2001.
고병익,「삼국사기에 있어서의 역사서술」,『김재원박사회갑기념논총』, 1969/『한국의 역사인식(상)』, 창작과 비평사, 1976.
곽신환,「유교사상의 전개양상과 생활세계」,『한국사상사대계』 2, 한국정신문화연구원, 1991.
국립경주문화재연구소,「가스관 매설지발굴조사」,『年報』 5, 1995.

권덕영, 「견당사 관련기록의 검토」, 『고대한중외교사-견당사연구』, 일조각, 1997.
권덕영, 「재당 신라인 사회와 적산 법화원」, 『사학연구』 62, 2001.
권덕영, 「장보고 약전」, 『경북사학』 25, 2002.
권영오, 「신라 원성왕의 즉위과정」, 『부대사학』 19, 1995.
권영오, 「신라하대 왕위계승분쟁과 민애왕」, 『한국고대사연구』 19, 2000.
권오영, 「죽막동제사의 목적과 주체」, 『부안죽막동제사유적연구』(국립전주박물관), 1998.
권오영, 「한국 고대의 상장의례」, 『한국고대사연구』 20, 2000.
김갑동, 「고려시대의 성황신앙과 지방통치」, 『한국사연구』 74, 1991.
김갑동, 「고려시대의 산악신앙」, 『진산한기두박사화갑기념 한국종교사상의 재조명(상)』, 1993.
김경애, 「신라 원성왕의 즉위와 하대 왕실의 성립」, 경희대학교 석사학위논문, 2001/『한국고대사연구』 41, 2006.
김광수, 「장보고의 정치사적 위치」, 『장보고 신연구』, 1985.
김덕수, 「장보고의 국제해상무역에 관한 일고찰」, 『한국해운학회지』 7, 한국해운학회, 1988.
김동수, 「신라 헌덕·흥덕왕대의 개혁정치-특히 흥덕왕 9년에 반포된 제규정의 정치적 배경에 대하여」, 『한국사연구』 39, 1982.
김동욱, 「신라의 祭典」, 『신라민속의 신연구』(신라문화제학술발표회논문집4), 1983.
김두진, 「신라 중고시대의 미륵신앙」, 『한국학논총』 9, 1987.
김두진, 「통일신라의 역사와 사상」, 『한국사상사대계』 2, 한국정신문화연구원, 1991.
김두진, 「신라 김알지신화의 형성과 신궁」, 『이기백선생고희기념 한국사학논총(상)-고대편·고려시대편』, 일조각, 1994.
김두진, 「신라 석탈해 신화의 형성 기반」, 『한국학논총』 8, 1986/『한국고대의 건국신화와 제의』, 일조각, 1999.
김두진, 「신라 건국신화의 신성족 관념」, 『한국학논총』 11, 1989/『한국고대의 건국신화와 제의』, 일조각, 1999.
김두진, 「신라의 종묘와 명산대천의 제사」, 『백산학보』 52, 1999/『한국고대의 건국신화와 제의』, 일조각, 1999.
김두진, 「신라의 종묘와 명산대천의 제사」, 『백산학보』 52, 1999.

김문경, 「신라 무역선단과 관세음신앙」, 『장보고와 21세기』, 혜안, 1999.
김병곤, 「신라 왕권의 성장과 지배이념의 연구」, 동국대학교 박사학위논문, 2000.
김상돈, 「신라말 구가야권의 김해 호족세력」, 『진단학보』 82, 1996.
김상현, 「신라 삼보의 성립과 그 의의」, 『동국사학』 14, 1980.
김상현, 「만파식적 설화의 형성과 의의」, 『한국사연구』 34, 1981.
김선풍, 「용띠의 민속과 상징」, 『중앙민속학』 6, 1995.
김성태, 「삼국시대 용봉문환두대도에 대하여」, 『용, 그 신화와 문화(한국편)』, 2002.
김수태, 「신라 성덕왕·효성왕대 김순원의 정치적 활동」, 『동아연구』 3, 1983.
김수태, 「통일신라기 전제왕권의 붕괴와 김옹」, 『역사학보』 99·100, 1983.
김수태, 「신라 선덕왕·원성왕의 왕위계승」, 『동아연구』 6, 1985.
김수태, 「신라 효소왕대 진골귀족의 동향」, 『국사관논총』 24, 1991.
김수태, 「신라 신문왕대의 전제왕권의 확립과 김흠돌란」, 『신라문화』 9, 1992.
김수태, 「나당관계의 변화와 김인문」, 『백산학보』 52, 1999.
김승찬, 「신라의 諸祀試論」, 『又軒丁仲煥博士還曆紀念論文集』, 1974.
김영미, 「성덕왕대 전제왕권에 대한 일고찰－감산사 미륵상·아미타상과 관련하여」, 『이대사원』 22·23, 1988.
김영수, 「지리산 성모사에 就하여」, 『진단학보』 11, 1939.
김영숙, 「만파식적 설화의 전승과 시적변모양상」, 『신라문화제학술발표회 논문집 11－삼국유사의 현장적 연구』, 1990.
김영태, 「신라불교천신고」, 『불교학보』 15, 1978.
김영하, 「삼국시대 왕의 통치형태 연구」, 고려대학교 박사학위논문, 1988.
김영하, 「신라 중고기의 정치과정시론」, 『태동고전연구』 4, 1988.
김영하, 「삼국과 남북국의 사회성격」, 『한국사』 3, 한길사, 1994.
김윤우, 「신라시대 대성군에 관한 고찰－신라왕도 주위의 소재 군현에 대한 일고찰」, 『신라문화』 3·4합집, 1987.
김인희, 「한·중 해신신앙의 성격과 전파－마조신을 중심으로」, 『한국민속학』 33, 2001.
김일권, 「고대 중국과 한국의 천문사상연구－한·당대 제천의례와 고분벽화의 천문도를 중심으로」, 서울대 박사학위논문, 1999.
김일권, 「한국고대인의 천문우주관」, 『강좌한국고대사 8－고대인의 정신세계』, 가락국사적개발연구원, 2003.
김정숙, 「김주원 세계의 성립과 변천」, 『백산학보』 28, 1983.

김정숙, 「신라 문화에 나타나는 동물의 상징－『삼국사기』 신라본기를 중심으로」, 『신라문화』 7, 1990.
김주성, 「장보고세력의 흥망과 그 배경」, 『한국상고사학보』 24, 1997.
김창겸, 「신라 경문왕대 '修造役事'의 정치사적 고찰」, 『민병하교수정년기념논총』, 1988.
김창겸, 「신라하대왕위계승연구」, 성균관대학교 박사학위논문, 1993.
김창겸, 「신라 원성왕의 즉위와 김주원의 동향」, 『부촌신정철교수정년퇴임기념사학논총』, 1995.
김창겸, 「8~9세기 신라 정치사회의 변화와 장보고」, 『대외문물교류』 1, 2002.
김창호, 「신라 태조 성한의 재검토」, 『역사교육논집』 5, 1983.
김창호, 「문무왕릉비에 보이는 신라인의 조상인식」, 『한국사연구』 53, 1986.
김철웅, 「고려시대 「잡사」연구」, 고려대학교대학원 박사학위논문, 2001.
김철웅, 「고려 국가제사의 체제와 그 특징」, 『한국사연구』 118, 2002.
김철준, 「삼국시대의 예속과 유교사상」, 『한국고대사회연구』, 1975.
김철준, 「한국고대 정치의 성격과 정치사상의 성립과정」, 『한국고대사회연구』, 1975.
김태식, 「『삼국사기』 지리지 신라조의 사료적 검토」, 『삼국사기의 원전검토』, 한국정신문화연구원, 1995.
김태식, 「대가야의 세계와 道設智」, 『진단학보』 81, 1996.
김태영, 「조선초기 사전의 성립에 대하여－국가의식의 변천을 중심으로」, 『역사학보』 58, 1973/『한국사논문선집』 Ⅳ(조선전기편), 역사학회.
김태영, 「국가제사」, 『한국사』 26, 국사편찬위원회, 1995.
김택규, 「신라 및 고대 일본의 신불습합에 대하여」, 『한일고대문화교섭사연구』, 을유문화사, 1974.
김택규, 「세시구조의 한문화복합」, 『한국민족의 기원과 형성(하)』 , 소화, 1996.
김해영, 「『상정고금례』와 고려조의 사전」, 『국사관논총』 55, 1994.
김해영, 「조선초기 사전에 관한 연구」, 한국정신문화연구원 박사학위논문, 1994.
김　호, 「당 전기 중앙관부와 황제 시봉기구」, 『중국사연구』 26, 2003.
김흥삼, 「신라 성덕왕의 왕권강화정책과 제의를 통한 하서주 지방통치」(상), 『강원사학』 13 · 14, 1998.
나경수, 「완도읍 장좌리 당제의 제의구조」, 『호남문화연구』 19, 1990.
나희라, 「신라초기 왕의 성격과 제사」, 『한국사론』 23, 1990.
나희라, 「한국고대의 신관념과 왕권－신라왕실의 조상제사를 중심으로」, 『국사관논총』 69, 1996.
나희라, 「신라의 종묘제 수용과 그 내용」, 『한국사연구』 98, 1997.
나희라, 「신라의 국가 및 왕실 조상제사 연구」, 서울대학교 박사학위논문, 1999.
나희라, 「신라의 즉위의례」, 『한국사연구』 116, 2002.
나희라, 「고대 동북아 제민족의 신화, 의례, 군주관」, 『진단학보』 99, 2005.
남풍현, 「국어사 사료로서의 삼국사기에 대한 검토」, 『삼국사기의 원전검토』, 한국정신문화연구원, 1995.
남한호, 「9세기 후반 신라상인의 동향」, 『청람사학』 1, 1997.
노덕호, 「나말 신라인의 해상무역에 관한 연구」, 『사총』 27, 1983.
노명호, 「백제의 동명신화와 동명묘」, 『역사학연구』 10, 전남대학교 사학회, 1981.
노용필, 「순수비문에 나타난 정치사상과 그 사회적 의의」, 『신라진흥왕순수비연구』, 일조각, 1996.
노중국, 「통일기 신라의 백제고지지배」, 『한국고대사연구』 1, 지식산업사, 1988.
노중국, 「삼국의 통치체제」, 『한국사』 3, 1994.
노중국, 「백제의 산천제의 체계와 백제금동향로」, 『계명사학』 14, 2003.
노중국, 「백제의 제의체계 정비와 그 변화」, 『계명사학』 15, 2004.
노태돈, 「삼국시대의 「부」에 대한 연구－성립과 구조를 중심으로」, 『한국사론』 2, 1975.
노태돈, 「고대국가의 성립과 발전」, 『한국사』 2, 국사편찬위원회, 1981.
라종우, 「일본 및 아라비아와의 관계」, 『한국사 15－고려 전기의 사회와 대외관계』, 국사편찬위원회, 1995.
문경현, 「신라의 산악숭배와 산신」, 『신라사상의 재조명』(신라문화제학술발표회논문집 12집), 1992.
박순교, 「신라 중대 시조존숭 관념의 형성」, 『한국 고대의 고고와 역사』, 학연문화사, 1997.
박순교, 「김춘추의 집권과정 연구」, 경북대학교 박사학위논문, 1999.
박승범, 「신라제의의 변천과정 연구－시조묘와 신궁을 중심으로」, 단국대학교 석사학위논문, 1995.
박승범, 「신라의 시조묘 제의」, 『사학지』 30, 1997.
박승범, 「삼국의 국가제의 연구」, 단국대학교 박사학위논문, 2002.
박찬수, 「문묘향사제의 성립과 변천」, 『남사정재각박사고희기념 동양학논총』, 1984.

박한호, 「라말려초의 서해안교섭사연구」, 『국사관논총』 7, 1989.
박해현, 「신라 진평왕대 정치세력의 추이」, 『전남사학』 2, 1988.
박해현, 「신라 효성왕대 정치세력의 추이」, 『역사학연구』 12, 1993.
박해현, 「신라 중대 정치세력 연구」, 전남대학교 박사학위논문, 1996.
박해현, 「혜공왕대 귀족세력과 중대왕권」, 『전남사학』 11, 1997.
박호원, 「고려의 산신신앙」, 『민속학연구』 2, 1995.
박호원, 「한국 공동체 신앙의 역사적 연구-동제의 형성 및 전승과 관련하여」, 한국정신문화연구원 박사학위논문, 1997.
방동인, 「청해진의 전략상 위치」, 『장보고 신연구』, 1985.
변태섭, 「한국고대의 계세사상과 조상숭배신앙」, 『역사교육』 3·4, 1958·1959.
변태섭, 「묘제의 변천을 통하여 본 신라사회의 발전과정」, 『역사교육』 8, 1964.
서영교, 「신문왕의 혼례의-『고려사』 예지와 비교를 통하여」, 『백산학보』 70, 2004.
서영대, 「『삼국사기』와 원시종교」, 『역사학보』 105, 1985.
서영대, 「한국고대 신관념의 사회적 고찰」, 서울대학교 박사학위논문, 1991.
서영대, 「민속종교」, 『한국사 16-고려 전기의 종교와 사상』, 국사편찬위원회, 1994.
서영대, 「고구려 귀족가문의 족조전승」, 『한국고대사연구』 8, 1995.
서영대, 「서평-『고대한국의 국가와 제사』」, 『한국사연구』 98, 1997.
서영일, 「신라 오통고」, 『백산학보』 52, 1999.
서윤희, 「청해진대사 장보고에 대한 연구-신라 왕실과의 관계를 중심으로」, 『진단학보』 92, 2001.
송석구, 「법화경 관세음보살보문품 연구」, 『한국불교학』 3, 1977.
신경철, 「古代 鐙子考」, 『부대사학』 9, 1985.
신동하, 「고대사상의 특성」, 『한국사상사대계』 2, 한국정신문화연구원, 1991.
신동하, 「신라 불국토사상의 전개양상과 역사적 의의」, 서울대학교 박사학위논문, 2000.
신월균, 「한국설화에 나타난 용의 이미지」, 『용, 그 신화와 문화(한국편)』, 2002.
신종원, 「삼국사기 제사지 연구-신라 사전의 연혁·내용·의의를 중심으로」, 『사학연구』 38, 1984.
신종원, 「신라 오대산사적과 성덕왕의 즉위배경」, 『최영희선생화갑기념논총』, 1987.
신창수, 「중고기 왕경의 사찰과 도시계획」, 『신라왕경연구』(신라문화제학술발표회논문집 16), 1995.
신형식,「신라 병부령고」,『역사학보』 61, 1974.
신형식,「무열왕권의 성립과 활동」,『한국사논총』 2, 1977/『한국고대사의 신연구』, 일조각, 1984.
신형식,「신라의 시대구분」,『한국사연구』 18, 1977.
신형식,「통일신라의 대당관계」,『한국고대사의 신연구』, 일조각, 1984.
안지원,「신라 진평왕대 제석신앙과 왕권」,『역사교육』 63, 1997.
양정석,「신라 공식령의 왕명문서양식 고찰」,『한국고대사연구』 15, 1999.
여호규,「신라 도성의 공간구성과 왕경제의 성립과정」,『서울학연구』 18, 2002.
葉　濤,「山東沿海漁民的海神信仰與祭祀儀式」,『제3회국제학술회의논문집』(한국민속학회), 1999.
오　성,「신라 원성왕계의 왕위교체」,『전해종박사화갑기념사학논총』, 1979.
오영훈,「신라왕경에 대한 고찰」, 동국대학교 석사학위논문, 1988.
유병하,「부안 죽막동유적의 해신과 제사-제사양상의 비교 검토를 중심으로」, 서울대 석사학위논문, 1997.
유병하,「부안 죽막동유적에서 진행된 삼국시대의 해신제사」,『부안죽막동제사유적연구』, 국립전주박물관, 1998.
유원재,「사비시대의 삼산숭배」,『백제의 종교와 사상』, 충청남도, 1994.
윤남한,「전환기의 사상동향」,『한국민족사상대계』 2, 1973.
윤병희,「신라 하대 균정계의 왕위계승과 김양」,『역사학보』 96, 1982.
윤선태,「신라 중대의 성전사원과 국가의례」,『신라금석문의 현황과 과제』(신라문화제학술논문집 23), 2002.
윤선태,「부여 능산리 출토 백제목간의 재검토」,『동국사학』 40, 2004.
이강래,「삼국사기 分註의 성격-신라본기를 중심으로」,『전남사학』 3, 1989.
이강래,「삼국사기와 古記」,『용봉논총』 17·18, 1989.
이강래,「삼국사기 사론의 재인식」,『역사학연구』 13, 1994.
이강래,「『삼국사기』와 필사본『화랑세기』」,『화랑문화의 신연구』, 문덕사, 1996.
이기동,「신라 나물왕계의 혈연의식」,『역사학보』 53·54, 1972/『신라 骨品制社會와 花郎徒』, 일조각, 1984.
이기동,「신라하대의 패강진」,『한국학보』 4, 1976.
이기동,「나말려초 근시기구와 문한기구의 확장-중세적 측근정치의 지향」,『역사학보』 77, 1978.
이기동,「신라 태조 성한의 문제와 흥덕왕릉비의 발견」,『대구사학』 15·

16, 1978.
이기동, 「신라 중대의 관료제와 골품제」, 『진단학보』 50, 1980.
이기동, 「신라 하대의 왕위계승과 정치과정」, 『역사학보』 85, 1980.
이기동, 「귀족국가의 형성과 발전」, 『한국사강좌Ⅰ(고대편)』, 일조각, 1982.
이기동, 「신라 하대의 패강진」, 『신라 골품제사회와 화랑도』, 일조각, 1984.
이기동, 「신라의 풍토와 그 역사적 특성」, 『천관우선생환력기념한국사학논총』, 1985.
이기동, 「장보고와 그의 해상왕국」, 『장보고신연구』, 1985.
이기동, 「신라 흥덕왕대의 정치와 사회」, 『국사관논총』 21, 1991.
이기동, 「9-10세기에 있어서 황해를 무대로 한 韓·中·日 삼국의 해상활동」, 『진단학보』 71·72, 1991.
이기동, 「신라 중고기 청도 산서지방의 전략적 중요성」, 『윤용진교수정년퇴임기념논총』, 1996.
이기동, 「신라 하대의 사회변화」, 『한국사』 11, 1996.
이기동, 「신라의 정치·경제와 사회」, 『한국사』 7, 1997.
이기동, 「신라인의 신앙과 종교」 『경주사학』 16, 1997.
이기동, 「신라 성덕왕대의 정치와 사회」, 『역사학보』 160, 1998.
이기백, 「신라 혜공왕대의 정치적 변혁」, 『사회과학』 2, 1958.
이기백, 「경덕왕과 단속사·원가」, 『한국사상』 2, 1962.
이기백, 「신라 대등고」, 『역사학보』 17·18, 1962.
이기백, 「신라 상대등고」, 『역사학보』 19, 1962.
이기백, 「신라 집사부의 성립」, 『진단학보』 25·26·27, 1964.
이기백, 「신라골품제하의 유교적 정치이념」, 『대동문화연구』 6·7, 1970.
이기백, 「신라 오악의 성립과 그 의의」, 『진단학보』 33, 1972.
이기백, 「신라시대의 갈문왕」, 『역사학보』 58, 1973.
이기백, 「유교수용의 초기형태」, 『한국민족사상사대계』 2, 1973.
이기백, 「신라 하대의 집사성」, 『신라정치사회사연구』, 일조각, 1974.
이기백, 「통일신라와 발해의 사회」, 『한국사강좌 Ⅰ(고대편)』, 일조각, 1982.
이기백, 「신라 삼산의 의의」, 『한국고대사론(증보판)』, 일조각, 1995.
이기백, 「순암 안정복의 합리주의적 사실 고증」, 『한국실학연구』 창간호, 1999.
이도학, 「사비시대 백제의 4方界山과 호국사찰의 성립－法王의 불교이념 확대시책과 관련하여」, 『백제연구』 20, 1989.
이도학, 「고신라기 진호사찰의 기능확대과정」, 『백산학보』 52, 1999.

이명식,「신라 하대 김주원계의 정치적 입장」,『대구사학』 26, 1984.
이명식,「신라 중대왕권의 전제화과정」,『대구사학』 38, 1989.
이명식, 「신라 원성왕계의 분지화와 왕권붕괴」, 『장충식박사화갑기념논총』, 1992.
이문기,「신라시대의 겸직제」,『대구사학』 26, 1984.
이문기,「신라 김씨왕실의 소호금천씨 출자관념의 표방과 변화」,『역사교육논집』 23 · 24, 1999.
이문기,「신라 오묘제의 성립과 그 의미」,『김정학박사미수기념고고학 · 고대사논총』, 1999.
이문기,「신라 혜공왕대 오묘제 개혁의 정치적 의미」,『백산학보』 52, 1999.
이문기,「신라 종묘제의 성립과 그 배경」,『한국고대사와 고고학(김정학박사미수기념고고학 · 고대사논총)』, 2000.
이범직,「고려사 예지 길례 검토」,『김철준박사화갑기념사학논총』, 1983.
이범직,「조선전기의 오례와 가례」,『한국사연구』 71, 1990.
이영택,「장보고 해상세력에 관한 고찰」,『한국해양대학논문집』 14, 1979.
이영호,「신라 중대 왕실사원의 관사적 성격」,『한국사연구』 43, 1983.
이영호,「신라 문무왕릉비의 재검토」,『역사교육논집』 8, 1986.
이영호,「신라 혜공왕 12년 관호 복고의 의미－소위 '중대 전제왕권'설의 일검토」,『대구사학』 39, 1990.
이영호,「신라 혜공왕대 정변의 새로운 해석」,『역사교육논집』 13 · 14, 1990.
이영호,「신라 성전사원의 성립」,『신라불교의 재조명－신라문화제학술발표회논문집 14』, 신라문화선양회, 1993.
이영호,「신라 중대의 정치와 권력구조」, 경북대학교 박사학위논문, 1996.
이용범,「처용설화의 일고찰」,『진단학보』 32, 1969/『장보고관계연구논문선집(한국편)』, (재)해상왕장보고기념사업회, 2002.
이용현,「가야의 성씨와 '금관'국」,『사총』 48, 1998.
이인철,「신라 내정관부의 조직과 운영」,『신라정치제도사연구』, 일지사, 1993.
이인철, 「신라 중앙행정관부의 조직과 운영」, 『신라정치제도사연구』, 일지사, 1993.
이인철,「신라 율령의 편목과 그 내용」,『정신문화연구』 第17권 제1호, 1994.
이인철,「신라 율령의 유래와 변천」,『동서문화논총』Ⅱ(만경이충희선생화갑기념논총), 1997.
이인철,「신라 상대의 불사조영과 그 사회 · 경제적 기반」,『백산학보』 52, 1999.

이인철, 「신라의 음성서」, 『국악원논문집』 11, 1999.
이정숙, 「신라 진평왕대의 정치적 성격」, 『한국사연구』 52, 1986.
이정숙, 「신라 진평왕대의 왕권 연구」, 이화여자대학교 박사학위논문, 1995.
이정숙, 「진평왕 말기의 정국과 선덕왕의 즉위」, 『백산학보』 52, 1999.
이정숙, 「진평왕대 왕권강화와 제석신앙」, 『신라문화』 16, 1999.
이종욱, 「신라시대의 혈족집단과 상속」, 『역사학보』 121, 1989.
이종욱, 「신라인의 세계인식」, 『동아연구』 17, 1989.
이종태, 「신라 지증왕대의 신궁설치와 김씨시조인식의 변화」, 『택와허선도선생정년기념한국학논총』, 일조각, 1992.
이종태, 「삼국시대의 「시조」인식과 그 변천」, 국민대학교 박사학위논문, 1996.
이종태, 「신라의 시조와 태조」, 『백산학보』 52, 1999.
이혜구, 「별기은고」, 『한국음악서설』, 1972.
이혜구, 「통일신라의 문화-음악」, 『한국사』 3, 국사편찬위원회, 1981.
이호영, 「신라 중대왕실과 봉덕사」, 『사학지』 8, 1974.
이호영, 「성덕대왕 신종의 해석에 관한 몇가지 문제」, 『고고미술』 125, 1975.
이희관, 「신라상대 지증왕계의 왕위계승과 박씨왕비족」, 『동아연구』 20, 1989.
이희덕, 「『삼국사기』 소재의 자연관계기사의 검토-신라본기의 분석」, 『중재장충식박사화갑기념논총』, 1992.
이희덕, 「신라시대의 천재지변」, 『동방학지』 82, 1993.
장정해, 「五瓜龍의 專用에 대한 일고찰」, 『한국의 용신앙과 전라문화』, 2000.
장학근, 「장보고 해상세력과 고려건국의 연계성」, 『STRATEGY 21』 8호(가을·겨울호), 2001.
전기웅, 「나말려초의 지방사회와 지주제군사」, 『경남사학』 4, 1987.
전기웅, 「신라 하대말의 정치사회와 경문왕가」, 『부산사학』 16, 1989.
전덕재, 「신라초기 농경의례와 공납의 수취」, 『강좌한국고대사』 2(고대국가의 구조와 사회 1), 가락국사적개발연구원, 2003.
전미희, 「신라 경문왕·헌강왕대의 '能官人' 등용정책과 국학」, 『동아연구』 17, 1989.
전봉덕, 「신라의 율령고」, 『서울대학교논문집』 4(인문·사회과학), 1956/『한국법제사연구』, 서울대학교출판부, 1968.
전유태, 「안압지와 임해전복원」, 『문화재』 16, 1983.
정원경, 「신라하대 원탑건립에 관한 연구-경문왕대를 중심으로」, 동아대학교 석사학위논문, 1982.

정재교, 「신라의 국가적 성장과 신궁」, 『부대사학』 11, 1987.
정중환, 「신라성골고」, 『이홍직박사회갑기념 한국사학논총』, 신구문화사, 1969.
정효운, 「신라 중고시대의 왕권과 개원에 관한 연구」, 『고고역사학지』 2, 1986.
조범환, 「신라 하대 장보고와 선종」, 『STRATEGY21』 8호(가을 · 겨울호), 2001.
조범환, 「장보고와 적산 법화원」, 『대외문물교류연구』 1, 2002.
조성을, 「정약용의 상서금고문연구」, 『동방학지』 61, 1989.
조영록, 「장보고 선단과 9세기 동아시아의 불교교류」, 『대외문물교류연구』 1, 2002.
조인성, 「4,5세기 고구려 왕실의 세계인식변화」, 『한국고대사연구』 4, 1991.
조준하, 「설총의 구경에 관한 사적 고찰」, 『한국사상과 문화』 17, 2002.
조흥윤, 「한민족의 기원과 샤머니즘(巫)」, 『한국 민족의 기원과 형성(하)』, 소화, 1996.
주보돈, 「삼국시대의 귀족과 신분제」, 『한국사회발전사론』, 일조각, 1992.
주보돈, 「김춘추의 외교활동과 신라내정」, 『한국학논집』 20, 1993.
주보돈, 「남북국시대의 지배체제와 정치」, 『한국사』 3, 한길사, 1994.
주보돈, 「신라의 달구벌천도 기도와 김씨집단의 유래」, 『백산학보』 52, 1999.
채미하, 「『삼국사기』 제사지 신라조의 분석 – 신라 국가제사체계의 재검토와 관련하여」, 『한국고대사연구』 13, 1998.
채미하, 「신라 혜공왕대 오묘제의 개정」, 『한국사연구』 108, 2000.
채미하, 「신라 하대의 오묘제」, 『종교연구』 25, 2001.
채미하, 「신라 종묘제와 왕권의 추이」, 경희대학교 박사학위논문, 2001.
채미하, 「신라 종묘제의 수용과 그 의미」, 『역사학보』 176, 2002.
채미하, 「신라 선덕왕대 사직단설치와 사전의 정비」, 『한국고대사연구』 30, 2003.
채미하, 「신라의 시조묘 제사」, 『민속학연구』 12, 2003.
채미하, 「신라의 오묘제 '시정'과 신문왕권」, 『백산학보』 70, 2004.
채미하, 「신라의 신궁 제사」, 『전통문화논총』 2, 한국전통문화학교, 2004.
채미하, 「청해진의 사전편제와 해양신앙」, 『진단학보』 99, 2005.
채미하, 「신라 중대 오례와 왕권」, 『한국사상사학』 27, 2006.
채미하, 「신라의 농경제사와 '별제'」, 『국사관논총』 108, 2006.
채미하, 「천사옥대와 흑옥대」, 『경희사학』 24, 2006.
채미하, 「고구려의 국모신앙」, 『북방사논총』 12, 2006.
채미하, 「신라 명산대천의 사전 편제 이유와 특징」, 『민속학연구』 20, 2007.
채상식, 「신라 통일기의 성전사원의 구조와 기능」, 『부산사학』 8, 1984.

최광식, 「한국고대의 제천의례」, 『국사관논총』 13, 1990.
최광식, 「신라의 신궁에 대한 신고찰」, 『한국사연구』 43, 1983/ 『고대 한국의 국가와 제사』, 한길사, 1994.
최광식, 「한국고대의 제의연구－정치사상사적 고찰을 중심으로」, 고려대학교 박사학위논문, 1989.
최광식, 「삼국의 시조묘와 그 제사」, 『대구사학』 38, 1990/ 「시조묘제사」, 『고대 한국의 국가와 제사』, 한길사, 1994.
최광식, 「고대 국가제사의 역사적 의의」, 『고대한국의 국가와 제사』, 한길사, 1994.
최광식, 「국가제사의 제장」, 『고대한국의 국가와 제사』, 한길사, 1994.
최광식, 「신라 대사·중사·소사 제장연구」, 『역사민속학』 4, 1994.
최광식, 「신라 상대 왕경의 제장」, 『신라왕경연구』(신라문화제학술발표회논문집 제16집), 1995.
최광식, 「신라와 당의 대사·중사·소사 비교연구」, 『한국사연구』 95, 1996.
최광식, 「신라의 건국신화와 시조신화」, 『한국사』 7, 국사편찬위원회, 1997.
최광식, 「백제의 국가제사와 죽막동 제사유적의 성격」, 『부안죽막동제사유적연구』, 국립전주박물관, 1998.
최규성, 「신라하대 서남해 호족과 왕건과의 관계」, 『대외문물교류』 1, 2002.
최근영·민덕식, 「청해진의 역사적 고찰과 그 성의 분석」, 『장보고 신연구』, 1985.
최근영, 「한국고대의 천신신앙에 대한 고찰－신라의 경우를 중심으로」, 『최영희선생화갑기념 한국사학논총』, 탐구당, 1987.
최병헌, 「신라말 김해지방의 호족세력과 선종」, 『한국사론』 4, 1978.
최병헌, 「신라 하대 사회의 동요」, 『한국사』 3, 국사편찬위원회, 1981.
최병현, 「신라의 성장과 신라 고분문화의 전개」, 『한국고대사연구』 4, 1991/ 『신라고분연구』, 일지사, 1992.
최순권, 「고려전기 오묘제의 운영」, 『역사교육』 66, 1998.
최재석, 「신라의 시조묘와 신궁의 제사」, 『동방학지』 50, 1986/ 『한국고대사회사연구』, 일지사, 1987.
하정룡, 「신라시대 용신앙의 성격과 신궁」, 『용, 그 신화와 문화(한국편)』, 민속원, 2002.
한정수, 「고대사회의 '농시(農時)'이해」, 『역사와 현실』 57, 2005.
한형주, 「조선초기 국가제례 연구」, 고려대학교 박사학위논문, 2001.

허일 등 6인, 「8~9세기 한·중간의 해상활동과 무역에 관한 연구－장보고의 해상활동을 중심으로」, 『한국항해학회지』 24권 2호, 2000.
홍순창, 「신라 삼산·오악에 대하여」, 『신라민속의 신연구』(신라문화제학술발표회논문집 제4집), 1983.
홍형우, 「장도 청해진 유적의 고고학적 고찰－토기, 기와, 성벽축조기법을 중심으로」, 서울대 석사학위논문, 1999.
황선영, 「신라의 묘제와 묘호」, 『동의사학』 5, 1989.
황수영, 「신라 민애대왕 석탑기－동화사 비로암 삼층석탑의 조사」, 『사학지』 3, 1969/『한국의 불교미술』, 동화출판공사, 1974.
황수영, 「신라 법광사 석탑기」, 『백산학보』 8, 1970/『한국의 불교미술』, 동화출판공사, 1974.
황운용, 「신라 태종 묘호의 분규시말」, 『동국사학』 17, 1982.
황원구, 「안정복」, 『한국사시민강좌』 6, 1990.
황위주, 「문관사림의 실체」, 『한국의 철학』 19, 1991.

2) 國外

江上波夫, 「匈奴の祭祀」, 『ユウラアジア古代北方文化』, 山川出版社, 1948.
岡田正之, 「慈覺大師の入唐紀行に就て」, 『東洋學報』 13-1, 1924.
謙木義昌, 「海の信仰」, 『季刊考古學』 2, 1983.
高橋裕, 「沖の島祭祀遺蹟」, 『부안죽막동제사유적연구』, 국립전주박물관, 1998.
高明士, 「新羅時代 廟學制的 成立與展開」, 『대동문화연구』 23, 1989.
古畑徹, 「七世紀から八世紀にかけて新羅·唐關係－新羅外交史の一試論」, 『朝鮮學報』 107, 1983.
龜井正道, 「海路の祭祀」, 『講座日本の古代信仰』 3, 學生社, 1980.
龜井正道, 「祭祀遺蹟－山と海」, 『呪法と祭祀·信仰－日本考古學論集 3』, 吉川弘文館, 1986.
今西龍, 「新羅骨品考」, 『新羅史研究』, 1933.
今西龍, 「新羅文武王陵碑に就して」, 『新羅史研究』, 國書刊行會, 1933.
今西龍, 「慈覺大師入唐求法巡禮行記を讀みて」, 『新羅史研究』, 國書刊行會, 1933.
金子修一, 「唐代の大祀·中祀·小祀について」, 『高知大學學術研究會報』 25, 1976.
金子修一, 「中國古代における皇帝祭祀の一考察」, 『史學雜志』 87-2, 1978.
金子修一, 「唐代皇帝祭祀の親祭と有事攝事」, 『東洋史研究』 47-2, 1988.

吉岡完祐,「中國郊祀の周邊國家への傳播－郊祀の發生から香春新羅神の渡來まで」,『朝鮮學報』108, 1983.
藤田亮策,「新羅九州五京攷」,『朝鮮學論考』, 1963.
鈴木靖民, 「日本律令國家と新羅・渤海」, 『東アジア世界における日本古代史講座』6, 學生社, 1982.
末松保和,「新羅上古世系考」,『新羅史の諸問題』, 1954.
木下禮仁,「新羅始祖系譜の構成－金氏始祖を中心として」,『朝鮮史硏究會論文集』2, 1966/「第6章 統系譜の形成」,『日本書紀と古代朝鮮』, 高書房, 1993.
米田雄介,「三國史記に見える新羅の五廟制」,『日本書紀硏究』15, 塙書房, 1987.
浜田耕策,「新羅聖德大王神鐘と中代と王室」,『呴沫集』3, 1980.
浜田耕策,「新羅の國學と遣唐留學生」,『呴沫集』2, 1980.
浜田耕策,「新羅の神宮と百座講會と宗廟」,『東アジア世界における日本古代史講座－東アジアにおける儀禮と國家』, 學生社, 1982.
浜田耕策,「新羅の祀典と名山大川の祭祀」,『呴沫集』4, 1984.
寺澤薰, 「彌生人の心を描く」, 『心のなかの宇宙－日本の古代 13』(大林太良篇), 中公文庫, 1996.
三橋健, 「日本の神祇令と中國の祠令・朝鮮の祭祀志」, 『季刊 日本思想史』 44, ペリカン社, 1994.
三池賢一,「新羅內廷官制考(上)」,『朝鮮學報』61, 1977.
三池賢一,「新羅內廷官制考(下)」,『朝鮮學報』62, 1977.
三品彰英,「新羅の古代祭政」,『古代祭政と穀靈信仰』, 平凡社, 1973.
小田省吾,「半島廟祭概要」,『朝鮮』269, 1937.
松丸道雄,「殷周國家の構造」,『岩波講座世界歷史』4(古代4, 東洋篇1), 1970.
阿部美哉,「神權政治」,『宗教學辭典』(小口偉一・堀一郎監修), 東京大學出版會, 1973.
鈴木靖民,「日本 律令制の成立・展開と對外關係」,『古代對外關係史の硏究』, 吉川弘文館, 1985.
長田夏樹,「新羅文武王陵碑文初探」,『神戶外大論叢』17-1-3, 1966.
前間恭作,「新羅王の世次と其名について」,『東洋學報』15-2, 1925.
井上光貞,「古代沖の島の祭祀」,『日本古代の王權と祭祀』, 東京大學出版會, 1984.
井上秀雄,「新羅政治體制の變遷過程」,『新羅史基礎硏究』, 1974.
井上秀雄,「新羅の始祖廟」,『古代朝鮮史序說－王者と宗教』, 寧樂社, 1978.
井上秀雄,「新羅の律令制の收容とその國家・社會との關係」,『中國律令制の展開と國家社會との關係』, 1984.
井上秀雄,「新羅の律令制と祭祀制度」,『古代東アジアの文化交流』, 溪水社, 1993.
井上秀雄,「祭祀儀禮の受容－新羅の律令制と祭祀制度」,『古代東アジアの文化交流』, 溪水社, 1993.
井上秀雄,『古代東アジアの文化交流』, 溪水社, 1993.
周星,「海洋民俗與中國的民俗研究」,『제3회국제학술회의논문집』(한국민속학회), 1999.
池田末利,「附釋廟」,『中國古代宗教史研究－制度と思想』, 東海大學出版會, 1981.
池田末利,「四方百物考」,『中國古代宗教史研究－制度と思想』, 東海大學出版會, 1981.
池田末利,「禮文獻に見える祭祀の等級性」,『中國古代宗教史研究－制度と思想』, 東海大學出版會, 1981.
池田末利,「蜡・臘考－古代中國の農耕祭祀」,『中國古代宗教史研究－制度と思想』, 東海大學出版會, 1981.
池田末利,「四望・山川考」,『中國古代宗教史研究－制度と思想』, 東海大學出版會, 1981.
池田溫,「大唐開元禮解說」,『大唐開元禮 附大唐郊祀錄』, 古典研究會, 1981.
村上四男,「金官國の世系と卒支公(率友公)」,『韓國古代史研究』, 開明書院, 1978.
浦生京子,「新羅末期の張保皐の擡頭と反亂」,『朝鮮史研究會論文集』 16, 1979.
戶崎哲彦,「唐代における太廟制度の變遷」,『彦根論叢』 262・263, 1989.
和田萃,「沖の島と大和政權」,『沖の島と古代祭祀』, 吉川弘文館, 1988.
和田萃,「古代の祭祀空間」,『祭祀空間儀禮空間』(國學院大學日本文化研究所), 1999.

찾아보기

_ㄱ

_ㄴ

_ㄷ

_ㅁ

_ㅂ

_ㅅ

_ㅇ

ㅈ

_ㅊ

_ㅌ

_ㅍ

_ㅎ

지은이 | **채 미 하**(蔡美夏)
경북 문경 출생, 경희대학교 사학과 졸업, 경희대학교 대학원 사학과 졸업(문학석사 · 문학박사), 인하대학교 인문과학연구소 박사후연구원, (사) 한국국가기록연구원 책임연구원, 충남대 · 서일대 강사 역임, 현 경희대 강사

주요 논저 | 『한국 여성들, 무엇을 믿고 살았을까』(공저, 집문당, 2005), 『한국문화와 주변문화』(공저, 서경, 2004), 「신라 중대 오례와 왕권-오례 수용을 중심으로」(『한국사상사학』 27, 2006), 「천사옥대와 흑옥대-신라 국가제사와의 관련성을 중심으로」(『경희사학』 24, 2006), 「고구려의 국모신앙」(『북방사논총』 12, 2006) 등 다수

신라 국가제사와 왕권

채 미 하

2008년 3월 29일 초판 1쇄 발행

펴낸이 | 오일주
펴낸곳 | 도서출판 혜안
등록번호 | 제22-471호
등록일자 | 1993년 7월 30일

주소 | 서울시 마포구 서교동 326-26번지 102호 ㉾ 121-836
전화 | 3141-3711~2 팩스 | 3141-3710
메일 | hyeanpub@hanmail.net

ISBN 978-89-8494-333-9 93910

값 28,000 원